KARL MAY

KLASSISCHE MEISTERWERKE

Diese Sammlung umfaßt alle Bücher, die Karl Mays Weltruhm begründeten: die Reiseerzählungen und die eigens für die Jugend verfaßten Bände.

KARL MAY

DURCH DAS LAND DER SKIPETAREN

REISEERZÄHLUNG

KARL-MAY-VERLAG · BAMBERG
in Zusammenarbeit mit dem
VERLAG CARL UEBERREUTER · WIEN

INHALT

Herausgegeben von Dr. E. A. Schmid

Diese Ausgabe erscheint in enger Zusammenarbeit
mit dem Verlag Carl Ueberreuter, Wien.
Der Inhalt dieses Buches entspricht dem Band 5
der grünen Originalausgabe „Karl Mays Gesammelte Werke“.

ISBN 3-7802 0505-X
Gesamtherstellung: Ebner Ulm

1. *Entlarvt*

Die türkische Rechtspflege hat bekanntlich ihre Eigentümlichkeiten, sagen wir geradezu, ihre Schattenseiten, die um so deutlicher hervortreten, je entlegener die Gegend ist, um die es sich handelt. Wir hatten das schon am Nachmittag erfahren und waren entschlossen, bei der Sitzung, der wir jetzt entgegengingen, in recht kräftiger Weise aufzutreten.

Als wir zum „Gerichtsgebäude" aufbrachen, war die Dämmerung eingetreten. Wir sahen unterwegs viele Menschen stehen, die im Hof keinen Platz gefunden und sich hier aufgestellt hatten, um uns wenigstens kommen zu sehen. Als wir im Hof ankamen, wurde das Tor hinter uns verschlossen. Das war für uns kein gutes Zeichen. Der Mübarek hatte seinen Einfluß aufgeboten, und zwar, wie es schien, nicht ohne Erfolg.

Wir konnten kaum durch die Menge bis an den Platz des Verhörs gelangen. Wo vorher nur ein Stuhl gestanden hatte, war jetzt noch eine lange Bank aufgestellt. Das Gerät zur Bastonade lag noch da. Man hatte Öl in die Gefäße gegossen, Werg hineingetan und dieses angebrannt. Die Flammen ließen alles in einem abenteuerlichen Licht erscheinen.

Die Herren vom Gericht waren im Innern des Hauses. Unsre Ankunft wurde ihnen gemeldet. Die Saptijeler stellten sich so um uns auf, daß sie den Weg zum Tor versperrten. Da es verschlossen war, ließ sich dieses Verhalten der Polizisten doppelt bedenklich für uns deuten.

Rundum herrschte lautlose Stille. jetzt erschienen die fünf Herren, und sofort zogen die Saptijeler blank.

„O Allah!" spottete Halef. „Wie wird es uns ergehen, Sihdi! Ich zittere vor Angst."

„Ich ebenso."

„Soll ich diesen dummen Menschen, die da glauben, uns mit ihren Säbeln bangezumachen, meine Peitsche schmecken lassen?"

„Keine Unvorsichtigkeit! Du warst heute schon einmal voreilig und trägst die Schuld, daß wir überhaupt hier sind."

Die fünf Richter hatten Platz genommen: der Kodscha baschi auf dem Stuhl und die andern auf der Bank. Eine Frau drängte sich aus der Menge herbei und begab sich hinter den Stellvertreter. Ich erkannte Nohuda, die „Erbse", die ihrer Schönheit mit Eisenocker nachhalf. Der Stellvertreter war also wohl ihr glücklicher Ehemann. Er hatte nichtssagende Gesichtszüge.

Zunächst dem Kodscha baschi saß der Mübarek. Er hatte ein Papier quer über die Knie gelegt. Zwischen ihm und seinem Nachbar stand ein kleiner Topf. Da eine Gänsefeder darin steckte, so vermutete ich, daß er die Tinte enthalte.

Der Kodscha baschi wackelte mit dem Kopf und räusperte sich auffällig. Es war das Zeichen, daß die Verhandlung beginnen solle. Er begann mit krähender, weithin schallender Stimme: „Im Namen des Propheten und im Namen des Padischah, dem Allah tausend Jahre verleihen wolle! Wir haben diese Kasa einberufen, um über zwei Verbrechen zu urteilen, die sich heut in unsrer Stadt und in deren Nähe ereignet haben. Selim, tritt vor! Du bist der Ankläger. Erzähle nun, was mit dir geschehen ist."

Der Polizist trat in die Nähe seines Herrn und erzählte. Was wir zu hören bekamen, war geradezu lächerlich. Er hatte sich in der angestrengtesten amtlichen Tätigkeit befunden und war von uns mörderisch überfallen worden. Nur durch Unerschrockenheit und durch die tapferste Gegenwehr war es ihm gelungen, sein Leben zu retten!

Als er geendet hatte, fragte ihn der Kodscha baschi: „Und welcher ist es, der dich schlug?"

„Dieser hier ist es", erwiderte Selim und deutete auf Halef.

„So kennen wir nun ihn und seine Tat und werden zur Beratung schreiten."

Er begann, mit seinen Beisitzern zu flüstern, und erklärte nach einer Weile mit lauter Stimme: „Die Kasa hat beschlossen, daß der Verbrecher auf jede Fußsohle vierzig Hiebe erhalten und dann vier volle Wochen eingesperrt werden soll. Das verkündigen wir im Namen des Padischah. Allah segne ihn!"

Halefs Hand fuhr an den Griff seiner Peitsche. Ich mußte mir Mühe geben, nicht laut aufzulachen.

„Jetzt kommt das zweite Verbrechen", verkündete der Beamte. „Mahonadschi, tritt vor und erzähle!"

Der Fährmann gehorchte dieser Aufforderung. Er hatte jedenfalls mehr Angst als ich. Bevor er seinen Bericht beginnen konnte, wendete ich mich sehr höflich an den Kodscha baschi: „Willst du vielleicht die Gnade haben, dich zu erheben?"

Er stand ahnungslos von seinem Stuhl auf. Ich schob ihn zur Seite und setzte mich nieder.

„Ich danke dir", sagte ich. „Es ziemt dem Niedrigen, dem Hohen Ehrerbietung zu erweisen. Du hast ganz recht getan."

Jammerschade, daß es unmöglich ist, sein Gesicht zu beschreiben. Der Kopf geriet in ein gefährliches Pendeln. Der Richter wollte reden, brachte aber vor Entsetzen kein Wort hervor. Darum streckte er, um wenigstens durch die Gebärdensprache seine Entrüstung auszudrükken, die dürren Arme aus und schlug die Hände über dem wackelnden Kopf zusammen.

Niemand sagte ein Wort. Kein Saptije rührte sich. Man wartete auf den Zornesausbruch des Gebieters. Dieser fand glücklicherweise die Sprache wieder. Er brach in eine Reihe unbeschreiblicher Ausrufe aus und schrie mich dann an: „Was fällt dir ein! Wie kannst du eine solche Unverschämtheit begehen und –“

„Hadschi Halef Omar!“ unterbrach ich ihn laut. „Nimm deine Peitsche! Den Mann, der noch ein einziges unhöfliches Wort zu mir sagt, beschenkst du mit Hieben, bis ihm die Haut zerplatzt; mag er sein, wer er will!“

Der kleine Hadschi hatte sofort die Peitsche in der Hand.

„Sihdi, ich gehorche“, sagte er entschlossen. „Gib mir nur einen Wink!“

Es fehlte leider die Beleuchtung, sonst hätte man erstaunte Gesichter sehen können. Der Kodscha baschi wußte offenbar nicht, wie er sich verhalten sollte. Da flüsterte der Mübarek ihm einige Wort zu, worauf der Richter den Saptijelern befahl: „Nehmt ihn gefangen! Schafft ihn in den Keller!“

Er deutete auf mich.

Die Polizisten traten herbei, mit blanken Säbeln in den Händen.

„Zurück!“ rief ich ihnen zu. „Wer mich anrührt, den schieße ich nieder!“

Ich hielt ihnen die beiden Revolver entgegen, und im nächsten Augenblick sah ich keinen Saptije mehr. Sie hatten sich unter die Zuschauer verloren.

„Was erregt deinen Zorn?“ fragte ich den Richter. „Warum stehst du? Warum setzt du dich nicht? Laß den Mübarek aufstehen und setz dich an seinen Platz!“

Jetzt ging ein Gemurmel durch die Menge. Daß ich den Kodscha baschi beleidigen konnte, hatte ihnen noch im Bereich der Möglichkeit gelegen; aber daß ich nun auch den Heiligen angriff, war doch zuviel gewagt. Man begann zu murren.

Das gab dem Kodscha baschi bedeutenden Mut. Er rief mir zornig zu: „Fremder, sei du, wer du willst, aber für eine solche Frechheit werde ich dich auf das strengste bestrafen. Der Mübarek ist ein Heiliger, ein Liebling Allahs, ein Wundertäter. Wenn er will, kann er Feuer vom Himmel auf dich fallen lassen!“

„Schweig, Kodscha baschi! Wenn du reden willst, so halte eine klügere Rede! Der Mübarek ist weder ein Heiliger noch ein Wundertäter. Er ist vielmehr ein Verbrecher, ein Schwindler und Bösewicht!“

Da wurden in der Menge drohende Stimmen laut. Noch lauter aber war die Stimme des Mübarek selbst. Er hatte sich erhoben, streckte die Hand gegen mich aus und rief: „Er ist ein Giaur, ein ungläubiger Hundesohn. Ich verfluche ihn. Möge die Hölle sich unter ihm öffnen und die Verdammnis ihn verschlingen. Die bösen Geister werden – –“

Weiter kam er nicht. Mein kleiner Hadschi hatte ausgeholt und ihm mit der Peitsche einen solchen Jagdhieb versetzt, daß der alte Sünder sich unterbrach und einen gewaltigen Luftsprung machte.

Das war ein großes Wagnis, wie sich gleich zeigte. Nach einem Augenblick drohender Stille schallten von allen Seiten Schreie des Zornes unter den Zuschauern. Die Hinteren drängten vor. Die Sache konnte verhängnisvoll werden. Da trat ich schnell an die Seite des Mübarek und rief, so laut ich konnte: „Rahat, ßükjut – Ruhe, seid still! Ich werde euch beweisen, daß ich recht habe. Halef, hole die Flamme her! – – Schaut her, ihr Leute, wer der Mübarek ist und wie er euch täuscht! Seht ihr diese Krücken?“

Ich nahm den Schwindler mit der rechten Hand beim Genick und preßte ihm den dünnen Hals zusammen. Mit der Linken riß ich ihm den Kaftan auseinander. Richtig, da hing an jeder Seite eine Krücke. Beide waren mit Gelenken versehen und konnten zusammengeschlagen werden. Bei dieser Gelegenheit sah ich, daß die Innenseite des Kaftans anders gefärbt war als die Außenseite. Das Kleidungsstück hatte viele Taschen. Ich griff in die erste beste und fühlte einen haarigen Gegenstand. Ich zog ihn heraus. Es war eine Perücke, genau das wirre, struppige Haar, wie ich es bei dem Bettler gesehen hatte.

Der Halunke war so erschrocken, daß er alle Gegenwehr vergaß. Jetzt aber stieß er Hilferufe aus und schlug mit den Armen um sich.

„Osko, Omar, haltet ihn! Greift aber tüchtig zu! Wenn es ihm auch weh tut!“

Die beiden Genannten packten ihn, so daß ich nun beide Hände frei bekam. Da Halef ein Ölgefäß herbeigeholt hatte, wurde unsre seltsame Gruppe hell erleuchtet, so daß die Anwesenden alles deutlich sehen konnten. Sie verhielten sich ruhig.

„Dieser Mensch, den ihr für einen Heiligen haltet“, fuhr ich fort, „ist ein Verbündeter des Schut oder wohl gar der Schut selbst. Seine Hütte ist der Aufenthalt von Dieben und Räubern, wie ich euch nachher beweisen werde. Er schleicht in allerlei Verkleidungen im Land umher, um Gelegenheiten zu Verbrechen auszukundschaften. Er und der Krüppel Busra sind eine und dieselbe Person. Hier hat er sich die Krücken unter den Achseln angebunden. Wenn sie beim Gehen aneinanderstießen, habt ihr geglaubt, daß seine Gebeine klappern. Hier ist die Perücke, die er als Krüppel trug.“

Ich leerte nach und nach seine Taschen, betrachtete die einzelnen Gegenstände und erklärte deren Gebrauch: „Hier ist eine Büchse mit Färbemehl, das dazu diente, seinem Gesicht schnell eine andere Farbe zu geben. Da ist der Lappen, mit dem er sich die Farbe rasch wieder abwischen konnte. Jetzt seht ihr eine Flasche, noch halb voll Wasser, jedenfalls um sich auch an Orten, wo kein Wasser vorhanden war, nach Bedürfnis reinigen zu können. Und nun kommt – ja, was ist denn das? Das sind zwei kleine Halbkugeln aus Gummi. Er hat sie sich in die Backen gesteckt, wenn er den Bettler vorstellen wollte. Das Gesicht war dann dicker als vorher. Erkennt ihr die verschiedene Färbung des Kaftans? Als Bettler zog er ihn aus, drehte die dunkle Seite nach außen und schlang ihn um den Leib. Dann sah das Gewand wie ein altes Tuch aus. Habt ihr jemals den Mübarek und den Bettler zusammen getroffen? Gewiß nicht. Das war unmöglich, da beide nur eine Person waren. Und hat der Mübarek sich nicht grad zu jener Zeit zum erstenmal blicken lassen, als auch der Bettler in diese Gegend kam?"

Diese letzteren Beweisgründe schienen überzeugend zu sein, denn ich hörte von allen Seiten Ausrufe verwunderter Zustimmung erschallen.

Jetzt zog ich ein kleines Päckchen aus einer der Taschen. In einen alten Lappen gewickelt erschien ein Armband von alten, venezianischen Goldzechinen. Bei einigen Münzen war die Prägung gut erhalten. Ich sah beim Schein der Flamme auf der Vorderseite das Bild des heiligen Markus, der dem Dogen die Kreuzesfahne reicht, und auf der Rückseite das Bild eines andern, mir unbekannten Heiligen, von Sternen und der Inschrift umgeben: „*Sit tibi, Christe, datus, quem tu regis, iste ducatus.*"

„Hier ist ein Bilesik von zwölf goldnen Münzen, in einen Lappen gewickelt", erklärte ich. „Wer weiß, wo er es gestohlen hat! Wenn ihr nachforscht, wird die Besitzerin sich vielleicht finden lassen."

„On iki sikke-mi – zwölf Münzen?" rief eine Frauenstimme hinter mir. „Zeig her! Mir ist ein solches Armband in voriger Woche aus der Truhe gestohlen worden."

Nohuda, die „Erbse", war die Sprecherin. Sie trat herbei, nahm mir das Armband aus der Hand und betrachtete es.

„Allah!" rief sie. „Es ist das meinige. Es ist ein altes Erbstück meiner mütterlichen Vorfahren. Schau her und überzeuge dich, daß es wirklich mir gehört!"

Sie gab es ihrem Mann.

„Bei Allah, es ist dein Armband!" stimmte dieser bei.

„So besinne dich, Nohuda, ob der Mübarek zur betreffenden Zeit bei dir gewesen ist", sagte ich.

„Der Mübarek nicht, aber der Krüppel. Er wurde hereingerufen, um ein Essen zu empfangen. Ich hatte meinen Schmuck auf dem Tisch liegen und legte ihn in die Truhe zurück. Das hat er gesehn. Als ich zufällig nach einigen Tagen nachschaute, war das Bilesik weg."

„So kennst du nun den Dieb."

„Er ist's. Er hat es; es ist erwiesen. O du Spitzbube! Ich kratze dir die Augen aus. Ich werde –"

„Still jetzt!" unterbrach ich die Frau in der Befürchtung, daß der Fluß ihrer Rede, einmal in Überschwemmung geraten, nicht so bald versiegen würde. „Behalte das Band und laß den Dieb bestrafen! Ihr seht jetzt, welch einen Menschen ihr verehrt habt. Und dieser Räuber ist sogar zum Basch Kiatib ernannt worden und hat über andre mit zu Gericht gesessen. Mich hat er in die Hölle verflucht und fast hätte ich mir seinetwegen den Zorn dieser braven Versammlung zugezogen. Ich verlange, daß er an einem sichern Ort eingesperrt werde, von dem kein

Entkommen möglich ist, und daß dem Machredsch von Saloniki Anzeige erstattet werde."

Man stimmte mir nicht nur bei, sondern es ließen sich zahlreiche Rufe hören: „Prügelt ihn vorher! Gebt ihm die Bastonade! Zerschlagt ihm die Fußsohlen!"

„Tschewirinis bojununu – dreht ihm den Hals um!" eiferte die „Erbse" voller Grimm über den an ihr verübten Diebstahl.

Der Mübarek hatte bis jetzt nichts gesagt. Nun aber schrie er: „Glaubt ihm nicht! Er ist ein Giaur. Der Fremde ist der Dieb. Er hat mir das Armband soeben erst in die Tasche gesteckt. Er – – wai, wai!"

Er unterbrach sich mit diesem Ausruf des Schmerzes, weil ihm Halefs Peitsche auf den Rücken knallte.

„Warte, Schurke!" rief der Hadschi. „Ich will dir auf den Rücken schreiben, daß wir erst heute in diese Gegend gekommen sind. Wie kann dieser Effendi das Band gestohlen haben? Übrigens ist ein so berühmter Mann kein Dieb. Hier hat du die Beglaubigung dafür."

Halef maß ihm noch einige so kräftige Hiebe über, daß der Getroffene laut aufbrüllte.

„Aferin, aferin – bravo, bravo!" riefen die gleichen Leute, die mir noch vor wenigen Augenblicken gefährlich werden wollten.

Der Kodscha baschi wußte nicht, was er tun und was er sagen sollte. Er ließ mich machen. Doch hatte er schleunigst die Gelegenheit benutzt und sich wieder auf den Amtsstuhl niedergesetzt. So war doch wenigstens seine Ehre gewahrt. Seine Beisitzer verhielten sich schweigsam. Sie mochten eine Art Beklemmung fühlen. Die Polizisten erkannten, daß meine Aktien zu steigen begannen, und in der Voraussetzung, daß ich mich darum in guter Laune befinden und ihnen nicht mehr gefährlich sein würde, kamen sie – einer nach dem andern – wieder herbei.

„Bindet den Mann!" befahl ich ihnen. „Fesselt ihm die Hände!"

Sie gehorchten augenblicklich, und keiner der anwesenden Gerichtsbeamten erhob Einspruch gegen meine Eigenmächtigkeit.

Der Mübarek sah wohl ein, daß es für ihn geraten sei, sich zu fügen. Er ließ sich binden, ohne Widerstand zu leisten, und setzte sich dann auf seinen Platz, wo er in sich zusammensank. Die Beisitzer standen schnell von ihren Plätzen auf. Sie wollten nicht die Bank mit einem überführten Verbrecher teilen.

„Und nun zu deinem Richterspruch", sagte ich zum Kodscha baschi. „Kennst du die Gesetze deines Landes?"

„Natürlich muß ich sie kennen", entgegnete er. „Ich habe an der Zivilhochschule studiert."

„Das glaube ich nicht."

„Warum nicht?" fragte er beleidigt. „Ich kenne das ganze geistliche Recht, das auf dem Koran beruht, auf der Sunna und auf den Entscheidungen der vier ersten Kalifen."

„Kennst du auch das Mülteka el buhur, das euer Zivil- und Kriminalgesetzbuch ist?“

„Ich kenne es. Es ist vom Scheik Ibrahim Halebi verfaßt.“

„Wenn du diese Verordnungen wirklich kennst, warum handelst du dann nicht nach ihnen?“

„Ich habe mich stets und auch heute streng nach ihnen gerichtet.“

„Das ist nicht wahr. Es steht geschrieben, daß der Richter selbst dem schlimmsten Verbrecher, bevor er ihm das Urteil spricht, die Verteidigung gestatten muß. Ihr aber habt meinen Freund und Begleiter verurteilt, ohne ihn ein einziges Wort sprechen zu lassen. Euer Urteil gilt also nichts. Auch müssen bei der Verhandlung alle Angeklagten und Zeugen vollzählig beisammen sein. Das war aber keineswegs der Fall.“

„Es sind ja alle da!“

„Nein. Es fehlt der Handschi Ibarek. Wo ist er?“

Der Richter wackelte verlegen mit dem Kopf, stand dann auf und antwortete: „Ich werde ihn holen.“

Er wollte fortgehen; ich aber ahnte, was mit Ibarek geschehen war, und hielt den Kodscha baschi am Arm zurück, während ich den Saptijelern gebot:

„Holt Ibarek! Bringt ihn aber genau in dem Zustand herbei, in dem er sich jetzt befindet!“

Zwei von ihnen entfernten sich und führten nach kurzer Zeit den Wirt herbei. Die Hände waren ihm auf den Rücken gebunden.

„Was ist das? Was hat der Handschi begangen, daß man ihn bindet?“ fragte ich. „Wer hat den Befehl dazu gegeben?“

Der Kodschi baschi warf den Kopf herüber und hinüber und erwiderte: „Der Mübarek wollte es so haben.“

„So muß also der Kodscha baschi das tun, was der Basch Kiatib befiehlt? Und doch sagst du, du hättest die Gesetze studiert! Dann ist es freilich kein Wunder, wenn in deinem Bezirk die ärgsten Spitzbuben für Heilige gehalten werden.“

„Ich war in meinem Recht“, verteidigte der Beamte sich kleinlaut.

„Das kannst du mir nicht beweisen.“

„O doch! Euch habe ich nicht festsetzen lassen, weil ihr fremd seid. Dieser Handschi aber ist ein Bewohner unsrer Gegend. Er steht unter meiner Gewalt.“

„Und du meinst, es sei dir erlaubt, diese Gewalt zu mißbrauchen? Da stehen einige hundert deiner Untergebenen. Meinst du, daß du mit ihnen machen kannst, was dir beliebt? Vielleicht hast du es bisher getan. Sie werden sich das heutige Vorkommnis merken und in Zukunft Gerechtigkeit verlangen. Ibarek ist bestohlen worden. Er kam zu dir, um von dir Hilfe zu erbitten. Anstatt sie ihm zu gewähren, hast du ihn fesseln und einsperren lassen. Wie willst du diese Ungerechtigkeit verantworten? Ich verlange, daß du ihm augenblicklich die Fesseln löst.“

„Die Polizisten sollen es tun."

„Nein, du selbst wirst es tun als Sühne für deine Ungerechtigkeit."

Das war dem Alten doch zu viel. Er fuhr mich zornig an: „Wer bist du denn eigentlich, daß du hier gebietest, als seist du unser Machredsch oder Bilad-i Chamse Mollalary?"

„Sieh hier meine Papiere!"

Ich gab ihm die drei Pässe hin. Als er die Teskere, das Bujuruldu und sogar den Ferman erblickte, kniff er erschrocken die kleinen Triefaugen zusammen, und sein Kopf pendelte wie der Taktmesser des berühmten Regensburgers Johann Nepomuk Mälzel.

„Effendi, du stehst ja im Schatten des Großherrn!" rief er aus.

„Dann sorge dafür, daß ich einen Teil dieses Schattens auf dich werfe!"

„Ich werde tun, was du begehrst."

Der Richter trat zu Ibarek und löste ihm den Strick.

„Bist du nun zufrieden?" fragte er.

„Einstweilen, ja. Es wird aber noch mehr von dir verlangt. Dein Saptije Selim hat dir grundfalschen Bericht erstattet. Das Zusammentreffen war ganz anders als er erzählte. Der Mübarek wird ihm eingegeben haben, wie er sprechen müsse, um uns soviel wie möglich zu schaden."

„Das glaube ich nicht."

„Ich aber glaube es, denn er hat den Mahonadschi auch verleitet, ein falsches Zeugnis gegen mich abzulegen."

„Ist das wahr?"

Diese Frage war an den Fährmann gerichtet, der jetzt glaubte, daß der Mübarek ihm nun nicht mehr schaden könne, und deshalb furchtlos erzählte, wie er von ihm unterwiesen worden sei.

„Du siehst", sagte ich zum Kodscha baschi, „daß ich diesem Mann keineswegs nach dem Leben getrachtet habe. Ich sah, daß er den Spion des Alten machte, und nahm ihn mit mir, um nach der Angelegenheit zu forschen. Das ist alles. Wenn du mich dafür bestrafen willst, so bin ich bereit, meine Verteidigung anzutreten."

„Effendi, von einer Bestrafung kann keine Rede sein, du hast keinen Fehler begangen."

„So kann auch mein Begleiter nicht wegen des Polizisten bestraft werden, denn nicht Hadschi Halef, sondern ein andrer trägt die Schuld an dem Vorkommnis."

„Wer ist der andre?"

„Du selbst bist es."

„Ich? – Wieso?"

„Als Ibarek bestohlen worden war, kam er zu dir, um Anzeige zu erstatten. Was hast du getan, um deine Pflicht zu erfüllen?"

„Alles, was ich konnte."

„So? – Was war das?"

„Ich habe Selim den Auftrag gegeben, er soll nachsinnen, was zu tun sei."

„Die andern Saptijeler hast du nicht damit betraut?"

„Nein; denn das war überflüssig. Sie hätten ja doch nichts entdeckt."

„So müssen deine Polizisten große Dummköpfe sein, weil du gleich von vornherein weißt, daß sie keinen Erfolg haben werden. Die Tat ist hier geschehen. Warum hast du dann diesen Selim, der sich erst seit kurzem hier befindet, mit der Sache betraut?"

„Weil er der Klügste ist."

„Ich denke, du hast einen andern Grund."

„Effendi, welchen andern Grund sollte ich haben?"

„Ein guter Beamter setzt alle Hebel an, den Täter eines solchen Verbrechens zu entdecken. Du aber hast es verschwiegen und dem einen, dem du es mitteiltest, hast du fast eine ganze Woche Zeit gegeben, sich die Sache zu überlegen. Es hat den Anschein, als ob du wünschst, daß die Diebe entkommen mögen."

„Effendi, was denkst du von mir?"

„Meine Ansicht richtet sich genau nach deinem Verhalten. Nichts lag näher, als daß du hier in Ostromdscha die Täter suchen ließest."

„Sie sind ja nach Doiran geritten!"

„Das zu glauben, muß man sehr befangen sein. Kein Dieb wird sagen, wohin er sich wenden will. Soviel mußt du als alter Richter doch wissen. Wie nun, wenn ich entdecke, daß du ein Freund dieser Verbrecher bist?"

Er begann fürchterlich mit dem Kopf zu wackeln, jedenfalls vor Bestürzung.

„Effendi, ich weiß nicht, was ich dazu sagen soll!" rief er aus.

„Sag lieber nichts, denn meine Meinung bleibt doch unverändert. Wenn du dich der Sache derartig angenommen hättest, wie es deine Pflicht war, so wären die Diebe längst entdeckt."

„Glaubst du, daß sie freiwillig kommen, um sich bei mir zu melden?"

„Nein; aber ich glaube, daß sie hier in Ostromdscha sind."

„Unmöglich! Es sind in keinem Han drei Reiter abgestiegen."

„Das wird ihnen auch nicht einfallen. Sie werden sich nicht so nahe am Tatort öffentlich zeigen. Sie haben sich versteckt."

„Soll ich wissen, bei wem?"

„Warum nicht? Ich bin ein Fremder und weiß es doch."

„So mußt du allwissend sein."

„Nein, aber ich habe gelernt nachzudenken. Solche Verbrecher werden sich nur bei gleich schlechten Leuten verstecken. Wer aber ist der schlechteste Mensch in Ostromdscha?"

„Meinst du den Mübarek?"

„Du hast's erraten."

„Bei ihm sollen sie sein? – Da irrst du dich."

„Ich irre mich auf keinen Fall. Wenn du die Diebe fangen willst, so mußt du hinauf zur Ruine gehen."

Er blickte zum Mübarek hinüber, und dieser erwiderte den Blick. Es war mir ganz so, als ständen die beiden doch im Einvernehmen.

„Der Weg würde vergeblich sein, Effendi", behauptete der Richter.

„Ich bin vom Gegenteil überzeugt und sage dir, daß wir nicht nur die Diebe, sondern auch die gestohlenen Gegenstände finden werden. Darum fordere ich dich auf, mir mit deinen Polizisten zu folgen."

„In dieser Dunkelheit?"

„Fürchtest du dich?"

„Nein; aber solche Menschen sind gefährlich. Sind sie wirklich oben, so werden sie sich verteidigen. Warte lieber, bis es morgen Tag geworden ist."

„Bis dahin könnten sie entkommen sein. Nein, wir gehen jetzt! Sorge dafür, daß wir schnell aufbrechen können, und gib Befehl, daß Laternen mitgenommen werden!"

„Nehmen wir den Mübarek mit?"

„Ja. Er wird uns führen."

„So erlaube, daß ich für Beleuchtung sorge."

Der Richter begab sich ins Haus. Da es aber nicht in meinem Sinn war, dem Kodscha baschi, der sicher mit dem Mübarek im Einverständnis war, auch nur einen Augenblick allein zu lassen, winkte ich Omar herbei.

„Omar, geh dem Kodscha baschi nach und laß ihn nicht aus dem Auge! Sorge dafür, daß er mit niemand heimlich spricht, und keine Maßnahmen trifft, mit denen ich nicht einverstanden sein kann."

Omar entfernte sich durch die Tür, durch die der Richter verschwunden war. Auch viele der Anwesenden eilten fort; ich vermutete, um Laternen oder etwas Ähnliches zu holen und uns zu begleiten. Ibarek hatte bisher still zugehört. Jetzt fragte er mich:

„Effendi, glaubst du wirklich, daß wir die drei Spitzbuben fangen und daß ich mein Eigentum zurückerhalte?"

„Ich bin überzeugt davon."

„Effendi, ich kann dich nicht begreifen! Es scheint, daß du alles weißt. Ich gehe mit Freuden hinauf zur Ruine."

„Was sagst du nun zu dem Heiligen? Du hast ihn gepriesen, obwohl du ihn fürchtetest. Und als du von ihm sprachst, ahnte ich bereits, daß er ein großer Halunke sei. Die Diebe deines Eigentums sind bei ihm."

Der Kodscha baschi kehrte bald zurück und brachte mit Omar einige Laternen, mehrere Fackeln und eine Anzahl Kienspäne herbei. Mein fragender Blick wurde von Omar mit einem verneinenden Wink beantwortet. Der Richter hatte ihm demnach keinen Grund zum Einschreiten gegeben. Andre Leute kamen mit ähnlichen Beleuchtungsgegenständen herbei, und dann setzte der Zug sich in Bewegung. Ein nächtlicher Zug zur Ruine hinauf, um Diebe zu fangen, das war noch niemals dagewesen. Darum wanderte fast die ganze Bevölkerung von Ostromdscha hinter uns her. Da ich weder dem Kodscha baschi noch seinen Saptijelern traute, mußten Osko und Omar den Mübarek bewachen. Sie hatten ihn zwischen sich genommen.

Voran schritten einige Polizisten. Dann kam der Kodscha baschi mit den Herren seines Gerichts, hinter diesen der Mübarek mit seinen beiden Wächtern, dann ich mit Halef und den beiden verschwägerten Wirten, und hinter uns drein tummelte sich das Alter und die Jugend von Ostromdscha. Es war lustig zu hören, welche Meinungen geäußert wurden, auch über unsere Personen. Der eine meinte, ich sei ein großherrlicher Prinz, und der andre hielt mich für einen persischen Fürstensohn. Ein dritter schwur, ich sei ein indischer Zauberer, und ein vierter schrie überlaut, daß ich der Kronprinz aus Moskau sei und gekommen wäre, um das Land für Rußland zu erobern.

Je näher wir der Ruine kamen, desto stiller wurden die Leute. Sie sahen doch ein, daß man vorsichtig sein müsse, wenn man Spitzbuben fangen will. Am Beginn des Waldes blieben viele zurück. Das waren die Furchtsamen. Sie versicherten aber hoch und teuer, daß sie sich nur darum hier aufstellten, damit die Diebe nicht an dieser Stelle durchkommen könnten, falls es ihnen gelingen sollte, oben zu entfliehen.

Als wir dann die Lichtung erreichten, herrschte dort die Ruhe des Grabes. Die Helden fühlten sich beklommen. Die Verbrecher konnten jeden Augenblick erscheinen oder hinter jedem Baum stecken. Man trat so leise wie möglich auf, um sie nicht zu verscheuchen und – um nicht etwa der oder die erste zu sein, der oder die mit ihnen in Kampf kommen werde, denn Frauen waren auch dabei.

Diese Stille erlitt einmal eine kurze Unterbrechung. Ein schriller Schrei erscholl aus einer weiblichen Kehle. Als ich an die Stelle kam, fand ich, daß die „Erbse“ so unglücklich gewesen war, sich in die kalte Quelle zu betten, an der ich die Butterblume gefunden hatte. Die Dicke saß im Wasser und hielt ihrem geliebten Gerichtsbeisitzer eine halblaute Rede, deren Inhalt dringend wünschen ließ, daß sie diese nur geflüstert hätte. Nohuda wollte sich nicht herausziehen lassen, denn sie werde sich erkälten, wenn sie durchnäßt in der kühlen Abendluft einhergehen müsse, und nur, als ich ihr erklärte, daß das Wasser noch kälter sei als die Luft, meinte sie:

„Effendi, deinem Rat werde ich folgen. Du weißt das alles besser als andre Leute oder gar mein Mann, der mich geradewegs in dieses Loch hineingeführt hat.“

Ich zog die „Erbse“ heraus. Glücklicherweise stand das Wasser kaum einen halben Meter hoch. Ob es in der Folge ihrer durch Eisenocker verjüngten Schönheit schädlich geworden ist, weiß ich leider nicht.

Der Mübarek stand mit Omar und Osko an der Tür seiner Hütte und verlangte, hineingelassen zu werden. Da er aber in allerlei vermeintlichen Zauberkünsten bewandert war, traute ich ihm nicht. Er konnte irgendeine Vorrichtung angebracht haben, die für den Fall einer plötzlichen Gefahr oder Entdeckung berechnet war.

„Was willst du drin tun?“ fragte ich.

„Ich habe Tiere, die gefüttert werden müssen, wenn sie nicht verhungern sollen.“

„Ich selbst werde sie morgen früh füttern. Deine Heimat ist von jetzt an das Gefängnis. Doch bin ich bereit, dir den Wunsch zu erfüllen, falls du mir einige Fragen der Wahrheit gemäß beantwortest.“

„So frage!“

„Hast du Besuch?“

„Nein.“

„Bewohnt außer dir jemand die Hütte oder die Ruine?“

„Nein.“

„Kennst du einen Mann, der Manach el Barscha heißt?“

„Nein.“

„Oder einen andern namens Barud el Amasat?“

„Auch nicht.“

„Und doch sagen diese Leute, daß sie dich gut kennen.“

„Das ist nicht wahr.“

„Daß du sie heute von meiner Ankunft benachrichtigt hättest.“

„Das ist eine Lüge!“

„Und daß du dafür sorgen wolltest, daß ich eingesperrt werde. Dann wollt ihr kommen und mich ermorden.“

Er antwortete nicht sofort. Daß ich alles wußte, kam ihm jedenfalls nicht ganz geheuer vor. Es mochte in ihm die Ahnung aufdämmern, daß er heute abend hier nicht alles so wiederfinden werde, wie er es verlassen hatte. Ich hörte, wie er schluckte und schluckte, als ob er etwas hinunterwürge. Dann entgegnete er: „Effendi, ich weiß nicht, was du redest und was du von mir willst. Ich kenne die Namen nicht, die du mir genannt hast, und habe nichts mit Leuten zu tun, wie es die zu sein scheinen, von denen du sprichst.“

„So weißt du wohl auch nicht, daß zwei Brüder kommen wollen, um euch zu melden, daß ich in Melnik ermordet wurde?“

„O Allah, ich weiß kein Wort davon!“

„Du bist so unwissend, daß deine Unkenntnis mich erbarmt, und aus diesem Erbarmen will ich dir zeigen, was für gefährliche Leute sich in deiner Nähe befinden. Komm!“

Ich nahm den Heuchler beim Arm und führte ihn fort. Auf meinen Wink schritt Halef mit der Fackel voran, um zu leuchten. Die zur Kasa gehörigen Herren folgten, auch Osko, Omar und die beiden Wirte. Die andern mußten zurückbleiben, da im Innern der Ruine nicht soviel Raum vorhanden war. Was mußte in dem Mübarek vorgehen, als er jetzt bemerkte, mit welcher Sicherheit wir den Weg verfolgten, von dem er geglaubt hatte, daß er für jeden Fremden ein Geheimnis sei!

Als Halef den Efeu zurückschob, hörte ich, daß der Alte einen Fluch ausstieß, den er nicht ganz zu unterdrücken vermochte.

„Was? Pferde?“ fragte der Kodscha baschi, als wir in die Abteilung traten, die als Stall benutzt wurde.

Da es Nacht war, machten die Tiere uns ein wenig zu schaffen. Sie waren nicht angebunden und scheuten vor den Lichtern und vor den fremden Personen.

„Wo Pferde sind, müssen auch Menschen sein, denen sie gehören“, meinte Halef. „Kommt hier heraus, so werden wir sie finden.“

Die drei Gefesselten lagen noch so da, wie wir sie verlassen hatten. Es wurde zunächst kein Wort gesprochen. Ich band mit Halefs Hilfe die drei los, aber nur so weit, daß sie den Gebrauch der Füße wieder erhielten und aufstehen konnten.

„Manach el Barscha, kennst du diesen Mann?“ fragte ich, auf den Mübarek zeigend.

„Allah verdamme dich!“ knirschte er.

„Barud el Amasat, kennst du ihn?“

„Stürze von der Brücke des Todes in die ewige Verdammnis hinab!“ rief er wütend aus.

Da wendete ich mich an den Gefänsnisaufseher:

„Du hast nur die eine Tat begangen, daß du diesen Gefangenen befreitest. Die Strafe dieser beiden wird schwer sein; die deinige aber wird viel leichter ausfallen, wenn du zeigst, daß du kein halsstarriger Sünder bist. Sag mir die Wahrheit! Kennst du diesen Mann?“

„Ja“, gestand er, nachdem er einige Augenblicke lang mit sich zu Rat gegangen war. „Er ist der alte Mübarek.“

„Kennst du auch seinen wirklichen Namen?“

„Nein.“

„Kennen er und deine beiden Spießgesellen sich auch gegenseitig?“

„Ja. Manach el Barscha ist oft bei ihm gewesen.“

„Ich sollte in Melnik ermordet werden?“

„Ja.“

„Und heute wurde der gleiche Beschluß gefaßt. Man wollte mich im Gefängnis töten?“

„So ist es.“

„Und nun noch eins. Während du Ibarek und seinen Leuten Kartenkunststücke zeigtest, haben die beiden andern ihn bestohlen?“

„Ich nicht, sondern die andern waren es.“

„Schon gut! Du bist dabei ebenso beteiligt wie sie, denn du hast dazu beigetragen, daß der Diebstahl gelang. Ich habe genug gehört.“

Und mich an den Kodscha baschi wendend, fragte ich: „Nun, habe ich nicht recht gehabt? Sind die Diebe nicht hier in der Ruine?“

„Effendi, du hattest sie bereits gefunden, als du mit mir von ihnen sprachst.“

„Allerdings! Aber daß ich sie so schnell gefunden habe, mag dir ein Beweis sein, wie leicht es für dich gewesen wäre, deine Pflicht zu tun. Diese drei Menschen werden ins Gefängnis geführt und gut bewacht. Gleich morgen früh wirst du dem Machredsch den Bericht senden, dem ich auch den meinigen beilegen werde. Er wird dann bestimmen, was geschehen soll. Ibarek, sieh hier auf den Boden nieder! Ich glaube, das sind die Gegenstände, die dir gestohlen wurden."

Der Inhalt der Taschen und Gürtel der drei Gefangenen war von uns in drei Häufchen niedergelegt worden. Ibarek strahlte, als er sein Eigentum wiedersah. Er wollte es an sich nehmen, da erklärte der Kodscha baschi: „Halt! So schnell geht das nicht. Alle diese Gegenstände muß ich mit mir nehmen. Sie müssen bei der Verhandlung als Beweis dienen und als Richtschnur bei der Bestimmung des Strafmaßes."

Ich kannte die Gepflogenheit dieser Leute. Wer weiß, ob Ibarek jemals etwas wiederbekommen hätte! Darum antwortete ich an seiner Stelle: „Das ist nicht nötig. Ich selbst werde ein Verzeichnis dieser Gegenstände anfertigen und sie auch auf ihren Wert schätzen. Dieses Verzeichnis leistet dir die gleichen Dienste wie die Sachen selbst."

„Effendi, du bist kein Beamter!"

„Kodscha baschi, ich habe dir heute bewiesen, daß ich ein besserer Beamter wäre als du! Wenn du meinen Vorschlag von dir weist, dann werde ich dem Machredsch viel ausführlicher schreiben, als dir lieb sein kann. Also schweig! Das ist zu deinem eignen Vorteil."

Ich sah es dem Richter an, daß er mit einer Grobheit antworten wollte, aber er hielt sich doch zurück. Er mochte sich sagen, daß dies nur zu seinem Schaden wäre. Aber er erhob nun andre Ansprüche: „So mag Ibarek seine Sachen behalten, aber alles übrige, was sie bei sich gehabt haben, nehme ich an mich."

Er wollte sich bücken, um die Geldbeutel und andern Gegenstände aufzuheben.

„Halt!" sagte ich. „Diese Sachen sind bereits mit Beschlag belegt!"

„Von wem?"

„Von mir."

„Hast du das Recht dazu?"

„Gewiß! Ich werde auch über sie ein Verzeichnis aufstellen, wobei du als Zeuge dienen kannst, daß ich nichts unterschlage. Dann sende ich beides, die Liste und die Sachen, dem Machredsch ein."

„Das gehört alles in meine Hände!"

„Du sollst auch zu deinem Recht kommen. Ich überlasse dir die Pferde und was zu ihnen gehört, so hast du deinen Willen. Das andre aber gehört mir, Halef, stecke alles ein!"

Der kleine Hadschi war so schnell bei der Hand, daß in drei Sekunden alles in seinem Gürtel verschwunden war.

„Diebe!" brummte der Mübarek.

Der Lohn wurde ihm auf der Stelle. Halefs Peitsche gab ihm eine überaus deutliche und auch sehr fühlbare Antwort.

Jetzt wurden die Gefangenen durch die Ruine hinaus auf die Lichtung geschafft. Dort stand das neugierige Volk, das herbeidrängte, um die drei zu betrachten.

Ibarek erzählte mit lauter Stimme, daß er glücklich zu seinem Eigentum gelangt sei. Er war des Lobes voll.

Nun nahmen die Polizisten die vier Verhafteten in die Mitte und setzten sich mit ihnen in Bewegung. Die Menge folgte, das gelungene Abenteuer besprechend. Der Abzug wurde viel lauter bewerkstelligt als der Anmarsch.

Auch die Herren von der Obrigkeit schlossen sich dem Zuge an. Ich blieb mit Halef zurück. Er hatte mir einen Wink gegeben.

„Sihdi, ich habe noch die halbe Fackel", sagte er. „Sie ist zwar verlöscht, aber wir können sie wieder anbrennen. Wollen wir uns nicht die Hütte des Alten ansehen?"

„Ja, wir wollen es wenigstens versuchen."

„Hast du noch den Schlüssel? Ich habe gesehen, daß du ihn einstecktest, als du dem Schurken in der Gerichtsverhandlung die Taschen leertest."

„Ich habe ihn noch, weiß aber nicht, ob es der Hüttenschlüssel ist."

„Er wird es schon sein. Welche Schlüssel sollte der Alte sonst noch haben?"

Wir warteten, bis die andern verschwunden waren, und schlossen dann die Tür auf. Mit Hilfe eines Zündholzes und eines Stücks Papier wurde die Fackel wieder in Brand gesteckt, dann traten wir ein.

Wie schon erwähnt, lehnte das armselige Gebäude an der Mauer. Von außen betrachtet, schien es nur einen einzigen kleinen Raum zu enthalten. Als wir uns jetzt im Innern befanden, sahen wir, daß mehrere Stuben hintereinander lagen. Die inneren Räume gehörten zum alten Schloß, und die Hütte war in schlauer Weise an die Öffnung gesetzt worden.

Die vordere Stube war fast leer. Man sah es ihr an, daß sie nur dazu diente, Besuche abzufertigen. Als wir das zweite Gelaß betreten wollten, bemerkte ich mehrere Fäden, die oben, unten und in der Mitte quer über den Eingang liefen. Ich berührte den einen vorsichtig mit dem Griff meiner Peitsche, und sofort ertönte das Krachen eines Schusses. Katzen miauten, ein Hund bellte, Raben krächzten und allerlei andre Stimmen wurden hörbar.

„O Allah!" lachte Halef. „Wir befinden uns wahrscheinlich in der Arche des Erzvaters Noah. Aber, Sihdi, ich schlage vor, daß wir nicht weiter eindringen. Warten wir lieber, bis es Tag ist."

Ich stimmte gern bei. Wenn ich dem alten Mübarek auch keine außergewöhnlichen Kenntnisse zutraute, so konnten die seinigen doch ausgereicht haben, irgendeine wirkungsvolle Vorrichtung zum Unschädlichmachen fremder Eindringlinge zu erfinden. Wir schlossen also wieder zu und löschten die Fackel aus.

Als wir den Heimweg antreten wollten, kam eine weibliche Gestalt auf uns zugehuscht. Ich erkannte ihr Gesicht nicht. Sie aber ergriff meinen Kaftansaum und drückte ihre Lippen darauf, bevor ich es zu hindern vermochte.

„Ich sah beim Schein der Fackel, daß du es bist, Effendi, und muß dir nochmals danken."

Es war Nebatja, die Pflanzensucherin.

„Was tust du hier oben?" fragte ich sie. „Warst du schon da, als wir die Gefangenen holten?"

„Nein. Es ist keine Freude, solche unglückliche Menschen zu sehen. Aber ich war im Hof des Kodscha baschi, als du verurteilt werden solltest. Effendi, du bist tapfer gewesen, aber du hast dir auch einen bösen Feind erworben."

„Wen? Den Mübarek?"

„Den meine ich nicht, obgleich auch er dich haßt. Ich meine den Kodscha baschi."

„Ich glaube wohl, daß er mir nicht seine besondere Liebe schenken wird, aber als Feind brauche ich ihn nicht zu fürchten."

„Dennoch bitte ich dich, sei vorsichtig!"

„Ist er ein so schlimmer Geist?"

„Ja. Der Richter ist die Obrigkeit, aber im stillen unterstützt er die Leute des Schut."

„Ah! Woher weißt du das?"

„Er war oft des Nachts hier oben bei dem Mübarek."

„Hast du dich nicht getäuscht?"

„Nein. Ich habe ihn beim Mondschein deutlich gesehen und ihn in dunkler Nacht an der Stimme erkannt."

„Hm! Bist du so oft hier oben gewesen?"

„Oft, trotzdem es mir vom Mübarek verboten worden war. Ich liebe die Nacht. Sie ist die Freundin des Menschen. Sie läßt ihn mit seinem Gott allein und duldet nicht, daß er im Gebet gestört wird. Auch gibt es Pflanzen, die man nur des Nachts suchen darf."

„Wirklich?"

„Ja. Wie es Pflanzen gibt, die nur des Nachts duften, so gibt es auch solche, die nur des Nachts wachen; am Tag aber schlafen sie. Und hier oben gibt es solche Nachtfreundinnen, bei denen ich dann sitze, um mit ihnen zu sprechen und auf ihre Antwort zu lauschen. In der letzten Zeit war mir das schwer gemacht. Heut aber hast du meinen Feind entlarvt; er ist in Gefangenschaft, und da bin ich nun gleich heraufgegangen, um mir nach Mitternacht einen König zu holen."

„Einen König? Ist das auch eine Pflanze?"

„Ja. Kennst du sie nicht?"

„Nein."

„Sie ist ein König, denn wenn sie stirbt, so stirbt mit ihr das ganze Volk."

Ich hatte hier ein eigenartig und tief angelegtes Frauengemüt vor mir. Dieses Weib mußte mühsam für ihre Familie sorgen und fand doch noch Zeit, des Nachts stundenlang mit den Pflanzen zu verkehren, mit ihnen zu sprechen und die Geheimnisse ihres Daseins zu erlauschen.

„Wie ist der Name dieser Pflanze?" fragte ich neugierig.

„Es ist die Hadsch-i Marrjam. Wie schade, daß du sie nicht kennst!"

„Ich kenne sie, aber ich habe nicht gewußt, daß sie einen König hat."

„Nur wenige Menschen wissen es, und unter diesen wenigen ist selten einer so glücklich, einen König zu finden. Man muß die Hadsch-i Marrjam lieben und ihre Art und Weise genau kennen, dann findet man den König. Das Volk wächst gern auf unfruchtbaren Stellen, an Bergen, Felsbrüchen und öden Halden. Es steht immer im Kreis, der oft klein, oft auch groß ist, und genau im Mittelpunkt dieses Kreises steht der König."

Das war mir neu. Hadsch-i Marrjam heißt „Kreuz Mariens", und diese Pflanze wächst auch in Deutschland und wird vom Volk Marienkreuzdistel genannt. Wie sonderbar, daß der Name auf den Höhen des Erzgebirges grad so lautet wie am Babuna- und Plaschkawitzagebirge in der Türkei!

Nebatja fuhr in ihrem Lieblingsgegenstand fort: „Diese Distel ist sehr dürr und spröd. Sie wird nicht hoch und hat einen dünnen Stengel. Aber der König ist breit und wird alle Jahre breiter. Sein Stengel ist so dünn wie eine Messerklinge. Er kann aber so breit wie zwei Hände werden und trägt oben einen langen, schmalen Distelkopf, auf dessen dunklem Grund eine helle Zickzackschlange gezeichnet ist. Diese Schlange leuchtet in der Nacht. Ich habe diese Pflanze oft gesehen und werde sie heute wieder sehen. Wenn man den Distelkönig fortnimmt, gehen alle seine Untertanen ein. Nach Verlauf eines Monats sind sie tot. Sonst aber werden sie sehr alt. Der König, den ich heute hole, ist wohl gegen zehn Jahre alt."

„Aber wenn du ihn holst, geht doch sein Volk ein!"

„O nein! Es ist ein neuer, junger König gewachsen; da kann man den alten fortnehmen. Das muß am Sonntag nach Neumond geschehen, am heiligen Tag der Christen, deren Himmelskönigin Marrjam ist. An diesem Tag leuchtet der König am schönsten. Er leuchtet, selbst abgeschnitten, dann noch einige Nächte. Da hat er seine beste Kraft. Heut ist der erste Sonntag nach Neumond; darum hole ich mir den König in dieser Nacht. Wenn du Zeit hättest, könntest du ihn leuchten sehen."

„Ich würde mit dir gehen, denn solche Geheimnisse der Natur reizen mich sehr, aber ich muß leider in die Stadt hinab."

„So bringe ich dir morgen abend den Distelkönig, da leuchtet er auch noch."

„Ich weiß nicht, ob ich dann noch in Ostromdscha sein werde."

„Effendi, willst du so schnell fort?"

„Ja. Ich kam nicht her, um lang zu verweilen, und meine Zeit ist karg zugemessen. Doch sag: welche Kraft schreibt man dem Distelkönig zu?"

„Die gewöhnliche Hadsch-i Marrjam heilt, als Tee getrunken, die Lungensucht, falls diese nicht gar zu alt geworden ist. Die Distel hat einen Stoff, der die winzig kleinen Krankheitstiere tötet, die sich in der Lunge befinden. Vom König sagt man, daß er den Lungensüchtigen noch vom Grab wegnähme."

„Hast du das versucht?"

„Nein. Ich glaube es aber, denn der Schöpfer ist allmächtig und kann, wenn er will, den kleinsten Pflänzchen eine große Kraft verleihen."

„So komm morgen zu mir und zeige mir den König, wenn ich noch da bin. Weißt du, wo ich wohne?"

„Ich habe es gehört. Schlafe wohl, Effendi!"

„Gut Glück mit dem König, Nebatja!"

Sie ging.

„Sihdi, glaubst du das vom König der Disteln?" fragte Halef mich im Weiterschreiten.

„Ich bezweifle es nicht."

„Ich habe noch nie gehört, daß Pflanzen ihre Herrscher haben."

„Du glaubst es also nicht. Nun, wenn Nebatja mir diesen Beherrscher der Hadsch-i Marrjam bringt, wirst auch du ihn sehen."

Ich ahnte heute nicht, daß ich dem Distelkönig bald mein Leben verdanken würde. Daß die Pflanzensucherin sich jetzt seinetwegen hier oben befand, sollte mir zum größten Vorteil gereichen.

Übrigens ist der Distelkönig wirklich eine eigenartige Pflanze. Ich habe zwischen Scheibenbad und Schwarzenberg im Sächsischen Erzgebirge auf einer kahlen, abgeholzten Höhe ein Marienkreuz-Distelvolk gefunden und bin volle vier Tage dortgeblieben, um den König zu suchen.

Das Gebiet, über das die Disteln sich ausgebreitet hatten, bildete wirklich einen ziemlich regelrechten Kreis. Ich umwanderte seinen Umfang und schritt dann verschiedene Halbmesser der Mitte zu ab, doch lange ohne Erfolg. Endlich fand ich den Gesuchten an einem Punkt, an dem ich oft vorübergekommen war, ohne den König zu sehen, da er von einem Büschel dichten, dürren Schmeelgrases ganz umgeben war. Er rechtfertigte Nebatjas Beschreibung. Ich schnitt ihn ab und besitze ihn noch heut. Als ich nach ungefähr vier Monaten wieder nach Annaberg kam, unternahm ich neugierig und trotz Zeitmangel die Fußwanderung zum Fundort – die Untertanen waren eingegangen.

Diesen Beweis von der Wahrheit der Beschreibung hatte ich freilich hier in Ostromdscha nicht, aber ich glaubte ihr. Der große Linné erzählt ja mit schöner Anerkennung, daß er seine besten Funde und Beobachtungen infolge von Winken gemacht habe, die er von einfachen Menschen erhielt. Das Kind des Volkes hat einen liebevolleren Blick für die Heimlichkeiten der Natur als der sogenannte bevorzugte Mensch.

In Ostromdscha angekommen, gingen wir zum Kodscha baschi, bei dem ich das Verzeichnis anfertigte. Seine kleinen Augen funkelten, als wir den Inhalt der drei Geldbeutel zählten. Er fragte nochmals, ob ich nicht ihm die Absendung überlassen wolle, aber ich bestand darauf, daß ich das selbst besorgen werde. Es sollte sich bald zeigen, daß ich daran wohlgetan hatte. Aber er drang, jedenfalls um mich zu ärgern, darauf, daß die Beutel versiegelt und mit seinem Petschaft gestempelt werden mußten. Ich weigerte mich dessen keinen Augenblick.

Dann ließ ich mir die Gefangenen zeigen. Sie befanden sich in einem kellerartigen Raum und waren gebunden. Ich sagte dem Richter, daß dies eine unnütze Quälerei sei. Er aber meinte, daß man mit solchen Verbrechern nicht streng genug verfahren könne, und er werde während der Nacht sogar einen Polizisten als Wächter vor die Tür stellen. Ich fühlte mich also über die Sicherheit der Gefangenen beruhigt und dachte nicht, daß der Richter sie jetzt nur deshalb gebunden habe, weil zu erwarten war, daß ich kommen und nachsehen werde.

Von hier aus begab ich mich in den Han, wo jetzt das verspätete Abendmahl eingenommen wurde. Wir saßen im gleichen Zimmer wie zu Mittag beisammen. Es ging recht munter her, denn die Ereignisse des Tages gaben genug Stoff zu lebhaftem Gedankenaustausch, und so war Mitternacht längst vorüber, als wir uns zur Ruhe legten.

Ich bekam die beste Stube angewiesen, in die ich über eine Stiege gelangte. Da zwei Lager bereitstanden, nahm ich den kleinen Hadschi zu mir. Ich wußte, wie wohl ihm ein solcher Freundschaftsbeweis tat.

Meine Uhr zeigte wenig über zwei, als wir uns anschickten, die Kleider abzulegen. Da pochte es unten an das jetzt verriegelte Tor. Ich öffnete den Laden und blickte hinaus. Es stand jemand am Tor, aber ich konnte nicht erkennen, wer es war.

„Kim dir – wer ist da?“ fragte ich.

„Oh, das ist deine Stimme“, erwiderte ein weiblicher Mund. „Nicht wahr, du bist der fremde Effendi?“

„Ja. Und du bist die Pflanzensucherin?“

„Ja, Effendi. Komm herab! Ich muß dir etwas sagen.“

„Ist’s notwendig?“

„Gewiß.“

„Werde ich wieder schlafen gehen können?“

„Sogleich wohl nicht.“

„Warte! Ich komme.“

Eine Minute später stand ich mit Halef unten.

„Effendi, weißt du, was geschehen ist – oder halt, soviel Zeit hast du wohl noch: sieh meinen König Hadsch-i Marrjam!“

Nebatja gab ihn mir in die Hand, eine stachelige Distel von zweimal Handbreite, aber wirklich so dünn wie eine Messerklinge. Die helle

Zickzackschlange oben auf der langen, schmalen Krone war trotz der Dunkelheit deutlich zu erkennen. Sie „leuchtete" zwar nicht, aber sie hatte einen ziemlich bedeutenden Glanz, fast wie phosphoreszierend.

„Glaubst du mir nun?" fragte sie.

„Ich habe an deinen Worten nicht gezweifelt. Hier ist's zu dunkel; ich werde dich früh besuchen, um die Distel bei Tageslicht genau zu betrachten. Aber nun sag, was du mir mitteilen willst!"

„Etwas sehr Schlimmes: die Gefangenen sind entflohen."

„Was? Wirklich? Woher weißt du das?"

„Ich habe sie gesehen und habe sogar gehört, was sie sprachen."

„Wo denn?"

„Droben auf dem Berg, an der Hütte des Mübarek."

„Sihdi!" fuhr Halef auf. „Da müssen wir augenblicklich fort, den Berg hinauf. Wir schießen sie nieder, sonst geht es uns ans Leben."

„Warte! Wir müssen erst alles wissen. Sag uns, Nebatja, wie viele ihrer waren."

„Die drei Fremden, der Mübarek und der Kodscha baschi."

„Was? Der Kodscha baschi war dabei?" staunte ich.

„Ja. Er selbst hat sie herausgelassen und dafür vom Mübarek fünftausend Piaster erhalten."

„Weißt du das gewiß?"

„Ich habe es deutlich gehört", beteuerte Nebatja.

„So erzähle, aber alles nur kurz! Wir dürfen keine Zeit verlieren."

„Ich hatte den Distelkönig geholt und wollte über die Lichtung zurückkehren. Da sah ich vier Männer aus der Stadt kommen. Ich wollte mich nicht sehen lassen und huschte in die Ecke, die die Hütte mit der Mauer bildet, an die sie stößt. Die vier Männer wollten in die Hütte treten, die aber verschlossen war. Drei von ihnen kannte ich nicht. Der vierte war der Mübarek. Sie sprachen davon, daß der Richter sie freigelassen habe und gleich kommen werde, um sich dafür fünftausend Piaster zu holen. Wenn sie ihn bezahlt hätten, wollten sie fort; aber rächen müßten sie sich an euch. Der eine sagte, du würdest jedenfalls nach Radowitsch und Istip reiten. Unterwegs sollten euch da die Aladschy anfallen."

„Wer sind die Aladschy?"

„Ich weiß es nicht. Dann kam der Kodscha baschi. Weil niemand den Schlüssel hatte, traten sie die Tür mit den Füßen ein. Es wurde Licht gemacht und oberhalb meines Verstecks ein Fensterladen geöffnet. Aus dem Laden kamen Vögel, Fledermäuse und andre Tiere heraus, die der Mübarek freiließ. Da fürchtete ich mich und rannte so schnell wie möglich herunter zu dir. Das wollte ich dir sagen."

„Ich danke dir, Nebatja. Morgen sollst du dafür deine Belohnung haben. Geh jetzt heim! Ich habe nicht länger Zeit."

Nun kehrte ich ins Haus zurück. Zu wecken brauchte ich niemand. Daß man mich geweckt hatte, war ein sicheres Zeichen gewesen, es sei etwas vorgefallen. Man war also aufgestanden. Nach kaum zwei

Minuten waren wir bewaffnet und unterwegs: Halef, Osko, Omar und ich. Die beiden Wirte hatten Lärm schlagen wollen, aber ich hatte es ihnen verboten, denn die Flüchtlinge hätten den Lärm hören müssen und wären dadurch gewarnt worden. Ich beauftragte die Wirte, im stillen noch einige wackre Männer zu holen und mit ihnen die nach Radowitsch führende Straße zu besetzen. So mußten die Flüchtlinge ihnen auf alle Fälle in die Hände laufen, wenn es uns nicht gelang, sie vorher unschädlich zu machen.

Wir vier eilten zunächst den Bergpfad empor. Als wir den Wald erreichten, waren wir gezwungen, langsamer zu gehen. Da das Gelände nicht offen war, mußten wir uns in acht nehmen, um nicht zu stürzen. Der Weg ging steil bergan, und der Boden war zwischen den Bäumen mit Steinen besät, da das herabströmende Regenwasser allmählich die weicheren Erdbestandteile ausgewaschen hatte.

Da war es mir, als ob ich ich vor uns einen scharfen, spitzen Menschenlaut vernähme, wie wenn jemand im Schreck ein hohes, kurzes „J“ ausstößt. Dann hörte ich einen dumpfen Schall, als stürze jemand.

„Halt!“ flüsterte ich den andern zu. „Es ist ein Mensch vor uns. Bleibt stehen und verhaltet euch ganz ruhig!“

Bald näherten sich uns langsame Schritte. Sie waren unregelmäßig, denn der Mann setzte den einen Fuß langsamer vorwärts als den andern. Er hinkte. Vielleicht hatte er sich bei dem Fall verletzt. Jetzt war er nahe vor mir. Die Nacht war nicht hell, und hier zwischen und unter den Bäumen lagerte nun gar dicke Finsternis. Darum ließ mich mehr eine Ahnung als das Auge eine lange dünne Gestalt erkennen, ähnlich der des Kodscha baschi. Ich faßte sie bei der Brust.

„Dur we ßuß – halt und schweig!“ gebot ich ihm mit unterdrückter Stimme.

„Allah!“ rief er erschrocken. „Wer bist du?“

„Kennst du mich nicht?“

„Ah, du bist der Fremde! Was willst du hier?“

Vielleicht hörte er es an meiner Stimme, vielleicht war auch meine Gestalt besser zu erkennen als die seinige – er wußte, wen er vor sich hatte.

„Und du, wer bist du?“ fragte ich. „Wohl gar der Kodscha baschi, der die Gefangenen freigelassen hat!“

„Maschallah!“ schrie er laut. „Er weiß es!“

Er machte einen Seitensprung, um sich zu befreien. Ich hielt zwar fest, da ich wohl einen Fluchtversuch erwartet hatte, aber sein alter morscher Kaftan hielt nicht so fest wie ich. Ein Riß, ich hatte ein Stück des Stoffes in der Hand, und der Mann sprang unter die Bäume, wo eine Verfolgung nutzlos gewesen wäre. Dabei schrie er aus Leibeskräften: „Hajde, ßa-usch kulibeden, tschabuk, tschabuk – fort, fort aus der Hütte, rasch, schnell!“

„O Sihdi, was bist du für ein Dummkopf!“ zürnte Halef. „Hast den

Kerl schon beim Schopf und läßt ihn doch wieder los! Wenn ich das getan hätte, so –"

„Still!" unterbrach ich ihn. „Zu Vorwürfen haben wir jetzt keine Zeit. Wir müssen schnell zur Hütte, denn sein Warnungsruf läßt vermuten, daß unsre Gegner dort sind."

Da erschallte von oben herab ein fragender Ruf: „Nitschün, neje – warum, aus welchem Grund?"

„Jabandschylar, edschnebiler! Katschyn, koschyn, ßytschryn – die Fremden, die Fremden! Flieht, lauft, springt!" antwortete der Flüchtende von der Seite her.

Jetzt befleißigten wir uns der größtmöglichen Eile. Aber der holprige Weg hielt uns doch zu sehr auf. Wir waren nur wenige Schritte weitergekommen, da tat es oben einen Krach: wir sahen einen Feuerstrahl emporschießen, dann wurde es wieder dunkel.

„Sihdi, bir top fischenkler ile – das war eine Kanone mit Raketen!" meinte Halef, während er hinter mir her keuchte. „O Allah, es brennt sogar noch."

Wir sahen jetzt zwischen den Baumstämmen hindurch einen Feuerschein, und als wir dann den freien Platz erreichten, lag die Hütte vor uns, über und über brennend.

„Dort kommen sie! Seht ihr sie? Gebt Feuer!"

Wir waren vom Feuerschein hell beleuchtet und boten also ein sicheres Ziel.

„Zurück!" warnte ich und tat zu gleicher Zeit einen Sprung, der mich hinter den nächsten Baum brachte.

Die andern folgten augenblicklich meinem Beispiel, just noch zur rechten Zeit, denn es krachten drei Schüsse auf uns, von denen aber keiner traf. Noch im Sprung hatte ich das Gewehr emporgenommen. Der Aufblitz der Schüsse hatte mir die Stelle verraten, wo die Halunken sich befanden. Ich drückte keine Sekunde später ab als sie und hatte getroffen, denn eine Stimme schrie: „Ej felaket, bre ha! Jaralanmyschim! – O Unglück, zu Hilfe! Ich bin verwundet!"

„Drauf und dran!" rief der tapfre kleine Hadschi Halef Omar, während er hinter seinem Baum hervorsprang.

„Halt!" gebot ich, ihn am Arm erfassend. „Sie haben vielleicht zwei Läufe!"

„Mögen diese Schurken hundert haben, ich haue sie nieder!"

Er riß sich los, drehte sein Gewehr um und sprang über den hell erleuchteten Platz. Da blieb uns nichts andres übrig, als ihm zu folgen. Es war gefährlich, aber glücklicherweise war da drüben kein Doppelgewehr vorhanden, und zum Wiederladen hatten die Entflohenen auch keine Zeit gehabt. Wir gelangten mit heiler Haut zu dem Felsen, wo die Schüsse gefallen waren; doch war das auch der einzige Erfolg, den uns der unvorsichtige Sturmlauf einbrachte. Es war niemand mehr da.

„Sihdi, wo sind sie?" fragte Halef. „Hast du eine Ahnung davon?"

„Wo sie sind? Nein! Aber *wie* sie sind, das weiß ich genau."

„Nun, wie denn?“

„Gescheiter als wir, vor allen Dingen gescheiter als du.“

„Willst du mich schon wieder tadeln?“

„Du verdienst es. Wir hätten die Verbrecher sicher ergriffen, wenn du nicht ausgebrochen wärst.“

„Auf welche Weise denn?“

„Wenn wir, gedeckt durch die Bäume, um die Lichtung schlichen, wären wir an sie gekommen.“

„Sie wären auch schon fort gewesen.“

„Das fragt sich. Einem offnen Angriff sind die vier natürlich ausgewichen. Das heimliche Beschleichen hätte aber wohl Erfolg gehabt, besonders, wenn einer von euch zurückgeblieben wäre und einige Schüsse in die Luft abgegeben hätte. Da hätten sie geglaubt, wir seien alle noch dort.“

„So meinst du, daß wir sie nun nicht bekommen können?“

„Die Leute sind jedenfalls noch nahe, aber suche sie in dieser Finsternis! Das Feuer erleuchtet nur die Lichtung. Und selbst wenn wir wüßten, wo sie stecken, müßten wir sie in Ruhe lassen. Sie müßten uns ja kommen hören und was dann erfolgen würde, kannst du dir denken.“

„Ja, sie würden uns mit Kugeln empfangen, und ich habe mir sagen lassen, so eine Kugel sei zuweilen imstande, die Jugend im Wachstum zu behindern. Aber was tun wir nun?“

„Horchen wir!“

Dieser kurze Gedankenaustausch war selbstverständlich leise geführt worden. Es war anzunehmen, daß die vier Männer sich nicht weit von uns befanden, und wir durften sie nicht durch unvorsichtiges Sprechen zu unserm Standpunkt locken. Überdies hatten wir uns so gestellt, daß wir im Dunkeln standen.

So lauschten wir eine kleine Weile, wobei uns das Geprassel der brennenden Hütte störte. Aber nachdem das Ohr sich daran gewöhnt hatte, hörte ich mit ziemlicher Deutlichkeit ein lautes Rascheln. Auch Osko vernahm es, denn er fragte mich:

„Hörst du, daß sie da drüben durch die Büsche brechen, Effendi?“

„Nach dem Geräusch zu schließen, ist es im höchsten Fall wenig über hundert Schritt von hier, und da ich annehme, daß sich unter den Bäumen kein Strauchwerk befindet, so kann der Ring, den der Baumwuchs um die Bergkuppe bildet, an dieser Stelle nicht bedeutend sein. Das haben sie gewußt, und darum richteten sie ihre Flucht dorthin.“

„Wie können sie das wissen? Sie sind doch selbst hier fremd?“

„Manach el Barscha ist schon oft hier gewesen, und der Mübarek ist doch bei ihnen.“

Ich ging zur Hütte und riß eine Dachstange, die brennend herabhing, gänzlich los. Da das Holz sehr harzig war, brannte es wie eine Fackel. Mit dieser Leuchte verfolgte ich die Richtung, die die

Flüchtlinge eingeschlagen zu haben schienen. Meine drei Begleiter schlossen sich mir an, wobei sie die Gewehre schußbereit hielten.

Das Prasseln des Feuers hatte mich doch irregemacht. Die Breite des von Bäumen bestandenen Geländes war hier nicht so groß, als ich gedacht hatte. Wir erreichten schon nach kurzer Zeit die Büsche und sahen auch die Stelle, an der die Flüchtlinge sich durch sie den Weg gebahnt hatten. Wir folgten ihm und gelangten im gleichen Augenblick ins Freie, als meine Fackel erlosch.

Da hörten wir unter uns das Wiehern eines Pferdes, und gleich darauf erscholl lautes Pferdegetrappel durch die Nacht.

„Allaha 'ßmarladyk, chowardalar – lebt wohl, ihr Schurken!“ rief eine laute Stimme zu uns herauf. „O bir gün janadschakßynys dschehennede – ihr bratet morgen in der Hölle!“

Das war sehr deutlich gesagt. Wenn ich nicht gewußt hätte, daß man uns auflauern wolle, so hätte ich es nun erraten. Sehr klug waren diese Leute doch nicht.

Mein kleiner Halef war höchlichst ergrimmt über diese Beleidigung. Er legte beide Hände an den Mund und brüllte mit aller Kraft seiner Lunge in das nächtliche Dunkel hinein: „Scheïtana gidin – reitet zum Teufel!“ Sein Zorn war so groß, daß er ihnen noch nachschrie: „A chyrßysler, haidudlar, kayllar, kondakschilar, ipden kasykdan kurtulmuschlar – ihr Räuber, ihr Mörder, ihr Mordbrenner, ihr Schinder, ihr Galgenstricke!“

Als Antwort scholl ein lautes Hohngelächter herauf. Atemlos vor Anstrengung fragte der Kleine:

„Sihdi, habe ich es ihnen nicht fein gesteckt? Habe ich es ihnen nicht deutlich gesagt?“

„Ja, so fein, daß sie dich auslachten, wie du ja gehört hast.“

„Diese Männer haben keine Bildung. Sie wissen sich nicht zu benehmen. Sie haben keine Ahnung vom Gesetz der Höflichkeit und von den Regeln der guten Sitten. Man muß selbst seinen Feind anständig behandeln und ihn mit schönen wohlklingenden Artigkeiten besiegen.“

„Ja, das hast du jetzt bewiesen, lieber Halef. Die Schmeicheleien, die du ihnen nachgerufen hast, waren niedlich.“

„Das war nicht ich, sondern der Zorn. Hätte ich selbst gesprochen, dann wäre ich höflich gewesen. Nun sind sie fort. Was ist zu tun?“

„Jetzt nichts. Wir stehn nun wieder so da wie vor unsrer Ankunft in Ostromdscha. Unsre Feinde sind vor uns. Sie sind frei und haben sich sogar noch um einen Mann vermehrt. Jetzt kann die Jagd von neuem beginnen, und wer weiß, ob wir jemals wieder so günstige Gelegenheiten bekommen wie hier.“

„Recht hast du, Sihdi. Diesen Kodscha baschi sollte man an den Galgen hängen!“

„Er hat die Gefangenen nicht nur freigelassen, sondern ihnen auch die Pferde wiedergegeben.“

„Meinst du?“

„Selbstverständlich! Du hast doch gehört, daß sie Pferde hatten? Die sind für sie bereitgestanden.“

„Der Richter wird leugnen.“

„Seine Lügen nützen ihm nichts. Ich habe ihm ein Stück aus dem Kaftan gerissen, und das ist in meinem Gürtel.“

„Was aber willst du mit ihm machen? Hast du Gewalt über ihn?“

„Leider nicht.“

„Nun, so nehme ich die Sache in die Hand.“

„Keine neue Übereilung, Halef!“

„Sei unbesorgt, Sihdi! Ich werde mich nicht übereilen, sondern die Sache mit der größten Ruhe und Gemächlichkeit erledigen. Müssen wir jetzt nicht zur Hütte?“

„Ja. Vielleicht ist da noch etwas zu retten.“

Es wurde uns nicht schwer, den Weg zurückzufinden, den wir nun kannten. Die Wohnung des Mübarek mußte viele das Feuer nährende Stoffe enthalten haben, denn die Flamme stieg hoch empor. Es waren unterdessen Leute gekommen, die der weithin sichtbare Brand herbeigelockt hatte. Als wir unter den Bäumen hervortraten, kam von der andern Seite, wo der Weg mündete, der Kodscha baschi herbeigelaufen. Als das Oberhaupt von Ostromdscha uns erblickte, erhob er seinen Arm, deutete auf uns und rief: „Ergreift sie! Haltet sie fest! Sie sind die Brandstifter!“

Ich war über diese Frechheit mehr erstaunt als erzürnt. Der Mensch besaß eine geradezu verblüffende Unverschämtheit. Die Anwesenden, die alle wußten, wie ich ihm heut mitgespielt hatte, beeilten sich keineswegs, seinen Befehl auszuführen.

„Habt ihr's gehört?“ fuhr er seine Untertanen an. „Ihr sollt die Brandstifter ergreifen!“

Da geschah etwas, dessen er sich wohl schwerlich versehen hatte. Der kleine Halef trat auf ihn zu und fragte:

„Bis ne jis, ßewgilim – was sind wir, mein Liebling?“

„Kondakschi ßinis – Brandstifter seid ihr“, behauptete er.

„Du irrst, Kodscha baschi. Wir sind etwas ganz andres. Wir sind Gerber, und um dir das anschaulich zu machen, werden wir dir jetzt ein wenig das Fell gerben, nicht das ganze Fell, sondern nur den Teil, über dessen Festigkeit du dich dann wahrlich freuen wirst, weil du ihn zum Sitzen brauchst. Osko, Omar, kommt herbei!“

Die beiden Genannten ließen sich das nicht zweimal sagen. Zwar warfen sie zunächst einen fragenden Blick auf mich, um zu erfahren, wie ich mich zur Absicht des streitbaren Kleinen verhalten werde. Da ich weder für noch gegen sprach, sondern mich neutral verhielt, packten sie den alten Wackelkopf und legten ihn auf den Boden nieder.

Er merkte, was da vorgehen sollte, und erhob ein angstvolles Geschrei.

„Allah, Allah“, zeterte er. „Was wollt ihr tun? Wollt ihr euch an der göttlichen und menschlichen Obrigkeit vergreifen? Allah wird euch vernichten, und der Padischah wird euch in alle seine Kerker stecken. Man wird euch die Köpfe abschlagen und dann eure Leiber an den Toren aller Städte und Dörfer aushängen."

„Schweig!" befahl Halef. „Der Prophet hat seinen Anhängern geboten, jedes Schicksal geduldig hinzunehmen, weil es im Buch des Lebens verzeichnet steht. Gestern habe ich darin gelesen, daß du Hiebe bekommen sollst, und weil ich ein gläubiger Anhänger des Propheten bin, werde ich dafür sorgen, daß dieses schöne Kismet an dir in Erfüllung geht. Legt ihn auf den Bauch, wenn er überhaupt einen hat, und haltet ihn fest!"

Osko und Omar befolgten diese Weisung. Zwar wendete der Kodscha baschi seine ganze Kraft auf, um sich seinem Verhängnis zu widersetzen; die beiden kräftigen Männer waren ihm jedoch so überlegen, daß sein Widerstand ihm ebensowenig nützte wie sein fortgesetztes Geschrei.

Gern gestehe ich, daß die Sache mir nicht zusagte. Prügel auszuteilen ist nichts Anziehendes; auch waren wir hier fremd und konnten nicht wissen, wie die anwesenden Einheimischen sich dazu verhalten würden. Es waren ihrer viele da, und es kamen immer mehr herbei. Aber dieses unwürdige Oberhaupt hatte sich sehr feindselig gegen uns verhalten. Sein Handeln war ungesetzlich gewesen, und nun gar seine Beschuldigung, daß wir die Brandstifter seien, war so frech, daß ihm ein Denkzettel nicht schaden konnte. Vielleicht wirkten die Hiebe dahin, daß er später ein besserer Ausleger der Paragraphen des Gesetzes wurde.

Was die Leute betraf, die sich neugierig herbeidrängten und einen Kreis um uns schlossen, so fürchtete ich sie nicht. Der Richter hatte wahrscheinlich keinen Freund, der sich für ihn hätte opfern mögen. Er wurde also in die bezeichnete Lage gebracht. Osko hielt ihn an den Schultern nieder, und Omar kniete auf seinen Beinen. Als nun der kleine Halef seine Peitsche aus dem Gürtel nahm, ließ sich doch eine laute Stimme vernehmen: „Wollt ihr es dulden, daß unser Oberhaupt geprügelt wird? Verteidigt den Kodscha baschi!"

Von einigen Gleichgesinnten, die sich zu dem Sprecher drängten, wurde ein drohendes Murmeln erhoben. Sie schoben sich näher heran. Ich schritt langsam auf diese Gruppe zu, stieß den Kolben des Bärentöters auf den Boden, legte die Arme gekreuzt auf die Mündungen und sah, ohne ein Wort zu sagen, ihnen in die Gesichter. Sie wichen zurück.

„Tschok eji, tschok doghru, wurun onu, wurun onu – recht so, recht so, haut ihn, haut ihn!" riefen mehrere uns freundlich gesinnte Stimmen.

Halef winkte überaus huldvoll zur Seite, woher diese Stimmen erschollen waren, und begann sein mildtätiges Werk. Er gab sich diesem mit rührendem Eifer hin. Als er seine Peitsche wieder in den

Gürtel steckte, gab er dem Bestraften folgenden guten Rat: „Nun bitte ich dich, in den nächsten Tagen dich auf nichts Hartes zu setzen. Das könnte den Glanz deiner Augen, die Schönheit deines Angesichts, die Ebenmäßigkeit deiner Züge und die Feierlichkeit deiner Rede beeinträchtigen. Du darfst die Wirkung unsrer edlen Tat nicht stören und wirst dann von deiner gegenwärtigen Jugend bis ins späte Alter die Fremden segnen, deren Erscheinen dir so gnadenreich geworden ist. Wir hoffen, daß du den heutigen Tag alljährlich mit andächtiger Feier begehen wirst, und werden zu gleicher Zeit deiner stets mit besondrer Zuneigung gedenken. Erhebe dich und gib mir den Kuß des Dankes, der mir gebührt!"

Ein lautes Gelächter erscholl nach dieser mit hohem Ernst vorgetragenen Rede.

Der Kodscha baschi, von Osko und Omar nun losgelassen, stand langsam auf und legte beide Hände auf die von Halef bereits näher beschriebene Körpergegend. Als der Kleine sich ihm nahte, fuhr er ihn wütend an: „Hundesohn! Was hast du getan! Du hast den Leib der Obrigkeit entweiht. Ich werde dich und die Deinen in Fesseln legen lassen –"

„Ereifere dich nicht!" unterbrach der Kleine ihn. „Wenn du es eine Entweihung nennst, daß du nur zwanzig bekommen hast, so wollen wir den Fehler sofort verbessern. Legt ihn noch einmal nieder!"

„Nein, nein!" schrie der Bedrohte. „Ich gehe, ich gehe!"

Er wollte sich eiligst entfernen, da ergriff ich ihn am Arm.

„Bleib, Kodscha baschi! Ich muß ein Wort mit dir reden!"

„Gar nichts hast du mit mir zu reden, gar nichts!" rief er, während ich ihn in den Kreis zurückzog. „Ich mag von euch nichts mehr wissen, ich habe genug von euch!"

„Das ist sehr wahrscheinlich, aber ich will etwas von dir wissen, und darum wirst du noch einige Augenblicke bleiben. Nimm deine Hände da hinten weg! Es ziemt sich nicht, sie dort zu haben, wenn man mit einem Effendi spricht."

Er versuchte, diesem Befehl nachzukommen, aber es wurde ihm so schwer, daß er abwechselnd bald die rechte, bald die linke Hand eine rückwärtige Bewegung machen ließ.

„Du hast uns als Brandstifter bezeichnet. Welchen Grund hast du dazu?" fragte ich ernst.

Diese Erkundigung verursachte dem Alten sichtlich Unbehagen. Blieb er bei seiner Behauptung, so konnten die Hiebe sich leicht wiederholen. Widersprach er sich aber, dann stand er als Lügner da. Er kratzte sich also, während er die Rechte jenseits der Hüfte hatte, mit der Linken den kahlen Scheitel und antwortete vorsichtig: „Ich dachte es."

„Und warum dachtest du es? Ein Kodscha baschi muß jeden seiner Gedanken erläutern können."

„Weil ihr vor uns hier gewesen seid. Wir sahen den Brand und eilten herbei. Als wir hier ankamen, wart ihr auch schon da. Ist das kein Grund zum Verdacht?"

„Nein, denn wir können ja ebenso wie ihr herbeigeeilt sein, weil wir es brennen sahen. Aber besinne dich! Sind wir wirklich vor dir hier gewesen?"

„Gewiß! Ihr habt mich ja hier ankommen sehen."

„Und ich denke, du warst vor uns da."

„Unmöglich!"

„O doch! Wir sahen dich von hier kommen und haben dich erkannt."

„Effendi, du täuschst dich. Ich war daheim und schlief. Da erwachte ich durch ein großes Geschrei. Ich erhob mich, blickte aus dem Fenster und sah das Feuer auf dem Berg und eilte herbei, denn als Obrigkeit bin ich dazu verpflichtet."

„Bist du als Obrigkeit auch verpflichtet, flüchtige Verbrecher zu warnen?"

„Ich verstehe dich nicht, Effendi."

„Lüge nicht! Wo sind die vier Gefangenen, die dir anvertraut worden sind?"

„Selbstverständlich im Gefängnis."

„Sind sie gut bewacht?"

„Doppelt. Ein Polizist steht vor der Tür und ein andrer vor dem Haus."

„Was hat dann dieser hier oben zu suchen?"

Der Mann, der sich vorhin für den Kodscha baschi eingesetzt hatte, stand in der Nähe. Ich hatte in ihm gleich den Polizisten erkannt, dem die Bewachung der Gefangenen anvertraut worden war, und zog ihn jetzt unter den übrigen hervor.

Der Beamte spielte den Zornigen.

„Was hast du hier zu stehen?" herrschte er den Saptije an. „Willst du augenblicklich auf deinen Posten!"

„Laß ihn!" sagte ich. „Es gibt nichts mehr zu bewachen. Die Gefangenen sind frei."

„Frei?" gab er sich den Anschein, erschrocken zu sein.

„Verstelle dich nicht! Du weißt es doch besser als ich. Du selbst hast sie freigelassen und dafür vom Mübarek eine bedeutende Summe erhalten."

Jetzt brachte der Richter zum erstenmal beide Hände zugleich vor. Er schlug sie zusammen und schrie:

„Was sagst du? Wessen beschuldigst du mich? Wer bist du, daß du es wagst, einen Kodscha baschi zum Verbrecher zu stempeln? Geld hätte ich erhalten? Frei hätte ich die Gefangenen gelassen? Ich werde dich einsperren und mit der ganzen Strenge des Gesetzes gegen dich verfahren – nein, nein, fort, laß mich!"

Diese letzten Worte galten Halef, der ihn beim Arm ergriff und, die Peitsche erhebend, drohend fragte: „Soll ich dir auch noch andre

Gegenden gerben? Weißt du noch immer nicht, daß wir auf diese Weise nicht mit uns verhandeln lassen? Sagst du noch ein einziges Wort, das meinen Ohren nicht behagt, wird meine Peitsche sich über dich ergießen wie ein Hagel, der durch Dächer schlägt."

Ich wendete mich an die Leute und erzählte ihnen, was ich von der Nebatja erfahren hatte, ohne aber ihren Namen zu nennen. Ich fügte hinzu, daß der Kodscha baschi uns dann begegnet sei und die Verbrecher gewarnt habe.

Da trat einer hervor, in dem ich einen der Beisitzer des Gerichts erkannte, und erklärte:

„Effendi, was du uns erzählst, erfüllt mich mit Staunen. Wir haben euch viel zu verdanken, denn ihr habt den größten Verbrecher entlarvt, den es jemals hier gegeben hat. Sollten die Gefangenen wirklich entflohen sein, der angebliche Mübarek und seine Spießgesellen, so muß der, der ihnen dazu verholfen hat, auf das allerstrengste bestraft werden. Ich habe dich heute gesehen und gehört; ich glaube, daß du nichts sagst, was du dir nicht vorher überlegt hast. Du mußt also besondre Gründe haben, den Kodscha baschi anzuklagen. Da ich nun der Staatsanwalt bin, also der Oberste nach ihm, bin ich verpflichtet, an seine Stelle zu treten, wenn er sich seines Amtes unwürdig gemacht hat. Du mußt dich nun an mich wenden."

Der Mann schien brav zu denken, wenn ich ihm auch keine große Entschiedenheit zutraute. Ohne mich lang zu besinnen, erklärte ich: „Es freut mich, in dir einen Mann zu sehen, dem das Wohl der Bürger am Herzen liegt, und ich hoffe, daß du furchtlos und unparteiisch handeln wirst."

„Das werde ich tun, doch mußt du mir die Wahrheit deiner Anschuldigung beweisen."

„Gewiß!"

„Du wirst mir also sagen, woher du weißt, daß der Kodscha baschi mit den Flüchtlingen hier oben gewesen ist und vom Mübarek Geld bekommen hat."

„Nein, das werde ich nicht sagen."

„Warum nicht?"

„Ich will die Person, die alles gehört und gesehen hat, nicht in Schaden bringen."

„Sie wird keinen Schaden haben."

„Erlaube, daß ich daran zweifle. Du bist ein braver Mann, aber nicht alle Beamten sind wie du. Ich kenne euch zur Genüge. Wenn ich fort sein werde, wird dieser gute Kodscha baschi wieder nach Belieben schalten und walten. Jener Person, von der ich alles erfahren habe, würde es schlecht ergeben. Es ist darum besser, ich nenne ihren Namen nicht."

„Aber dann kannst du deine Rede nicht beweisen!"

„O doch! Das Geld, das der Kodscha baschi erhalten hat, wird sich bei ihm oder in seinem Haus finden, und daß er hier oben war und sich mir entriß, ist auch leicht zu beweisen, denn er hat ein Stück seines Kaftans in meiner Hand gelassen."

„Das ist nicht wahr!" rief der Beschuldigte. „Schau her! Fehlt etwa ein Stück?"

Er deutete mit beiden Händen auf die Stelle, an der ich ihn vorhin gefaßt hatte. Der Kaftan war unversehrt.

„Siehst du, daß du dich irrst", meinte der Staatsanwalt.

„Du scherzst", erwiderte ich lachend. „Wenn ich die Klugheit deines Gesichts mustere, so bin ich überzeugt, daß du gesehen hast, wie der Kodscha baschi sich jetzt verraten hat."

„Verraten?"

„Ja. Er will das Oberhaupt von Ostromdscha sein und macht doch die Dummheiten eines Anfängers im Verbrechen. Hast du gesehen, wohin er zeigte, als er uns jetzt seinen Kaftan wies?"

„Ja, freilich! Auf die obere Brust, da links."

„Habe ich euch aber erzählt, aus welcher Stelle ich das Stück gerissen habe?"

„Nein, Effendi."

„Nun, genau aus der Stelle, auf die der Richter gedeutet hat. Woher weiß er das?"

Der Vertreter des Gesetzes sah mich verblüfft an und fragte: „Effendi, bist du vielleicht ein Oberster der Polizei?"

„Warum fragst du so?"

„Weil nur ein hoher Beamter so scharfsinnige Gedanken haben kann."

„Da irrst du dich. Ich wohne nicht im Land des Padischah, sondern in Almanja, dessen Bürger so streng nach den Gesetzen handeln, daß jedes Kind sofort die Unvorsichtigkeit des Kodscha baschi bemerkt und begriffen hätte."

„So hat Allah eure Gegend mit mehr Verstand beschenkt als die unsrige."

„Aber du siehst wohl ein, daß ich recht habe?"

„Ja, da der Kodscha baschi auf diese Stelle deutete, muß er wissen, daß der Kaftan dort verletzt worden ist. Was sagst du dazu, Kodscha baschi?"

„Ich sage nichts", murrte der Gefragte. „Ich bin zu stolz, mit einem Mann, wie dieser Alaman ist, noch länger zu verkehren."

„Aber deine Haltung ist keineswegs stolz. Was suchst du mit den Händen hinter dir?" lachte ich.

„Schweig", schrie er mich zornig an. „Es wird ein großes Wehe über dich ergehen, und du wirst noch nach langen Jahren an die Folgen deiner Verleumdung denken müssen. Siehst du denn nicht, daß mein Kaftan nicht zerrissen ist?"

„Gewiß. Ich sehe aber auch, daß es ein andrer Kaftan ist. Der, den du heute anhattest und also auch vorhin getragen hast, war älter als dieser."

„Ich habe nur den einzigen Kaftan."

„Wollen sehen."

„Ja, der Kodscha baschi hat nur diesen Kaftan", mischte der Polizist sich ein.

„Du darfst nur sprechen, wenn du gefragt wirst", belehrte ich ihn. Und mich an den Staatsanwalt wendend, fuhr ich fort: „Weißt du vielleicht, wieviel Kaftane der Kodscha baschi hat?"

„Nein, Effendi. Wer bekümmert sich um das Gewand eines andern?"

„Aber du weißt wohl, wohin er die Pferde der drei Verbrecher geschafft hat? Ich überließ sie ihm."

„In seinen Stall."

„Hat er selbst auch Pferde?"

„Vier. Er hält sie gewöhnlich in seiner Umzäunung, damit sie sich im Freien befinden."

„Welche Farbe haben sie?"

„Sie sind schwarz, denn er hat eine Vorliebe für Rappen. Nicht wahr, Kodscha baschi?"

„Was gehen diese Fremden meine Pferde an!" antwortete der Gefragte.

„Sehr viel, das weißt du wohl auch", erklärte ich. „Du hast die Entflohenen mit Pferden unterstützt, und da sie Grund haben, die Farben ihrer bisherigen Rosse zu wechseln, so wirst du ihnen andre gegeben haben. Es wird für dich sehr gut sein, wenn wir dich jetzt im Besitz sämtlicher Tiere finden. Hier gibt es nichts zu retten. Die Hütte ist niedergebrannt, und in kurzer Zeit wird es dunkel sein. Der Mübarek ist so klug gewesen, sie vor seiner Entfernung anzuzünden, sonst hätten wir wohl viele Beweise schlimmer Taten darin gefunden. Er hat sogar Pulver vorrätig gehabt, sie in Brand zu setzen oder leicht in die Luft zu sprengen. Es war vom Kodscha baschi eine Verrücktheit zu behaupten, daß wir sie angezündet hätten. Grad uns lag alles daran, sie unversehrt zu finden. Gehen wir jetzt zur Wohnung des Richters, um euch zu überzeugen, daß die Gefangenen wirklich fort sind."

Als wir uns zum Gehen anschickten, sah ich den Hadschi eiligst davonspringen und gleich darauf erscholl vom Weg her seine drohende Stimme: „Halt, du bleibst, sonst steche ich dir das Messer zwischen die Rippen!"

„Laß mich!" rief eine andre Stimme. „Was habe ich mit dir zu schaffen?"

„Gar nichts, aber ich desto mehr mit dir. Du bist gefangen."

„Oho!"

„Ja, und wenn du dich nicht fügst, so habe ich hier eine Peitsche, die der Polizist sehr leicht kennenlernen kann, nachdem schon sein Gebieter ihre Liebkosung erfahren hat."

Aha! Der Polizist hatte sich beeilen wollen, vor uns zur Wohnung des Kodscha baschi zu kommen, wohl um die Familie zu warnen und vorzubereiten. Er wurde, wie sein Herr, von uns in die Mitte genommen.

Und zum zweitenmal bewegte sich ein sonderbarer Zug den Berg hinab. Einige Männer trugen Feuerbrände, um den Weg zu beleuchten. Alle Bewohner der Stadt waren wach, und als wir den Hof erreichten, war er fast ebenso voll wie am Abend.

3. Ein türkischer Staatsanwalt

Das Gefängnis war natürlich leer. Die Pferde der Entflohenen standen in dem alten, baufälligen Stall, aber die Rappen des Kodscha baschi waren fort. Die Knechte behaupteten, daß sie auf die gleiche unerklärliche Weise verschwunden seien wie die vier Verbrecher!

„Jetzt wollen wir sehen, ob wir das Geld und den alten Kaftan des Kodscha baschi finden", sagte ich zum Staatsanwalt.

„Wo willst du es suchen?"

„Bei seiner Familie."

„Die wird leugnen."

„Wir wollen es abwarten. Es kommt viel auf den Ton an, in dem man spricht. Komm mit herein!"

Wir beide traten in das Innere des Hauses, wozu wir bis jetzt niemand die Erlaubnis gegeben hatten, dem Besitzer schon gar nicht. Der Anwalt kannte die Örtlichkeit. Er tappte im Finstern voran und stieß dann eine Tür auf. Diese führte in eine kleine Stube, die einen niedrigen Tisch und einige Holzstühle enthielt. Längs der einen Wand lag ein langer Polster für jene Personen, die es liebten, sich nach orientalischer Weise zu setzen. Auf dem Tisch stand eine Tonlampe, und daneben saß ein altes Weib, das schnell den Schleier vornahm.

„Das ist die Frau", sagte mein Begleiter.

Ich trat zu ihr, ließ den Kolben des Bärentöters dröhnend auf den Boden niederfallen und fragte in meinem barschesten Ton: „Ssenin kodschanyn eßky kaftany nerde – wo ist der alte Kaftan deines Mannes?"

Wenn sie bereit gewesen war zu leugnen, so hatte mein Ton sie ganz verblüfft, den sie antwortete, auf eine zweite Tür deutend:

„Ssandykda – in der Truhe."

„Getir onu – bringe ihn!"

Die Frau ging zu dieser Tür hinaus. Ich hörte einen Holzdeckel klappen, dann kam sie wieder und brachte das verlangte Kleidungsstück. Ich nahm es ihr aus der Hand und entfaltete es. Ein Stück des linken Brustteils fehlte, und als ich den abgerissenen Fetzen hervorzog und an den Riß legte, paßte er genau an die Stelle. Die Frau beobachtete mit angstvollen Blicken unsre Bewegungen. Sie war sicher in alles eingeweiht.

„Ne aktsche – bring das Geld“, befahl ich ihr im gleichen barschen Ton.

„Ne aßl aktsche – welches Geld?“ fragte sie zögernd.

„Das dein Mann vorhin vom Mübarek bekommen hat. Wo ist es? Schnell!“ antwortete der Staatsanwalt.

Er gab sich dabei Mühe, meinen Ton nachzuahmen. Die Frau wurde so eingeschüchtert, daß sie zitternd gestand:

„Auch in der Truhe.“

„Her damit!“

Sie ging wieder in die dunkle Kammer, aber diesmal dauerte es länger, bis sie zurückkehrte. Das Geld war tief in der Truhe versteckt worden. Man hatte es in ein altes, zerrissenes Turbantuch gewickelt. Der Staatsanwalt zählte es, und es stimmte auf die Summe, die Nebatja mir genannt hatte.

„Was soll damit geschehen?“ fragte der Beamte.

„Das mußt du wissen“, erwiderte ich.

„Ich werde es beschlagnahmen.“

„Natürlich, du mußt es dem Obergericht einsenden.“

„Gewiß, und das soll geschehen, sobald der Morgen angebrochen ist. Gehen wir hinaus?“

„Nein. Ich muß erst noch ein Wort mit dieser Frau reden, der es sehr schlimm ergehen wird, wenn sie mir nicht die Wahrheit sagt. Die Bastonade ist für ein Weib in diesem Alter eine lebensgefährliche Sache.“

Da sank sie auf den Boden nieder, hob die Hände empor und rief: „Nicht die Bastonade, nicht die Bastonade, großer, berühmter, gnädiger Effendi! Ich sehe ja, daß alles verraten ist, und werde keine Unwahrheit sagen.“

„So steh auf! Man darf nur vor Allah knien. Nicht wahr, dein Herr hat die vier Männer fliehen lassen?“

„So ist es.“

„Und ihnen dazu seine Rappen gegeben?“

„Ja, alle vier.“

„Wohin sind sie?“

„Nach – nach – – nach Radowitsch!“

Da sie stockte, vermutete ich, daß sie jetzt nur teilweise gestand. Darum gebot ich ihr: „Sag alles! Warum verschweigst du mir die übrigen Orte? Wenn du nicht aufrichtig bist, werde ich doch die Bank hereinbringen und dich von den Mägden peitschen lassen müssen.“

„Effendi, ich will es sagen. Sie sind nach Radowitsch und wollen von da weiter nach Shiganzy.“

„Etwa zum Fleischer Tschurak, der dort wohnt?“

„Ja, zu diesem.“

„Und dann zur Schluchthütte?“

„Effendi, du kennst sie?“

„Antworte!“

„Ja, sie wollen dorthin."
„Und dann weiter?"
„Das weiß ich nicht."
„Was wollen sie dort?"
„Auch das habe ich nicht erfahren. Mein Gebieter sagt mir solche Dinge nicht."
„Er hat mit dem Mübarek stets Heimlichkeiten getrieben?"
„Was sie getrieben haben, das erfuhr ich nie. Aber er war oft auf dem Berg, und der Mübarek kam des Nachts zu uns."
„Was weißt du sonst noch von dieser Angelegenheit?"
„Nichts, gar nichts, Effendi. Ich habe dir alles gesagt, was ich selbst weiß."
„Ich glaube, daß du die Wahrheit sprichst, darum will ich dich nicht weiter quälen. Aber vielleicht hast du schon einmal den Namen ‚Aladschy' gehört?"
„Auch nicht."
„Effendi", meinte der Staatsanwalt, „was ist's mit diesen?"
„Kennst du sie?"
„Nein, aber ich hörte von den beiden reden."
„Also zwei sind es? Was hast du über sie gehört?"
„Es sind die schlimmsten Wegelagerer, die es gibt; zwei Brüder von riesiger Gestalt, deren Kugeln niemals fehlgehen und deren Messer stets die Stelle treffen, auf die sie gerichtet sind. Ihre Tschakane sollen entsetzliche Waffen sein. Sie schleudern diese so weit, wie eine Kugel fliegt, und treffen damit so sicher den Nacken des Gegners, dem sie den Wirbel brechen wollen, als hätte der Scheïtan selbst die Beile geworfen. Und auch im Gebrauch der Schleuder hat es ihnen noch niemand gleichgetan."
„Wo ist ihr Aufenthalt?"
„Sie sind überall, wo es gilt einen Mord oder Raub zu verüben."
„Waren sie schon einmal hier?"
„In Ostromdscha selbst noch nicht, aber in der Umgebung. Erst kürzlich sollen sie in der Gegend von Kotschana gesehen worden sein."
„Das ist gar nicht weit von hier. Ich glaube, man muß diesen Ort zu Pferd wohl in ungefähr fünf Stunden erreichen können."
„Es scheint, daß du unsre Gegend genau kennst?"
„O nein, ich schätze nur so ungefähr. Woher die beiden Brüder stammen, weißt du wohl nicht?"
„Man sagt, sie seien oben von Kalkandelen her, von den Bergen des Schar Dagh, wo die Skipetaren wohnen."
„Und warum nennt man sie Aladschy?"
„Weil sie zwei Schecken reiten, Pferde, die den Teufel ebenso im Leibe haben wie ihre Herren. Sie sollen am dreizehnten Tag des Monats Muharram geboren sein; das ist der Tag, an dem der Teufel aus dem Himmel verstoßen wurde. Ihre Herren geben ihnen täglich einen

geschriebenen Koranspruch im Futter zu fressen; darum sind sie unverwundbar, schnell wie der Blitz, gegen jede Krankheit gefeit und tun niemals einen Fehltritt."

„Der Mübarek hat diese Aladschy herbeigerufen, damit sie mir auflauern und mich töten."

„Woher weißt du das?"

„Die Person, die oben an der Hütte alles erlauschte, hat es gehört."

„Und du glaubst es?"

„Gewiß."

„Es läßt sich auch glauben, weil die beiden Unholde in unsrer Nähe gesehen worden sind. Effendi, nimm dich in acht! Dreißig Männer wie du vermögen nichts gegen diese zwei Skipetaren. Wenn sie dich erwischen, so bist du verloren. Ich meine es gut mit dir."

„Nimm meinen Dank für deine Teilnahme; aber ich fürchte sie nicht! Ich habe einen Beschützer bei mir, auf den ich mich verlassen kann."

„Wer ist denn dieser Beschützer?"

„Hadschi Halef Omar, den du gesehen hast."

Der Mann machte ein langes Gesicht, zog die Brauen empor und fragte:

„Der? Dieser Knirps!"

„Ja, doch du kennst ihn nicht."

„Wahrlich, die Peitsche versteht er vortrefflich zu führen. Aber was tut man mit der Karbatsche gegen so gewaltige Helden!"

„Du meintest, dreißig Männer meiner Art müßten sich vor den beiden Schecken fürchten. Aber ich sage dir, daß fünfzig solcher Männer, wie sie sind, nichts gegen Hadschi Halef vermögen. Ich stehe unter seinem Schutz und brauche keinen Feind zu scheuen."

„Wenn du das denkst, so ist dir freilich nicht zu helfen, und du bist verloren."

„O nein! Du mußt wissen, daß der Hadschi täglich nicht nur einen Spruch, sondern eine ganze Sure des Korans verspeist. Darum würde selbst eine Kanonenkugel von seinem Leib abprallen. Er ist stich-, hieb- und kugelfest. Um das zu verstehen, hat er Messer, Bajonette, Pulver und Zündhölzer verschluckt, und alles ist ihm so gut bekommen, als hätte er einen fetten Pilaw genossen."

Er schaute mir mit ernstem, forschendem Blick ins Gesicht und fragte nach einer Pause des Überlegens: „Kara Ben Nemsi Effendi, du scherzt wohl?"

„Ebensowenig wie der gescherzt hat, der zum erstenmal erzählte, daß die Pferde der beiden Skipetaren unverwundbar seien."

„Aber es ist doch nicht zu glauben!"

„Ich glaube es auch von den Pferden nicht."

„Oh, das ist etwas ganz andres!"

„Es ist das gleiche."

„Nein, Effendi. Ein Koranspruch auf einem kleinen Papier ist für ein Pferd nicht gefährlich, es wird leicht verdaut; aber Messer und Bajonette verschlingen! Und gar Pulver und Zündhölzer dazu! Das muß den Mann ja auseinanderplatzen lassen."

„Nun, einen kleinen Knall hat es zwar gegeben, aber der verlief sich innerlich, und auch das wäre nicht geschehen, wenn er zwei Suren gegessen hätte – statt nur einer."

„Effendi, es ist mir unbegreiflich, aber der Prophet sitzt im siebenten Himmel, und seiner Macht ist alles möglich. Ich werde mir diesen wunderbaren Hadschi genauer betrachten als bisher."

„Tu das! Ich bin überzeugt, daß er sich sogar vor hundert Strolchen nicht fürchtet."

„Darf ich ihn einmal auf die Probe stellen?"

„Wie willst du das anfangen?"

„Ich werde mit der Pistole hinter ihn schleichen und versuchen, ihm heimlich eine Kugel in den Kopf zu schießen."

„Tu das", erwiderte ich ebenso ernsthaft, wie er es mit seiner Probe meinte.

„Und du denkst, daß Hadschi Halef nichts merken wird?"

„Nun, spüren wird er es schon, denn so heimlich geht die Sache doch nicht ab. Wenn die Kugel vom Kopf abprallt, so fühlt er es dennoch, das kannst du dir denken."

„Allerdings."

„Und dann befürchte ich, daß es dir nicht gut bekommen werde. Die abprallende Kugel würde wahrscheinlich dich selbst verwunden."

„Effendi, das ist recht gut möglich."

„Und selbst wenn dies nicht geschehen sollte, dann steht mit Sicherheit zu erwarten, daß der zornige Hadschi dir sein Messer irgendwohin stößt, wo es deiner Gesundheit unzuträglich ist."

„Weshalb sollte er so zürnen?" meinte der Staatsanwalt.

„Über deinen Unglauben. Er sieht es überhaupt nicht gern, daß man ohne seine Erlaubnis solche Proben mit ihm anstellt."

„So möchte ich es lieber ganz lassen oder ihn wenigstens um Erlaubnis fragen. Meinst du, daß er sie mir gibt?"

„Ja, wenn ich deinen Wunsch befürworte."

„Tu das, ich bitte dich darum."

„Ich werde mit ihm sprechen. Jetzt aber haben wir wichtigere Dinge vor. Bist du nun von der Schuld des Kodscha baschi überzeugt?"

„Vollständig."

„So gebe ich ihn in deine Hand. Auch der beiden Polizisten mußt du dich bemächtigen, denn sie haben ihm geholfen. Was mich betrifft, so mag ich mit der Sache nichts weiter zu tun haben."

„Effendi, wie soll ich ohne dich fertig werden?"

„Das mußt du selbst wissen, weil du ja der Müdde-i-umumi bist. Indem der Padischah dir dieses wichtige Amt verleihen ließ, hat er dir dazu die nötigen Fähigkeiten zugetraut, und ich denke, daß du sein Vertrauen nicht täuschen wirst."

„O nein, gewiß nicht. Ich werde ein strenger und gerechter Richter sein. Soll ich auch diese Frau einsperren?"

„Nein, sie hat gehorchen müssen. Das Weib besitzt keine Seele, es kommt nicht ins Paradies: folglich soll es auch nicht bestraft werden für die Sünden, die der Mann begeht."

Das klang so freundlich in die Ohren der Alten, daß sie die herabhängenden Fransen meines Gürteltuchs ergriff und an ihren Schleier drückte. Indem ich mich schnell entfernte, entzog ich mich ihren Dankesworten.

Der Staatsanwalt folgte mir, den Kaftan in der Hand und das Geld im Gürtel tragend. Ich bin überzeugt, daß er es von diesem Augenblick an als sein Eigentum betrachtet hat. Ja, vielleicht hat er nach meiner Entfernung die kluge Behauptung aufgestellt, daß ich es an mich genommen hätte.

Draußen hatte man auf uns gewartet, da indessen andre angekommen waren, nämlich die Helden, die sich unter dem Befehl der beiden Wirte aufgemacht hatten, um den Flüchtigen einen Hinterhalt zu legen. Sie hatten nichts ausgerichtet, denn sonst hätten sie die Verbrecher mitgebracht.

Ibarek trat auf mich zu und fragte, zu meinem stillen Vergnügen, ganz ernsthaft: „Effendi, ihr habt sie nicht?"

„Nein, wie du hier wohl schon erfahren hast."

„Wir auch nicht."

„So! Dann brauchen wir uns wenigstens gegenseitig nichts vorzuwerfen."

„Gewiß nicht. Wir haben unsre Pflicht getan."

„Nun, wie habt ihr es denn angefangen, eure Pflicht zu tun?"

„Wir haben die Nachbarn zusammengeholt und sind dorthin gelaufen, wo du uns hingeschickt hattest."

„Wieviel Männer hattest du bei dir?"

„Wir waren zwölf."

„Das hätte genügt. Zwölf gegen vier."

„Und bewaffnet waren wir auch. Wir hätten alles niedergeschossen und niedergestochen."

„Ja, ich weiß gar wohl, daß Ostromdscha berühmt ist wegen seiner tapferen Bewohner. Hat sich denn nichts sehen und hören lassen?"

„O doch! Mehreres."

„Was denn? Berichte nur!"

„Wir sahen das Feuer und freuten uns darüber."

„Ah! Warum?"

„Weil wir glaubten, ihr hättet die Diebe in der Hütte verbrannt."

„Nein, so übermäßig tapfer bin ich nicht; übrigens waren sie gar nicht in der Hütte."

„Dann sahen wir Leute mit einer Fackel durch die Büsche kommen."

„Das war ich mit meinen Freunden."

„Dann hörten wir rufen und schimpfen."
„Erkanntet ihr die Stimmen?"
„Gewiß. Erst rief der Mübarek zu euch hinauf, und dann brüllte Hadschi Halef von oben herunter."
„Also hast du gewußt, daß es der Mübarek war?"
„Natürlich. Wir alle erkannten seine Stimme."
„So mußtet ihr ihn und seine Begleiter aufhalten."
„Das ging ja nicht. Es wäre gegen deinen Befehl gewesen."
„Wie? Was? Inwiefern?"
„Du hattest uns befohlen, ihnen die Straße zu verlegen, und das haben wir auch getan. Sie waren aber so klug, nicht auf der Straße zu reiten, sondern über die Brache, die zwischen der Straße und dem Fluß liegt."
„Und ihr begabt euch nicht dorthin?"
„Nein. Durften wir unsre Posten verlassen? Ein tapfrer Mann hält da, wohin man ihn gestellt hat, bis zum Tode aus."
Ibarek sagte das mit stolzem Selbstbewußtsein und blickte mich so herausfordernd an, als erwarte er ein besondres Lob. Wahrscheinlich machte ich in diesem Augenblick kein geistreiches Gesicht, denn Halef gab mir einen Stoß und flüsterte mir zu: „Sihdi, mach den Mund zu! Willst du einen so wackren Mann verschlingen?"
Ich war allerdings durch die sonderbare Verteidigungsrede etwas verblüfft. Und war das ein Wunder? Was soll man mit solchen Leuten machen? Tadeln? Nein. Loben? Noch weniger. Glücklicherweise erschien ein Retter in der Not, nämlich der Staatsanwalt. Diesen – als obrigkeitlichen Leiter der Angelegenheit – hätte der Bericht des tollkühnen Gastwirts am meisten beschäftigen sollen; aber er hatte nicht darauf gehört, sondern ohne Unterlaß den Hadschi betrachtet. Jetzt schob er sich zwischen diesen und mich und sagte leise: „Effendi, jetzt ist wohl die beste Zeit!"
„Wofür?"
„Zu deiner Fürsprache bei Hadschi Halef, die du mir versprochen hast. Oder willst du dein Wort nicht halten?"
War das zum Ärgern oder Lachen? Der gute Staatsanwalt bekümmerte sich viel mehr um die Kugelfestigkeit des Hadschi als um den ihm übergebenen Gerichtsfall.
„Am Morgen, wenn wir ausgeschlafen haben", erklärte ich. „Jetzt mußt du deine Pflicht tun."
„Welche denn?"
„Dort steht der Kodscha baschi, und hier hast du den Kaftan am Arm. Diese Leute warten darauf, daß er überführt wird, und du zögerst noch? Es scheint nicht, daß du deiner Pflicht genügen willst."
„O doch, Effendi! Du sollst gleich erfahren, wie ernst und streng ich mich dieses wichtigen Falles annehmen werde."
„Ich hoffe es und werde es wohl hören."
Die Polizisten waren beauftragt worden, wieder einige der schon

erwähnten Flammen anzuzünden. Dadurch war der Hof wenigstens so weit erleuchtet, daß man die Gestalten zu erkennen vermochte.

Der Staatsanwalt trat vor und rief: „Ihr Rechtgläubigen, ich stehe hier an Stelle des Padischah, dem Allah einst die Freuden des Paradieses verleihen möge. Ich muß euch verkündigen, daß der Kodscha baschi überführt ist. Wir haben den Kaftan gefunden, aus dem der fremde Effendi ein Stück gerissen hat. Er wird dem Kodscha baschi zwar nach dem Wortlaut des Gesetzes den Kaftan bezahlen müssen, was er gern tun wird, denn er ist reich, und das Geld kommt in die Kasse des Gerichts" – das sollte eigentlich heißen, in seinen Beutel – „aber er hat damit glänzend bewiesen, daß der Kodscha baschi oben auf dem Berg gewesen ist. Auch das Geld haben wir gefunden, das der Kodscha baschi erhalten hat, um die vier Halunken freizulassen. Ebenso erfuhren wir, daß er ihnen seine vier Pferde für die Flucht gegeben hat. Es ist also kein Zweifel mehr an seiner Schuld, und so frage ich dich, o Kara Ben Nemsi Effendi, wieviel du für den Kaftan bezahlen willst?"

„Allah akbar – Gott ist groß!" rief Halef neben mir.

Ich war nicht weniger erstaunt als er. Ich hatte unbedingt als nächste Folge dieser Beweisführung erwartet, daß der Kodscha baschi als gefangen erklärt würde; anstatt dessen war aber die Wirkung die, daß ich den elenden Kaftan bezahlen sollte. Ich antwortete laut: „Zu meiner Freude höre ich, o Müdde-i-umumi, daß deine Gerechtigkeit ebenso groß ist wie dein Scharfsinn. Darum frage ich dich, wer eigentlich den Kaftan zerrissen hat?"

„Doch du, Effendi!"

„O nein!"

„Kara Ben Nemsi Effendi, ich staune! Es ist schon erwiesen und uns allen bekannt."

„Habe die Güte, mich anzuhören. Ist es erlaubt, einen Mann anzuhalten, wenn er auf den Wegen des Verbrechens geht?"

„Ja, das ist sogar die Pflicht jedes Untertanen des Padischah."

„So kann ich doch nicht dafür bestraft werden, daß ich den Kodscha baschi festhalten wollte!"

„Dafür nicht."

„Und weiter habe ich nichts getan."

„O doch! Du hast ihm den Kaftan zerrissen."

„Nein. Ich forderte ihn auf stillzustehen und hielt ihn am Kaftan fest. Wäre dieser Mantel zerrissen, wenn sein Besitzer stehengeblieben wäre, wie ich es verlangte?"

„Sicherlich nicht."

„Ist er aber stehengeblieben?"

„Nein, er entsprang."

„Wer also hat den Kaftan zerrissen?"

Es dauerte eine Weile, ehe er antwortete: „O Allah! Das ist eine schwierige Frage. Ich möchte über sie weiterberichten."

„Das ist nicht nötig. Deine Gerechtigkeit reicht aus, sie zu beantworten. Ich frage dich: Ist das Stück aus dem Kaftan gerissen worden oder ist der Kaftan vom Stück weggerissen worden? Ich stand still und hielt fest; der Kodscha baschi aber riß sich und den Kaftan los."

Der Staatsanwalt blickte sinnend zur Erde, dann rief er laut:

„Hört, ihr Einwohner von Ostromdscha, ihr sollt erfahren, wie gerecht eure Richter sind. Ich entscheide im Namen des Gesetzes, das im Koran enthalten ist, daß der Kaftan vom Stück losgerissen wurde. Seid auch ihr dieser Meinung?"

Ein vielstimmiges Ja antwortete ihm.

„So sollst du mir, Effendi, noch eine Frage beantworten. Du solltest den Kaftan bezahlen, weil wir meinten, daß du ihn zerrissen hättest. Meinst du nicht, daß ihn der bezahlen muß, der ihn zerriß?"

„Ganz gewiß!" antwortete ich, innerlich erfreut über diese Wendung, denn ich ahnte seine Absicht.

„Wer aber hat ihn zerrissen?"

„Der Kodscha baschi."

„Wer muß ihn darum bezahlen?"

„Er selbst."

„Und wohin kommt das Geld?"

„In die Kasse des Gerichts."

„Und wieviel muß er bezahlen?"

„Den Wert des Kaftans im unzerrissenen Zustand."

„So ist's richtig. Du sollst ihn selbst bewerten. Wie hoch schätzt du ihn?"

„Er war alt und schmierig. Ich würde nicht mehr als fünfzehn Piaster dafür bieten."

„Effendi, das ist zu wenig!"

„Der Mantel war nicht mehr wert."

„Was sind fünfzehn Piaster für eine Kasse des Padischah!"

„Der Padischah nimmt gern auch die kleinsten Beträge an."

„Du hast vollkommen recht. Aber ist es eines Kodscha baschi würdig, einen schmierigen Kaftan zu tragen?"

„Wohl kaum."

„Gewiß nicht. Die Würde seines Amtes erfordert, daß er einen sehr guten, langen Rock trägt, und es sollte ein neuer sein. Wieviel aber kostet ein neuer Kaftan?"

„Ich habe im Basar von Stambul solche Kleidungsstücke zum Preis von dreihundert und auch fünfhundert Piaster gesehen."

„Das sind nicht die teuersten. Ein Kaftan für dreihundert Piaster mag einem armen Basch Kiatib genügen; ein Kodscha baschi aber muß wenigstens einen zu fünfhundert Piaster haben. Meinst du nicht?"

„Ich stimme dir bei."

„Soll ich nun den Kodscha baschi nach seinem Rang oder nach dem eines Basch Kiatib einschätzen und bestrafen?"

„Nach seinem eignen."

„So erteile ich ihm hiemit einen strengen Verweis, daß er seines Amtes so wenig geachtet hat und einen so schmierigen Kaftan trug, und verurteile ihn, seiner Würde gemäß, zur Bezahlung eines neuen im Preis von fünfhundert Piaster. Wenn er das Geld nicht bar hat, werde ich die Summe an seinem Eigentum pfänden und sie an die Kasse abführen. Das habe ich bestimmt und verordnet auf Grund des heiligen Korans, der unsre Regel und Richtschnur ist. Und nun soll der Kodscha baschi mit seinen beiden Polizisten gefangengenommen und eingesperrt werden. Die Strenge des Gesetzes wird ihn zermalmen."

Der Alte erhob kreischend Widerspruch. Ich aber hatte genug; ich mochte nichts mehr hören. Ich winkte meinen drei Gefährten und entfernte mich. Die beiden tapfern Wirte, die so todesmutig auf ihrem Posten ausgehalten hatten, folgten uns. Draußen vor dem Tor stand eine Frau, die gleich auf mich zutrat, als sie mich erblickte. Es war die Nebatja.

„Effendi", sagte sie, „ich habe auf dich gewartet; ich hatte Angst."

„Warum?"

„Ich fürchte die Rache der Herren vom Gericht. Hast du verraten, daß ich dir alles mitgeteilt habe?"

„Nein, kein Wort."

„Ich danke dir! So kann ich ruhig sein?"

„Ganz ruhig. Ich werde auch noch anderweit dafür sorgen, daß deine Not ein Ende hat. Wenn es Tag geworden ist, besuche ich dich."

„Effendi, du bist mir hochwillkommen, denn dein Erscheinen ist mir wie der Aufgang der Sonne gewesen. Allah gebe dir einen ruhigen Schlaf und glückliche Träume!"

Sie ging fort.

Da aber dachte ich an etwas, das mir schon auf dem Berg in den Sinn gekommen war. Ich rief sie zurück und fragte: „Kennst du die Pflanze, die Hadad[1] genannt wird?"

„Ja, sehr gut. Sie ist dornig und hat bittere Beeren von der Gestalt der Pfefferkörner."

„Wächst sie hier?"

„Hier nicht, aber gegen Banja hin."

„Schade! Ich brauche Blätter dieser Pflanze."

„Du kannst sie bekommen."

„Von wem?"

„Vom Apotheker, dem ich Bocksdorn habe holen müssen."

„Gegen welche Krankheiten verwendet er sie?"

„Als Pflaster gegen Geschwüre. Die Abkochung hilft gegen kranke Ohren und faules Zahnfleisch, gegen das Dunkel der Augen und das Schrunden der Lippen."

„Ich danke dir! Ich werde mir davon kaufen."

[1] Bocksdorn

„Soll ich dir solche Blätter bringen, Effendi?“
„Nein, ich hole sie mir selbst.“
Die Pflanze hat eine eigenartige Wirkung, die ich an mir anwenden wollte. Nur war ich ungewiß, ob ich dieser Wirkung auch trauen dürfe.
Auf dem Heimweg erzählten die beiden Wirte viel von den Heldentaten, die sie getan hätten, wenn die vier Gesuchten ihnen in den Weg gekommen wären. Ich achtete nicht auf ihr Geschwätz. Im Han angekommen, stieg ich mit Halef gleich in unsre Kammer hinauf, allein es wurde uns nicht leicht, sofort einzuschlafen. Der verflossene Tag war so ereignisreich gewesen, daß der aufgeregte Geist nur schwer zur Ruhe kam.
„Sihdi“, fragte der Hadschi, „wie lange werden wir hierbleiben?“
„Ich habe keine Lust, in diesem Nest länger zu bleiben, als nötig ist.“
„Ich auch nicht, Sihdi. Ich habe einen Ekel gegen diese Menschen bekommen. Wir müssen morgen Barud el Amasat eiligst nach.“
„Morgen? Du meinst doch heute, denn der Morgen ist schon nahe, woran ich nicht gedacht habe. Schlafen wir aus, dann besuche ich Nebatja, nachher reiten wir fort.“
„Wenn man uns nicht zwingt zu bleiben!“
„Ich lasse mich nicht halten.“
„War es recht, daß ich dem Richter die Peitsche zu kosten gab?“
„Hm!“ brummte ich.
„Oder hätten wir seine Beleidigung etwa ruhig hinnehmen sollen?“
„Nein; in dieser Beziehung gebe ich dir recht. Er hatte die Hiebe redlich verdient.“
„Ein andrer ebenso!“
„Wen meinst du, Halef?“
„Diesen Staatsanwalt. Er ist ein Halunke wie der andre. Wie wollte ich mich freuen, wenn du mir erlauben würdest, auch ihn meine Kurbatsch fühlen zu lassen!“
„Lieber Halef, du bist ganz auf deine Peitsche versessen, aber bedenke, daß das große Gefahren hat.“
„Sihdi, sind wir nicht beide dazu geschaffen, diesen Gefahren zu trotzen?“
„Ja, bisher hast du Glück gehabt.“
„Und werde es auch weiter haben.“
„Auch wenn ich nicht mehr bei dir bin? Es ist mir immer gelungen, dich loszumachen, wenn du dich mit der Peitsche verwickelt hattest. Später ist das nicht mehr möglich.“
„Sihdi, daran mag ich gar nicht denken.“
„Trotzdem mußt du dich mit diesem Gedanken von Tag zu Tag vertrauter machen. Einmal muß doch geschieden sein. Dich ruft deine Heimat und mich die meinige, und leider liegen beide so weit entfernt voneinander, daß wir uns trennen müssen.“

„Für immer?"
„Höchstwahrscheinlich."
„So willst du nie wieder nach Arabistan kommen?"
„Was ist des Menschen Wille? Ein Hauch gegen Gottes Ratschluß."
„So werde ich zu Allah flehen, daß er dich zwingt, wiederzukommen. Was hast du denn daheim? Nichts, gar nichts, keine Wüste, keine Kamele, nicht einmal Datteln und armselige Koloquinten, die kein Schakal fressen mag."
„Ich habe mehr als du – Eltern und Geschwister."
„Oh, ich habe meine Hanneh, die Zierde der Frauen und Mädchen. Welches Mädchen bekommst du daheim, wo du fremd geworden bist? Bei den Beni Arab aber kannst du wählen und dir die Schönste holen – außer meiner Hanneh. Es mag in deiner Heimat schön sein, aber eine Wüste ist sie doch nicht. Bedenke doch: du darfst nicht einmal einen Menschen, der dich beleidigt, mit der Peitsche schlagen, denn sonst geht er zum Kadi, und du wirst eingesperrt oder mußt fünfzig Piaster Strafe bezahlen. Ich würde daheim sogar den Kadi prügeln, wenn er das verlangte. Und was für Sachen mußt du essen! O Allah!"
„Davon weißt du nichts."
„Oh, einiges hast du mir gesagt, und vieles habe ich mir in Stambul über deine Heimat erfragt. Da gibt es Kartoffeln, zu denen ein kleiner Fisch verschlungen wird, den nur die essen sollen, die vom Raki betrunken worden sind. Ferner rote Rüben und Pilze, deren Gift die Eingeweide zerfrißt. Sodann Austern, die den Schnecken gleichen, und wer wird eine Schnecke essen! Auch sollt ihr Krebse verspeisen, die von toten Kröten leben, und dazu gar den Unrat von Schnepfen. Das muß ein ganz entsetzliches Leben sein! Überdies fahrt ihr auf der Eisenbahn in Käfigen, in denen man nicht aufrecht stehen kann, und wenn ihr einander anschaut, müßt ihr den Hut vom Kopf nehmen und euer Haupt beschimpfen. Wenn einer bei dem andern wohnt, so muß er dafür einen großen Mietzins bezahlen, und wer nach Allahs Gebot fleißig ist, um die Seinen zu ernähren, dem verlangt man eine Gewerbesteuer ab. Wenn bei euch eine Frau ihr Schnupftuch fallen läßt, so müssen alle Männer springen, um es ihr aufzuheben. Will aber ein Mann seinen Tschibuk rauchen, so muß er die Frauen erst um Erlaubnis bitten. Wenn eure Leute sehen wollen, welche Zeit es ist, so starren sie die Kirchtürme an; wenn aber ein Priester verlangt, daß ihr nach Allahs Willen leben sollt, so wird er Pfaff geschimpft. Wenn einer bei euch Schnupfen hat und niest, was doch ein Zeichen der Besserung und Erleichterung ist, so ruft ihr ihm ein ‚Helf Gott!' zu. Wenn er aber hustet, weil er die Schwindsucht hat, so schweigt ihr, obgleich sie weit gefährlicher als der Schnupfen ist. Eure Jünglinge hängen sich Brillen aus Fensterglas auf die Nase und eure Männer studieren, statt des Korans, bei Tag und bei Nacht das Kartenspiel. Wer bei euch einmal fröhlich sein will, der trägt die Kleider und Betten zum Pfandleiher und springt dann wie ein Unsinniger auf dem Tanzboden herum. Kann

es in einem solchen Land schön sein? Sag mir, ob du dich wirklich dorthin sehnen kannst, Sihdi!"

Der kleine brave Hadschi hatte keine gute Vorstellung vom Leben im Abendland. Aber was sollte ich ihm antworten? Wenn er auch übertrieb und manches falsch verstanden hatte, so konnte ich ihm im ganzen doch nicht unrecht geben.

„Nun, was sagst du dazu?" wiederholte er, als ich nicht gleich antwortete.

„Von dem, was du sagst, ist vieles falsch. Ferner paßt alles auf sämtliche Länder des Westens. Die Bildung bringt vieles mit sich, was eigentlich nicht zu loben ist, und – –"

„So danke ich für die Bildung, die nichts Gutes bringt. Meine Bildung besteht darin, daß ich Allah gehorche, dich, meinen Herrn und Freund, liebe und jedem Schurken meine Peitsche zeige. Sobald ich die Gegend erreiche, wo die Bildung beginnt, kehre ich um."

„So würdest du mich nicht weiterbegleiten?"

„Dich? Hm! Ja, wenn ich bei dir sein könnte und meine Hanneh bei mir hätte, dann würde ich bleiben, mich aber um das andre niemals kümmern. Wie lange brauchen wir noch, bis wir dieses Gebiet erreichen?"

„Nun, wenn wir durch nichts aufgehalten würden, müßten wir etwas länger als eine Woche reiten, bis wir ans Meer gelangen."

„Und dann?"

„Dann kommt die Trennung."

„O Sihdi, so schnell?"

„Leider! Du fährst mit dem Schiff nach Ägypten, um von da zum Stamm deiner Hanneh zu gehen, und ich reise nach Norden, in das Land, dessen Verhältnisse dir so wenig gefallen, das du aber lieben würdest, wenn du es kennengelernt hättest."

„So schnell hätte ich es mir nicht gedacht. Aber ich denke, daß ich doch einen Trost haben darf."

„Welchen?"

„Daß wir hier nicht so rasch vorwärtskommen werden. Diese vier Verbrecher, die da vor uns reiten, werden uns noch viel zu schaffen machen."

„Das meine ich auch, zumal noch die Aladschy dazukommen."

„Die Scheckigen? Hast du Neues über sie vernommen?"

Ich erzählte ihm, was ich vom Staatsanwalt gehört hatte, und erwähnte auch, daß der abergläubische Mann ihn nun für kugelfest halte.

„Sihdi", brummte Halef, „das kann mir sehr gefährlich werden!"

„O nein!"

„Gewiß! Wie nun, wenn dieser Türke mir zur Probe eine Kugel in den Kopf jagt?"

„Das wird er unterlassen, denn er hat Angst vor deinem Messer."

„Das ist wahr, Sihdi. Übrigens sind wir nicht mehr lang hier und ich werde mich in acht nehmen. Aber Spaß würde es mir doch machen, wenn wir ihn täuschen könnten."

„Ich habe auch schon daran gedacht. Es könnte das für uns von großem Vorteil sein. Unsre Feinde lassen uns gewiß beobachten, und da hätten wir schon Nutzen davon, wenn wenigstens einer oder zwei von uns für kugelfest gelten."

„Ist das nicht zu machen, Sihdi?" Der Hadschi war von diesem Gedanken so begeistert, daß er sich von seinem Lager aufsetzte.

„Hm! Vielleicht!" erwiderte ich.

„Sag nicht: vielleicht! Ich kenne dich. Wenn du so redest, so hast du schon einen bestimmten Entschluß gefaßt. Gibt es nicht ein Taschenspielerstück, das hier anzuwenden wäre?"

„Mehrere sogar."

„Sag sie mir!"

„Man könnte das Gewehr mit einer dazu gefertigten Patrone laden. Aber das taugt nichts, denn es erregt Verdacht."

„Weiter!"

„Man ladet das Gewehr und zeigt vorher die Kugel herum. Während man sie in das Pflaster wickelt, läßt man sie in den Ärmel fallen und stößt nur das Pflaster in den Lauf. Doch die Kugel kann leicht danebenfallen, und dann ist die Absicht der Täuschung verraten."

„Das ist auch nichts. Nein, nicht so! Der Kugelfeste, der auf sich schießen läßt, darf nicht selbst laden. Der Zweifler muß laden. Er und alle andern müssen überzeugt sein, daß wirklich eine Kugel im Flintenlauf steckt, und sie muß auch tatsächlich darinstecken. Geht das nicht?"

„Vielleicht."

„Man müßte einen Panzer haben."

„Das würde der Schall des Aufschlags verraten. Und wie nun, wenn der Panzer nicht gut gearbeitet wäre?"

„O Allah! Da wäre es mit deinem armen Halef vorbei, Sihdi!"

„Ja freilich, und das darf nicht sein."

„Dennoch weiß ich, daß du ein Mittel hast. Ich sehe es dir an."

„Ich kenne eins, glaube aber nicht, daß es hier zu bekommen ist."

„Was ist es?"

„Es gibt zwei Metalle, die – in richtigen Mengen miteinander vermischt – eine feste harte Kugel geben, die wie eine Bleikugel aussieht und auch fast genau so schwer ist. Beim Schuß aber fliegt die Mischung ungefähr ein Arschin[1] vor der Gewehrmündung in winzige Stäubchen auseinander."

„Welche Metalle sind das?"

„Quecksilber und Wismut. Letzteres kennst du nicht. Es ist sehr teuer und wird hier wohl kaum zu bekommen sein."

„Wo wäre es zu erhalten?"

[1] Arschin ist die türkische Elle = 0,68 m

„Nur in der Apotheke. Ich werde nach unserm Erwachen hingehen."

„Und bist du auch ganz sicher, daß die Kugel auseinanderfliegt? Sonst wäre es dennoch um deinen Hadschi geschehen."

„Keine Sorge! Ich würde erst eine Probe machen. Ich habe das Kunststück in einem Zauberbuch gelesen und es dann gleich versucht. Es gelingt vortrefflich."

„Sind aber dann die Stückchen des Metalls nicht zu sehen?"

„Nein. Das Metall zerfliegt in ganz kleine, unsichtbare Teilchen. Viel Wirkung würde das Kunststück machen, wenn du eine wirkliche Bleikugel in der Hand hieltest. Beim Schuß tut man dann so, als wolle man die aus dem Gewehr kommende Kugel auffangen und zeigt natürlich statt dieser die andre Kugel vor oder schleudert sie von sich zur Erde."

„Das tun wir, Sihdi!"

„Wenn ich Wismut bekommen kann, ja. Sonst ist es unmöglich."

„Denkst du vielleicht, daß die Wegelagerer es erfahren werden, mir könne keine Kugel schaden?"

„Ich glaube gewiß, daß sie irgend jemand hier haben, von dem sie Nachricht empfangen."

„Dann wäre es gut, wenn sie dächten, daß auch du von keiner Kugel getroffen werden kannst."

„Sicherlich."

„Also laß auch einmal auf dich schießen!"

„Das kommt darauf an, ob und wieviel Kugeln wir bekommen können. Übrigens müssen wir gegen so gewalttätige Leute möglichst listig sein. Ich werde diese Strolche deshalb in Beziehung auf mich täuschen."

„Wieso, Sihdi?"

„Am Tag werde ich einen blonden Bart haben –"

„Wie willst du das anfangen?"

„Es gibt eine Pflanze, deren Blätter, in Lauge gekocht, dem dunkelsten Haar sofort für einige Zeit eine helle Farbe geben. Solche Blätter sind in der hiesigen Apotheke zu bekommen."

„Ah, das ist die Pflanze, von der du mit Nebatja sprachst?"

„Richtig. Also das wird die beiden Räuber täuschen. Ferner werde ich euch voranreiten, um den Weg zu untersuchen."

„Sie werden dich trotzdem erkennen, denn man wird ihnen mitteilen, daß du deinen Rih reitest, einen arabischen Rapphengst mit roten Nüstern."

„Ich werde ihn nicht reiten."

„Was denn?"

„Dein Pferd. Du aber reitest den Rappen."

Kaum hatte ich das gesagt, so tat es drüben, wo Halef auf dem Lager gesessen war, einen Plumps. Im nächsten Augenblick saß der Kleine auf dem Rand meines Lagers.

„Was machst du denn, Kleiner?“ fragte ich.

„Einen Purzelbaum habe ich gemacht von meinem Lager bis herüber zu dir“, antwortete er mit fliegendem Atem. „Ist es dein Ernst, Sihdi; ich soll den Rih reiten?“

„Ich scherze nicht.“

„O Allah, Allah! Den Rih soll ich reiten? Welch ein Glück! Ich reise schon so lange, lange Monde mit dir und habe ihn doch erst zweimal reiten dürfen! Weißt du noch, wo das war?“

„Jawohl, so etwas merkt man sich.“

„Und morgen zum drittenmal! Vertraust du ihn mir denn auch gern an?“

„Sehr gern. Du bist der einzige, der ihn richtig zu behandeln versteht.“

Wenn der Kleine geahnt hätte, daß ich die Absicht hatte, ihm bei unsrer Trennung das kostbare Pferd zu schenken, er hätte noch mehrere Purzelbäume geschlagen, vielleicht gar durch die dünne Wand hindurch.

„Ja, lieber, guter Sihdi, ich habe es dir abgelauscht. Rih hat mehr Verstand als mancher dumme Mensch. Er versteht jedes Wort, jeden Laut, jeden Wink. Der Hengst ist dankbarer als ein Mensch für alles, was man für ihn tut. Ich werde ihn behandeln wie meinen Freund und Bruder.“

„Davon bin ich überzeugt.“

„Ja, du kannst dich darauf verlassen. Wie lange darf ich denn in deinem Sattel sitzen? Eine ganze Stunde?“

„Noch viel länger. Vielleicht einen ganzen Tag.“

„Was! Wie! Effendi, Sihdi, Freund und Besitzer meiner Seele! Mein Herz ist voll Wonne – es will zerspringen. Ich bin nur ein armer, geringer, dummer Ben Arab, und du bist der Würdigste der Würdigen. Dennoch mußt du mir erlauben, daß mein Mund deine Lippen berührt, die mir eine so frohe Botschaft verkündet haben. Wenn ich dir keinen Kuß gebe, zerplatze ich vor Entzücken!“

„Na, Halef, zerplatzen sollst du nicht. Bist du doch nicht zerplatzt, als du Messer, Bajonette, Pulver und Zündhölzer gegessen hattest.“

„Nein, zerplatzt nicht, aber einen innerlichen Krach hat es gegeben“, rief er, lustig lachend. Dann fühlte ich seinen Bart, sechs Haare rechts und sieben links, über meinen Schnurrbart streichen. Seine Verehrung war so groß, daß er einen eigentlichen Kuß nicht wagte. Ich drückte den guten, herzensbraven Kerl fest an mich und gab ihm einen kräftigen „Schmatz“ auf die Wange, worüber er vor Wonne nicht etwa außer Rand und Band geriet, sondern er fuhr empor und stand dann mäuschenstill vor mir, bis ich ihn fragte: „Nun, Halef, reden wir nicht weiter?“

„O Sihdi“, antwortete er beglückt, „weißt du, was du gemacht hast? Geküßt hast du mich, geküßt!“

Dann hörte ich ihn einige Schritte machen und in seinen Sachen herumsuchen.

„Was machst du denn?“ erkundigte ich mich.

„Gar nichts. Du wirst es morgen sehen.“

Es verging eine Weile, bis ich hörte, daß er wieder an sein Lager trat und sich darauf setzte. Dann fragte er:

„Also einen ganzen Tag soll ich Rih reiten? Warum so lang? Wirst du nicht bei uns sein?“

„Auf diese Frage kann ich dir jetzt noch keine Antwort geben, weil ich selbst noch nicht weiß, was geschehen wird. Ich werde mich bemühen, mein Äußeres möglichst zu verändern, und dann – –“

„Oh, dich wird man dennoch erkennen!“

„Das bezweifle ich, denn die Aladschy haben mich noch nie gesehen. Ich bin ihnen nur beschrieben worden.“

„Ja, dann ist's möglich, daß du sie täuscht. Aber werden sie nicht vielleicht selbst nach Ostromdscha hereinkommen?“

„Das ist nicht wahrscheinlich.“

„Warum nicht? Meinst du, daß sie hier für ihre Sicherheit fürchten müssen?“

„Durchaus nicht. Wie die Aladschy mir beschrieben worden sind, würden sie im Gegenteil befähigt sein, die ganze hiesige feige Bevölkerung einzuschüchtern. Aber sie dürfen sich hier nicht von mir sehen lassen und lauern uns deshalb im Freien auf. Das ist gewiß. Ich werde sogar meine Gewehre nicht mitnehmen, sondern euch überlassen. Ich reite allein und tu so, als sei ich ein schlichter Bewohner dieses Landes. Jedenfalls bekomme ich die Wegelagerer zu sehen.“

„Auch wenn sie sich versteckt haben?“

„Auch dann. Finde ich einen Ort, der sich zu einem Überfall eignet, so werde ich schon Spuren suchen, und finden werde ich sie gewiß. Was dann geschieht, weiß ich jetzt noch nicht.“

„Aber wir müssen doch wissen, was geschehen soll!“

„Gewiß. Ihr reitet in gemächlichem Schritt immer auf der Straße nach Radowitsch. Nach zwei Stunden geht es über den Fluß, und dann nach höchstens drei Stunden seid ihr dort. Hat sich unterwegs nichts ereignet und ist euch nichts aufgefallen, so kehrt ihr im ersten Han ein, der zu eurer Rechten liegt. Da können drei Fälle eintreten. Entweder bin ich noch da –“

„So ist's ja gut, Sihdi.“

„Oder ich bin wieder fort –“

„Dann hast du uns Botschaft zurückgelassen.“

„Oder ich bin noch nicht da. Dann wartet ihr, bis ich komme.“

„Und wenn du aber nicht kommst?“

„Ich komme gewiß!“

„Du bist ein Mensch und kannst dich irren. Es kann dir etwas zustoßen. Dann brauchst du unsre Hilfe.“

„So reitest du zurück, du allein, am nächsten Tag, aber nicht vor dem Mittag und nicht auf dem Rappen. Dieser bleibt im Han bei Omar und Osko zurück. Ihn will ich keiner Gefahr aussetzen. Auf diesem Rückweg wirst du schon Zeichen von mir finden. Das ist es, was wir vorher besprechen mußten. Mehr läßt sich jetzt nicht sagen. Und nun wollen wir unser Gespräch beenden. Wir bedürfen der Ruhe und wollen versuchen, ob der Schlaf uns erquicken mag."

„Bei mir kehrt der Schlaf nicht ein. Das Kugelkunststück und der Rappe lassen mir keine Ruhe. Gute Nacht, Sihdi!"

„Gute Nacht!"

Ich glaubte dem Kleinen gern, daß er sich in einer bedeutenden Aufregung befand. Es gab drei Geschöpfe, denen sein Herz gehörte. Ich wußte, daß ich da voranstand. Dann kam Hanneh, die „Zierde der Frauen und Mädchen", und hernach der Rappe. Daß er Rih reiten sollte, war ein außerordentliches Ereignis. Ich war überzeugt, daß er nicht schlafen würde.

Und so geschah es auch. Ich war selbst ziemlich angeregt und fand keine wirkliche Ruhe. Wenn die gute Nebatja nicht auf den Berg gegangen wäre, um ihre Marienkreuzdistel zu holen, so hätte sie das Gespräch nicht belauschen und mich auch nicht warnen können. In diesem Fall wäre mir morgen der Tod sicher gewesen. Wie nichtig ist doch der Wille des Menschen gegen Gottes Ratschluß! Wenn ich der kühnste, stärkste, klügste und umsichtigste Mensch wäre, ohne Nebatja wäre ich wohl verloren gewesen.

Solche Gedanken öffnen die Tür, durch die man in die Vergangenheit blickt. Wohl dem Menschen, der dann erkennt, daß er zwar selbstbestimmend auf sein Schicksal einzuwirken vermag, daß aber doch eine mächtigere Hand ihn immer hält und leitet, selbst dann, wenn er diese Hand von sich zu stoßen vermeint! So lag ich, abwechselnd sinnend und halb träumend, bis ich endlich doch in Schlummer fiel.

4. *Kugelfest*

Als ich aus dem Schlaf erwachte und den Fensterladen aufstieß, drang das helle Tageslicht zu mir herein. Meine Uhr sagte mir, daß ich dritthalb Stunden geschlafen hatte. Halef war schon aufgestanden. Ich fand ihn unten im Stall. Er putzte mit solchem Eifer an dem Rappen herum, daß er meinen Eintritt nicht bemerkte. Als er mich dann doch erblickte, fragte er: „Du auch schon auf? Im Haus schläft noch alles. Aber es ist gut, daß du schon munter bist, denn du hast notwendige Besorgungen vor."

„So? Was denn?" erkundigte ich mich, obwohl ich genau wußte, was er meinte.

„Du mußt in die Apotheke gehen."

„Das hat noch Zeit."

„Nein, Sihdi. Es dauert sehr lange, bis man solche Kugeln fertigbringt."

„Woher weißt du denn das?"

„Ich bin nicht so dumm, daß ich es mir nicht denken könnte, Sihdi."

„Nun, du magst recht haben, zumal ich auch noch die Blätter kochen muß. Aber ich weiß nicht, wo die Apotheke ist, und in der Stadt wird noch niemand auf den Beinen sein, um mir das Haus zu zeigen."

„So ein Spuren- und Fährtensucher wird doch auch eine Apotheke finden können?"

„Ich will es versuchen."

Ich öffnete das Tor und trat auf den freien Platz hinaus. Ich sagte mir, daß die Apotheke nicht in irgendeinem Gassenwinkel, sondern möglichst leicht zu erreichen und in der Mitte des Ortes liegen dürfte, und da befand ich mich ja.

Indem ich von Haus zu Haus blickte, bemerkte ich ein altes, baufälliges Ding, das ein Haus sein sollte. Nur noch an zwei wahrscheinlich auch schon lockeren Nägeln hing ein langes Brett windschief herab, dessen Inschrift glücklicherweise noch deutlich zu lesen war.

„Tabib we edschnabi Hadschi Doktor Ömer."

So stand mit weißer Schrift auf grünem Grund zu lesen. Auf deutsch: „Der Mekkapilger Ömer, Doktor der Medizin und Verkaufsladen von Arzneiwaren." Dieser Hadschi war also ein Arzt, der den Doktortitel entweder wirklich besaß oder sich ihn anmaßte.

Die Tür war verschlossen, aber ein kräftiger Stoß mit der Hand hätte mir sofort Eingang verschafft. Eine Klingel wie in der Heimat war nicht zu sehen, doch hingen an den beiden Enden eines Stricks zwei Holzdeckel grad so hoch, daß sie von einem erwachsenen Menschen erreicht werden konnten. In der Ahnung, daß dies die Hausglocke vorstellen solle, ergriff ich die Deckel und schlug sie zusammen. Das gab allerdings ein Geräusch, das geeignet war, einen Schlafenden zu wecken.

Ich mußte längere Zeit die Zimbel schlagen, bevor ich Erhörung fand. Über mir wurde ein Laden geöffnet, stückweise, denn die Bretter hingen nicht mehr zusammen. Dann kam folgendes zum Vorschein: eine elfenbeingelbe Glatze, eine aus lauter Querrunzeln bestehende Stirn, zwei kleine, schläfrig blinzelnde Augen, eine Nase, die der Schnauze einer großen, braunen, irdenen Kaffeekanne glich, wie man sie bei uns auf den Dörfern sieht, ein breiter, lippenloser Mund, ein gebogenes Kinn, das nicht breiter als die Nase war, und endlich ertönte es zwischen den Lippen hervor: „Kir dir – wer ist da?"

„Hasta – – ein Patient", antwortete ich.

„Ne asl hastalyk – welche Krankheit?"

„Mydem kyryk – ich habe den Magen gebrochen", erklärte ich frisch von der Leber weg.

„Schimdi, schimdi – gleich, gleich!“ schrie der Herr „Doktor“ mit einer Stimme, der ich anhörte, daß ihm ein solcher Hauptfall noch gar nicht vorgekommen war.

Der Kopf fuhr eiligst zurück, mir aber, der ich so verwegen war und noch in die Höhe blickte, fielen die Bestandteile des Ladens ins Gesicht. Ich war so geistesgegenwärtig, erst dann zur Seite zu springen, als die Bretter bereits auf der Erde lagen.

Nach kaum einer Minute hörte ich hinter der Tür einen Lärm, als sei ein Erdbeben im Anzug. Einige Katzen kreischten, ein Hund heulte, Gefäße wurden umgerissen, eine unbeschreiblich wundersame Frauenstimme schrie dazwischen, dann flog etwas, was wohl der Arzt selbst war, gegen die Tür, denn sie ging auf, und der gelehrte Herr lud mich mit einer tiefen Verbeugung ein, gütigst näher zu treten.

Aber was für eine Gestalt sah ich da vor mir! Dieser „Doktor und Arzneiladen“ hätte, in ein heimatliches Rübenfeld gestellt, allen Hänflingen, Stieglitzen, Zeisigen und Spatzen einen derartigen Schreck eingejagt, daß sie sofort nach Afrika geflogen wären, um niemals wiederzukommen.

Sein Gesicht sah, in der Nähe betrachtet, noch viel vorweltlicher aus als vorher. Es war so voll Falten und Runzeln, daß es keine noch so kleine glatte Stelle darin gab. Sein Morgenkleid war ein hemdähnliches Ding, das zwar von der Schulter bis zu den Knöcheln reichte, aber die Blöße doch nur halb bedeckte, da es fast nur aus Löchern und langen Rissen bestand. An einem Fuß hatte er einen abgeschlurften, rotledernen Pantoffel und am andern einen Reisestiefel aus schwarzem Filz. Doch war auch dieser Filz so luftbedürftig geworden, daß er den Zehen einen ungehinderten Ausblick in alle Gegenden des türkischen Reichs gestattete. Seine Glatze hatte er mit einem alten Frauenfes bedeckt, jedenfalls eine Folge der Eile, mit der er meinem gebrochenen Magen hatte Rettung bringen wollen.

„Effendi, komm näher!“ sagte er. „Tritt herein in die armselige Gesundheitsfabrik deines geringen Dieners. Es freut mich, daß gerade du es bist, dem ich den gebrochenen Magen einrichten darf.“

„Wie? Kennst du mich?“

„Sehr gut. Du hast mit Nohuda, der Busenfreundin meines ‚Hauses‘, und mit Nebatja, die uns Pflanzen bringt, am Gesundheitsbrunnen gesprochen, und sie haben von dir erzählt. Sodann habe ich dich bei Gericht gesehen. Die Welt ist deines Lobes voll, und mein Herz duftet dir seine Lobgesänge entgegen. Ich weine bittere Tränen, daß die Krankheit dich zu mir führt. Aber ich habe alle iki bin bir iladsch[1] studiert und werde dich von deinem Leiden erlösen. Es ist noch kein Mensch von mir gegangen, ohne Hilfe und Rettung zu finden. Darum darfst du dich mir getrost anvertrauen.“

Das klang ja sehr verheißungsvoll. Ömer sah ganz so aus, als habe er

[1] Zweitausendundeine Arzneien

diese zweitausendundeine Arznei nicht nur studiert, sondern auch hinuntergeschluckt und leide jetzt noch unter ihrer Wirkung. Diesem Mann hätte ich mich im Krankheitsfall anvertrauen mögen! Darum sagte ich: „Verzeihe, o Schifa güneschi[1], daß ich dich nicht bemühe. Ich bin selbst Hekim baschi, ein Oberarzt meines Landes, und ich kenne meinen Körper. Er bedarf ganz andrer Mittel als der Leib eines hiesigen Menschen. Ich bin nur gekommen, um mir die Mittel zu holen, die ich zur Heilung bedarf."

„Wai, adschynadschak – o weh, jammerschade!" rief er aus. „Ich hätte den Riß deines Magens untersucht und genau gemessen. Ich besitze eine Midemelhemi[2], die ich dir auf die Ecke eines Turbantuchs gestrichen hätte. Hättest du die Salbe aufgelegt, so wäre das Loch in wenigen Stunden zugeheilt."

„Vielleicht ist deine Salbe auch die meinige, denn diese wirkt ebenso rasch. Doch erlaube, daß ich sie mir selbst bereite."

„Dein Wille ist auch der meinige. Komm also herein in die Kammer der Wundersalben und suche dir aus, was dein Herz begehrt."

Er öffnete eine Seitentür und ließ mir den Vortritt. Hinter mir stelzte der glückliche Besitzer dieser Apotheke herein. Was ich sah, erfüllte mich mit jener eigenartigen Seelenstimmung, die man gewöhnlich mit dem Wort „gruseln" bezeichnet.

Ich befand mich in einem Raum, der sich wohl eher zu einem Gänsestall als zu einer Apotheke geeignet hätte. Ich stieß oben mit dem Kopf an. Der Fußboden war die liebe Mutter Erde, und die Wände bestanden aus Bretterschwarten, von denen die Rinde nicht abgelöst worden war. An Nägeln hingen, eins neben dem andern, ganze Reihen kleiner Leinwandsäckchen. Vom Mittelpunkt der Decke baumelte eine Schnur herab, an der eine riesige Klistierspritze hing. Auf einem Brett lagen mehrere wunderlich gestaltete Scheren, alte Schröpfköpfe, Barbierbecken und Zahnzangen mit zolldicken Backen. Auf dem Boden stand allerlei ganzes und zerbrochenes Geschirr und rundum herrschte ein Geruch, der geradezu unbeschreiblich war.

„So!" sagte er. „Das ist meine Krankenküche. Jetzt sage mir, aus welchen Mitteln du deine Magensalbe zusammensetzst."

Der Apotheker drängte sich vor mich hin und sah mir mit größter Spannung ins Gesicht. Er freute sich sichtlich darauf, mir mein Rezept abzulauschen.

„Hast du Sadar in einem dieser Säckchen?" fragte ich.

„Sadar ist da. Ißtilah-i fennißi *lotos* komar – die Wissenschaft nennt es *lotos*."

Dieser wirkliche Doktor und Hekim wollte mir zeigen, daß er den lateinischen Namen dieser Pflanze innehabe. Da dieser aber leider veraltet war, entgegnete ich: „Hekiki ißtilah-i fenißi *celtis australis* komar – die wirkliche Wissenschaft nennt es *celtis australis*."

[1] Sonne der Heilung [2] Magensalbe

Doktor Ömer machte den Mund weit auf, sah mich erstaunt an und fragte: „Gibt es denn zwei verschiedene Wissenschaften?“

„Oh, mehr als hundert.“

„Allah! Ich kenne nur diese eine. Wieviel willst du von dem Sadar, Effendi?“

„Eine große Handvoll.“

„Schön! Ich werde es dir in eine Tüte geben. – Effendi, was willst du noch?“

Unten auf dem Fußboden lag ein Papier. Es sah so aus, als sei es von der Straße aufgelesen worden. Er hob es auf, drehte es zusammen, fuhr mit der Zunge über die Kante, damit es kleben sollte, und tat mir eine Handvoll der *celtis australis* hinein. Da ich das Mittel äußerlich anwenden wollte, so erhob ich keinen Einspruch gegen dieses zwanglose Gebaren des Apothekers.

„Hast du Alkali?“ fragte ich.

Ömer zog den Mund zu einem selbstbewußten Lächeln in die Breite und erkundigte sich: „Von welchem willst du?“

„Das ist mir gleich.“

„Effendi, ich habe erfahren, daß deine Heimat im Westen liegt. Ich besitze sehr gutes Alkali von dort, und wenn du es willst, kannst du es haben.“

„Wie nennst du es?“

„Schawell ßuju.“

„Zeig es mir!“

Er brachte wirklich, wie ich vermutete, ein Fläschchen zum Vorschein, auf dem zu lesen war: „Eau de Javelle, fabriqué de Charles Gautier, Paris.“

„Wie kommst du zu diesem Alkali?“ erkundigte ich mich.

„Ich kaufte mehrere Fläschchen von einem Commis voyageur, der bei mir war. Er kam aus der Hauptstadt von Fransa, die Praga heißt. – Effendi, was willst du noch?“

„Hast du Quecksilber?“

„Ja. Ich brauche es zum Füllen der Barometer und der Thermometer, die ich verfertige.“

„Wie? Du machst sie selbst?“

„Ja. Traust du mir es nicht zu?“

„Oh, sehr gern! Wer so viele Arzneien studiert hat, der kann alles!“

„Nicht wahr? Ja, du bist ein vernünftiger und hochgebildeter Mann. Jetzt habe ich Vorrat aus Saloniki bekommen. Wieviel willst du von dem Quecksilber, Effendi?“

„Ungefähr eine halbe Okka[1]. Hast du soviel?“

„Noch mehr.“

„So warte noch! Ich muß erst sehn, ob du noch einen Stoff hast, den ich dazu brauche.“

[1] 1 Okka = 1,283 kg zu 400 Dram

„Welchen meinst du?"

„Kül kurschuni[1]. Das ist freilich ein seltenes Metall. Solltest du es haben?"

„Kül kurschuni habe ich nicht, aber Kül kalaji[2], das ich zur Bereitung einer schönen, weißen Schminke brauche."

„Auch das geht an. Hast du eine Vikiey davon, so gib es mir und zwei Vikiey Quecksilber dazu."

Der Apotheker kniete auf den Boden und wirrte in alten Gefäßen herum.

„Was suchst du denn?" fragte ich ihn.

„Eine Flasche, um dir das Quecksilber einzufüllen. Hier ist eine."

Er erhob sich und reichte mir die Flasche. Sie war so groß, daß sie wohl seinen ganzen Quecksilbervorrat gefaßt hätte und vielleicht noch mehr. Ich hielt sie gegen das Licht, besah den Inhalt und sagte: „Da ist ja noch alter Firnis drinnen!"

„Was schadet es? Ich nehme Wasser und wasche sie aus!"

Darauf entfernte er sich mit der Flasche, und ich ließ es ohne Widerspruch geschehen. Nach einer Weile kehrte er zurück, hochrot im Gesicht vor Anstrengung.

„Effendi", klagte er, „die Flasche ist verzaubert. Der Firnis geht nicht heraus."

„Das habe ich gewußt. Er kann nur mit Terpentinöl entfernt werden, denn der Firnis nimmt kein Wasser an."

„Das solltest du mir doch vorher sagen!"

„O nein. Das hätte dich beleidigt."

„Warum denn?"

„Ein Apotheker muß das wissen. Überhaupt weiß das auch jemand, der nicht gerade Chemie studiert hat. Hätte ich dich darauf aufmerksam gemacht, so wäre dies eine Unhöflichkeit gewesen, denn es hätte geklungen, als glaubte ich nicht, daß du zweitausendundein Arzneimittel studiert hast."

„Du bist ein höflicher Mann. Dafür sollst du nun auch den Firnis umsonst bekommen. Ich schütte dir dann das Quecksilber darauf. Wo habe ich nur gleich die Waage? Ach ja, sie ist im Hof, denn ich habe gestern damit das Kaninchen gewogen, das wir heute essen wollen."

O weh! Eine Apothekerwaage, auf der man ein geschlachtetes Kaninchen wiegen kann. Als er sie brachte, sah ich, daß er den Waagebalken wohl selbst aus Holz zurechtgeschnitzt hatte. Die Zunge war ein Stück Draht, das sich zwischen den beiden Zinken einer Speisegabel bewegte. Die Schalen bestanden aus einer runden Holzschachtel und ihrem Deckel. Trotzdem aber war das wunderliche Gerät leidlich ins Gleichgewicht gebracht worden.

Auf dieser Waage wurde mir nun das Verlangte abgewogen, und ich war mit dem Preis zufrieden, den der Herr Doktor Ömer mir stellte,

[1] Aschblei = Wismut [2] Aschzinn, auch Wismut

zumal das Wismut in gut ausgebildeten Rhomboedern kristallisiert war.

Nachdem ich mir auch noch Blei gekauft hatte, verließ ich den sonderbaren „Gesundheitsladen" und erhielt von dem Apotheker die besten Wünsche für mein Wohlergehen mit auf den Weg.

Nun ging ich zur guten Nebatja, die schon wach war und mich mit großer Freude empfing. Sie zeigte mir ihren Distelkönig, den ich nun bei Tageslicht genau betrachtete. Sie wollte ihn mir schenken, aber ich nahm ich nicht an. Ich bedankte mich bei der Nebatja wegen ihrer Warnung und erklärte ihr, wie wichtig diese mir sein werde. Als ich ihr noch sagte, daß sie dadurch wohl meine Lebensretterin sei, zeigte sie sich darüber ganz entzückt. Die brave Frau hatte mir die herzlichste Teilnahme abgerungen, und schon gestern war mir der Gedanke gekommen, wie ich ihr die Zukunft erleichtern könne, und jetzt führte ich diesen Gedanken aus.

Ich besaß das Geld, das bei Manach el Barscha, Barud el Amasat und dem Gefängniswärter gefunden worden war. Eigentlich sollte ich es abgeben. Aber bei wem? Bei der saubern Behörde von Ostromdscha? Pah! Bei der Oberbehörde? Persönlich hätte ich das nicht tun können, da ich dazu keine Zeit hatte. Und einen Boten senden? Der Mann hätte sich wohl ins Fäustchen gelacht. Übrigens waren die drei, denen wir es abgenommen hatten, entflohen. Der Gedanke, ihnen das Geld zurückzugeben, wäre Wahnsinn gewesen. Ich konnte jedenfalls nichts Besseres tun, als es armen, bedürftigen Leuten zu schenken. Und zu denen gehörte an erster Stelle die Nebatja.

Freilich durfte ich ihr nicht sagen, woher ich das Geld hatte, denn da hätte sie sich vielleicht geängstigt. Auch wollte ich ihr nicht die ganze Summe geben, denn ich konnte sicher sein, noch genug Bedürftige zu finden, und ich wußte, daß der für die Frau bestimmte Anteil ausreichen würde, um sie vor Not zu bewahren. Die arme Pflanzensammlerin war vor freudigem Staunen starr, als ich ihr unter vier Augen das Geld gab. Sie wollte nicht glauben, daß ein solcher Betrag ihr gehören solle, denn er bedeutete für sie einen großen Reichtum. Die Freudentränen rollten ihr über die Wangen herab, und ich mußte mich ihren überschwenglichen Dankesworten mit Gewalt entziehen.

Halef hatte mich indessen schon mit Ungeduld erwartet. Er stand unter dem Tor des Han und rief mir von weitem entgegen: „Endlich, endlich, Sihdi! Wir haben es so eilig, und du bleibst so lang fort! Wie steht es denn mit dem Kunststück?"

„Sehr gut. – Ist der Handschi Bajro schon wach?"

„Alle sind bereits munter."

„So will ich an den Herd. Ich muß kochen und schmelzen."

„Ich werde dabei sein, und du wirst mir alles erklären, damit ich es nachmachen kann."

„Nein, mein Lieber, mit dem Nachmachen ist es nichts. Es gehören einige Kenntnisse dazu, die dir fehlen, und selbst der Erfahrene kann durch eine kleine Unachtsamkeit einen Fehler begehen, der ihm oder einem andern das Leben kosten kann. Darum werde ich niemals alle vier Einzelbestandteile nennen oder die Zusammensetzung der Mischung verraten. Osko mag mir seine Kugelform bringen; sie hat das Kaliber der hiesigen Gewehrläufe."

Unsre Vorbereitungen nahmen nur eine halbe Stunde in Anspruch. Die Sadarblätter wurden in verdünntem Eau de Javelle gekocht und die Lauge durch ein altes Leinentuch gegossen. Das vorhandene Metall gab acht Kugeln, die echten Bleikugeln täuschend ähnlich waren. Außerdem wurden mehrere Bleikugeln gegossen und mit der Messerspitze leicht gezeichnet. Dann ging ich mit Oskos Gewehr hinter das Haus, wobei mich niemand begleiten durfte. Ich lud eine der Quecksilberkugeln in den Lauf, hielt die Mündung nur einen halben Meter gegen ein Brett entfernt und drückte ab. Der Schuß krachte wie gewöhnlich, aber das Brett war völlig unversehrt, und auf dem Boden war nicht das kleinste Teilchen der zerstäubten Kugel zu sehen.

Diese Probe war nötig gewesen. Jetzt wußte ich, daß kein Unglück geschehen konnte. Einen Verrat brauchte ich nicht zu befürchten, da nur Halef, Osko und Omar eingeweiht waren, und diese drei hatten mir ihre Verschwiegenheit schon oft zur Genüge bewiesen.

Das alles war noch zur rechten Zeit geschehen, denn als ich zurückkehrte, kam eben der Staatsanwalt mit noch mehreren Herren vom Gericht. Als der Anwalt mich bemerkte, ging er auf mich zu, zog mich zur Seite und sagte: „Effendi, ahnst du, weshalb ich komme?"

„Du willst mir melden, wie es mit dem Kodscha baschi steht."

„O nein! Ich möchte dich fragen, ob du Hadschi Halef um die Erlaubnis gefragt hast, daß ihm jemand eine Kugel durch den Kopf schießen darf."

„Liegt dir das denn so sehr am Herzen?"

„Ja, denn es ist wunderbar. Hat er seine Koransure heute schon gegessen?"

„Frag ihn selbst!"

„Ich will Hadschi Halef lieber nicht fragen, denn er könnte es übelnehmen. Weißt du, sein Messer! Und mit der Peitsche ist er auch so flink und freigebig!"

„Ja, er ist ein wackrer, kleiner Mann."

„Also sag: hast du ihn gefragt?"

„Ja, bevor wir schlafen gingen."

„Und was hat Hadschi Halef geantwortet?"

„Hm! Er schien nicht übel Lust zu haben."

„Das wäre prächtig! Wann kann die Probe beginnen?"

„Nur Geduld! Das geht nicht so schnell, wie du es wünschst. Mein Beschützer hat seine Eigenheiten. Übrigens habe ich dir gestern noch nicht alles gesagt. Wir alle – nämlich meine drei Begleiter und ich – haben die gleiche Eigenschaft und brauchen uns vor keiner Kugel zu fürchten."

„Was? Du auch?"
„Wie ich dir sage."
„So speisest auch du Koransuren?"
„Frag nicht zuviel! Solche Geheimnisse verrät man selbstverständlich nicht gern."
„So können wir also nach unserm Belieben auf euch schießen?"
„Ja, wenn euch euer Leben zum Überdruß geworden ist."
„Wieso?" staunte der Anwalt. „Ich verspüre noch nichts von einem solchen Überdruß."
„Dann nimm dich in acht und schieß nicht auf irgendeinen von uns, ohne ihn vorher um Erlaubnis gefragt zu haben."
„Warum denn nicht, Effendi?"
„Wenn wir die Genehmigung dazu erteilen, so kann man es ohne Schaden tun. Wer es aber hinterrücks versucht, dessen Kugel fliegt auf ihn zurück, und zwar genau auf die Stelle seines Körpers, auf die er bei dem unsrigen gezielt hat."
„Also wenn ich auf den Kopf Hadschi Halefs oder auf deinen ziele, fliegt die Kugel mir in meinen eignen Kopf?"
„Ganz sicher. Willst du es einmal versuchen?"
„Nein, Effendi, ich danke! Aber warum habt ihr es denn grad so eingerichtet und nicht anders?"
„Das kann dir dein Scharfsinn leicht sagen: wegen etwaiger Feinde. Um diese zu bestrafen, ist es nicht genug, daß ihre Kugeln uns nichts schaden, sondern sie müssen sich selbst genau so treffen, wie sie uns treffen wollten. Das ist das alte Gesetz der gerechten und genauen Wiedervergeltung."
„Ewwet, gös itschün gös, disch itschün disch – ja, Aug um Aug, Zahn um Zahn. Da mag ich nicht euer Feind sein. Wann reitet ihr von hier wieder fort?"
„Du freust dich wohl über unsre Abreise?"
„Nein. Ich wollte lieber, ihr bliebet immer da. Aber eine große Umwälzung hast du uns gebracht."
„Jedoch zum Guten!"
„Ja, und dafür sind wir dir dankbar, obwohl man lieber alles lassen soll, wie Allah es gemacht hat."
„Hat Allah es gewollt, daß der Mübarek euch betrog und daß der Kodscha baschi eure Gefangenen befreite?"
„Das wohl nicht, Effendi."
„Wie geht es dem Kodscha baschi?"
„Er steckt fest", beteuerte der Staatsanwalt.
„Hoffentlich wirst du nichts unternehmen, was geeignet wäre, ihn der gerechten Strafe zu entziehen."
„Was denkst du von mir! Ich bin ein treuer Diener des Padischah und tu stets meine Pflicht. Dafür könntest du mir nun auch den Gefallen erweisen und Hadschi Halef ein gutes Wort geben."
„Nun, ich will ihn erinnern."

„Und erlaubst du, daß ich noch einige Leute hole?"

„Ich habe nichts dagegen", erwiderte ich.

„Ich bin bald wieder da. Ich muß es Toma sagen, der es so gern sehen möchte."

„Wer ist dieser Toma?"

„Er ist ein Mann, der Aufträge besorgt und den Boten macht zwischen Ostromdscha und Radowitsch."

„Ein braver Mann?"

„Recht brav. Als du dich gestern entfernt hast, lobte er dich sehr. Ich erzählte ihm, daß Hadschi Halef Koransuren verspeist und infolgedessen kugelfest ist. Er wollte das so gern auch sehen. Darf ich ihn holen?"

„Bringe ihn!"

Der Staatsanwalt eilte davon.

Diese Leute waren so leicht zu durchschauen! Mir kam gleich der Verdacht, dieser brave Botenmann sei vielleicht von den beiden Aladschy beauftragt, uns zu beobachten und ihnen dann Meldung zu machen. Bald bemerkten wir die Wirkung der Bemühungen des Staatsanwaltes. Es kamen viele Menschen herbei, deren bewundernden Blicken wir uns dadurch entzogen, daß wir uns in die Stube setzten. Dort suchte der Staatsanwalt uns in Begleitung eines krummbeinigen Menschen auf, den er mit den Worten vorstellte: „Effendi, das ist der Bote Toma, von dem ich dir erzählt habe."

Ich faßte den Mann fest ins Auge und fragte ihn: „Also du gehst zwischen hier und Radowitsch hin und her?"

„Ja, Effendi", erwiderte er, „aber ich gehe nicht, sondern ich reite."

„Wann reitest du das nächste Mal?"

„Übermorgen."

„Nicht früher?"

Toma verneinte und ich erklärte:

„Das ist sehr gut für dich."

„Warum?"

„Weil dieser Weg heute für dich gefährlich werden könnte; wenn du heute reiten wolltest, würde ich dich warnen."

„Du reitest ja doch wohl selbst?"

So aufrichtig und ehrlich Toma mich bisher angeschaut hatte, bei dieser Frage wurde sein Blick scharf und stechend.

„Allerdings", entgegnete ich anscheinend unbefangen.

„Wann, Effendi?"

„Genau um die Mitte des Tages. Man reitet nicht gern des Nachts durch unbekannte Wälder, zumal die Aladschy in der Nähe sind. Kennst du sie?"

Er verneinte kurz.

„Aber du hast von ihnen gehört?" forschte ich weiter.

„Nur wenig. Der Staatsanwalt sagte mir, daß sie dich überfallen wollen."

„Wenn die beiden Brüder klug sind, so lassen sie ihre Hand von mir, denn ich lasse nicht gern mit mir scherzen."

„Ja, das habe ich gehört, Effendi", lächelte Toma verschmitzt. „Dich und die Deinigen kann keine Kugel treffen."

„Oh, das ist noch nicht alles!"

„Ja, die Kugel fliegt sogar auf den zurück, der sie abgeschossen hat." Dabei streifte sein Blick mich mit einem listigen Blinzeln, als wollte er mir sagen: „Höre, du bist auch nicht auf die Nase gefallen, ebensowenig wie ich; machen wir uns also nichts weis." Er war klüger als der Staatsanwalt. Dieser mochte das Lächeln auch gesehen und richtig gedeutet haben, denn er fragte ihn:

„Du willst es wohl nicht glauben, Toma?"

„Oh, wenn der Effendi es selbst sagt, muß man es doch glauben!"

„Das rate ich dir auch. Daran zu zweifeln, wäre eine Beleidigung. Du bist stets ein höflicher Mann gewesen."

„Ja, Allah weiß es. Darum denke ich, der Effendi wird auch höflich sein und uns beweisen, daß er kugelfest ist."

Halef hatte ihn und mich beobachtet. Es war seine Gewohnheit, wenn wir mit einem Menschen zusammentrafen, stets in meinem Gesicht zu lesen, wie ich von diesem denke. Jedenfalls sah er mir jetzt an, daß ich diesem Botenmann keine Freundschaft entgegenbrachte, denn er legte die Hand an den Griff der Peitsche und sagte: „Toma, willst du etwa unsern berühmten Effendi Höflichkeit lehren? Wenn du meinst, das tun zu dürfen, so bin ich bereit, dir sämtliche Paragraphen des Höflichkeitsgesetzes mit dieser Peitsche auf den Rücken zu schreiben. Wir sind Anhänger des Propheten und treue Untertanen des Padischah und lassen uns nichts gefallen von einem, der den Namen Toma führt. So kann nur ein Ungläubiger heißen, der von den Wassermelonen des Muslim nur die Schalen essen darf. Übrigens werden wir euch beweisen, daß wir euch keine Unwahrheit sagten, sondern daß von uns Zeichen und Wunder verrichtet werden, über die ihr die Maulsperre bekommen sollt. Sihdi, wollen wir beginnen?"

„Ja, Halef, wenn es dir recht ist."

„Mir ist es recht. Laß uns in den Hof hinausgehen!"

Als wir hinauskamen, war der Hof mit Menschen gefüllt, die neugierig des Wunders harrten, das ihnen vom Staatsanwalt verheißen worden war. Die Leute in der Nähe staunten uns mit weit aufgerissenen Augen an, und die Fernerstehenden streckten die Hälse, um jede unsrer Bewegungen zu sehen. Der kleine Hadschi ergriff die Peitsche und schuf durch rechts und links ausgeteilte Hiebe eine freie Bahn, die auf einen kleinen Schuppen mündete.

„Sihdi, gibst du mir die Kugeln?" fragte er mich dann leise.

„Nein. Ich will ganz sicher gehen, um einen Unfall zu vermeiden. Zuerst nehmen wir eine wirkliche Bleikugel. Rede du mit den Leuten! Du besitzt eine größere Rednergabe als ich."

Er fühlte sich durch dieses Lob geschmeichelt. Seine Gestalt streckte sich und seine laute Stimme erscholl: „Ihr Männer von Ostromdscha, ihr sollt jetzt das unverdiente Glück haben, vier tapfre Männer zu sehen, durch deren Körper keine feindliche Kugel dringen kann. Öffnet eure Augen und strengt euer Gehirn an, damit euch nichts von dem Wunder entgehe und ihr es erzählen könnt euren Kindern, Kindeskindern und Enkelkindern der entferntesten Urenkel, wenn ihr dann noch lebt. Haltet gute Ordnung und macht keinen Lärm, damit keine Störung entstehe, und sendet mir den Mann, den ihr für den besten Schützen haltet, mit seiner Flinte her."

Es entstand ein halblautes Murmeln. Man suchte einen solchen Mann, und endlich trat einer mit dem Gewehr in der Hand vor. Sonst sah ich überhaupt keinen, der mit einer Flinte bewaffnet war.

„Ist dein Gewehr geladen?" fragte ich ihn.

„Ja", versicherte er.

„Hast du mehrere Kugeln bei dir?"

„Nein, Effendi."

„Es schadet nichts, ich werde dir von den meinigen geben. Aber vorher mußt du uns zeigen, daß du ein tüchtiger Schütze bist. Siehst du das neue Brett, das man da an den Schuppen genagelt hat? Es ist ein Ast darin. Versuche ihn zu treffen!"

Der Mann trat zurück, legte an und schoß. Mehrere der Anwesenden sahen nach und fanden, daß er das Ziel nur um eine Daumenbreite gefehlt hatte.

„Das ist nicht ganz gelungen", meinte ich. „Versuche es noch einmal."

Ich gab ihm eine der neugegossenen Bleikugeln, und Osko lieferte das Pulver dazu. Der zweite Schuß war besser: der Mann hatte jetzt sorgfältiger gezielt. Ich gab ihm nun vier Kugeln meiner Legierung, nahm heimlich eine Bleikugel in die rechte Hand und sagte: „Nun versuche, ob du in das Loch treffen kannst, das du soeben in das Brett geschossen hast. Zeige aber vorher diesen Leuten die Kugeln, damit sie sich überzeugen, daß du richtig ladest."

Die Kugeln gingen von Hand zu Hand, was einige Zeit in Anspruch nahm, da jeder sie sehen und befühlen wollte. Als er sie zurückbekommen hatte, lud er seine Flinte.

„Tritt näher!" gebot ich ihm und schob ihn weiter zum Ziel hin. „Jetzt kannst du schießen."

Mit diesen Worten stellte ich mich an das Brett. Er ließ das schon erhobene Gewehr wieder sinken.

„Effendi", entgegnete er, „wie kann ich denn so das Brett treffen? Du stehst mir ja im Weg!"

„Das tut nichts."

„Du hast deine Brust grad vor meinem Ziel."

„So schieße hindurch!"

„O Kara Ben Nemsi Effendi, dann bist du tot!"

„Nein. Ich will euch zeigen, daß die Kugel mich nicht treffen darf."

Er fuhr mit der Hand an den Kopf und kratzte sich verlegen hinter dem Ohr.

„Das ist es eben!“ meinte er. „Die Sache ist für mich sehr gefährlich.“

„Wieso?“

„Die Kugel wird von dir abprallen und dann mir durch die Brust gehen.“

„Sei ohne Sorgen! Ich werde sie mit der Hand auffangen und festhalten.“

Ein Gemurmel des Erstaunens ging durch die Reihen der Anwesenden.

„Ist das wahr, Effendi? Ich bin der Ernährer einer Familie. Wenn ich sterbe, so wird nur Allah für sie sorgen.“

„Du stirbst nicht! Ich verspreche es dir.“

„Wenn du das sagst, so will ich es versuchen, Effendi.“

„Schieße getrost!“

Ich hatte den Boten Toma scharf beobachtet. Er kam jetzt nahe herbei und wendete kein Auge von mir. Der Schütze, der nun zehn oder elf Schritt von mir entfernt stand, legte auf mich an. Aber noch einmal senkte er das Gewehr und sagte: „Noch nie habe ich auf einen Menschen gezielt. Effendi, du verzeihst mir doch, wenn ich dich treffe?“

„Ich werde dir nichts verzeihen müssen, denn du triffst mich nicht.“

„Wenn ich dich dennoch verletze?“

„So brauchst du dir keine Vorwürfe machen, denn ich habe es dir befohlen.“ Ich erhob die rechte Hand und ließ dabei heimlich die Bleikugel in den Ärmel rollen, zeigte dann die leere Hand und sagte: „Mit dieser Hand werde ich die Kugel auffangen. Also ich zähle. Bei ‚drei‘ kannst du abdrücken.“

Ich ließ die Hand sinken und fing dabei die aus dem Ärmel rollende Kugel mit der hohlen Hand wieder auf. Es gab kein Auge, das nicht auf mich gerichtet war.

„Eins – zwei – drei!“

Der Schuß krachte. Ich griff mit der Hand vor, der Gewehrmündung entgegen, als wollte ich die abgeschossene Kugel auffangen, und hielt dann die bereitgehaltene Kugel zwischen Daumen und Mittelfinger empor.

„Hier hast du deine Kugel. Oder nimm du sie, Toma! Betrachte sie, ob es nicht die gleiche ist, die in den Lauf gestoßen wurde.“

Natürlich sah sie jener ganz ähnlich. Der Bote stand mit weit offnem Mund da und starrte mich an, als wäre ich ein Gespenst. Die Wirkung auf die übrigen Zuschauer war nicht geringer. Man hatte wohl bis zum letzten Augenblick gezweifelt, und nun war das vermeintliche Wunder dennoch geschehen. Die Kugel wurde weitergegeben. Als der Schütze sie zurückerhielt, erklärte ich so laut, daß alle es hören konnten: „Jetzt lade sie abermals in den Lauf und ziele auf das Brett.“

Er tat es und schoß. Die Kugel schlug in das Brett ein Loch.

„Siehst du, ein solches Loch hätte ich nun in der Brust, wenn ich nicht kugelfest wäre. Jetzt magst du nach Belieben auf meine drei Gefährten schießen."

Daß die Kugel beim zweiten Schuß die gewöhnliche Wirkung hatte, obgleich ich vorher nicht getroffen war, sondern sie aufgefangen hatte, das brachte die schlichten Leute in ungeheure Aufregung. Sie kamen herbei, um meine Hand zu betrachten, und fanden nicht genug Worte, um ihr Erstaunen darüber auszudrücken, daß daran keine Spur einer Beschädigung zu sehen war.

„Allah onun 'le – Allah ist mit ihm!" hörte ich einen Mann sagen.

„Scheïtan sahibi – er ist Herr des Teufels!" entgegnete ein andrer.

„Wie kann ihm der Teufel beistehen, da er den Koran verspeist? Nein, Allah ist groß!"

Während ich Halef, Osko und Omar an den Schuppen treten ließ, wurden unter den Zuschauern die verschiedensten Meinungen ausgetauscht. Vielleicht hatten auch meine drei Gefährten vorher der Sache doch nicht so recht getraut. Nachdem mir aber die Kugel nicht geschadet hatte, waren sie ohne Furcht bereit, auch auf sich schießen zu lassen. Nur die Finte mit dem Auffangen der Kugel mußten sie selbstverständlich unterlassen, da diese ihnen wohl kaum gelungen wäre. Das wollte ich lieber selbst besorgen. Ich stellte mich daher neben sie hin und griff beim Losdrücken in die Luft, um dann jedesmal eine Bleikugel zurückzugeben, mit der hierauf die Probe gemacht wurde, daß sie durch das Brett schlage.

Als auch Halef, Osko und Omar ihre Kugelfestigkeit bewiesen hatten, erhob sich ein unbeschreiblicher Beifallssturm. Die Leute drängten sich an uns heran, um uns zu betasten, zu betrachten und zu befragen. Es hätte mehrerer Tage bedurft, um alle ihre Erkundigungen zu beantworten. Um diesem Andrang zu entgehen, zogen wir uns in die Stube des Hans zurück.

Von dort aus beobachtete ich Toma. Daß er seinen Unglauben aufgegeben hatte, merkte ich an seinen heftigen Gebärden, mit denen er jenen Leuten, die weiter rückwärts gestanden waren, den Vorgang anschaulich zu machen suchte. Ich winkte Halef zu mir und zeigte ihm den Boten.

„Laß ihn nicht aus dem Auge! Und wenn er geht, folge ihm unbemerkt nach und beobachte ihn."

„Warum, Sihdi?"

„Ich habe ihn im Verdacht, daß er von den Aladschy beauftragt wurde, uns zu belauern."

„Ah! Darum zogst du das eine Auge zusammen, als du ihn zum erstenmal sahst. Ich habe gleich gedacht, daß du ihm nicht traust. Aber was kann er uns schaden?"

„Der Bote wird den beiden Skipetaren melden, daß wir zur Mittagszeit von hier abreisen."

„Toma sagte doch, daß er nicht reitet."

„Er hat gelogen, verlaß dich darauf! Wenn er jetzt heimkehrt, so gehst du zur Stadt hinaus und versteckst dich irgendwo an der Straße, die nach Radowitsch führt. Wenn er vorüber ist, meldest du es mir."

„Und wenn Toma nicht kommt?"

„Dann kehrst du nach ungefähr zwei Stunden zurück. Es ist anzunehmen, daß er dann nicht reiten wird."

Nun erkundigte ich mich nach einem Barbierladen und ging dorthin, um mir Haar und Bart stutzen zu lassen. Der Besitzer des Ladens hatte unser Wunder auch gesehen. Im Orient bilden die Stuben der Bader einen beliebten Versammlungsort für alle Neuigkeitskrämer. Daher war ich nicht überrascht, als ich die Barbierstube voll von Menschen fand.

Diese guten Leute lauerten auf jede meiner Bewegungen und verhielten sich schweigend, solange der Barbier an mir herumschnitt. Einer von ihnen, der hinter mir saß, langte immer vor, um die herabfallenden Haarspitzen zu erwischen, bis der Barbier, dessen grimmige Blicke nichts gefruchtet hatten, ihm einen leidlich kräftigen Fußtritt versetzte und ausrief: „Dieb! Was hier herabfällt, ist mein Eigentum. Bestiehl mich nicht!"

Auf dem Rückweg trat ich in den Laden eines Strumpfwarenhändlers und auch in den eines Brillenhändlers. Ich kaufte ein Paar lange Strümpfe, die bis zum Oberschenkel reichten, und eine Brille mit blauen Schutzgläsern. In einem dritten Laden erwarb ich noch ein grünes Turbantuch, wie es nur die Abkömmlinge des Propheten tragen dürfen, und hatte damit alles, was ich brauchte.

Ich war über eine Stunde fortgewesen. Als ich in den Han zurückkam, war auch Halef schon wieder da.

„Sihdi, du hattest recht", meldete er mir. „Der Bote ist fort."

„Wann?"

„Nur wenige Minuten später, nachdem er nach Haus gekommen war."

„Also war er schon vorher dazu bereit."

„Jedenfalls, denn er hätte sonst seine Tiere satteln müssen."

„Was für Tiere hatte er?"

„Toma ritt ein Maultier und führte hinter sich vier beladene Esel, von denen jeder an den Packsattel des vorherigen, der vorderste aber an den Sattel des Maultieres gebunden war."

„Ritt der Bote langsam?"

„Nein. Er tat, als habe er Eile."

„Toma will seine Botschaft möglichst schnell an den Mann bringen. Nun, uns soll das nichts schaden. Ich reite jetzt weiter, und ihr andern verlaßt um Mittag Ostromdscha."

„Und bleibt es bei dem, was du mir vor dem Schlafen gesagt hast?"

„Gewiß."

„Ich reite den Rih?"

„Ja, und ich nehme dein Pferd. Sattle es und gehe dann wieder vor die Stadt hinaus. Nimm aber deine Pantoffel mit!"

„Warum, Sihdi?"

„Du sollst sie mir leihen, weil ich dir meine langen Stiefel zurücklasse."

„Soll ich etwa diese anziehen?"

„Nein, Kleiner. Du könntest mir darin verschwinden. Ich werde dir jetzt alles geben, was du mir aufbewahren sollst, besonders die Gewehre. Dann verabschiede ich mich."

Der Abschied wurde mir freilich schwerer gemacht, als ich gedacht hatte. Der Handschi Ibarek, der nun auch heimkehren wollte, versprach mir, die beiden Brüder, die sich bei ihm eingenistet hatten, gehörig durchpeitschen zu lassen. Ich glaube aber nicht, daß der wackre Held den Mut dazu besaß.

Endlich konnte ich in den Sattel steigen. Die beiden Wirte wunderten sich, daß ich nicht den Hengst reiten wollte, erfuhren meine Gründe aber nicht.

Draußen vor der Stadt stand Halef und neben ihm – die Nebatja.

„Effendi", sagte sie, „ich hörte, daß du uns verlassen willst, und bin gekommen, dir noch einmal zu danken, hier, wo niemand es sehen kann. Ich werde an dich denken und deiner nie vergessen!"

Ich nahm nochmals Abschied und ritt dann schnell weiter, denn es tat mir weh, ihr in die nassen Augen zu sehen. Halef folgte mir noch eine Strecke, bis wir an einem Buschwerk vorüberkamen. Dort stieg ich ab und trat hinter die Sträucher. Der kleine Hadschi hatte das Gefäß mit dem Sadar-Absud mitnehmen müssen. Mit Hilfe eines Läppchens, das er zu diesem Zweck mitgebracht hatte, mußte er mir die Flüssigkeit vorsichtig ins Haar des Kopfes und Bartes streichen.

„Sihdi, warum läßt du denn dein Haupt mit dieser Brühe salben?" fragte er dabei.

„Das wirst du gleich sehen."

„Sollte sich das Haar dadurch wirklich verändern?"

„Ich denke, daß du darüber staunen wirst."

„So bin ich neugierig darauf. Aber da ziehst du diese ewig langen Strümpfe aus dem Gürtel. Willst du sie etwa anziehen?"

„Ja, und deine Pantoffel ziehe ich darüber."

Als Halef die „Salbung" meines Hauptes beendet hatte, zog er mir die Reitstiefel aus, und ich zog an ihrer Stelle die Strümpfe an. Die Pantoffel waren mir wohl ein wenig zu klein, aber es ging doch. Als der Hadschi dann auf meinen Kopf blickte, schlug er verwundert die Hände zusammen und rief: „O Allah! Welch ein Wunder! Dein Haar wird ganz hellblond!"

„Wirklich? Wirkt die Brühe schon?"

„Stellenweise."

„So müssen wir an den dunklen Stellen nachhelfen. Hier hast du den Kamm, um die Flüssigkeit zu verteilen."

Halef setzte das begonnene Werk fort, und als ich mich dann in dem kleinen Taschenspiegel besah, war ich hochblond geworden. Nun setzte ich den Fes auf, und Halef mußte mir das grüne Turbantuch um ihn winden, so daß rechter Hand ein ausgefranstes Ende herabhing.

„Sihdi, ich begehe da eine große Sünde", meinte er kleinlaut. „Nur die Nachkommen des Propheten in gerader Linie dürfen diese Auszeichnung tragen. Du bist aber nicht einmal ein Anhänger des Koran, sondern des Kitab el mukaddas[1]. Werde ich diese Entweihung verantworten können, wenn ich einmal über die messerschneideschmale ‚Brücke des Todes' gehen muß?"

„Ganz gewiß."

„Ich zweifle daran."

„Habe keine Sorge, lieber Halef! Ich will diese Sünde gern auf mein Gewissen nehmen."

„Und an meiner Stelle in der Hölle braten?"

„Ja."

„O Sihdi, das gebe ich nicht zu; da habe ich dich doch zu lieb. Lieber brate ich selbst, denn ich glaube, ich halte es besser aus als du."

„Traust du dir mehr Kraft zu als mir?"

„Nein, aber ich bin doch viel kleiner als du. Vielleicht finde ich eine Stelle, wo ich mich unter oder zwischen den Flammen ducken kann, so daß sie mir nicht weh tun."

Der Schalk meinte es mit seinem Bedenken nicht ernst. Ich wußte doch, daß er im Herzen schon längst ein Christ geworden war. Um die Verwandlung meines Äußern zu vollenden, setzte ich nun die Brille auf und schlang die Reitdecke um die Schultern, ungefähr so, wie ein Mexikaner seine Serape trägt.

„Maschallah!" rief Halef aus. „Sihdi, du bist ein ganz andrer geworden! Ich weiß nicht, ob ich dich erkennen würde, wenn du so an mir vorüberrittest. Nur an deiner Haltung würde ich sehen, daß du es bist."

„Oh, die wird auch anders. Aber das habe ich nicht nötig. Die Aladschy haben mich noch niemals gesehen. Sie kennen mich nur aus der Beschreibung, und es ist also leicht, sie irrezumachen."

„Aber der Bote kennt dich!"

„Den treffe ich vielleicht nicht."

„Ich denke, Toma wird bei ihnen sein."

„Schwerlich. Sie wollen uns zwischen hier und Radowitsch auflauern. Er hatte seine Esel bepackt und will die Waren in Radowitsch abliefern. Es ist also anzunehmen, daß er die Wegelagerer unterwegs benachrichtigt und dann weiterreitet."

„Und glaubst du, allein mit ihnen zurechtzukommen?"

„Gewiß."

[1] Das Heilige Buch = Bibel

„Die Scheckigen sind berüchtigt. Vielleicht wäre es besser, wenn ich dich begleiten würde. Ich bin ja dein Freund und Beschützer."

„Jetzt mußt du Osko und Omar beschützen! Ich vertraue dir diese beiden an."

Das tröstete ihn und hob sein Selbstgefühl. Darum antwortete er schnell: „Da hast du vollkommen recht, Sihdi. Was wären die beiden ohne mich, deinen tapfern Hadschi Halef Omar? Nichts! Übrigens habe ich auch Rih, dem ich meine Seele widmen muß. Mir ist sehr viel anvertraut."

„So mache dich dieses Vertrauens auch würdig! Weißt du noch alles, was wir besprochen haben?"

„Alles. Mein Gedächtnis ist wie der Rachen eines Löwen, dessen Zähne alles festhalten, was sie einmal gepackt haben."

„So wollen wir jetzt scheiden. Allah jißalmak – Allah behüte dich! Mache keinen Fehler!"

„Sihdi, kränke meine Seele nicht mit dieser Ermahnung. Ich bin ein Mann, ein Held! Ich weiß, was ich zu tun habe."

Er warf den Topf zwischen die Sträucher, schwang sich meine langen Stiefel über die Schulter und schritt zurück in die Stadt. Ich aber ritt nach Nordwest, einer gefährlichen und vielleicht verhängnisvollen Zusammenkunft entgegen.

5. *Die beiden Aladschy*

Zunächst hatte ich keine Veranlassung, eine Gefahr zu befürchten. Hätten die beiden Aladschy mich gekannt, dann wäre an einen heimtückischen Überfall oder an eine Kugel aus dem Hinterhalt zu denken gewesen. So aber hatte ich im schlimmsten Fall einen offnen, räuberischen Angriff zu erwarten, wie jeder andre Reisende auch. Und dazu bot meine jetzige Erscheinung nicht viel Verlockendes.

Ich sah aus wie ein armer Nachkomme Mohammeds, bei dem nicht viel zu holen war. Wenn ich auch meine Gewehre zurückgelassen hatte, so trug ich doch die beiden Revolver im Gürteltuch verborgen, und die genügten, um auch mehr als zwei Angreifer unschädlich zu machen. Diese sahen nur mein Messer und mußten annehmen, ich sei sonst unbewaffnet. Das würde sie vielleicht zu einer Sorglosigkeit verleiten, die ihnen gefährlich werden konnte.

Die Gegend von Ostromdscha bis Radowitsch ist fruchtbar. Felder und Weiden wechseln mit Waldungen. Die Strumnitza ist die Fee, die der Gegend diese Wohltat verleiht. Zur Linken hatte ich die nordöstlichen Berge des Welitza Dagh und zur Rechten senkten sich die Höhen der Plaschkawitza Planina hernieder.

Ich traf keinen Menschen, und erst nach mehr als einer Stunde kam mir ein Türke entgegen, den ich an der Kleidung als solchen erkannte. Meines grünen Turbans wegen blieb er stehen und verbeugte sich, um mich ehrerbietig vorüberreiten zu lassen. Auch der reichste Muslim ehrt den ärmsten, zerlumptesten Scherif. Er achtet den Abkömmling des Propheten, dem es schon bei Lebzeiten vergönnt war, die Himmel Allahs zu schauen. Ich hielt mein Pferd an, erwiderte seinen demütigen Gruß und fragte ihn: „Allah segne den Ausgangspunkt deiner Reise! Woher kommst du?"

„Mein Weg begann in Radowitsch."

„Und wohin willst du?"

„Nach Ostromdscha, wohin ich glücklich gelangen werde, wenn du mir deinen Segen dazu nicht verweigerst."

„Er soll dich in vollem Maß begleiten! Bist du vielen Wanderern begegnet?"

„Nein, o Scherif. Der Weg war so einsam, daß ich meine Gedanken ungestört auf die Wohltaten Allahs richten konnte."

„So hast du niemand gesehen?"

„Auf der Straße nur den Boten Toma aus Ostromdscha."

„Hast du mit ihm gesprochen?"

„Ich wechselte einige Worte mit ihm. Er war in dem kleinen Weiler eingekehrt, den du bald finden wirst, da, wo der Weg dich über die Strumnitza führt."

„Bist du dort eingekehrt?"

„Nein, ich hatte keine Zeit dazu."

„So weißt du vielleicht, wo der Bote einkehrt, wenn er nach Radowitsch kommt?"

„Willst du ihn finden?"

„Vielleicht."

„Er kehrt, wie du wohl denken magst, in keinem Han ein, sondern bei einem Verwandten, den er dort hat. Wenn ich dir dessen Namen sagte, so würdest du ihn doch nicht ohne Hilfe finden, da ich dir die Gassen nicht so genau beschreiben kann. Ich bitte dich daher, dich in Radowitsch noch einmal zu erkundigen."

„Ich danke dir. Allah führe dich!"

„Und dir öffne sich der Himmel!"

Der Türke schritt weiter, und ich setzte meinen Weg ebenso gemächlich fort, wie ich bisher geritten war.

Nun konnte ich mir denken, wie die Sache stand. In Radowitsch hielten die beiden Aladschy sich gewiß nicht auf, weil es für sie zu gefährlich gewesen wäre. Sie hatten also wohl Toma in dem Weiler erwartet. Was sie weiter unternehmen würden, kam ganz auf die Mitteilungen des Boten an. Keinesfalls mochten sie zu einem offnen Angriff geneigt sein, und ob sie uns hinterrücks mit Kugeln beschenken wollten, war nun auch zweifelhaft, da sie uns jetzt für kugelfest halten mußten. Es war noch nicht Mittag. Darum meinte ich, daß ich die Wegelagerer noch in dem Weiler treffen würde. Der Bote hatte ihnen gewiß gesagt, daß ich erst zu dieser Stunde aufbrechen würde. Da hatten sie noch Zeit genug, um sich ein Versteck zu suchen. Ich freute mich darauf, ihnen ein Schnippchen zu schlagen und unbelästigt an ihnen vorüberzukommen.

Nach ungefähr einer halben Stunde erreichte ich den Weiler, der nur aus einigen Häusern bestand. Der Weg machte eine rechtwinklige Biegung zur Brücke, und ich erhielt dadurch einen Blick auf die hintere Seite eines Gebäudes, das nahe der Brücke stand. Dort weideten zwei Kühe, einige Schafe und auch drei Pferde, von denen zwei gesattelt und – weiß und dunkelbraun gescheckt waren. Ich sah sofort, daß es halbblütige Tiere waren, und schätzte, daß sie von einer Mescherdi-Stute stammen mochten. Diese Pferde sind hart, genügsam, haben einen kräftig aufgesetzten Hals und kräftige Hinterbeine, sind aber trotzdem sehr schnell und ausdauernd. Ein guter Reiter kann einem solchen Roß schon etwas zumuten.

Sollten das die Pferde der zwei Aladschy sein? Sollten die beiden sich in dem Haus aufhalten, an dem ich unbedingt vorbei mußte? Es lag mir viel daran, mit ihnen zu sprechen, doch mußte das möglichst unauffällig eingeleitet werden, damit nicht ihr Mißtrauen erweckt wurde.

Als ich die Krümmung hinter mir hatte, konnte ich auch die vordere Seite des Hauses sehen. Es gab da ein auf vier Säulen ruhendes Vordach, unter dem einige Tische und Bänke standen, roh aus Brettern zusammengenagelt. Sie waren leer – bis auf einen, an dem zwei Männer saßen. Sie sahen mich kommen. Überhaupt schienen sie sorgfältig nach beiden Seiten aufzupassen, denn Leute solchen Schlags müssen stets auf ihrer Hut sein. Ich sah, mit welch scharfen und mißtrauischen Blicken sie mich beobachteten, und tat, als wollte ich vorüberreiten. Da aber erhoben sie sich von ihren Plätzen und traten einige Schritte vor.

„Dur – halt!“ begann der eine und erhob gebieterisch die Hand. „Willst du nicht ein Gläschen Raki mit uns trinken?“

Ich war überzeugt, die Gesuchten vor mir zu haben. Sie mußten Brüder sein, denn sie sahen einander ungemein ähnlich. Beide – gleich hoch und breitschultrig – waren länger und stärker als ich. Ihre dichten, lang ausgezogenen Schnurrbärte, die Wetterfarbe ihrer Gesichter und ihre Waffen verliehen ihnen ein kriegerisches Aussehen. Ihre Gewehre lehnten an den Tischen. In ihren Gürteln funkelten Messer und Pistolen, und an der linken Seite hatte jeder einen Tschakan gleich einem Säbel hängen.

Ich schob die Brille auf der Nase zurecht, betrachtete sie, wie ein Schulmeister einen ungezogenen Knaben betrachten würde, und fragte:

„Wer seid ihr denn, daß ihr einen Nachkommen des Propheten im frommen Nachdenken stört?“

„Wir sind fromme Anhänger des Propheten ebenso wie du. Ich heiße Sandar und mein Bruder Bybar. Wir wollen dich ehren, indem wir dir eine Erfrischung anbieten.“

„Raki? Das nennst du eine Erfrischung? Kennst du nicht das Wort des Korans, das den Raki verbietet?"

„Ich weiß nichts von ihm."

„So gehe zu einem Ausleger der heiligen Suren und laß dich unterrichten."

„Dazu haben wir keine Zeit. Willst du es nicht selber tun?"

„Wenn du es wünschest, bin ich bereit dazu, denn der Prophet sagte: Wer eine Seele aus der Hölle erlöst, der kommt nach seinem Tod sogleich in den dritten Himmel. Wer aber zwei Seelen rettet, der geht gleich in den fünften Himmel ein."

„So verdiene dir den fünften! Wir sind bereit, dir zu ihm zu verhelfen. Steig ab, frommer Mann, und mache uns so heilig, wie du selber bist!"

Sandar hielt mir den Steigbügel, und Bybar faßte mich am Arm und zog mich herab, so jeder weiteren Weigerung zuvorkommend.

Als ich nun aus dem Sattel war, hinkte ich würdevoll zu dem Tisch, an dem sie gesessen hatten und sich nun wieder niederließen.

„Du schleppst ein Bein hinter dir her", lachte Bybar. „Hast du dich beschädigt?"

„Nein. Es ist mein Kismet", antwortete ich kurz.

„So bist du lahm geboren. Da hat Allah es gut mit dir gemeint, denn wen er lieb hat, dem schickt er Leiden. Willst du nicht uns unwürdigen Sündern deinen heiligen Namen nennen?"

„Wenn ihr in die Listen der Nakyb-el-Aschraf[1] schaut, die in jeder Stadt über uns geführt werden, so werdet ihr ihn finden."

„Das glauben wir dir. Da wir diese Listen aber nicht hier haben, so wirst du uns doch wohl die Gnade erzeigen und uns deinen Namen nennen."

„Nun denn, ich bin Scherif Hadschi Schehab Eddin Abd el Kader Ben Hadschi Gasali al Farabi Ibn Tabit Merwan Abul Achmed Abu Baschar Chatid esch Schonahar."

Die beiden Wegelagerer hielten sich die Hände an die Ohren und stießen ein lautes Gelächter aus. Sie schienen keine Lust zu haben, sich durch meine Eigenschaft als Scherif blenden zu lassen. Wären sie griechische oder katholische Skipetaren gewesen, so hätte mich das nicht gewundert. Da ich aber ihrer Kleidung nach annehmen mußte, daß sie sich zum Islam bekannten, so war zu vermuten, daß sie sich aus seinen Lehren und Satzungen wenig machten.

„Woher kommst du denn, du Mann mit dem langen Namen, den kein Mensch sich merken kann?" fragte Bybar weiter.

Ich warf ihm über die Brille weg einen langen, ernsten, vorwurfsvollen Blick zu und entgegnete: „Den kein Mensch sich merken kann! Habe ich dir denn nicht soeben meinen Namen gesagt?"

Beide lachten wieder hellauf.

[1] Adelsmarschälle, die das Verhalten der Nachkommen des Propheten beaufsichtigen

„Ja, du!“ erklärte Bybar dann. „Es wäre doch auch zu schlimm, wenn du deinen eigenen Namen nicht wüßtest. Aber du wirst wohl der einzige sein, der ihn hat merken können.“

„Mein Name kann nie vergessen werden, denn er ist im Buch des Lebens eingetragen.“

„Ah so! Du bist ja Scherif, und von euch kommt keiner in die Hölle. Aber du wolltest uns doch aus ihr erlösen und uns erklären, daß der Raki verboten ist.“

„Das ist er auch, und zwar streng.“

„Und das steht im Koran?“

„Gewiß.“

„Hat es denn, als der Prophet die Offenbarungen erhielt, schon Raki gegeben?“

„Nein, davon steht kein Wort geschrieben.“

„So kann der Raki auch nicht verboten worden sein.“

„O doch! Das betreffende Wort lautet: ‚Kullu muß-kürün haram – alles, was trunken macht, ist untersagt, ist verboten, ist verflucht.‘ – Also ist auch der Raki verflucht.“

„Er macht uns aber nicht trunken!“

„Wohlan, so ist er euch auch nicht verboten.“

„Und der Wein ist uns gleichfalls nicht gefährlich.“

„So genießt ihn mit Andacht und in bescheidener Menge!“

„Das hört man gern! Du scheinst kein übler Ausleger zu sein. Wirst du vom Raki betrunken?“

„Wenn ich nur wenig trinke, nicht.“

„Und was nennst du wenig?“

„Ein Gläschen voll, mit einer solchen Flasche Wassers verdünnt“, dabei zeigte ich auf die große, dicke Schnapsflasche, die vor uns auf dem Tisch stand.

„Ja, dann kannst du allerdings nicht berauscht werden. Ich will dir Wasser holen, und dann trinkst du mit uns.“

Bybar stand auf und brachte bald einen mit Wasser gefüllten Topf und ein Glas. Er goß das Glas zum vierten Teil voll Wasser und füllte es dann bis oben mit Raki an.

„So“, lächelte er, als er es vor mich hinstellte. „Jetzt ist Wasser dabei. Nun kannst du mit uns trinken, ohne dich an den Gesetzen des Korans zu versündigen. Allah segne dein Leben!“

Er setzte die Flasche an den Mund, tat einen langen Zug und gab sie dann seinem Bruder, der sich ebenso reichlich bediente. Ich nippte bescheiden aus meinem Glas.

Bybar schien überhaupt das Wort führen zu wollen, während Sandar sich schweigend und beobachtend verhielt. Er fragte bald wieder: „Also, woher kommst du?“

„Eigentlich komme ich von Avret Hissar.“

„Und wohin willst du?“

„Nach Üsküb, das die Bulgaren Skopia nennen, um dort die

Gläubigen in den Gesetzen und Regeln des Korans zu unterrichten."

„In Üsküb? Da wirst du nicht viel Freude erleben."

„Warum?" fragte ich schüchtern.

„Weißt du denn nicht, daß man dort die Frömmigkeit verlacht?"

„Ich habe es vernommen, und deshalb will ich hinreisen."

„So wirst du dir die Schwindsucht an den Hals reden, aber keinen Menschen belehren."

„Was geschehen soll, das geschieht. Es ist im Buch des Lebens verzeichnet", entgegnete ich.

„Du scheinst dieses Buch genau zu kennen!"

„Allah kennt es, und nur er allein liest es. Ich hoffe, daß einige Bewohner von Üsküb auch darinnen verzeichnet sind."

„Das bezweifle ich stark. Es sollen Skipetaren dort sein, und die taugen wenig."

„Leider habe ich das auch gehört", gab ich zu. „Ich kenne sie nicht, aber es sollen unter ihnen Diebe, Räuber und Mörder sein."

„Hast du denn noch keinen Räuber gesehen?"

„Ich habe noch nie das große Unglück gehabt, einem dieser Sünder zu begegnen", seufzte ich. Dazu schnitt ich ein möglichst einfältiges Gesicht. Die Brüder stießen sich unter dem Tisch mit den Füßen an und schienen an meiner Albernheit großes Vergnügen zu haben.

„Aber hast du denn keine Furcht vor ihnen?" forschte Bybar weiter.

„Warum sollte ich mich fürchten? Könnten Räuber mir etwas andres tun, als was mir bereits vorherbestimmt ist?"

„Hm! Wenn dich nun ein Räuber überfällt?"

„Das wäre jammerschade um seine Mühe. Das ist mein ganzes Vermögen."

Dabei warf ich sechs Piaster auf den Tisch und hatte auch die Wahrheit gesagt, denn ich trug nicht mehr bei mir, weil ich Halef mein Geld übergeben hatte.

„Da können sie sich bei dir allerdings nicht viel holen, aber du mußt auf der Reise doch Geld haben!"

„Geld? – Wozu?"

„Nun, um leben zu können."

„Dazu brauche ich nichts. Hat der Prophet nicht befohlen, gastfreundlich zu sein?"

„Ah, du bettelst?" lächelte Bybar.

„Betteln? Willst du einen Scherif beleidigen? Speise, Trank und ein Nachtlager finde ich überall."

„Wo hast du denn in der letzten Nacht geschlafen?"

„In Ostromdscha."

„Ah, dort! Das trifft sich gut!"

„Warum? Seid ihr vielleicht von dort?"

„Das nicht. Aber wir hörten, daß dort in der letzten Nacht ein großes Feuer gewesen sei."

„Groß? – O nein!“
„Es soll doch die halbe Stadt niedergebrannt sein?“
„Das hat euch ein Lügner gesagt. Es hat einen Brand gegeben, das ist wahr. Aber er war unbedeutend und nicht einmal in der Stadt, sondern oben auf dem Berg.“
„Dort gibt es doch kein Haus!“
„Aber eine Hütte.“
„Etwa die des alten Mübarek?“
„Ja.“
„Kennt man denn den Brandstifter?“
„Der Mübarek ist es selbst gewesen.“
„Das glaube ich nicht. Ein frommer Mann soll ein Brandstifter sein?“
„Oh, er ist nicht so fromm gewesen, wie er sich gestellt hat.“
„Also wäre es doch wahr, was wir hörten?“
„Was habt ihr denn gehört?“
„Daß er eigentlich ein großer Spitzbube, ein Verbrecher sei.“
„Diesmal seid ihr recht berichtet.“
„Weißt du das genau?“
„Ja, denn ich war dabei, als der Alte gefangengenommen wurde. Ich war auch bei dem Feuer und überall.“
„So hast du vielleicht auch die vier Fremden gesehen, die das alles angestellt haben?“
„Ich habe sogar im gleichen Han mit ihnen gewohnt und geschlafen.“
„Wirklich? Da hast du wohl auch mit ihnen gesprochen?“
„Mit allen vieren.“
„Würdest du sie wieder erkennen, wenn sie dir jetzt begegneten?“
„Augenblicklich!“
„Das ist sehr gut. Wir erwarten sie nämlich, denn wir müssen mit ihnen reden. Da wir sie aber noch nicht gesehen haben, könnten wir uns leicht irren. Willst du uns nicht auf sie aufmerksam machen, wenn sie kommen?“
„Gern, wenn ich nicht zu lang warten muß.“
„Du hast doch Zeit!“
„Nein, ich muß übermorgen in Üsküb eintreten.“
„Du brauchst nur etwa noch drei Stunden zu warten.“
„Das ist mir viel zu lange“, brummte ich.
„Wir bezahlen dich dafür.“
„Bezahlen? Ah, das könnte der Sache eine andre Wendung geben. Wieviel wollt ihr denn bezahlen?“
„Fünf Piaster, bis sie kommen.“
„Und wenn sie aber nicht oder sehr spät kommen, so daß ich dann nicht weiterreiten kann, weil es dunkel ist?“
„Dann bezahlen wir hier für dich das Übernachten und das Essen.“

„So bleibe ich. Ihr müßt mir aber die fünf Piaster sofort auszahlen."
„Scherif! Denkst du vielleicht, daß wir kein Geld haben?"
„Nein, sondern ich denke, daß ich keins habe, und darum möchte ich solches bekommen."
„Nun, diese Kleinigkeit können wir leicht vorauszahlen. Da!"
Bybar warf mir zehn Piaster hin und lächelte verächtlich, als ich ihn erstaunt ansah:
„Nimm nur, wir sind reich."
Sie waren allerdings gut versehen, denn der Geldbeutel dieses Menschen war groß, und es klang darin wie Gold.
Nun wurde ich über meine eigne Person befragt. Ich mußte mich und meine Begleiter genau beschreiben und dann auch sagen, ob ich gesehen, daß die Kugeln uns nicht getroffen hätten.
Ich erzählte alles, was geschehen war, dann fragte der Skipetar: „Hast du nicht gehört, wann die vier Männer aufbrechen wollen?"
„Ich war dabei, als einer von ihnen sagte, sie würden zur Mittagszeit fortreiten."
„Das haben auch wir erfahren, aber wir denken, daß sie nicht kommen werden."
„Warum nicht?"
„Weil sie sich fürchten."
„Oh, diese Fremden sehen nicht so aus, als ob sie sich fürchten könnten! Vor wem sollen sie Angst haben?"
„Vor den Räubern."
„Das glaube ich nicht. Nicht einmal ich habe Angst vor Räubern. Und nun gar diese vier! Ihr solltet nur die Waffen des einen sehen."
„Ich habe davon gehört. Man soll ihm jedoch gesagt haben, daß man ihm auflauern wolle."
„Davon weiß ich nichts. Wohl aber habe ich von zwei Räubern gehört."
„Also doch! Was ist's mit ihnen?"
„Der Mübarek hat zwei Männer gedungen, um die vier Fremden unterwegs zu töten."
„Woher weiß man das?"
„Aus einem Gespräch, das belauscht worden ist."
„Teufel! Wie unvorsichtig! Weiß man die Namen der beiden Räuber?"
„Nein, und ich glaube, man kennt sie überhaupt nicht."
„Und was sagen denn die vier Fremden dazu?"
„Sie lachen."
„Allah! Sie lachen?" brauste Bybar auf. „Sie lachen über die, von denen sie angefallen werden sollen? Meinen sie, daß die Räuber schwache Knaben sind?"
„Die Räuber mögen so stark sein, wie sie wollen; diesen vier Männern können sie nichts anhaben, weil diese kugelfest sind."

„Kugelfest? Verflucht! Ich habe niemals daran geglaubt und es stets für ein albernes Märchen gehalten, daß ein Mensch sich kugelfest machen könne. Hast du es aber auch genau gesehen?"

„Sehr genau: ich stand unmittelbar daneben."

„Die Kugeln trafen nicht? Und der Effendi fing sie sogar auf?"

„Mit der Hand. Dann, als abermals mit den gleichen Kugeln geschossen wurde, durchbohrten sie das Brett."

„Es ist kaum glaublich!" staunte Bybar.

„Über fünfhundert Menschen waren dabei und haben zugesehen und sich die Kugeln zeigen lassen."

„Dann muß man es freilich glauben. Wenn ich das Kunststück auch machen könnte, ich verzehrte alle Tage einen ganzen Koran."

„Es wird sich wohl nicht bloß darum handeln, sondern ich vermute, daß dabei noch gewisse Geheimnisse zu beachten sind."

„Ohne Zweifel. Ich gäbe sehr viel darum, wenn ich diese Geheimnisse erfahren könnte."

„Die wird keiner verraten", behauptete ich.

„Und ich wüßte doch vielleicht zwei Personen, die sie erfahren könnten."

„Wer wären diese?"

„Die Räuber, die ihnen auflauern."

„Oh, diese am allerwenigsten."

„Das verstehst du nicht, obwohl du ein Scherif bist. Sind die Fremden denn auch hieb- und stichfest?"

„Hm! Das weiß ich nicht."

„So sind sie es nicht, denn sie hätten sich dessen jedenfalls auch gerühmt. Oder meinst du, daß wir, wenn wir diese Skipetaren wären, uns vor diesem Fremden, der den Araber reitet, fürchten müßten?"

„Im Ringen gewiß nicht", urteilte ich.

„Also sind sie doch nicht so sicher. Aber auch ich bin überzeugt, daß ihnen nichts geschieht, zumal wir ihnen beistehen würden."

„Ihr wolltet das wirklich tun?" erkundigte ich mich gemächlich.

„Warum zweifelst du? Wir sind den vier Männern von Radowitsch aus entgegengeritten, wir wollen sie empfangen und sie überraschen. Sie sollen nämlich bei uns wohnen, denn wir werden ihre Gastfreunde sein. Wehe dem Menschen, der ihnen ein Leid tun wollte!"

„Hm! Das glaube ich wohl. Aber eure Freunde können vielleicht überfallen werden, bevor sie hierherkommen."

„O nein. Da gibt es keine passende Stelle."

„Verstehst du das so genau?" fragte ich, wobei ich mich bemühte, ein recht einfältiges Gesicht zu machen.

„Ja, denn ich bin Soldat gewesen. Weiter oben, nach Radowitsch zu, wo es durch den Wald geht, ist ein passender Ort. Da gibt es große Felsbrocken zu beiden Seiten des Wegs, und das Gehölz ist so dicht, daß man weder rechts noch links entfliehen kann. Wenn unsre Gäste dort angefallen würden, wären sie rettungslos verloren."

In der Pause, die nun entstand, weil Bybar sinnend vor sich niederblickte, hörte ich deutlich wimmernde Töne aus dem Haus dringen. Ich hatte sie schon vorhin gehört, aber nicht so deutlich; es schien eine Kinderstimme zu sein. Die Sache wollte mir beinahe verdächtig vorkommen, doch dachte ich mir, daß die Skipetaren es nicht hätten wagen können, hier eine Untat zu verüben und dann so ruhig sitzen zu bleiben.

„Wer wimmert denn da drin?“ fragte ich.

„Wir wissen es nicht.“

„Ist dieses Haus ein Han? Wo ist der Handschi?“

„In der Stube.“

„Ich will nachsehen“, erwiderte ich, stand auf und ging auf die Tür zu.

„Halt! – Wohin?“ fragte Bybar.

„Hinein zu dem Wirt.“

„Geh hier an den Fensterladen!“

Ich erriet sofort, daß die Brüder mich nicht mit dem Handschi allein sprechen lassen wollten. Jedenfalls kannte er die Skipetaren, und sie fürchteten, von ihm verraten zu werden. Ich hinkte also zum offenen Laden und steckte den Kopf hinein. Das Wimmern dauerte fort.

„Handschi!“ rief ich in die Stube.

„Hier“, antwortete eine männliche Stimme.

„Wer wimmert da drinnen so?“

„Meine Tochter. Sie hat Zahnweh.“

„Wie alt ist sie?“

„Zwölf Jahre.“

„Warst du bei einem Berber oder Hekim?“

„Nein, ich bin zu arm.“

„So werde ich helfen, ich komme hinein.“

Die beiden Aladschy hatten jedes Wort gehört. Als ich mich wieder zur Tür wendete, standen sie auf und folgten mir. Die Stube sah, selbst nach dortigen Begriffen, überaus ärmlich aus. Es stand niemand drinnen als der Wirt und die Kranke, die wimmernd in einer Ecke hockte.

Der Mann saß auf einem Schemel, die Ellbogen auf die Knie und das Kinn in die Hände gestützt, und schaute uns gar nicht an.

„Also du bist der Wirt?“ fragte ich ihn. „Wo ist dein ‚Haus‘?“

„Tot“, antwortete er dumpf, ohne mich anzuschauen.

„Da bist du zu bedauern. Hast du auch noch andre Kinder?“

„Noch drei kleinere.“

„Wo sind diese?“

„Draußen an der Strumnitza.“

„Welche Unvorsichtigkeit! Kinder läßt man nicht ohne Aufsicht ans Wasser.“

Jetzt erhob der Handschi den Kopf und sah mich verwundert an.

„Warum holst du sie nicht zu dir?“ fragte ich weiter.

„Ich kann nicht!"

„Warum?"

„Ich darf nicht hinaus."

„Oh, wer sollte es dir verwehren?"

Er warf einen finsteren Blick auf die beiden Aladschy, und zugleich bemerkte ich, daß Sandar ihm mit dem Finger drohte. Ich tat, als hätte ich nichts gesehen, und ging in die Ecke, sagte der Kleinen einige freundliche Worte und führte sie zum offenen Laden hin.

„Komm her!" bat ich in mildem Ton, um ihr Vertrauen zu erwecken. „Ich werde dir sofort die Schmerzen nehmen. Öffne den Mund und zeige mir den Zahn."

Sie tat es ohne Zögern. Dem Zahn war nichts anzusehen; vielleicht war der Schmerz rheumatischer Art. Da gab es freilich kein Mittel. Aber ich wußte aus Erfahrung, welchen Einfluß, besonders bei Kindern, die Einbildung übt. Vor allem mußte das Weinen aufhören.

„Nun schließe einmal den Mund und antworte mir durch Nicken oder Kopfschütteln", sagte ich. „Hast du noch Schmerzen?"

Die Kleine schüttelte das Köpfchen und bejahte dadurch nach dortiger Sitte meine Frage.

Ich zog den Kopf des Kindes an mich und legte meine hohle Hand auf die schmerzende Wange, sie leise streichelnd. Vom Lebensmagnetismus verstehe ich nichts, aber ich verließ mich auf die Einbildungskraft des Kindes und auf das wohltuende Gefühl, wenn eine freundliche warme Hand eine schmerzende Backe leise berührt.

„Nun, ist der Schmerz fort?" fragte ich nach einer Weile.

Das Mädchen schüttelte bejahend den Kopf.

„Ganz und gar?"

„Ja, ganz!" antwortete das Kind, während das Gesichtchen strahlte und die Augen mich dankbar anlächelten.

„Sprich nicht und hole eine Weile durch die Nase Atem, dann wird der Schmerz nicht wiederkommen."

Das war alles so einfach, so selbstverständlich gewesen, und doch trat, als ich jetzt wieder hinausgehen wollte, der Handschi auf mich zu und sagte:

„Sie hat schon seit gestern gejammert. Es war nicht zum Aushalten, und darum sind die andern Kinder fort. Du kannst Wunder tun, o Scherif!"

„Nein, es ist kein Wunder. Ich habe nur ein einfaches Mittel angewendet, und es wird helfen, wenn du dein Töchterchen heute noch in der Stube behältst. Deine drei andern Kinder werde ich holen."

„Du, Scherif?" fragte er.

„Freilich, denn du kannst ja nicht."

Die beiden Aladschy warfen ihm wütende Blicke zu. Er aber bückte sich, als ob er etwas aufheben wollte, kam mir dadurch näher und raunte mir zu, als er sich wieder erhob: „Nimm dich in acht! Es sind die Aladschy.“

„Was war das?“ schrie Sandar, der vielleicht einen Hauch gehört hatte. „Was hast du gesagt?“

„Ich? Nichts!“ antwortete der Handschi möglichst unbefangen.

„Hundesohn, lüge nicht, sonst schlage ich dich nieder!“

Der Skipetar erhob die Faust – ich packte seinen Arm und mahnte: „Freund, was tust du? Weißt du nicht, daß der Prophet verboten hat, daß der Gläubige sein Gesicht vom Zorn entstellen lasse?“

„Was geht mich dein Prophet an!“

„Ich begreife dich nicht. Du gebärdest dich wie ein schlimmer Mensch und willst doch der Freund dieser vier Fremden sein, die keinen Wurm beleidigen?“

Sandar ließ den Arm sinken, warf dem Wirt noch einen finstern Blick zu und antwortete mir: „Du hast recht, Scherif. Aber ich liebe die Wahrheit und hasse die Lüge; darum wurde ich so grimmig. Komm wieder heraus!“

Ich folgte ihm, tat draußen, als sei es selbstverständlich, mich frei zu bewegen, und hinkte zum Fluß hin. Es war kein Zweifel, daß die Aladschy mich halb und halb als ihren Gefangenen betrachteten. Zurück durften sie mich nicht lassen und vorwärts auch nicht, weil ich sie sonst leicht verraten konnte, selbst wenn ich sie nicht erkannte und auch keinen Verrat beabsichtigte. Darum mußten sie mich unter ihren Augen behalten.

Unten, nahe am Wasser, saßen drei Kinder, die ich für die des Wirtes hielt. Ich gab ihnen die zehn Piaster, die ich von Bybar erhalten hatte, und sagte ihnen, daß sie zum Vater kommen sollten, weil ihr Schwesterchen gesund geworden sei. Jubelnd sprangen und krochen sie das Ufer hinauf und liefen ins Haus. Als ich mich nun wieder an den Tisch setzte, sah ich es den Aladschy an, daß sie einen Entschluß gefaßt hatten.

Hier waren sie nicht ganz sicher vor gefährlichen Begegnungen, und es nahte auch die Zeit, da wir hier erwartet werden konnten; darum erriet ich, daß sie wohl beschlossen hatten, nun aufzubrechen.

Und richtig! Bybar sagte:

„Ich habe dir schon mitgeteilt, daß es nur eine einzige Stelle gibt, wo die Fremden überfallen werden können. Mein Bruder ist mit mir der Meinung, daß es gut wäre, wenn auch wir uns dort verstecken würden. Dann könnten wir den Überfallenen Hilfe bringen. Bist du dazu bereit?“

„Hm! Mich geht die Sache eigentlich gar nichts an.“

„O doch! Wenn die Räuber dort lauern, werden sie auch dich anfallen, sobald du weiterreitest. Übrigens wünschen wir, dir ein echtes und rechtes Skipetarenstückchen zu zeigen, das du dann in Üsküb erzählen kannst.“

„Da machst du mich allerdings neugierig, und ich reite mit.“

„So steig auf!“

„Habt ihr den Raki schon bezahlt?“

„Nein, der Handschi hat ihn uns umsonst gegeben.“

Umsonst geben müssen! So war es wohl richtig. Ich trat zum Fenster und warf meine wenigen Piaster hinein. Ich wurde von den beiden dafür ausgelacht.

Bybar ging hinter das Haus, um die Pferde zu holen, während Sandar bei mir blieb, damit ich ihnen sicher sei.

Als wir dann über die Brücke ritten, wendete ich mich im Sattel um. Der Handschi stand vor seiner Tür und erhob warnend die Hand. Ich dachte nicht, daß ich ihn wiedersehen würde. Jenseits der Brücke führte die Straße zuerst zwischen Feldern dahin, dann kamen Weiden, hierauf Buschwerk, und endlich ritten wir in einem dichten Wald.

Es wurde kein Wort gesprochen. Die Wegelagerer hielten mich für einen wenig urteilsfähigen Menschen, denn in dem, was sie gesagt hatten und taten, lagen grelle Widersprüche, die auch einem befangenen Menschen auffallen mußten. Wenn wirklich Feinde im Wald versteckt lagen, so war es doch eine helle Dummheit, die Bedrohten dadurch retten zu wollen, daß wir uns gleichfalls versteckten und dann erst im Augenblick des Kampfes zu Hilfe kamen. Wir hätten vielmehr den Standort der Räuber beschleichen und dann die Bedrohten warnen sollen. Vielleicht konnten sie den gefährlichen Ort umreiten oder, wenn das wegen der Dichtheit des Waldes nicht möglich war, so konnten wir zu Fuß vereint den Strolchen heimlich in den Rücken kommen und ihnen eine prächtige Schlappe bereiten.

Mitten im Wald senkte der Weg sich abwärts und machte zugleich eine scharfe Wendung. Rechts und links gab es Felsstücke, hinter denen man sich verbergen konnte, um dann vom hohen Rand aus in die Höhlung des Wegs hinabzuschießen. Das war ein Platz, wie zu einem Überfall geschaffen, und wirklich machten die beiden hier auch halt.

„Das ist der Ort“, entschied Bybar. „Hier müssen wir uns verstecken. Reiten wir da links die Böschung hinan!“

Er sprach leise, um mich glauben zu machen, daß er wirklich meine, die Räuber könnten hier irgendwo verborgen sein. Dann mußten sie uns hören und sehen, nicht aber wir sie! Ich kam zur Überzeugung, daß mein Gesicht schon von Natur nicht sehr geistreich sein müsse, denn ihm ein so dummes Aussehen zu geben, dazu reichte meine ungeschulte Verstellung jedenfalls nicht aus. Und man mußte doch geradezu albern sein, um diese Strolche nicht sofort zu durchschauen.

Da oben auf dem hohen Wegrand standen an dieser Stelle die Bäume weniger dicht, so daß wir noch eine kleine Strecke weit reiten konnten. Dann mußten wir die Pferde führen.

Nun wurde haltgemacht. Die Pferde sollten beieinander angebunden werden. Dieser Umstand gefiel mir nicht, denn ich hatte die Absicht, mich später heimlich zu entfernen. Zu diesem Zweck mußte mein Pferd von den andern so weit entfernt stehen, daß die Brüder es nicht sehen konnten.

Ich nahm unbemerkt ein scharfkantiges Steinchen vom Boden auf. Dann tat ich, als wolle ich meinem bei den Schecken angebundenen Pferd zur Bequemlichkeit den Sattelgurt lockern, schnallte ihn aber viel fester als vorher, so fest, als ich es nur vermochte, und steckte vorher das Steinchen unter den Sattel, so daß eine Spitze auf den bloßen Leib des Pferdes zu liegen kam. Das Steinchen mußte dem Tier Schmerz bereiten. Das Weitere war nun abzuwarten.

Inzwischen hatten die Aladschy sich einen passenden Platz ausgesucht, von dem aus sie einen Teil der rückwärts liegenden Straßenstrecke überblicken konnten, ohne selbst gesehen zu werden. Ihre Gewehre lagen neben ihnen, und sie schnallten auch die Wurfbeile los. Ich erriet ihr Vorhaben. Sie glaubten, ihre Kugeln könnten uns nichts anhaben, und wollten uns mit den Beilen töten. Diese Leute besitzen eine große Gewandtheit im Werfen dieser Waffe, doch vermutete ich, obwohl ich noch keine in der Hand gehabt hatte, es ihnen gleichtun zu können, da ich ja eine ziemliche Fertigkeit im Werfen des Tomahawks besaß.

Ich setzte mich zu den Brüdern, und nun wurde die Unterhaltung leise geführt. Sie taten so, als seien sie kampfbereit, um die Fremden, also uns, vor den Räubern zu bewahren. Das Skipetarenstück, das mir die Aladschy in Aussicht gestellt hatten, bestand nur darin, daß sie sich meiner Mitwirkung versichert hatten, obgleich sie selbst die Mörder waren. Ich mußte davon im Augenblick des Überfalls entsetzt sein und konnte dann davon erzählen und mich wegen meiner Dummheit auslachen lassen.

Mein Steinchen hatte schon längst gewirkt; das Pferd Halefs war unruhig geworden – es schnaubte und schlug um sich.

„Was ist denn das mit deinem Pferd?“ fragte Bybar.

„Oh, nichts!“ entgegnete ich gleichmütig.

„Nichts soll das sein? Es kann uns verraten!“

„Wieso?“

„Wenn es so fortmacht wie jetzt, so steht zu erwarten, daß die hier versteckten Räuber den Lärm hören; dann sind wir verloren.“

Er meinte aber, daß die erwarteten vier Fremden den Lärm hören und dadurch zur Vorsicht gemahnt werden könnten.

„Es wird noch schlimmer werden“, erklärte ich ruhig.

„Warum denn?“

„Mein Gaul kann's nicht leiden, in der Nähe andrer Pferde angebunden zu sein. Das ist so eine Mucke von ihm, die ich ihm nicht abgewöhnen kann. Ich muß ihn immer eine große Strecke von andern entfernt halten.“

„So schaffe ihn fort!“

Ich stand auf.

„Halt! Laß deine Decke und dein Messer da. Auch dein Turbantuch!"

„Aber warum denn?"

„Damit wir wissen, daß du wiederkommst. Setze deinen Turban ab!"

Das hätte eine schöne Geschichte gegeben! Die Wegelagerer hätten gesehen, daß ich meinen Kopf nicht rasiert trug und also kein guter Muslim und noch viel weniger ein Scherif sein könne. Darum antwortete ich gelassen: „Was fällt dir ein? Kann ein Scherif jemals sein Haupt entblößen? Ich bin ein Kenner des Multeka el Buhur[1], des Mischkat el Messabih[2] und der berühmten Fetwa von Alem Ghiri und von Hamadan. Ich weiß sehr wohl, was dem Gläubigen verboten ist, und jetzt soll ich meine Seele den Lüften übergeben, damit der Sturm sie von dannen treibe?"

„So mag es bei dem Messer und der Decke bleiben. Geh!"

Ich band das Pferd los und führte es eine Strecke weit fort, wo ich es zunächst nur flüchtig festband. Dann rannte ich in höchster Eile fort, durch Busch und Strauch, bald springend, bald kriechend, bis ich die vorhin zurückgelegte Krümmung des Weges erreichte und nun die Straße betreten konnte, ohne von den beiden Aladschy gesehen zu werden. Dort riß ich ein Blatt meines Notizbuches heraus und schrieb darauf: „Ajry ajry hasyrlayin! Osko ile Omar jawasch, Halef dört nal gisin, icki bin adymler tahminen – reitet einzeln vorüber! Osko und Omar langsam, Halef in stärkstem Galopp, ungefähr zweitausend Schritte weit."

Diesen Zettel befestigte ich mittels eines Holzpflöckchens, das ich schnitzte, und des Taschenmessers am Stamm eines hart am Weg stehenden Baumes, so daß er unbedingt gesehen werden mußte. Freilich konnten auch andere Leute vorher des Wegs kommen, aber das war nicht zu ändern. Vielleicht ließen sie den Zettel hängen. Übrigens war Halefs Kommen in jedem Augenblick zu erwarten.

Das hatte kaum zwei Minuten gedauert, und nun rannte ich schnell wieder zum Pferd zurück, um es jetzt fester anzubinden und vom Steinchen zu befreien. Ich war damit noch nicht ganz fertig, als ich schon Schritte hinter mir hörte.

Sandar kam, um mich zu suchen.

„Wo bist du so lang?" fragte er streng.

„Hier bei dem Pferd", erwiderte ich geistreich und schaute ihn verdutzt an.

„Das sehe ich! Aber muß das so lang dauern?"

„Nun, bin ich denn nicht mein eigener Herr?"

„Nein, jetzt nicht mehr. Jetzt gehörst du zu uns und mußt dich nach uns richten!"

„Habt ihr mir vielleicht gesagt, wie lange ich fortbleiben darf?"

[1] „Zusammenfluß der Meere", d. i. ein berühmtes Rechtsbuch
[2] Ein theologischer Kommentar in 24 Büchern

„Frag nicht so albern, du Esel! Packe dich fort, dahin, wo wir sitzen!“

„Wenn es mir gefällig ist“, entgegnete ich, da mir Sandars Verhalten trotz meiner Rolle als Scherif zu anmaßend wurde.

„Dir hat gar nichts gefällig zu sein, verstanden? Wenn du nicht augenblicklich kommst, so helfe ich nach!“

Da trat ich zu ihm heran und sagte: „Höre, treibe es nicht zu arg! Du nennst mich einen Esel. Wenn du keine Achtung vor der Abstammung eines Scherifs hast, so verlange ich wenigstens Achtung für meine Person. Und wenn du sie verweigerst, so werde ich sie mir zu verschaffen wissen.“

Das hatte Sandar mir nicht zugetraut.

„Welch eine Frechheit! Ich soll vor deiner lächerlichen Person Achtung haben! Ich brauche dich nur anzurühren, und du fällst vor Schreck zu Boden.“

Er faßte mich an linken Arm und drückte mich so derb, daß ein Schwächerer als ich wohl laut aufgeschrien hätte. Ich aber lächelte ihm ruhig ins Gesicht und entgegnete: „Da müßtest du anders zugreifen, etwa so!“

Ich legte meine Hand in der Weise auf seine Schulter, daß der Daumen unter das Schlüsselbein zu liegen kam, die andern vier Finger aber den nach oben und außen ragenden Teil des Schulterblattes erfaßten, der mit dem Oberarmknochen das Schultergelenk bildet. Wer diesen Griff kennt und anzuwenden versteht, der kann mit einer Hand den stärksten Mann zu Boden zwingen. In schnellem kräftigem Druck zog ich die Hand zusammen. Da stieß er einen lauten Schrei aus und wollte sich loswinden, konnte es aber nicht, denn der Schmerz ging ihm so durch den ganzen Körper, daß er in die Knie brach und auf den Boden sank.

Der Schrei rief seinen Bruder herbei.

„Sandar, was ist geschehen?“ fragte er.

„Allah akbar! Das begreife ich nicht!“ erwiderte der Gefragte und erhob sich vom Boden. „Dieser Mensch hat mich nur mit einer seiner Hände niedergerungen. Ich muß die Schulter gebrochen haben.“

„Gerungen? Warum?“

„Weil ich ihn wegen seines langen Fortbleibens auszankte.“

„Teufel, Scherif, was fällt dir ein? Soll ich dich zermalmen?“

Bybar packte mich an der Brust, um mich zu schütteln. Eine Gegenwehr lag nicht in meiner Scherif-Rolle; aber mich fassen und schütteln zu lassen wie einen Knaben, das war gegen meinen Geschmack. Ich nahm Bybar ebenfalls bei der Brust, zog ihn erst an mich und stieß ihn dann so rasch auf volle Armlänge von mir ab, daß er mich loslassen mußte. Nun bückte ich mich ein wenig, legte ihm, ohne ihn mit der Hand loszulassen, den Unterarm abwärts an den Leib, hob den Riesen dann mit einem blitzschnellen Ruck empor und warf ihn zur Erde.

Er blieb eine Sekunde lang liegen, ganz verblüfft vor maßlosem Staunen, schnellte dann empor und streckte beide Hände nach mir aus.

„Noch einmal?“ fragte ich und trat einen Schritt zurück.

Ich war jetzt zornig geworden. Vielleicht hatten meine Augen oberhalb der verschobenen blauen Brille einen andern Ausdruck, als für die Sehwerkzeuge eines salbungsvollen Scherifs passend war, denn der Aladschy prallte zurück, starrte mich an und rief dann: „Scherif, du bist ja ein Riese!“

Ich neigte das Haupt und antwortete in demütigem Ton: „Das steht wohl im Buch des Lebens verzeichnet. Ich kann nichts dafür.“

Die beiden brachen in ein lautes Gelächter aus.

„Weißt du, Bybar, der Mann ahnt gar nicht, was für Kräfte er hat“, meinte Sandar.

Bybar aber betrachtete mich mißtrauisch vom Turban bis zum Pantoffel herab und entgegnete: „Das ist nicht bloß Riesenkraft, er hat auch Übung. Diesen Griff macht ihm nur einer nach langer Übung nach. Scherif, wo hast du das gelernt?“

„Bei den Heulenden Derwischen in Stambul. Wir balgten uns oft zum Spaß in freien Stunden.“

„Ah so! Schon glaubte ich, du seist ein ganz andrer, als du zu sein scheinst. Das ist dein Glück; denn wenn du uns täuschen wolltest, so wäre dein Leben grad soviel wert wie das einer Fliege im Schnabel eines Vogels. Du wirst dich jetzt nicht wieder neben, sondern zwischen uns setzen. Dich müssen wir vorsichtig behandeln.“

Wir kehrten zu unserm vorigen Platz zurück, und die beiden nahmen mich dort in ihre Mitte. Ihr Mißtrauen war erwacht. Meine Lage hatte sich nun verschlimmert, doch bangte mir trotzdem nicht, da ich ihnen mit den Revolvern auf alle Fälle weit überlegen war.

Es wurde nicht mehr gesprochen. Die beiden Helden der Landstraße mochten denken, unter den jetzigen Verhältnissen sei Schweigen am ratsamsten. Wenn ich einige Besorgnis hegte, so war es nicht für mich, sondern für meine Gefährten. Vielleicht wurde mein Zettel doch nicht von ihnen bemerkt oder von vorher kommenden Leuten oder durch irgendeinen andern Umstand abgerissen.

Ein angenehmes Gefühl ist es nicht, zwischen zwei bärenstarken und bis an die Zähne bewaffneten Wegelagerern zu sitzen. Daß es in der Türkei eine Menge solcher Menschen geben konnte, ist sehr leicht erklärlich: es lag an den dortigen Verhältnissen. Las man doch in fast jeder Nummer irgendeiner Zeitung von gewaltsamen Grenzüberschreitungen, Räubereien und Ausplünderungen. Die Regierung hatte eine Bekanntmachung erlassen, in der sie befahl, daß jeder Richter nun endlich doch nach dem Gesetz urteilen solle. Ein bekannter und „mächtiger“ Pascha sandte an die Hohe Pforte die Drohung, daß er sofort seine Entlassung nehmen werde, wenn es ihm nicht erlaubt würde, die in seinem Distrikt überhandnehmenden Räubereien zu bestrafen. Ist es da ein Wunder, wenn in solchen Gegenden der Reisende damals sich selbst sein Recht sprach, weil er es sonst nicht fand?

Ist es unbegreiflich, daß immer neue Banden auftauchten, kaum daß eine alte zersprengt worden war? Der friedliche Bewohner sah sich fast gezwungen, mit diesen Leuten zu halten. Sie waren die wahren Herren und führten ein grausames Regiment.

Wir waren nun schon so lange dagesessen, daß mir die Geduld ausgehen wollte. Endlich hörten wir von rechts her ein Geräusch.

„Horch! Es kommt jemand", sagte Sandar und griff zu seinem Beil. „Vielleicht sind sie es!"

„Nein", entgegenete sein Bruder. „Es ist nur ein einzelner Reiter. Dort biegt er um die Ecke."

Ich blickte zurück und sah zu meiner Freude Omar kommen, und zwar allein. Man hatte meinen Zettel also gefunden und gelesen. Omar kam langsam herbei, den Kopf tief geneigt, wie in Gedanken versunken. Er sah weder rechts noch links.

„Wollen wir –?" fragte Bybar, wobei er auf seine Flinte deutete.

„Nein", erwiderte Sandar. „Der Mann hat nichts, das sieht man ihm ja an."

Die beiden Strolche scheuten sich also gar nicht, in meiner Gegenwart von ihrem eigentlichen Handwerk zu sprechen.

Ohne nur einmal aufzublicken, ritt Omar vorüber.

Nach einiger Zeit bemerkte Sandar: „Dort kommt wieder einer!"

„Auch so ein Habenichts!"

„Aber – wollen wir denn alle vorüberlassen?"

„Jetzt, ja. Bedenke, daß unsre Schüsse gehört werden müssen."

„Natürlich – von den Räubern, die hier versteckt sind", stimmte ich einfältig bei. „Diese bemerken dann, daß wir hier sind, um ihnen das Handwerk zu legen."

„Dummkopf!" grinste Sandar mich an.

Jetzt kam Osko. Auch er gab sich den Anschein eines sorglosen und unbefangenen Menschen. Sein Äußeres ließ auf keine Reichtümer schließen, und er kam glücklich vorüber.

Nun mußte Halef kommen. Bei ihm hatte ich Grund zur Besorgnis. Ihn konnten die Aladschy aus dem Sattel schießen wollen, um sich des prächtigen Rappen zu bemächtigen. Zwar hätte ich es nicht dazu kommen lassen – lieber hätte ich jedem eine Kugel gegeben, aber es war doch besser, das zu vermeiden. Darum mußte ich versuchen, ihre Aufmerksamkeit abzulenken.

Ich spähte scharf, doch verstohlen zu der Ecke, um die Halef kommen mußte. Jetzt sah ich ihn hervorsprengen. Die beiden bemerkten ihn noch nicht – ich stand auf.

„Wohin?" fragte Sandar mich rauh.

„Zu meinem Pferd. Hörst du nicht, daß es wieder unruhig wird?"

„Der Scheïtan hole dein Pferd. Du bleibst!"

„Du hast mir nichts zu befehlen“, erwiderte ich barsch und tat, als wollte ich fortgehen. Da sprang er auf und ergriff mich beim Arm.

„Bleib oder ich gebe dir ein – –“

Er wurde durch einen Ausruf Bybars unterbrochen, der seinen Blick zuerst auf uns gerichtet hatte, nun aber Halef sah.

„Ein dritter Reiter! Still!“ gebot Bybar.

Sandar blickte auf die Straße.

„Maschallah!“ rief er aus. „Welch ein Pferd! Das ist der Fremde, das muß er sein!“

„Nein, der Reiter ist viel zu klein.“

„Aber der Rappe ist ein Vollblutaraber, ein echtes, reines Blut! O Allah! Er fliegt wie der Wind!“

Sandar hatte wörtlich recht. Der Name meines Hengstes war Rih, und dieses Wort bedeutet Wind. Hundertmal war ich auf seinem Rücken mit dem Wind um die Wette geflogen, aber gesehen hatte ich noch nicht, welch einen prachtvollen Anblick das herrliche Pferd in vollstem Lauf gewährte. Der Leib berührte fast den Boden, die Beine waren nicht zu unterscheiden. Die Mähne flog dem Reiter um das Gesicht, und der Schweif lag wie ein Steuer grad und lang nach hinten. Und doch sah ich, daß Rih nur erst spielte. Hätte ich im Sattel gesessen, so wäre er noch ganz anders geflogen, und nun gar, wenn ich sein „Geheimnis“ in Anwendung brachte, so daß er sich in Todeseile legte!

Mein kleiner, wackrer Halef stand weit vorgeneigt in den Bügeln. Sein Gewehr und auch meine beiden Schußwaffen hingen ihm über die Schulter. Hinter dem Sattel hatte er meinen Kaftan und auch die langen Reitstiefel aufgeschnallt. Sein eigner Kaftan wehte hinter ihm her, getragen von dem Luftzug, der durch die unvergleichliche Schnelligkeit des Pferdes verursacht wurde. Der Hadschi ritt ausgezeichnet. Der mit großen und kleineren Steinbrocken besäte Weg bot bei einem solchen Jagen ungeheure Schwierigkeiten. Bei einem Fehltritt konnten beide, Reiter und Roß, die Hälse brechen. Aber mein Rih hatte noch niemals einen solchen Fehltritt getan. Die Schärfe seines Auges und die elastische Kraft und Leichtigkeit seiner Glieder bewährten sich auch jetzt auf das entzückendste.

Wäre der Leiter eines Gestüts jetzt anwesend gewesen, wer weiß, welche Summe er für den hochedlen und völlig fehlerlosen Rapphengst geboten hätte!

Und wie lange dauerte es, bis Pferd und Reiter von der Ecke bis zu uns gelangten? Es ging so rasend schnell, daß man keine Zeit gefunden hätte, an die wenigen Sekunden oder Augenblicke zu denken. Kaum hatte ich Halef kommen sehen und nur die wenigen Worte mit Sandar gewechselt, so war er auch schon da und flog, wie auf einem Pfeil sitzend, durch den Hohlweg.

„Halt ihn auf! Schieß ihn herab! Schnell, schnell!“ rief Sandar und raffte seine Flinte auf.

Auch Bybar riß die seinige an die Wange, aber der Rappe sauste so schnell vorüber, daß keine Zeit zum Zielen war. Auch für mich blieb kein Augenblick übrig, um die Schüsse zu verhüten; sie krachten. Aber wie weit hinter Halef flogen wohl die Kugeln über den Weg!

„Ihm nach!" schrie Sandar, fast von Sinnen bei dem Gedanken, die kostbare Beute solle ihm entgehen. „Da vorn ist der Wald zu Ende, da können wir zielen!"

Er sprang die Steilung hinab, von Stein zu Stein, und Bybar folgte ihm, ebenso erregt wie sein Bruder. Jetzt hätte ich Zeit und Gelegenheit zu verschwinden gehabt. Aber so durfte es nicht geschehen. Um Halef war mir nicht bange – – und dennoch auch um ihn. Ich konnte mir wohl denken, daß die drei nach ungefähr zweitausend Schritten zwar nicht halten, aber doch wieder im Schritt reiten würden, und dann konnten sie von den Räubern unbemerkt eingeholt und von den Pferden herabgeschossen werden. Allerdings hatten die Wegelagerer keine Schüsse mehr in ihren einläufigen Flinten, aber sie konnten schnell wieder laden. Also – ich mußte sie am Forteilen hindern.

Ein mächtiger Sprung brachte mich zu ihren Schecken, und im Nu waren diese losgebunden. Ich zog die Peitsche aus dem Gürtelschal und schlug auf die Tiere ein. Sie bäumten auf und rannten davon, ins Buschwerk hinein, wo sie allerdings nicht weit kommen konnten, denn sie mußten mit den Zügeln hängenbleiben.

Nun sprang ich wieder vor und schrie den beiden Aladschy nach: „Sandar, Bybar, halt, halt! Die Schecken haben sich losgerissen!"

Das wirkte – die Brüder blieben stehen, denn ihre vortrefflichen Pferde wollten sie doch nicht einbüßen.

„Binde sie wieder an!" rief Sandar zurück.

„Sie sind ja fort!"

„Hölle und Teufel! Wohin denn?"

„Weiß ich es? Frage sie doch selbst!"

„O du Dummkopf!"

Die Aladschy kamen zurückgerannt. Ich an ihrer Stelle hätte mich nicht beeilt, sondern vielleicht doch den Rappen bekommen. Die Schecken waren ihnen doch sicher! Sie stiegen die Böschung herauf und schimpften aus vollen Hälsen auf mich. Sandar langte als erster oben an und ein rascher Blick überzeugte ihn, daß die Pferde wirklich fort waren. Er fuhr auf mich los und schrie: „Hundesohn! Warum hast du sie nicht gehalten?"

„Ich habe, ebenso wie ihr, nicht zu den Pferden, sondern auf den Reiter geschaut."

„Du konntest aber aufpassen!"

„Eure Pferde sind durch eure Schüsse erschreckt worden. Warum schießt ihr auf Leute, die euch nichts zuleid tun! Übrigens gehören die Pferde nicht mir, sondern euch. Ich bin nicht euer Knecht und habe nicht auf sie zu achten!"

„Das wagst du uns zu sagen? Nimm das dafür!"

Sandar hatte die Flinte in der rechten Hand und holte mit der geballten Linken aus, um nach mir zu schlagen. Ich erhob den Arm zum Gegenhieb, hatte aber einen Stein, der hinter mir lag, nicht beachtet und stürzte über diesen hinweg zu Boden.

Da erhob Sandar den Flintenkolben und gab mir einen Stoß an die Brust, den ich nur halb abzuwehren vermochte. Der Stoß benahm mir den Atem; aber im nächsten Augenblick schnellte ich empor, packte den Riesen mit beiden Händen am Gürtel, hob ihn in die Höhe und warf ihn an den Stamm eines mehrere Meter vor mir stehenden Baums, daß er an dessen Fuß regungslos zusammensank. Da wurde ich von hinten gepackt.

„Schuft, das sollst du büßen!" rief Bybar, der inzwischen herbeigekommen war. Er hatte mich um den Leib gefaßt und wollte mich aufheben. Ich spreizte die Beine aus, zog die Schultern zusammen und holte tief Atem, um mich schwer zu machen. Da aber fühlte ich im linken Fußgelenk einen stechenden Schmerz. Der Fuß versagte mir den Dienst – ich mußte ihn bei dem Fall verletzt haben.

Der hinter mir stehende Skipetar strengte alle Kraft an, um mich emporzubringen. Er keuchte vor Zorn und Anstrengung. Sein Bruder lag besinnungslos an dem Baum. Vielleicht hielt er ihn für tot und wollte ihn rächen. Ich fühlte, daß ich nicht länger durch bloßes Beharrungsvermögen widerstehen konnte. Ich mußte mich aus der Umarmung lösen. Darum zog ich das Messer und versetzte Bybar einen Stich in die Hand. Er ließ mich los, brüllte vor Wut und Schmerz und knirschte:

„Du stichst? So schieße ich!"

Rasch drehte ich mich um und sah, daß er die Pistole aus dem Gürtel riß. Beide Hähne knackten. Vielleicht konnte ich ihm noch mit meinem Revolver zuvorkommen, aber ich wollte ihn nicht töten. Er erhob die Waffe. Ich schlug gegen sie, just als er den einen Lauf abfeuerte. Der Schuß ging fehl.

Blitzschnell erhielt Bybar nun einen zweiten Faustschlag, und zwar von unten herauf in das Gesicht, an die Nase, daß ihm der Kopf ins Genick flog. Ein Griff und ich hatte dem Wegelagerer die Pistole entrissen, die ich fortschleuderte. Er hielt einen Augenblick die Hände an Mund und Nase, die beide verwundet waren. Dann stieß er einen gellenden Schrei aus und langte nach mir. Aber ich bückte mich, unterlief ihn, faßte ihn bei den Oberschenkeln, daß ich glaubte, meine Finger drängen in das Fleisch ein, und schleuderte den riesigen Mann über mich hinweg. Mich nun schnell umdrehend, stürzte ich mich auf den Daliegenden, um ihm keine Zeit zum Aufraffen zu lassen, und gab ihm einen Hieb an die Schläfe, daß er mit einem langen, verlöschenden Atemzug ohnmächtig wurde.

Was ich nicht für möglich gehalten hatte, war eingetreten: ich war den beiden Aladschy nicht unterlegen! Als ich ihre gewaltigen Körper regungslos vor mir liegen sah, konnte ich kaum an diesen Erfolg glauben. Gewiß war jeder von ihnen stärker als ich; aber ich war schneller gewesen als sie und – ich kannte meine Griffe, die ich freilich nicht bei den Heulenden Derwischen gelernt hatte. Ich untersuchte beide. Tot waren sie nicht – sie mußten bald wieder zu sich kommen, und so war es für mich ratsam, schnell zu verschwinden. Um sie aber noch für einige Zeit unschädlich zu machen, nahm ich ihnen die Pulverbeutel, die sie an dem Gürtel hängen hatten, und zertrat ihre Gewehre.

Bei diesem Geschäft fühlte ich nun deutlich, daß mein linker Fuß verletzt war. Hatte ich mich vorher hinkend gestellt, hinkte ich nun gezwungenermaßen zu meinem Pferd, nachdem ich die Pantoffel Halefs, die mir während des Kampfes von den Füßen geglitten waren, vom Boden aufgelesen und wieder angezogen hatte. Ich band das Tier los und führte es an einer geeigneten Stelle auf den Weg hinab und stieg dort auf. Durch das Gehen war der Schmerz im Fuß stärker geworden.

Jetzt, als mein Gaul sich mit mir in Bewegung setzte, atmete ich erleichtert auf. Ich war mit meinen Gefährten einer großen Gefahr entronnen und hatte das der guten Nebatja zu verdanken. Hätte ich einen sichern Boten an sie gehabt, wahrhaftig, ich hätte den Aladschy ihr zusammengeraubtes Geld abgenommen und hätte es ihr geschickt. So aber mußte ich es ihnen lassen. Es gab keinen andern rechtlich befugten Besitzer dafür. Und es der Behörde übergeben? Ich hatte in Ostromdscha keine aufmunternden Erfahrungen gemacht. Mit Vergnügen aber dachte ich daran, was die Aladschy sagen würden, wenn sie erführen, wer der dumme Scherif eigentlich gewesen sei.

Nachdem ich eine Weile geritten war, hörte der Wald auf. Der Weg führte in dem Tal der Strumnitza hin, den Fluß zur linken Hand. In nicht allzu weiter Entfernung sah ich Halef, Osko und Omar halten. Sie erkannten mich sogleich und sandten mir laute Freudenrufe entgegen. Ich gab dem Pferd – nicht die Sporen, sondern die Pantoffel und galoppierte zu ihnen hin.

„O Sihdi, was haben wir um dich für Sorge gehabt!" rief Halef mir von weitem zu. „Wo hast du denn gesteckt?"

„Da hinten im Wald, wie ihr jetzt seht, denn ich komme von dort."

„Das dachten wir uns gleich, als wir deinen Zettel lasen."

„Ihr habt ihn doch herabgenommen?"

„Ja, aber auch wieder angesteckt."

„Warum?"

„Zum Vergnügen. Wir dachten, oder vielmehr ich dachte, wie die Halunken sich später ärgern würden, wenn sie zu sehen bekämen, wie wir es angefangen haben, um ihnen eine lange Nase zu drehen. Oder war das nicht richtig?"

„Ein Fehler ist es nicht, jedenfalls finden die Aladschy den Zettel und werden sich mächtig ärgern, zumal wenn sie aus dessen Inhalt schließen, daß ich, auf den es abgesehen war, mehrere Stunden bei ihnen war."

„Wie? Du warst bei ihnen?“

„Ich habe mit den Brüdern gesprochen, getrunken und sogar gekämpft. Und jetzt liegen sie besinnungslos im Wald.“

„Sihdi, da müssen wir doch schnell zu ihnen zurück, damit auch ich mit ihnen ein Wörtchen sprechen kann.“

„Das ist nicht nötig; sie haben von mir genug gehört. Ich habe mit der Faust zu ihnen gesprochen.“

„Erzähle schnell!“

„Sogleich, aber dabei können wir weiterreiten.“

„So komm herüber, um Rih zu besteigen.“

„Nein, ich bleibe hier im Sattel. Du sollst bis Radowitsch Rih reiten zum Lohn dafür, daß du vorhin so prächtig an mir vorbeigaloppiertest.“

„Hast du mich denn gesehen?“

„Du bist nahe an uns vorbeigekommen.“

„Und ich saß gut im Sattel?“

„Prächtig. Besser noch als ich.“

„Sihdi, das ist Hohn! Das darfst du mir nicht antun!“

„Nun, so will ich einfach sagen, daß ich mich über dich gefreut habe. Aber hast du denn auch gehört, daß man auf dich geschossen hat?“

„Nein, davon hatte ich keine Ahnung.“

„Nur die Schnelligkeit des Rappen hat dich gerettet. Beide Aladschy schossen dir nach. Sie wollten dich vom Pferd schießen, um es zu erbeuten.“

Da hielt Halef den Rappen an und rief: „Wir werden doch zum Wald zurückreiten müssen, Sihdi. Ich muß mich bei diesen Halunken für ihre beiden Kugeln bedanken.“

„Pah! Komm nur, Kleiner! Die Aladschy lassen nicht mit sich spaßen. Sie sind wahre Riesen und können dich mit zwei Fingern erwürgen.“

Nun erzählte ich im Weiterreiten den Gefährten mein Zusammentreffen mit den Brüdern. Sie hörten mit größter Spannung zu. Als ich geendet hatte, sagte Halef:

„Meinst du, Sihdi, daß dieser liebe Muhbir Toma sich noch in Radowitsch befindet?“

„Jedenfalls, sonst wäre er uns begegnet.“

„Wollen wir ihn nicht ein wenig aufsuchen? Ich möchte ihm den gebührenden Dank für sein Verhalten abstatten. Soll ich mir nachsagen lassen, daß ich die Regeln des Anstandes nicht kenne?“

„Dieser Vorwurf würde dich nicht treffen. Ich kann dir das Zeugnis erteilen, daß du in andern Fällen sehr höflich gewesen bist, zum Beispiel gegen den Saptije Selim und gegen den Kodscha baschi in Ostromdscha, die die Süßigkeit deiner Peitsche zur Genüge gekostet haben.“

„So wollen wir Toma also nicht aufsuchen, Sihdi?“

„Nein. Aber wenn er uns begegnet, so tun wir, als kennen wir ihn nicht."

„Sihdi, das widerstrebt meinem guten Gemüt. Sag mir wenigstens, wie lang wir in Radowitsch bleiben werden."

„Das weiß ich leider nicht genau. Besser wäre es jedenfalls, wenn wir ohne Verzug durch den Ort reiten könnten; aber ich muß erst meinen Fuß untersuchen. Vielleicht erfordert seine Behandlung, daß ich bleiben muß. Wahrscheinlich habe ich ihn beim Niederstürzen verstaucht und werde wohl einen Verband anlegen müssen."

„Dann soll mir dieser Botenmann nicht in die Hände laufen, sonst mache ich ihm um den Rücken einen Verband, an den er seine Lebtage denken wird. Übrigens hätte es schon in Ostromdscha Leute gegeben, denen ich gern so einen Verband angelegt hätte."

„Wer war das?"

„Die beiden Brüder, die uns verfolgten und unsre Ankunft oben in der Ruine melden sollten."

„Die bei dem Handschi Ibarek eingekehrt waren?"

„Ja. Sie müssen ihren Rausch schneller ausgeschlafen haben, als wir dachten, denn du warst kaum fort, als sie kamen."

„Wo hast du sie gesehen?"

„Wo? Im gleichen Han, wo wir geblieben sind. Sie hatten keine Ahnung vom Geschehenen gehabt und waren gleich zur Ruine hinaufgeritten. Nachdem sie dort nur die Brandstätte gefunden hatten, kamen sie in den Han zurück, um sich zu erkundigen. Du kannst dir denken, was für Gesichter sie schnitten, als sie erfuhren, was sich ereignet hatte."

„Hast du mit ihnen gesprochen?"

„Nein. Sie hatten ihre Pferde in den Stall gestellt und waren dann verschwunden und kamen nicht zurück, bevor wir fortreiten mußten."

„Hm! Sie werden Erkundigungen eingezogen haben. Vielleicht sehen wir sie wieder."

6. In Radowitsch

Der Fuß, den ich mir im Kampf mit den Aladschy verletzt hatte, begann mich zu schmerzen. Darum ließ ich die Pferde in Galopp setzen, um baldigst ans Ziel zu kommen. Als wir uns kurz vor Radowitsch wieder dem Fluß näherten, sah ich ein winziges Häuschen, vor dem ein alter Mann saß, der uns mit besondrer Aufmerksamkeit betrachtete. Ohne einen Grund zu haben, hielt ich an und grüßte ihn. Er stand auf, vermutlich wegen meines grünen Turbans, und dankte mir ehrerbietig.

„Kennst du uns etwa, Väterchen?" fragte ich ihn.

„O nein. Ich habe euch noch nie gesehen“, antwortete er. „Aber zuerst hielt ich euch für böse Skipetaren.“

„Sehen wir denn wie Skipetaren aus?“

„Gewiß nicht; aber dieses schwarze Pferd machte mich irre. Wenn dessen Reiter von größerer Gestalt wäre, würde ich, obwohl ihr nicht so gekleidet seid, doch denken, ich hätte diese Skipetaren vor mir.“

„Welche meinst du denn?“

„Verzeih, Scherif! Ich soll nicht davon sprechen.“

„So, so! Nun, ich versichere dir, daß deine Mitteilung keinem braven Menschen schaden wird. – Halef, gib dem alten Vater ein Bakschisch!“

Der Hadschi zog den Beutel und warf ihm etwas in den Schoß. Der Alte rieb sich die eingefallene Wange und entschied sodann: „Scherif, du bist ein Nachkomme des Propheten. Ich möchte dir gern zu Diensten sein, aber ich darf es nicht. Mein Gewissen verbietet es mir, denn ich habe versprochen zu schweigen. Nimm dein Geld also wieder!“

„Du sollst es dennoch behalten, denn ich sehe, daß du arm bist. Du hast also, wie es scheint, Skipetaren erwartet, die hier vorüberkommen werden?“

„So ist es, Scherif.“

„Wie viele Skipetaren werden kommen?“

„Vier. Der eine von ihnen, der lange Stiefel an den Füßen und einen großen, dunklen Bart im Gesicht trägt, soll einen arabischen Rappen reiten. Ist dieser Hengst nicht vielleicht ein Araber?“

„Jawohl.“

„Das dachte ich mir und habe euch deshalb beinahe mit jenen Mördern verwechselt.“

„Wer hat dir denn gesagt, daß Skipetaren kommen wollen?“

„Hm! Das darf ich nicht verraten.“

„Du bist ein sehr verschwiegener Mann.“

„Ich würde vielleicht nicht so verschwiegen sein, aber ihr habt etwas bei euch, das mir verdächtig vorkommt.“

„So? Und was ist denn das?“

„Die beiden langen Stiefel, die da hinter dem Sattel angeschnallt sind. Der Rappe ist da, die Stiefel sehe ich auch. Nun fehlt nur noch der Mann, der auf dem Rappen sitzen und die Stiefel an den Beinen haben soll. Wärst du nicht ein gesegneter Abkömmling des Propheten, den – – ah, dort kommt er ja wieder!“

Ein junger Mann kam über die Brache herüber, grad auf das Häuschen zu.

„Wer ist das?“ fragte ich.

„Abid, mein Sohn, der den Wegweiser – – o Allah, davon sollte ich ja nicht sprechen!“

Ich ahnte, um was es sich handelte. Jedenfalls hatte der Mübarek mit seinen drei Begleitern hier angehalten, um den jungen Mann als Wegweiser zu einem Ort mitzunehmen, wohin sie den Weg nicht genau kannten.

Da sie annahmen, daß wir hier vorüberkommen und uns erkundigen würden, falls wir den Aladschy entwischten, so hatten sie dem Vater und dem Sohn irgendeine Lüge aufgebunden und wahrscheinlich uns für Skipetaren ausgegeben. Ich hoffte, daß der Sohn gesprächiger als sein Vater sein werde.

Als Abid näher herbeigekommen war, sah ich, daß er ein sehr verdrießliches Gesicht machte. Er grüßte uns kaum und wollte in die Hütte treten. Der Alte aber ergriff ihn beim Gewand und fragte: „Nun, warum sagst du nichts, Abid? Hast du das schöne Bakschisch nicht erhalten?"

„Ja, Bakschisch! Etwas ganz andres habe ich bekommen, aber kein Bakschisch", erwiderte der junge Mann, der sehr erzürnt zu sein schien. „Die Menschen werden immer schlechter. Sogar den Heiligen darf man nicht mehr trauen."

„Du meinst wohl den alten Mübarek?" fragte ich ihn.

„Wie kommst du auf den? Bist du vielleicht ein guter Freund von ihm?"

„Oh, ich bin grad das Gegenteil. Wir sind die Leute, vor denen er euch gewarnt hat."

„Allah, Allah!" rief der Alte erschrocken. „Habe ich es doch geahnt! Effendi, ich hoffe, daß du uns verschonen wirst. Wir sind blutarme Leute. Abid ist Korbflechter und flicht die Weiden, die meine Enkel jetzt dort am Fluß schneiden. Ich aber bin zu nichts nütze und kann nicht einmal Ruten schälen, denn die Gicht hat mir die Finger krumm gezogen, wie du hier sehen kannst."

Er streckte mir die Hände entgegen.

„Sei ruhig!" erklärte ich. „Wir sind keine Räuber!"

„Du hast doch soeben gesagt, daß ihr die Männer seid, vor denen wir gewarnt worden sind."

„Wir sind die Fremden, die gemeint sind, ja; aber daß wir Skipetaren sind, ist eine Lüge."

„Wo ist denn der Reiter, der auf den Rappen gehört?"

„Der bin ich. Wir haben die Pferde gewechselt, und ich legte eine andre Kleidung an, um von den Leuten, die ich fangen will, nicht sogleich erkannt zu werden. – Du aber scheinst mit dem Mübarek schlechte Erfahrungen gemacht zu haben?"

Abid, an den diese Frage gerichtet war, entgegnete, aber zu seinem Vater gewendet: „Jawohl, aber nicht bloß ich, sondern auch der Schwager Schükrü. Hast du die Pferde des Mübarek und seiner Begleiter angesehen?"

„Wie konnte ich? Ich befand mich doch noch auf dem Lager, und es war noch nicht völlig Tag. Nebel lag noch dick um die Hütte. Was ist es mit dem Schwiegersohn?"

„Bestohlen haben diese Leute Schükrü."

„O Allah! Diesen armen Menschen, der noch dazu erst vor kurzem seine Frau, deine Schwester und meine Tochter, verloren hat. Was haben diese Männer ihm genommen?"

„Das beste von seinen zwei Pferden", grollte Abid.

„O Himmel! Warum haben sie ihm das getan? Sie konnten ein andres Pferd von einem reichen Mann stehlen, da hätte Allah weniger gezürnt. Und der Mübarek war dabei? Seit wann sind die heiligen Einsiedler Pferdediebe geworden?"

„Es gibt keine Heiligen mehr wie früher. Es ist alles List, Trug und Täuschung. Mir kann der frömmste Marabut und der vornehmste Scherif kommen, ich traue ihm nicht mehr."

Bei dem Wort Scherif warf der junge Mann mir einen bezeichnenden, höchst mißtrauischen Blick zu. Ich wußte nun, was er erfahren hatte, und konnte mir auch denken, was gesprochen worden war. Darum sagte ich zu ihm:

„Du hast recht: es gibt viel Betrug und Hinterlist in dieser Welt. Ich aber will ehrlich mit dir sein. Ich bin weder ein Scherif, noch ein Skipetar, sondern ein Franke, der kein Recht hat, den grünen Turban zu tragen. Sieh her!"

Ich nahm den Turban ab und zeigte meinen unrasierten Scheitel.

„Effendi", rief Abid erschrocken, „wie kühn du bist! Du wagst ja das Leben!"

„Oh, so schlimm ist es nicht. In Mekka freilich wäre es gefährlicher als hier, wo es so viele Christen gibt."

„Also bist du gar kein Muslim, sondern ein Christ? Das kann ich kaum glauben!"

„Ich werde es dir gleich beweisen, indem ich dir erkläre, daß Mohammed tief unter Christus, dem Sohn Gottes, knien muß, um ihn anzubeten. Würde ein Muslim diese Worte sagen?"

„Nein, niemals. Du hast damit bewiesen, daß du ein Christ, ein Franke bist. Vielleicht bist du der Fremde, der den Mübarek in den Arm geschossen hat."

„Wann soll das geschehen sein?"

„Gestern abend bei der Hütte auf dem Berg."

„Das bin allerdings ich gewesen. Also diesen Mann habe ich getroffen? Es war so dunkel, daß ich die Personen nicht erkennen konnte. Du weißt auch davon?"

„Sie sprachen ja immerwährend davon. So seid ihr wohl die Fremden, die den Mübarek und die andern drei gefangengenommen hatten?"

„Ja, die sind wir."

„Effendi, verzeihe, daß ich dich beleidigte. Freilich habe ich nur Böses über dich vernommen, aber das Böse, das schlechte Menschen über andre sagen, verwandelt sich in Gutes. Ihr seid die Feinde dieser Diebe und Betrüger und darum seid ihr gute Menschen."

„Also hast du nun Vertrauen zu uns?"
„Ja, Effendi", erklärte Abid.
„So berichte uns, wie du mit diesen Verbrechern zusammengekommen bist."
„Gern, Effendi. Steig ab und setz dich auf die Bank! Mein Vater wird dir Platz machen, während ich erzähle."
„Ich danke dir. Er mag ruhig sitzen bleiben. Sein Haar ist grau, ich aber bin noch jung. Auch habe ich einen kranken Fuß, so daß ich lieber im Sattel sitzen bleibe. Erzähle uns nun!"
„Es war heute in der Frühe; ich war eben aufgestanden, um mein Tagewerk zu beginnen. Der Nebel war noch so dick, daß man kaum einige Schritt weit sehen konnte. Da hörte ich Reiter kommen, die vor der Hütte hielten und mich riefen."
„Kannten sie dich?"
„Der Mübarek kannte mich. Als ich ins Freie trat, sah ich vier Reiter, die ein Packpferd bei sich hatten. Der eine war der Mübarek, in einem andern erkannte ich später, als es heller geworden war und wir bereits unterwegs waren, Manach el Barscha, den früheren Steuereinnehmer von Üsküb. Sie wollten nach Taschköj reisen und fragten mich, ob ich den Weg dorthin genau kenne. Ich bejahte und nun baten sie mich, sie dorthin zu führen und versprachen mir dafür ein Bakschisch, das wenigstens dreißig Piaster betragen sollte. Effendi, ich bin ein armer Mann und dreißig Piaster verdiene ich mir kaum in einem ganzen Monat. Auch kannte ich den alten Mübarek und hielt ihn für einen Heiligen. Darum war ich mit Freuden bereit, ihnen als Führer zu dienen."
„Sagten sie, weshalb sie nach Taschköj wollten?"
„Nein, aber sie sagten, daß sie von vier Skipetaren verfolgt würden, die nicht erfahren dürften, wohin ich sie habe führen müssen."
„Das war eine Lüge."
„Später habe ich das freilich eingesehen", gestand Abid.
„Wo liegt Taschköj?"
Der Name bedeutet Felsen- oder Steindorf. Darum nahm ich an, daß der Ort wohl oben in den Bergen liegen müsse. Der Korbmacher antwortete:
„Es liegt im Norden von hier. Es führt nicht einmal von Radowitsch aus eine Straße dorthin, und man muß den Wald und die Berge genau kennen, um sich nicht zu verirren. Das Dorf ist klein und arm und liegt in der Richtung, in der man dann zur Bregalnitza gegen Shiganzy hin bergabwärts steigt."
Shiganzy!
Das war ja der Ort, den ich von Radowitsch aus nordwärts aufsuchen sollte, um bei dem Fleischer Tschurak nach der Derekulibe zu fragen und dort das Nähere über den Schut zu hören. Wollte etwa der Mübarek auch dorthin reisen? Vielleicht fand man da die ganze saubere Gesellschaft beisammen?

„Und noch bevor ihr von hier aufbracht", forschte ich weiter, „sagte man dir, daß du nichts verraten solltest?"

„Ja. Der Mübarek erzählte mir, er sei unterwegs von vier Skipetaren überfallen worden, ihnen aber entronnen. Sie hätten eine Blutrache gegen ihn und seine Begleiter und würden ihm wahrscheinlich folgen. Er müsse nach Norden, wolle aber nicht über Radowitsch, weil er dort gesehen werde und die Skipetaren also Auskunft erhalten könnten, wohin er sich gewendet habe. Er beschrieb euch, wie ich nun sehe, nur daß du jetzt andre Kleider trägst und nicht auf dem Rappen sitzt. Wenn ihr hier vorüberkommen und nach ihm fragen würdet, sollten wir euch keine Auskunft erteilen. Für diese Verschwiegenheit gab er uns seinen Segen. Dann brachen wir auf. Als es heller wurde, erkannte ich in dem Packpferd das Roß meines Schwagers Schükrü, glaubte mich aber zu irren, darum sagte ich nichts."

„Sahen die Pferde dieser Leute nicht sehr angestrengt aus?"

„Allerdings! Hier vor dem Haus schwitzten die Tiere, und der Schaum troff ihnen von den Mäulern."

„Das läßt sich denken. Wenn die Flüchtlinge so zeitig hier angekommen sind, müssen sie sehr schnell geritten sein, was bei Nacht und bei diesem Weg eine ziemliche Anstrengung bedeutet. Erzähle weiter!"

„Sie ritten, ich aber war zu Fuß. Doch blieb ich ihnen immer voran. Dadurch hörte ich manches von dem Gespräch, das sie halblaut führten. Zunächst vernahm ich, daß sie erst nur vier Pferde gehabt hatten und jeder ein Stück Gepäck bei sich gehabt hatte. Dann aber, als sie nahe an den Weiler kamen, wo die Straße über die Brücke geht, waren sie auf zwei Reiter getroffen. Diese hatten ihnen gesagt, daß mein Schwager hinter seinem Haus zwei Pferde habe und unter dem Vordach hänge auch ein Packsattel."

Ich ahnte, wer dieser Schükrü sei, und erklärte: „Ich bin auch durch diesen Weiler gekommen und habe dort nur ein einziges Haus mit einem Vordach gesehen. Unter diesem hing ein Reitsattel, wenn ich mich recht erinnere. Es war ein Einkehrhaus und lag rechts von der Brücke."

„Das ist's!"

„Also ist der Handschi dein Schwager?"

„Ja, Schükrü ist der Mann meiner Schwester, die vor kurzem gestorben ist."

„Ich bin bei ihm eingekehrt."

„So hast du Schükrü gesehen und mit ihm gesprochen?"

„Ja. Also diesen armen Mann haben die Flüchtlinge bestohlen? Haben sie nichts von den beiden Reitern gesagt, mit denen sie zusammengetroffen waren?"

„Ja, doch konnte ich daraus nicht klug werden. Sie sprachen immer von zwei Schecken; das sind aber doch nicht Menschen, sondern Pferde!"

„In diesem Fall sind beide gemeint, Menschen und Pferde."
„Diese Schecken sollten jemanden überfallen und töten."
„Ja, uns."
„Euch, Effendi! Warum?"
„Aus Rache. Diese Schecken sind nämlich zwei Brüder, berüchtigte Wegelagerer, die nur vom Raub leben. Man hat ihnen diesen Beinamen gegeben, weil sie scheckige Pferde reiten."
„So ist's, so! Und diese Räuber haben euch nicht aufgelauert?"
„O doch! Aber wir sind ihnen durch eine List entkommen, nämlich dadurch, daß ich mich verkleidet habe. Jetzt werden sie wissen, daß ich sie getäuscht habe und uns suchen."
„Vielleicht kommen sie auch hierher?" meinte Abid.
„Das ist möglich."
„Wenn die Aladschy sich nach euch erkundigen, Effendi, soll ich ihnen Auskunft geben?"
„Ich will dich nicht zu einer Lüge verleiten. Sag den Räubern immerhin, daß wir hier gewesen und dann nach Radowitsch geritten sind. Aber von dem, was wir jetzt sprachen, brauchst du ihnen nichts zu sagen."
„Nein, Effendi, sie erfahren kein Wort."
„Erzähle weiter."
„Ich erlauschte also, daß der Mübarek mit seinen Spießgesellen Schükrü das Pferd mit dem Sattel genommen und darauf ihr Gepäck geladen hatten. Ausführliches konnte ich freilich nicht erlauschen, denn sie redeten leise, auch gab es längere Pausen, in denen ich nicht horchen konnte. Aber ich hörte doch so viel, daß ich schließen konnte, der Mübarek müsse ein großer Dieb und Räuber gewesen sein. Das Beste von dem, was er zusammengeraubt hatte, befand sich auf dem Packpferd. Das andre, was wertloser war und viel Platz wegnahm, hatte er mit seiner Hütte verbrannt. Am meisten freuten sich die Flüchtigen darüber, daß die Schecken so schön bei der Hand gewesen sind. Sie halten ihre Verfolger, also euch, wie ich nun weiß, für verloren."
„Da irren sie sich glücklicherweise gewaltig. Sie werden uns nicht los, denn wir bleiben ihnen auf den Fersen."
„Oh, wenn ich mit euch könnte!" erklärte der Korbflechter.
„Warum?" fragte ich.
„Weil sie meinen Schwager bestohlen und mich um mein Bakschisch betrogen haben."
„Ah, das ist stark! Du bist bis Taschköj mit ihnen gegangen?"
„Noch eine beträchtliche Strecke weiter."
„Wie weit ist es bis dorthin?"
„Wir haben bis zum Dorf fünf volle Stunden gebraucht."
„Und wohin ritten sie dann?"
„Der Mübarek und seine Freunde wollten in das Tal der Bregalnitza hinab. Weiter erfuhr ich nichts."

„So kann ich mir denken, wohin sie wollten. Hast du denn nicht darauf bestanden, deinen Lohn zu erhalten?"

„Gewiß! Sie waren so klug gewesen, mich weiter als bis Taschköj mitzunehmen, denn dort hätte ich vielleicht Hilfe gefunden und sie zwingen können, mich zu bezahlen. Mitten im Wald hielten sie an, um mir zu sagen, daß sie meiner nicht mehr bedürften. Ich bat sie um das Bakschisch, aber sie lachten mich aus. Nun wurde ich zornig und verlangte das Pferd meines Schwagers zurück. Da sprangen die Verbrecher von den Pferden. Zwei warfen mich nieder und hielten mich, und der dritte schlug mich mit der Peitsche. Ich mußte es dulden, denn ich war zu schwach gegen sie. Effendi, es hat mich noch kein Mensch geschlagen. Nun bin ich zwölf Stunden angestrengt gelaufen. Mein Rücken ist wund von den Hieben. Ich habe einen Tag Arbeit versäumt, und meine Zunge ist heiß vor Hunger. Statt dreißig Piaster mitzubringen, besitze ich nun nicht die kleinste Münze. Wäre ich daheim geblieben, so hätte ich nach Radowitsch gehen und einige Körbe verkaufen können. Dafür konnten wir satt werden."

„Tröste dich!" bat sein Vater. „Ich habe von diesem Scherif, der kein Scherif ist, fünf Piaster geschenkt bekommen. Da kannst du nach Radowitsch gehen und Brot kaufen."

„Effendi, ich danke dir!" sagte Abid. „Ich habe dich für einen bösen Menschen gehalten, du aber bist gut gegen uns. Ich wünsche, ich könnte dir einen Dienst erweisen."

Bevor ich antworten konnte, ergriff Halef das Wort. Er hatte sich im Sattel umgedreht und schnallte an meinen langen Stiefeln herum, die so rund und glatt aussahen, als hätte ich meine Beine drin stecken.

Während unsres Gesprächs waren die Kinder des Korbmachers herbeigekommen, mit Weidenruten beladen, die sie geschnitten hatten.

„Habt ihr Hunger, ihr kleines Völkchen?" fragte Halef sie.

Die größeren bejahten, die kleinste aber fing an zu weinen. Es ist in der Türkei ebenso wie bei uns. Wenn man ein Dirndl von zwei Jahren nach seinem Hunger fragt, so sind gleich Tränen zu sehen.

„Nun, da hole einen Korb heraus!" befahl der kleine Hadschi dem Vater dieser hungrigen Schar. „Aber er darf nicht zu klein sein."

„Wozu?" erkundigte Abid sich.

„Ich will diese ewig langen Stiefel ausschütten."

Der Korbflechter brachte einen Korb, der schon etwas zu fassen vermochte, und hielt ihn empor. Nun schüttete der Hadschi aus beiden Stiefeln eine Menge von Früchten, Fleisch- und Backwaren in diesen Korb, so daß dieser voll wurde.

„So!" lächelte er. „Nun laß deine Kinder essen, und Allah möge es euch segnen!"

„Aga!" rief Abid beglückt, „das alles soll unser sein?"

„Freilich!"

„Soviel können wir ja in einer Woche nicht aufessen!"

„Das hat euch niemand befohlen. Verfahrt also hübsch genügsam und verzehrt den Korb nicht mit!"

„Aga, ich danke dir! Dein Herz ist voll Güte, und dein Mund trieft vor Munterkeit."

„Das will ich nicht grad sagen. Allzu lustig bin ich nicht gestimmt, sondern das Herz blutet mir, wenn ich diese leeren Stiefel betrachte. In jedem steckte auch ein Huhn, so braun und knusprig, wie es nur im dritten Paradies gebraten wird. Meine Seele hängt an solchen Hühnern: Daß ich von ihnen scheiden muß, erfüllt mein Gemüt mit Traurigkeit und meine Augen mit Tränen. Da diese Hennen aber ihr Leben haben lassen müssen, um verspeist zu werden, so ist es schließlich gleich, in wessen Magen sie begraben werden. Also verzehrt sie mit Bedacht und andächtigem Behagen und hebt mir die Knochen auf, bis ich wiederkomme."

Er sprach das so ernst und würdevoll, daß wir alle lachen mußten.

„Aber, Halef, wie kommst du denn auf den sonderbaren Gedanken, dich mit so vielen Lebensmitteln zu versehen und meine Stiefel als Magazin zu benützen?"

„Ich selbst kam nicht auf diesen schönen Gedanken. Als ich den Handschi Bajro in Ostromdscha bezahlen wollte, wie du mir befohlen hast, erklärte er, daß er uns schuldig sei, nicht aber wir ihm. Für den Dienst nämlich, den wir seinem Schwager Ibarek erwiesen hätten. Hier ist wieder einmal zu sehen, daß Allah jede gute Tat doppelt lohnt, denn wir haben bei Ibarek auch nichts bezahlt."

„Weiter doch!"

„Ja, weiter! Vorsichtigerweise hatte ich auch ein Wörtchen fallen lassen, daß Brathuhn meine Lieblingsspeise sei –"

„Schlingel, du!"

„O Sihdi, man hat den Mund nicht zum Schweigen, sondern zum Sprechen erhalten. Das Ohr des Handschi war offen gewesen, und sein Gedächtnis hatte das Brathuhn aufbewahrt. Als ich unsre Sachen zusammenpackte, brachte er mir die beiden Hühner und diese ganze Menge Zuspeisen, die du hier in diesem Korb in holder Eintracht versammelt siehst."

„Du hättest nichts nehmen sollen!"

„Verzeihe, Sihdi! Wenn ich nichts genommen hätte, so könnten wir jetzt auch nichts geben!"

„Wir könnten trotzdem geben!"

„Aber nichts, was den Hunger dieser Kinder augenblicklich stillen kann. Übrigens habe ich mich geweigert, bis es mir endlich fast ans Leben ging, aber Bajro bestand auf seinem Willen. Er erklärte, daß er es nicht mir, sondern dir schenke. Das erweichte mein gutes Herz, und ich gab nach. Um aber ganz sicher zu gehen, hielt ich mich fern davon. Die Gabe war für dich bestimmt, und da der Handschi sie dir nicht selbst überreichen konnte, so stellte ich ihm deine Stiefel als deine Stellvertreter und Bevollmächtigten hin und ging fort. Als ich sie dann wiedersah, waren sie zu meiner Freude von den Erzeugnissen der lieben Tierwelt und des holden Pflanzenreichs dick und fett geworden. Ich aber übermittelte dem Handschi deinen Dank in einer wohlgesetzten Rede, stopfte die Stiefel oben zu und schnallte sie hinter dem Sattel fest. Habe ich da gesündigt, so bitte ich dich um gnädige Beurteilung meines Fehltrittes."

Man konnte diesem lieben Menschen gar nicht gram sein. Ich war überzeugt, daß es ihm nicht eingefallen war, den Wirt durch irgendein Wort zu dieser Gabe zu veranlassen. Halef hätte so etwas nie vermocht, denn er besaß ein empfindliches Ehrgefühl. Aber er häkelte gern ein wenig mit mir, und es machte ihm ein großes Vergnügen, wenn ich so tat, als ließe ich mich von ihm herausfordern.

„Ich werde dir später deine Strafe zumessen", drohte ich. „Wenigstens wirst du für lange Zeit auf dein Lieblingsgericht verzichten müssen. Deinetwegen soll ich nicht so bald wieder eine unschuldige Henne von ihren Küchlein scheiden müssen."

„So nehme ich auch mit einem jungen Hähnchen vorlieb, Sihdi, und es soll mir so gut schmecken, wie diese Äpfel da den Kleinen munden."

Die Kinder hatten sich um den Korb versammelt und erst zu den Äpfeln gegriffen. Es war eine Lust zu sehen, wie eifrig die kleinen Mäuler arbeiteten.

Dem Alten standen vor Freude die Tränen in den Augen. Sein Sohn hatte ihm ein Stück Fleisch in die Hand gedrückt, aber er aß nicht; er vergaß sich selbst aus Freude darüber, daß die Enkel nun befriedigt waren.

Abid dankte nochmals und sagte dann: „Effendi, ich wiederhole, daß es mir große Freude machen würde, wenn ich dir einen Dienst erweisen könnte. Ist das vielleicht möglich?"

„Ja, es gibt einen Dienst, um den ich dich sogar bitten möchte."

„Sag ihn mir, Effendi!" bat Abid.

„Du sollst uns auch nach Taschköj führen."

„Wie gern! Wann denn, Effendi?"

„Das weiß ich noch nicht. Komm morgen früh nach Radowitsch. Da werde ich es dir sagen können."

„Wo treffe ich dich?"

„Hm, auch das weiß ich noch nicht. Kannst du mir nicht einen Han angeben, in dem es sich gut wohnen läßt?"

„Am besten wohnst du im Gasthof zur Hohen Pforte. Ich kenne den Handschi und werde dich hinführen."

„Das kann ich nicht zugeben. Du bist ermüdet."

„Oh, bis Radowitsch gehe ich leicht. Wir sind in einer Viertelstunde dort. Ich muß dich dem Handschi empfehlen; ich arbeite zuweilen für ihn, und er hält auf mich, obwohl ich nur ein armer Mann bin. Morgen früh werde ich dich dann besuchen, um zu erfahren, wann du nach Taschköj reiten willst."

„Das wird von meinem verletzten Fuß abhängen. Gibt es in der Stadt einen guten Arzt, dem man sich anvertrauen kann?"

„Wenn du einen Chirurgen meinst, so gibt es einen, der weit und breit berühmt ist und alle Schäden an Menschen und Tieren heilt. Er kann sogar das Impfen der Pocken, was sonst keiner versteht."

„Da ist er allerdings ein Wunder von einem Arzt! Aber nun müssen wir auch von dem Bakschisch sprechen, das du dir ausbedingst."

„Effendi, da nehme ich nichts. Ihr habt uns bereits reich beschenkt."

„Das war Geschenk! Das andre aber wirst du dir verdienen. Beides ist nicht zu verwechseln."

„Aber ich kann doch kein Geld von dir verlangen. Ich müßte mich ja schämen."

„Nun gut, so mag es nicht Lohn, sondern nur Bakschisch sein. Ich werde es deinem Vater geben."

Ich ließ mir von Halef meinen Beutel reichen und winkte den Alten heran. Als er fünfzig Piaster in seinen gekrümmten Fingern sah, wollte er außer sich geraten vor Freude, so daß er zunächst keines Wortes mächtig war.

„Effendi, ich weiß nicht, wie ich zu deiner Güte komme und wie ich dir danken soll", sagte er endlich. „Möge es dem Hekim gelingen, dir deinen Fuß recht bald wieder gesund zu machen!"

„Das wollen wir hoffen. Aber sag, wie heißt denn dieser so berühmte Arzt?"

„Man nennt ihn Tschefatasch."

„O weh! Wenn seine Kuren seinem Namen angemessen sind, so danke ich für seinen Beistand."

Tschefatasch heißt nämlich auf deutsch „Marterstein".

„Du brauchst keine Sorge zu haben", tröstete der Korbmacher. „Er wird dir nicht seinen Namen, sondern ein Pflaster auf den Fuß legen. Und das versteht er vortrefflich."

„So komm jetzt, wenn du mit uns gehen willst!"

Abid steckte sich einen Imbiß ein, um ihn unterwegs zu verzehren, und dann brachen wir auf. Wir erreichten nach einer Viertelstunde die Stadt. Unser Führer brachte uns durch einen offnen Basar in eine Gasse und dort durch einen Torweg in einen geräumigen und sauber gehaltenen Hof. Halef ging mit Abid zum Handschi, während ich noch im Sattel blieb, um mir den Fuß nicht durch unnötiges Gehen anzustrengen.

Nach kurzer Zeit kamen beide mit dem Handschi herbei, der mir unter vielen Höflichkeiten und Entschuldigungen erklärte, daß er leider nur ein winziges Stübchen habe, das an den allgemeinen Gastraum anstoße. Es sei hier nicht gebräuchlich, daß Einkehrende ein besondres Zimmer verlangen. In der ganzen Stadt sei kein solches vorhanden und auch seines müsse für mich erst hergerichtet werden, weshalb ich mich zunächst in die Gaststube bemühen möge.

Ich war damit zufrieden und stieg ab. O weh! Der Fuß war angeschwollen. Ich konnte nur mit Schmerzen auftreten und mußte mich fest auf Osko stützen.

Als wir in die Stube kamen, war niemand darin. Ich setzte mich in die hinterste Ecke neben die Tür, die in das für mich bestimmte Stübchen führte. Halef ging mit Osko und Omar in den Hof zurück, um zunächst für die Pferde zu sorgen.

Unterwegs hatte ich nicht daran gedacht, meine Verkleidung abzulegen. Inmitten einer fanatischen Bevölkerung wäre das höchst gefährlich gewesen, hier aber mochte es nicht viel bedeuten.

Der Korbmacher erbot sich, mir den Arzt zu holen. Und ich stimmte zu. Er war soeben hinausgegangen, als ein Gast eintrat. Ich saß mit dem Rücken zum Eingang und drehte mich halb um, um den Mann anzusehen. Es war niemand anders als – Toma, der Botenmann, der uns den beiden Scheckigen verraten hatte.

„Na, laß dich nur nicht vor dem Hadschi sehen!" dachte ich und wandte mich wieder ab, da ich mit ihm nichts zu tun haben mochte. Toma war aber nicht gleichen Sinnes. Vielleicht hatte er Lust, sich zu unterhalten. Ich war der einzige Gast, den er hier fand, und so schritt er einigemal hin und her, blieb dann seitwärts vor mir stehen und fragte:

„Bist du hier fremd?"

Ich tat, als hätte ich die Frage nicht gehört.

„Bist du hier fremd?" wiederholte er mit erhobener Stimme.

„Ja", erklärte ich jetzt.

„Schläfst du heute hier?"

„Ich weiß es noch nicht."

„Woher kommst du?" setzte Toma seine Fragen fort.

„Aus Stambul."

„Ah, aus der Hauptstadt, dem Wangenglanz des Weltenantlitzes! Da bist du ein sehr glücklicher Mensch, in der Nähe des Padischah zu wohnen."

„Seine Nähe beglückt nur die Guten."

„Meinst du, daß es dort viele Böse gibt?"

„Wie überall."

„Was bist du?"

„Ein Schreiber."

„Also ein Gelehrter! Mit solchen Leuten spreche ich gern."

„Aber ich nicht mit andern", wehrte ich den Verräter ab.

„Allah! Bist du abstoßend! Schon wollte ich dich fragen, ob es erlaubt sei, mich neben dich zu setzen."

„Es ist erlaubt, wird dir aber keine Freude machen."

„Warum nicht?"

„Mein Gesicht gefällt nicht einem jeden."

„So will ich sehen, ob es mir gefällt."

Toma setzte sich an meinem Tisch auf die Bank gegenüber und

schaute mich dann an. Das Gesicht, das er schnitt, ist nicht zu beschreiben.

Ich hatte noch den grünen Turban auf dem Kopf und die blaue Brille auf der Nase; das machte ihn irre, obgleich mein Gesicht nicht verändert worden war. Sein Mund tat sich auf, seine Brauen zogen sich in Form zweier spitzer Winkel empor, und seine Augen ruhten mit einem Ausdruck auf mir, daß ich mich anstrengen mußte, nicht laut aufzulachen.

„Scherif – Effendi – wer – wer bist du?“ stotterte er.

„Ich sagte es dir schon.“

„Hast du die Wahrheit gesagt?“

„Willst du es wagen, mich der Lüge zu zeihen?“

„Um Allahs willen, nein, denn ich weiß, daß du – daß – – “

Toma konnte vor Angst und Zweifel nicht weitersprechen.

„Was denn? Was weißt du von mir?“

„Nichts, gar nichts, als daß du ein Schreiber bist und in Stambul wohnst.“

„Was redest du dann so verwirrtes Zeug?“

„Verwirrt? Ach, Scherif, es ist auch gar kein Wunder, denn du scheinst derjenige zu sein, von dem ich denke, daß er derjenige ist, von dem derjenige – o Allah! Du hast ganz recht. Ich bin völlig irre geworden, denn diese Ähnlichkeit ist auch gar zu groß.“

„Wem bin ich denn so ähnlich?“

„Einem toten Effendi.“

„Ah! Wann ist er gestorben?“

„Heute – unterwegs.“

„Das ist traurig, wenn der Gläubige auf der Reise von hinnen geht. Da können die Seinen ihm nicht in der letzten Stunde die Sure des Todes vorbeten. Woran ist er gestorben?“

„Er wurde ermordet.“

„Schauderhaft! Hast du seine Leiche gesehen!“

„Nein, Scherif.“

„So haben dir andre Leute von seinem Tod berichtet?“

„So ist es.“

„Wer hat den Effendi ermordet?“

„Das weiß man nicht. Er lag mitten im Wald zwischen hier und Ostromdscha.“

„Durch diesen Wald bin ich auch vorhin gekommen. Warum habe ich da nichts von dem Mord vernommen? Hat man ihn berauben wollen?“

„Nein, es soll aus Rache geschehen sein.“

„Wohl eine Blutrache?“

„Eine andre. Dieser unvorsichtige Mann, ein Franke, hat in Ostromdscha einen förmlichen Aufruhr angestiftet, die Leute gegeneinander gehetzt und sogar des Abends noch die Wohnung eines frommen Mannes angezündet.“

„Das ist freilich ein Verbrechen, das Allah niemals vergeben kann. Ihm wird sich die Hölle öffnen."

„Aus Rache hat man dem Fremden aufgelauert und ihn getötet."

„Ist er denn allein gewesen?" forschte ich.

„Nein. Noch drei waren bei ihm."

„Wo sind denn diese?"

„Verschwunden. Man glaubt, daß auch sie ermordet wurden."

„Wohin ist seine Leiche geschafft worden?"

„Das weiß ich nicht!"

„Sonderbar! Und diesem Franken sehe ich ähnlich?"

„Du hast seine Gestalt und sein Gesicht, nur daß dein Bart kürzer und viel heller ist als bei ihm."

„So besteht zwischen dem toten Effendi und mir, dem Scherif, doch wenigstens ein Unterschied, dessen sich mein Herz erfreut. Wer aber bist denn du?"

„Ein Muhbir aus Ostromdscha."

„So mußt du freilich alles genau wissen. Aber – hm, ich hörte heute unterwegs, daß es zwei Räuber geben soll, zwei Skipetaren, die man die Scheckigen nennt. Hast du schon von ihnen gehört?"

„Ja, denn wir Botenleute erfahren alles."

„Und kennst du sie?"

„Nein, Scherif. Wie kann ein ehrlicher Mann Räuber kennen? Was ist's mit ihnen?"

„Die Aladschy sind heute morgens in der Nähe von Ostromdscha gesehen worden."

„So sei Allah dieser Gegend gnädig!"

„Auch ein Muhbir war bei ihnen. Ich meine, er soll Toma heißen."

Der Botenmann zuckte vor Schreck, ich aber fuhr ruhig fort: „Kennst du ihn vielleicht?"

„Sehr gut. Er ist ein – ein Kamerad von mir."

„So magst du ihn warnen, wenn du ihm begegnest. Dieser Mann wird von der Polizei gesucht."

„Allah, Allah! Weshalb?"

„Weil Toma an dem Mord mitschuldig ist, denn er hat den Christen verraten – an die Aladschy, die Mörder. Er hat ihnen die Zeit gesagt, wann die Fremden Ostromdscha verlassen wollen."

„Ist – ist das wahr?" stotterte er.

„Der Ermordete hat es selbst gesagt."

„Kann denn ein Toter reden?"

„Er ist nicht tot, er ist nicht ermordet. Es weiß niemand, daß er ermordet werden sollte, als du allein, Toma."

Der Bote schnellte von seinem Sitz empor.

„Du kennst mich?" rief er bestürzt.

„Jawohl, und diese dort kennen dich auch."

Ich nahm die Brille und das Turbantuch ab und deutete auf die Tür, durch die eben Osko, Omar und Halef eintraten.

Toma war einen Augenblick starr vor Schreck, denn jetzt erkannte er mich. Dann rief er: „Ich muß fort, schnell fort! Ich habe noch dringende Geschäfte."

Er sprang zur Tür, aber Halef hatte ihn schon beim Kragen.

„Warum willst du uns so schnell verlassen, lieber Freund?" fragte der Kleine liebenswürdig.

„Weil ich noch viel besorgen muß."

„Ich glaubte, du besorgst nur herwärts. Also nimmst du auch von hier Sachen nach Ostromdscha mit?"

„Jawohl, ja; halte mich nicht auf!"

„Du könntest auch von mir etwas mitnehmen."

„An wen?"

„Das schreibe ich dir auf."

„Was ist es?"

„Ein Gruß, nur ein Gruß."

„Den werde ich sehr gern ausrichten; nun aber laß mich fort!"

„Das geht nicht. Du mußt doch warten, da ich dir ja den Gruß aufschreiben will."

„Dauert es lange?"

„Gar nicht lange. Ich mache bei solchen Freundschaftsbriefen nicht viel Umstände. Ich brauche weder Papier noch Tinte, denn ich schreibe gleich auf ungegerbtes Pergament. Und der Botenlohn kommt auch gleich dazu. Ich habe den Bleistift draußen im Stall, und du wirst dich mit mir hinüberbemühen müssen, lieber Toma. Also komm!"

Der Bote sah den Kleinen forschend an. Er traute dem Landfrieden nicht, aber Halef sprach außerordentlich freundlich. Toma folgte ihm also hinaus, und Omar und Osko gingen lächelnd hinterdrein. Von meinem Platz aus konnte ich durch das offene Fenster fast den ganzen Hof überblicken. Ich sah die vier hinübergehen und hinter einer Tür, jedenfalls der Stalltür, verschwinden, die dann zugemacht wurde.

Nach einer kleinen Weile hörte ich von weitem jene Laute, die man nur noch in China und in der Türkei zu hören bekam, jene unbeschreiblichen Töne, die die Folge des innigen Verkehrs einer Peitsche mit einer Menschenhaut waren.

Dann wurde die Tür wieder geöffnet, und der Bote trat heraus. Seine Haltung war nicht gerade überwältigend, und sein Antlitz schien einen gestörten Seelenfrieden verwinden zu müssen. Sein Gang glich beinahe dem eines Orang-Utans, der sich ohne Hilfe eines Stockes auf den Hinterbeinen bewegt: die Knie nach vorn eingeknickt, die Brust zusammengedrückt und der Kopf hintenübergelegt. Toma war offenbar nicht neugierig, welchen Eindruck sein leidvoller Abgang machte, denn er sah sich nicht um, sondern er tat das, was der spöttelnde Berliner mit den Worten „er jondelte sich um die Ecke" bezeichnet.

Die drei Vollstrecker der Gerechtigkeit suchten mich sofort wieder auf.

„Den hat sein Kismet hergeführt!“ scherzte Halef. Dabei strich er sich den dünnen Bart und zeigte ein überaus zufriedenes Lächeln. „Was sagte denn der Bote, als er dich erblickte, Sihdi?“

Ich erzählte es.

„Ah, so ein frecher Lümmel! Nun, er mag die dreißig aufrichtigen Grüße, die ich ihm aufgetragen habe, nach Ostromdscha mitnehmen und sie dort austeilen, an wen er will.“

„Wehrte er sich nicht?“

„Toma hatte nicht übel Lust dazu, aber ich belehrte ihn sehr teilnahmsvoll, daß er fünfzig bekomme, wenn er sich wehre; lege er sich aber freiwillig auf den Boden nieder, erhalte er nur dreißig. Er war so klug und wählte das letztere. Aber ich habe dafür gesorgt, daß die dreißig Grüße sein Gemüt ebenso ergriffen haben, wie fünfzig es getan hätten. Bist du einverstanden, Sihdi?“

„Diesmal ja.“

„Wenn das Kismet mir doch öfters diese Freude machen wollte, wenn es sich um solche Schurken handelt! Es gibt noch einige andre, denen ich von Herzen gern die Wahl zwischen dreißig und fünfzig lassen möchte. Hoffentlich begegne ich dem einen oder andern von ihnen zu guter Stunde. – Wie aber steht es mit deinem Fuß, Sihdi?“

„Nicht zum besten. Omar mag sehen, ob hier in der Stadt vielleicht Gips zu bekommen ist und mir davon ungefähr fünf Okka bringen. Du aber holst ein Gefäß mit Wasser, in das ich den Fuß stellen kann, und ziehst mir den Strumpf herab.“

Jetzt kam auch der Korbflechter zurück und teilte mir mit, daß er lange gesucht habe, bis er den Doktor „Marterstein“ endlich fand. Dieser Herr sei eben sehr beschäftigt, werde aber gleich kommen.

Ich dankte Abid für seine Mühe, schenkte ihm eine kleine Menge Tabak und ließ ihn dann nach Haus gehen.

Halef brachte das Wasser. Als ich nun den angeschwollenen Fuß untersuchte, fand ich, daß eine Verrenkung vorhanden war, glücklicherweise aber nur eine unvollkommene. Ich hätte mir das Gelenk auch wohl selbst einrichten können, wollte aber doch lieber den Arzt dabei haben. Ein Fehler hätte mich lange Zeit hier festhalten können. Einstweilen steckte ich den Fuß in das kalte Wasser.

7. Doktor „Marterstein“

Endlich kam der Arzt, den ich aber viel eher für einen chinesischen Briefträger als für einen türkischen Arzt gehalten hätte. Er war von kleiner Gestalt und sehr dick. Seine Wangen glänzten wie hübsche Weihnachtsäpfel, und seine kleinen, etwas schiefliegenden Äuglein verrieten, daß die Wiege seines Geschlechts von der Stange eines mongolischen Zeltes herabgehangen war. Auf dem glattgeschorenen Haupt saß – weit nach hinten geschoben, so daß die Stirn frei wurde – ein alter, abgegriffener Fes. Sein kurzer Kaftan reichte ihm nur bis an die Knie, schien aber aus einer einzigen, ungeheuren Tasche zu bestehen, denn er war an allen Seiten, oben und unten, rechts und links, hinten und vorn, weit aufgebauscht. Jedenfalls enthielt er die wandernde Apotheke des Arztes. Zum Überfluß hing diesem Heilkünstler noch ein ziemlich großer, viereckiger Korb an einem Riemen von der Schulter herab, vermutlich der Behälter seines kostbaren Besteckes. Er hatte dicke wollene Strümpfe mit doppelten Filzsohlen an, und mit diesen steckten die Füße dann in Pantoffeln, die mit großen Zehen beschlagen waren und zu der Sorte zu gehören schienen, die man bildhaft mit den Worten bezeichnet: „mit zwei Schritten über den Rhein hinüber".

Als der Hekim eintrat, streifte er diese Pantoffeln von den Füßen und kam in den Strümpfen auf mich zu, eine Höflichkeit, die dem dortigen Brauch entsprach. Da ich den Fuß im Wasserbad hatte, wußte er gleich, daß ich seiner Hilfe bedürfe. Er machte mir eine Verneigung, wobei ihm der Korb vorrutschte und es schien, als ob der Riemen ihn erwürgen wollte. Ich erwiderte seinen Gruß nach bestem Wissen und Können. Jetzt nahm er den Korb herab, setzte ihn auf den Boden nieder und fragte:

„Sprichst du gern viel?"

„Nein", erklärte ich kurz.

„Ich auch nicht. Also kurze Fragen, kurze Anworten und schnell fertig!"

Eine solche Entschiedenheit hatte ich dem Dicken nicht zugetraut. Mit ihr konnte er in Radowitsch freilich Eindruck und Geschäfte machen. Er stellte sich breitbeinig vor mich hin, betrachtete mich von oben bis unten und fragte dann:

„Du bist doch der mit dem Fuß?"

„Nein, der mit zwei Füßen!"

„Was? Alle beide gebrochen?"

Er hatte meinen Scherz nicht verstanden.

„Nur einen, den linken!"

„Doppelbruch?"

O weh! Der Hekim sprach von Doppelbruch! Warum nicht gleich Dezimalbruch! Übrigens war das seine Sache. Von mir konnte er nicht verlangen zu wissen, wie es mit der Verletzung stand.

„Nur Verrenkung", antwortete ich.

„Zunge heraus!"

Das war noch hübscher! Aber ich tat dem Doktor den Gefallen und zeigte sie ihm. Er betrachtete sie, befühlte sie, schob die Spitze hin und her, auf und ab und meinte dann:

„Gefährliche Verrenkung!"

„Nein, nur unvollständig!"

„Still! Ich sehe es an der Zunge! Seit wann verrenkt?"
„Drei Stunden, höchstens vier."
„Schon viel zu lange! Kann leicht Blutvergiftung eintreten!"
Fast hätte ich ihm ins Gesicht gelacht, aber ich beherrschte mich und wunderte mich nur darüber, daß das Wort „Blutvergiftung" sich auch im Türkischen schon eingebürgert hatte.
„Schmerz?" forschte er weiter.
„Zum Aushalten."
„Eßlust?"
„Stark und vielseitig."
„Sehr gut, ganz gut! Werden's überstehen. Den Fuß zeigen!"
Der Arzt kauerte sich nieder. Da ihm das nicht recht bequem war, setzte er sich neben das Wassergefäß, und ich legte ihm zutraulich den triefenden Fuß in den Schoß. Der Heilkünstler betastete ihn erst leise und dann stärker mit den Fingerspitzen, wiegte endlich den Kopf und fragte:
„Schreist du leicht?"
„Nein."
„Sehr gut!"
Ein schneller Griff, ein kräftiger Ruck, ein leichtes Knirschen im Gelenk – dann sah er mich blinzelnd an.
„Na, wie war's?" erkundigte der Dicke sich freundlich.
„Allerliebst."
„Nun noch verbinden."
Als Chirurg war er jedenfalls ein ganz tüchtiges Kerlchen. Wer weiß, wie ein andrer mich gequält hätte, nur um die Sache gefährlicher erscheinen zu lassen und eine saftige Rechnung schreiben zu können.
„Womit verbinden?"
„Mit Schienen. Wo ist Holz?"
„Mag ich nicht."
„Warum nicht?" meinte der Hekim stirnrunzelnd.
„Taugt nichts."
„Taugt nicht? Willst du etwa silberne oder goldene Schienen mit Brillanten besetzt?"
„Nein, ich will einen Gipsverband."
„Gips? Bist du toll? Mit Gips schmiert man Wände und Mauern an, aber keine Beine!"
Hier lag seine schwache Seite. Ich war eben in der Türkei.
„Und mit Gips macht man auch prachtvolle Verbände", behauptete ich.
„Möchte ich sehen!"
„Kannst's sehen. Habe um Gips geschickt."
„Wie willst du das machen?" brummte der Dicke.
„Warte es ab."
„Wenn du aber keinen Gips bekommst?"
„So mache ich einen Verband aus Kleister."

„Kleister!“ schrie der Türke auf. „Willst du mich zum besten halten?“

„Nein.“

„Das bilde dir auch nicht ein!“

„Oh, wenn ich nur wollte!“ lachte ich.

„Was! Ich bin ein Gelehrter!“

„Ich auch!“

„Was hast du studiert?“

„Alles!“ behauptete ich kurz.

„Und ich noch dreimal mehr! Ich kenne sogar das erste Dispensatorium von Sabur Ibn Saheli!“

„Und ich habe das ganze medizinische Wörterbuch von Abd el Maschdschid im Kopf!“

„Ich habe es nicht nur im Kopf, sondern im ganzen Leib und in allen Gliedern. Ein Verband von Gips oder gar Kleister! Gips ist Mehl, und Kleister ist weich und flüssig. Ein Verband muß aber fest sein.“

„Gips und Kleister werden fest. Du wirst dich wundern. Überhaupt darf der Verband jetzt noch gar nicht angelegt werden. Erst muß ich Umschläge machen, bis die Geschwulst sich gesetzt hat und die Schmerzen sich gemildert haben. Verstanden?“

„Allah, du redest ja wie ein Arzt!“

„Ich verstehe es auch!“ trumpfte ich auf.

„Dann renke dir deine Knochen selber ein, wenn du sie dir ausgerenkt hast. Warum ließt du mich holen?“

„Um dir meine Zunge zu zeigen.“

„Da ist eine Rinderzunge größer und eindrucksvoller. Das merke dir! Mein Besuch kostet zehn Piaster. Du bist ein Fremder und zahlst also doppelt. Verstanden?“

„Hier hast du zwanzig Piaster. Komme mir aber nicht wieder!“

„Fällt mir nicht ein! Ich habe an diesem einen Mal genug!“

Doktor „Marterstein“ warf das Geld in einen Schlitz seines Kaftans, hing sich den Korb wieder über die Schulter und ging an die Tür. Dort fuhr er in die Pantoffel und wollte eben, ohne mich eines Abschiedsgrußes zu würdigen, zur Tür hinaus, als Omar mit einem Gefäß in der Hand eintrat.

Der Arzt blieb stehen, betrachtete den Inhalt des Gefäßes und fragte: „Was hast du da?“

„Altschy – Gips.“

„Ah, das ist also der Gips, aus dem die Schienen gemacht werden sollen? So eine Verrücktheit, so ein Unsinn! Das ist doch im höchsten Grad lächerlich, nur ein Übergeschnappter kann daran denken!“

Noch hatte Omar die Tür offen, in deren Öffnung er stand. Jetzt zog er sie hinter sich zu, damit der Arzt nicht hinaus könne, setzte das Gefäß auf den Boden nieder, faßte den dicken Mediziner hüben und drüben bei den Armen und fragte: „Du Molch, wer bist du denn eigentlich?“

„Ich bin der Arzt, verstanden?"

„Na, du magst auch ein schöner Pflasterstreicher sein! Was redest du da von Verrücktheit, Unsinn und Lächerlichkeit? Unser Effendi hat den Gips verlangt! Er braucht ihn, und er weiß stets, was er tut. Tausend solche Wänste wie du haben nicht so viel Klugheit in ihren leeren Köpfen, wie bei ihm an der Spitze eines seiner Haare klebt. Wenn du ihn mit solchen Worten beleidigst, so kannst du sehr leicht in Brennesseln zu sitzen kommen! Dir sieht man es ja gleich an, daß die Dummheit deine Mutter ist!"

Das war dem Mann der Wissenschaft wohl noch nie gesagt worden. Er riß sich von Omar los, trat einige Schritte zurück, holte tief Atem und platzte los, als sei seine Lunge mit Pulver geladen:

„Soll ich dir vielleicht hier mit meinem Fes das – das lose Maul stopfen? Hier hast du ihn, du Sohn eines Affen, du Enkel und Urenkel eines Pavians!"

Er riß den Fes vom Haupt, ballte ihn zusammen und warf ihn Omar ins Gesicht. Dieser ergriff ihn, langte mit der andern Hand in sein Gefäß, füllte den Fes mit Gipsmehl und sagte: „Da hast du den Deckel deines durchlöcherten Verstandes wieder!"

Omar warf ihm den mit Gips gefüllten Fes in das vor Zorn hochrote Gesicht. Der Gips flog heraus, und im nächsten Augenblick glich der Arzt einem aus weißem Teig gekneteten Weihnachtsmann. Das Gipsmehl war ihm in die Augen geraten. Er wischte und wischte, stampfte dabei mit den Füßen, verlor die Pantoffel, schrie, wie wenn er am Spieß steckte, und riß endlich, als er wieder sehen konnte, den Riemen seines Korbes über den Kopf von der Schulter herab und wollte Omar den Korb an den Kopf werfen. Dieser aber war darauf vorbereitet und fing den Korb auf. Dabei öffnete sich der Deckel, und der Inhalt kollerte zu Boden: Zangen, Scheren, Spatel, Pinzetten, Schachteln und allerlei andres Zeug, dabei natürlich das Hauptinstrument eines morgenländischen Arztes, die Klistierspritze.

Der gewandte Araber bückte sich schnell und begann den Doktor mit diesen Gegenständen zu bewerfen. Dieser konnte in seiner Wut zu keinem andern Entschluß kommen, als Vergeltung zu üben. Er hob die einzelnen Gegenstände, die von seinem Körper zur Erde fielen, wieder auf und schleuderte sie mit aller Gewalt auf Omar zurück, wobei er sie mit Schimpfwörtern begleitete, in denen er Meister zu sein schien und die nicht wiedergegeben werden können. Dieses Trommelfeuer machte einen so drolligen Anblick, daß wir andern unwillkürlich in ein schallendes Gelächter ausbrachen. Dieses wurde draußen im Hof gehört und lockte den Handschi nebst seinen Leuten herbei, die angesichts des sonderbaren Zweikampfs in unser Gelächter einstimmten.

Nun kam Halef auf den Gedanken, seinem Freund und Gefährten zu Hilfe zu kommen.

„Sihdi, nimm den Fuß aus dem Wasser!" bat er und hatte bei diesen

Worten auch schon mein Bein gefaßt und emporgehoben. Er ergriff das Gefäß und eilte damit zur Tür, um dem Arzt die Flucht abzuschneiden. Dann raffte der Hadschi die Klistierspritze vom Boden auf und begann den Dicken so eifrig und zielsicher anzuspritzen, daß dieser in wenigen Augenblicken wie ein begossener Pudel triefte.

„Schön, herrlich, prächtig!" rief Omar. „Jetzt soll er auch den ganzen Gips zu kosten bekommen. Spritze nur wacker, Halef!"

Omar Ben Sadek ergriff das Gefäß und schüttete das Gipsmehl über seinem Opfer aus, während Halef für die nötige Bewässerung sorgte. Ich wollte Einhalt tun, kam aber vor Lachen gar nicht dazu, denn Doktor „Marterstein" bot einen Anblick, der nicht anders als „schauderhaft-schön" zu nennen war. Selbst der galligste Schwermütige hätte hier in die Lustigkeit einstimmen müssen. Die Zuschauer schüttelten sich vor Lachen.

Am meisten lachte der Handschi. Er war nicht groß, hatte schmale Schultern, ein ansehnliches spitzes Bäuchlein und ein Paar dünne Beinchen, die den Leib nur mit Mühe zu tragen vermochten. Sein Stumpfnäschen und sein breiter Mund mit den weißen Zähnen paßten ungemein zu dem lustigen Gebaren. Er hatte die Hände gefaltet und unter den wackelnden Bauch gelegt, um ihn zu stützen. Die Tränen standen dem Handschi in den Augen, und er krähte förmlich vor Entzücken, rief aber ein über das andre Mal: „Hai, wai, tenim, wüdschudum, karnim, midem, dschygerim, dallakim, böbrekim, wai, hasmim, ßindirmim – o weh, o weh, mein Leib, mein Bauch, mein Magen, meine Leber, meine Milz, meine Nieren! O weh, meine Verdauung, meine Verdauung! Patlarim, patlarim – ich zerplatze, ich zerknalle!"

Er sah auch ganz so aus, als könne seine Haut die erschütterten Körperteile nicht mehr zusammenhalten.

Der Jünger Äskulaps war in die Ecke geflüchtet. Dort stand er und hielt die Ärmel seines Kaftans vor das Gesicht; aber unter diesen Ärmeln heraus schrie, zeterte und schimpfte er mit unversieglicher Kraft. Als die Spritze nicht mehr ziehen wollte, nahm Halef das Gefäß und schüttete den ganzen Inhalt dem Arzt über den Kopf mit den Worten:

„So muß es einem jeden ergehen, der unsern Effendi einen Übergeschnappten nennt. Osko, hole wieder Wasser herein, damit der Sihdi seinen Fuß kühlen kann. Diesen klugen Mann des Pflasters, der Salben und der hölzernen Beinschienen aber wollen wir auf diesen Stuhl setzen und ihm sein Antlitz abputzen. Halte still, Freundchen, sonst schabe ich dir dein Näschen herunter."

Der kleine Hadschi hatte den Doktor auf den niedrigen Stuhl gezogen, hob dann einen hölzernen Spatel vom Boden auf und begann, ihm den Gips aus dem Gesicht zu schaben. Was er herunterbrachte, strich er ihm in die Ohren, und verfuhr dabei sehr gemächlich. Der Barbierte ließ es sich gefallen, schimpfte dabei aber immer weiter. Je mehr seine Zunge von dieser Anstrengung ermüdete, desto gröber wurden die Brocken, die sie über die Lippen stieß. Er brachte die ungeheuerlichsten Beleidigungen zum Vorschein und schien dennoch der Ansicht zu sein, damit noch nicht genug zu tun.

Der Gips erhärtet bekanntlich sehr schnell und wird schon nach einigen Minuten zur steinharten Masse. Hier ging das um so schneller, je rascher die Kleidungsstücke die Feuchtigkeit aufsaugten. Halef hielt mit dem Schaben erst ein, als der Überzug vollständig weiß aussah und fest geworden war.

„So!" sagte er. „Ich habe dich gereinigt, denn man soll selbst dem Feind nur Gutes erweisen. Aber mehr kannst du nicht verlangen. Deine Sachen magst du dir selbst zusammensuchen und in den Korb geben. Stehe auf! Die Kur ist beendet."

Der Dicke wollte sich vom Stuhl erheben, fand aber, daß sein Gewand so steif geworden war, daß es ihn hinderte. Das war auch ein Grund gewesen, warum ich dem Übermut nicht Einhalt geboten hatte. Die Möglichkeit, den Gips als Verband zu verwenden, wurde ihm dadurch am eignen Leib bewiesen.

„Ich kann nicht aufstehen, ich kann nicht aufstehen!" rief der Hekim, während er alle zehn Finger weit auseinanderspreizte. „Mein Kaftan ist wie Glas, mein Kaftan zerbricht!"

Halef faßte den Fes bei der Troddel, nahm ihm diesen vom Haupt, auf das er ihn vorhin wieder gestülpt hatte, hielt dem Heilkünstler den Fes vor die Augen und sagte:

„Sieh, das ist die würdige Bedeckung deines gelehrten Hauptes. Wie gefällt sie dir?"

Der Fes bildete jetzt ein hartes weißes, glockenförmiges Ding, das die Form des Schädels angenommen hatte. Es war spaßhaft!

„Mein Fes, mein Fes!" schrie der Doktor. „Er ist seit meiner Jugend auf meinem Haupt gesessen, und nun wird die Ehre seines Alters und die Würdigkeit seiner hohen Tage von euch Müflislar[1] entweiht! Gib ihn her!"

Er wollte ihn ergreifen, doch als er den Arm erhob, begann der Gips seines Ärmels zu brechen.

„Wai, wai – o weh, o weh!" schrie er. „Da geht das Heil meines Armes und die Gediegenheit meiner Gliedmaßen verloren! Was soll ich tun? Ich muß fort. Meine Kranken warten auf mich."

Doktor „Marterstein" wollte sich erheben. Als der Kaftan abermals zu prasseln begann, sank er schnell wieder zurück.

„Habt ihr es gesehn? Habt ihr es gehört?" fragte der Dicke weinerlich. „Die Umrisse meiner Gestalt und die Linien meines Körperbaus bröckeln ab. Ich fühle, daß auch mein Inneres in Brocken zerfällt. Die Zierlichkeit des Ebenmaßes ist verschwunden, und die weiche Rundung meiner Körperfülle hat sich in schauerliche Falten

[1] Bankerotte Menschen

gelegt. Ihr habt mich zu einer Gestalt ohne Ansehn und zu einem Mann ohne Lieblichkeit gemacht. Die Bewunderung meiner Beschauer wird sich in Lachen und das Wohlgefallen ihrer Blicke sich in Spott verwandeln. Auf der Gasse wird man mit den Fingern auf mich zeigen, und daheim wird die Zärtlichkeit über den Verlust meiner Vorzüge klagen. Ich bin ein geschlagener Mann und kann mich nun gleich auf den Friedhof hinaus schaffen lassen, wo die Zypresse ihre Tränen weint. O Allah, Allah, Allah!"

Sein Zorn hatte sich in Wehmut verwandelt. Der Verlust seiner gefälligen Erscheinung ging ihm nahe. Schon wollte ein erneutes Lachen losbrechen, als ich durch eine Armbewegung Schweigen gebot und ihm erklärte: „Jammere nicht, Hekim! Deine Trauer wird sich in Freude verwandeln, denn du hast hier Gelegenheit gefunden, eine für dich hochwichtige Erfahrung zu machen."

„Ja, diese Erfahrung habe ich gemacht, aber wichtig ist sie nicht für mich. Ich habe erfahren, daß man sich nicht mit Leuten abgeben soll, die keine Bildung besitzen."

„Meinst du etwa, sie sei bei dir zu finden, Hekim?"

„Ja, denn ich bin der Mann, der die kranken Leiber heilt und die müden Herzen erfrischt. Das ist wahre Bildung!"

„Du bist der Mann, der dem Kranken sagt, daß seine Zunge nicht so eindrucksvoll sei wie die eines Rindes. Wenn du das Bildung nennst, so bist du freilich ein hochgebildeter Gelehrter. Wie du übrigens meiner Zunge ansehen wolltest, ob die Verrenkung meines Fußes gefährlich sei oder nicht, begreife ich nicht."

„Du wirst in deinem Leben noch sehr wenig begriffen haben. Das sehe ich dir an. Jedenfalls begreifst du auch nicht, daß ihr mich in eine Lage gebracht habt, die meiner Ehre schadet und mein Ansehen im Land begräbt."

„Nein, das begreife ich allerdings nicht."

„So ist deine Klugheit kurz wie ein Tag, deine Dummheit aber so lang wie die Mütewasilar[1], die man um die Erde zieht. Trotzdem rümpfst du die Nase und sitzt da mit einem Gesicht und führst Reden, als seist du ein Müderris aller möglichen Weisheiten."

„Dir gegenüber bin ich ein Professor gewesen, denn ich habe dir anschaulichen Unterricht in der Lehre des Verbandes gegeben."

„Davon habe ich kein einziges Wort vernommen."

„Ich sprach von einem Anschauungsunterricht, da war vom Sprechen keine Rede. Was du jetzt gelernt hast, kann dich zum berühmtesten Hekim aller Länder machen, die der Padischah beherrscht."

„Willst du mich auch noch verspotten? Wenn du wirklich so weise bist, wie du behauptest, so gib mir einen guten Rat, wie ich aus der Schale des Gipses herauskommen kann."

„Davon nachher. Du hast mich ausgelacht, als ich dir sagte, daß man

[1] Parallelkreise

aus Gips einen Verband herstellen könne, und doch ist dieser der allerbeste, den es gibt. Du ließt mich nicht zu Wort kommen, darum bist du durch die Tat belehrt worden. Greif deinen Kaftan an! Vorher war er weich, jetzt ist er hart und fest wie Stein, so fest, wie ein Verband sein muß, wenn er dem Glied Halt verleihen soll. Merkst du noch nichts?"

Er zog die Brauen empor und sah mich nachdenklich an. Ich fuhr fort: „Wenn du ein gebrochenes Bein schienst, so werden die Schienen das Glied belästigen, weil sie sich dessen Form nicht anpassen. So ein Verband taugt nichts."

„Aber es gibt keinen andern Verband. Die größten Ärzte des Reiches haben sich ihre Köpfe vergebens zerbrochen, um einen Verband zu finden, der fest ist und sich doch an die Form des Gliedes schmiegt. Ich selbst besitze ein Buch, dessen Titel lautet: ‚Kyßyk kemiklerin schifassi[1].' Da ist zu lesen, daß man diese Brüche nur mit Schienen behandeln kann."

„Wer ist denn der Verfasser dieses Buches?"

„Der berühmte Arzt Kari Asfan Sulfikar."

„Nun, der hat vor fast zweihundert Jahren gelebt. Damals mag er recht gehabt haben, jetzt aber würde man ihn auslachen."

„Oh, ich lache ihn nicht aus."

„So passen deine Kenntnisse und Ansichten nur für jene Zeit, nicht mehr für die heutige. Es gibt jetzt noch ganz andre Verbände. Hast du vorhin den Fes betrachtet, der jetzt wieder dein Haupt beschützt?"

„Warum soll ich ihn nicht angesehen haben? Diese kleine giftige Kröte hat ihn mir ja nahe genug an die Nase gehalten."

„So sag, welche Form er angenommen hat?"

„Die meines Kopfes."

„Und zwar ganz genau. So ist es auch bei jedem andern Körperteil. Wenn ich den Arm gebrochen habe und ihn mir einrichten lasse, so umwickle ich ihn zunächst mit einem dünnen Zeugstoff. Diesen tränke ich dann mit Gips, den ich in Wasser aufgelöst habe, mache darüber noch mehrere Umwicklungen, deren jede ich abermals in Gips tränke. Wenn dieser dann trocken und hart geworden ist, so habe ich einen Verband, der sehr fest ist und genau auf die Form des Armes paßt."

„Ah – oh – aah!" stieß er hervor, mich erst eine Weile anstarrend und sich dann an Halef wendend: „Gib mir rasch noch einmal meinen Fes herab!"

Der Hadschi hielt ihn dem Arzt vor die Augen, wobei er die Kopfbedeckung nach allen Seiten drehte.

„Noch besser ist's", fuhr ich fort, „wenn man den Stoff gleich mit dem nassen Gips tränkt und ihn erst dann um das Glied windet. Und damit er dann, wenn der Gips erhärtet ist, das kranke Glied nicht

[1] „Über die Heilung der Knochenbrüche"

drückt, so bringt man zuvor eine Lage Watte an. Dann ruht das Glied weich in dem festen und ganz genauen Verband."

Wieder sah er mich an und rief endlich aus: „Allah, Allah! Ne parlak idschad, ne güsel ichtira – köstliche Entdeckung, herrliche Erfindung! Ich laufe, ich eile. Das muß ich mir aufschreiben!"

Er sprang auf, ohne auf die Steifheit des Kaftans zu achten, und eilte zur Tür.

„Warte, warte! Nimm deinen Korb mit den Werkzeugen mit!" rief Halef. „Und setze zuerst deinen Fes auf!"

Der Arzt blieb stehen. Er bot einen köstlichen Anblick. Der Gips brach kreuz und quer und bröckelte von ihm herab. Der Kaftan wollte nicht aus den Brüchen und Falten, nicht aus der Haltung, die er während des Sitzens eingenommen hatte. Der hintere, untere Teil starrte vor und hinderte beim Gehen. Da kehrte der Dicke dem Hadschi den Rücken zu, hielt ihm die Arme nach hinten und bat: „Zieh an den Ärmeln! Ich muß heraus!"

Halef faßte an und hielt fest. Der Jünger Äskulaps zog und drängte und fuhr endlich mit solcher Gewalt aus dem gegipsten Kleidungsstück heraus, daß er an die Tür flog und, da er sie schon aufgeklinkt hatte, durch sie in den Hof hinausschoß.

„Tekrar gelirim, tekrar gelirim, schimdi tekrar gelirim – ich komme wieder, ich komme wieder, ich komme gleich wieder!" schrie der dicke Hekim, wobei er zu Boden stürzte, sich schnell wieder aufraffte und dann forteilte.

Die Begeisterung für den Gipsverband hatte ihn ergriffen. Er mußte nach Haus, um sich meine Anweisung aufzuschreiben. Daß er die Pantoffeln, den Kaftan, den Fes samt dem Instrumentenkorb zurückgelassen hatte und nun barhäuptig durch die Straßen rannte, focht ihn nicht an. Er war jedenfalls mit Leib und Seele bei seinem Beruf, hatte aber leider weiter nichts lernen können, als was andre wußten, die – nichts wußten.

Nun galt es, die Stube zu säubern. Der steife Kaftan wurde über die Stuhllehne gehängt, und man sammelte die Besteckteile. Dann wurde mir mein Stübchen hergerichtet. Osko hatte mir längst wieder Wasser gebracht, und ich bemerkte zu meiner Freude, daß die Geschwulst sich minderte. Später ließ ich mich in meine Kammer tragen und auf das bereitete Lager betten. Ich machte weiter Umschläge und wollte dann am Abend den Verband anlegen. Dazu war Watte, Gaze und wieder Gips zu holen. Als ich ungefähr drei Stunden gelegen hatte, hörte ich durch die Tür die Stimme des Arztes.

„Wo ist der Effendi?"

„Da, in der kleinen Stube", vernahm ich Halefs Antwort.

„Melde mich an!"

Halef öffnete die Tür, und der Arzt kam herein, aber wie!

Er war festlich gekleidet. Ein blauseidener Kaftan umhüllte den Leib bis herab zu den Füßen, die in feinen Saffianpantoffeln steckten, und das Haupt war mit einem blau und weiß gestreiften Turban geschmückt, an dem eine Granatagraffe glänzte. Seine Miene war feierlich und sein Gang überaus würdevoll. Unter der Tür blieb er stehen, kreuzte die Arme über der Brust, verneigte sich tief und sagte: „Effendim, ars u schükür we hürmet itschün geldim – mein Effendi, ich mache dir den Besuch des Dankes und der Hochachtung. Girmame mußaade werirmissin – erlaube mir einzutreten!"

Ich neigte feierlich mein Haupt und antwortete: „Jaklasch, chosch ßin – tritt näher, du bist willkommen!"

Er machte drei kleine Schritte, räusperte sich und begann: „Effendim, dein Kopf ist die Wiege des Menschenverstandes, und dein Gehirn beherbergt das Wissen aller Völker. Dein Geist ist so scharf wie die Schneide eines Rasiermessers und dein Nachdenken so spitz wie die Nadel, mit der man eine böse Schwäre öffnet. Darum hattest du das Kismet, die große Frage zu lösen, wie die Brüche, Verstauchungen und Verrenkungen zu behandeln sind. Dein Ingenium hat alle Sphären durchmessen und alle Gebiete der Wissenschaft durchforscht, bis es auf den schwefelsauren Kalk gekommen ist, der von unwissenschaftlichen Barbaren Gips genannt wird. Du hast Wasser dazugetan und ihn umgerührt, damit er seines Kristalls beraubt werde und auf Leinwand gestrichen werden kann, die man um die Gelenke, Knochen und Röhren wickelt, um ihnen Halt zu geben, wenn sie dessen bedürfen. Dadurch wirst du im Lauf der Zeit Millionen von Armen und Beinen vor Verkrümmung und Verunstaltung bewahren, und die Professoren der Zukunft werden Piaster sammeln, um dir ein Denkmal zu erbauen, auf dessen Platte dein Name in goldener Schrift glänzen wird. Bis dahin aber soll er in meinem Buch der Aufzeichnungen stehen, und ich bitte dich, ihn mir zu nennen, damit ich ihn aufschreiben kann."

Er hatte das feierlich, wie als Wortführer einer Abordnung, gesprochen. Leider bestand die Abordnung nur aus ihm allein.

„Ich danke dir!" erwiderte ich würdevoll. „Die Wahrheitsliebe gebietet mir, dir mitzuteilen, daß nicht ich die große Erfindung gemacht habe. In meinem Vaterland ist sie so verbreitet, daß alle Ärzte und Laien sie kennen. Willst du dir den Namen des Erfinders aufschreiben, so sollst du ihn erfahren. Der gelehrte Mann, dem so viele ihre Wohlgestalt zu verdanken haben werden, hieß Mathysen und war ein berühmter Wundarzt in Holland. Ich habe deinen Dank nicht verdient, aber es freut mich sehr, daß die Erfindung dir gefällt, und ich hoffe, daß du sie fleißig anwenden wirst."

„Daß ich fest entschlossen bin, sie in Anwendung zu bringen, werde ich dir beweisen. Aber den Dank darfst du nicht ablehnen. Wenn du auch nicht selbst der Erfinder bist, so hast du doch diese unvergleichliche Wohltat hier eingeführt. Ich werde den heutigen Tag nicht vergessen und habe zu meiner Freude gesehen, daß mein Kaftan aufgehoben wurde. Er soll von nun an mein Firmenschild sein, und ich werde ihn neben der Tür meines Hauses aufhängen, damit alle, die gebrochene Glieder haben, zu ihrer Beruhigung sehen, daß ich sie mit schwefelsaurem Kalk einwickle. Ich habe bereits versucht, wie es zu machen ist, und bitte dich, mein Werk in Augenschein zu nehmen, um mir eine Note zu geben. Willst du das?"

„Sehr gern!" erklärte ich.

Er trat an die Fensteröffnung und klatschte in die Hände. Die Tür zur großen Stube wurde geöffnet, und ich hörte schwere Tritte.

„Hier herein!" gebot der Doktor.

Zunächst erschienen zwei Männer, die einen großen Kübel voll Gips trugen. Der eine hatte auch einen Vorrat von Watte, der ausgereicht hätte, um zehn Personen einzuwickeln, und der andre hielt einen Pack Kattun in der Hand. Sie legten ihre Lasten ab und entfernten sich. Nun kamen wieder zwei Männer herein, die eine Bahre trugen. Darauf lag ein bärtiger Mensch, dessen Leib bis an den Hals zugedeckt war. Die Männer setzten die Bahre nieder und gingen dann aus dem Stübchen.

„Hier sollst du die ersten Verbände sehen, die ich anlegte", begann der Arzt. „Ich habe mir das Nötige gekauft und diesen Arbeiter kommen lassen, um mir als Modell zu dienen. Er bekommt für den Tag zehn Piaster und die Kost. Erlaube, daß ich das Tuch wegnehme, und betrachte dir den Kranken."

Er entfernte die Hülle. Als mein Blick auf das „Modell" fiel, mußte ich an mich halten, um nicht herauszuplatzen. O Allah, wie sah der Mensch aus! Der Dicke hatte sich alle möglichen Brüche und Verrenkungen gedacht und den armen Kerl entsprechend eingegipst. Aber wie!

Die Schultern, die Ober- und Unterarme, die Ober- und Unterschenkel, sogar die Hüften steckten in Gipsüberzügen, die sicher eine Handbreit dick waren. Auch der Brustkorb war mit einem Panzer versehen, durch den schwerlich eine Pistolenkugel hätte dringen können. Der Mann lag wie ein wirklicher Kranker, der dem Tode nahe ist, da. Er konnte sich nicht bewegen, ja, er konnte kaum Atem holen. Und das alles für nicht ganz zwei Mark je Tag. Für einen Tag! Das war ja das Heitere bei der Sache. Also tagelang sollte das bedauernswerte Modell die Verbände tragen und wozu? – „Wie lang soll dieser Versuch dauern?" fragte ich.

„So lang, bis der Mann es nicht mehr aushalten kann. Ich will die Wirkung studieren, die der schwefelsaure Kalkverband auf die verschiedenen Körperteile hat."

„An einem Gesunden? Die einzige Wirkung wird sein, daß er es nicht lang aushalten kann. Was ist denn mit seiner Brust geschehen?"

„Er hat fünf Rippen gebrochen, rechts zwei und links drei."

„Und mit den Schultern?"

„Die Schlüsselbeine sind entzwei."

„Und wie steht's mit den Hüftgelenken?" – „Er hat sich beide Kugeln ausgefallen. Nun aber fehlt noch eins: nämlich der Unterkiefer hat sich ausgehakt, und eine Mundklemme ist eingetreten. Wie man das mit Gips verbindet, weiß ich nicht, und werde das nun nach deiner Anweisung tun." – „O Hekim, das wird ja nie verbunden!" – „Nicht? – Warum?"

„Hat man die Verrenkung des Unterkiefers eingerichtet, dann ist die Sperre völlig beseitigt, und es bedarf des Gipses nicht."

„Gut! Wenn es dir beliebt, so wollen wir annehmen, daß ihm der Mund wieder zugefallen ist."

„Sei so gut und mache auch seine Rippen frei! Er schnappt ganz angstvoll nach Luft."

„Wie du willst; ich werde vom Handschi das Werkzeug holen."

Ich war neugierig, was er bringen werde. Bei seiner Rückkehr war ich eben mit meinem Umschlag beschäftigt und sah erst empor, als ich Hammerschläge hörte.

„Um Gottes willen, was machst du denn? Was hast du in den Händen?" Da er mir den Rücken zukehrte, konnte ich es nämlich nicht sehen. „Tschekidsch ile hakkak kalemi – Hammer und Meißel", antwortete er ganz unbefangen.

„Da wirst du ihm in Wirklichkeit die Rippen zerschlagen oder ihm den Meißel in die Brust treiben."

„Ja, was nimmt man denn?" – „Schere, Messer oder eine passende Säge, je nach der Stelle und Stärke des Verbandes."

„Die Knochensäge liegt in meinem Korb. Ich werde sie holen."

„Bringe meinen kleinen Gefährten mit herein! Der mag dir helfen, da ich es nicht kann."

Als Halef kam, genügten einige Winke, und er machte sich über die Gipskrusten her. Es war eine harte Arbeit, und es dauerte so lange, bis das „Modell" von allen Verbänden befreit war, daß es inzwischen Nacht wurde und Licht angezündet werden mußte. Der arme Mann, dem der Arzt neben allen möglichen Verrenkungen auch noch die Mundklemme hatte aufzwingen wollen, hatte kein Wort gesprochen. Als aber der letzte Verband entfernt war, sagte er zu mir: „Ich danke dir, Effendi!"

Dann ein Sprung – und er war zur Tür hinaus.

„Halt!" schrie der dicke Hekim ihm nach. „Ich brauche dich ja noch! Es geht wieder los!" Aber dieser Ruf blieb vergeblich.

„Da läuft er hin", jammerte der Doktor. „Was tu ich nun mit dem schönen Gips, mit der Watte und dem Baumwollstoff?"

„Laß ihn laufen!" mahnte ich. „Was hast du denn gedacht? Mit dem Inhalt des Kübels kannst du zwei Häuser angipsen. Einen kleinen Teil davon kann ich brauchen, und ich glaube, daß es nun Zeit sein wird, mich zu verbinden."

„Schön, schön, Effendi! Ich werde gleich beginnen."

„Jawasch – langsam! Verfahre genau nach meiner Anweisung!"

Der Mann war Feuer und Flamme. Während des Verbindens erzählte er mir von den Kuren, die er schon ausgeführt hatte. Als er fertig war, meinte er: „Ja, das ist freilich etwas ganz andres! Ich werde nun den Versuchskranken wieder holen und ihn dann morgen wieder hierherschaffen lassen.“ – „Und wann willst du ihn verbinden?“ – „Heute abend noch.“

„O Allah! Da soll er bis morgen liegen? Du wirst ihn töten. Wenn du dich an ihm üben willst, so darfst du es nicht an allen Gliedern zugleich tun, sondern nur an einem einzigen, und sodann mußt du den Verband gleich wieder abnehmen, wenn er erstarrt ist. Merke dir übrigens auch, daß man in den Verband Fenster schneiden kann.“ – „Wozu?“ erkundigte der Wißbegierige sich.

„Zur Besichtigung und Behandlung einzelner Stellen. Du hast keinen Lehrer, der dich unterrichtet, und auch kein Buch zum Studium. Du mußt also selbst nachdenken und Versuche machen.“

„Effendim, bleib da und gib mir Unterricht! Alle Ärzte dieser Gegend werden deine Schüler sein.“

„Ja, und wir andern geben uns für die Versuche her!“ lachte Halef. „Das fehlte noch! Du hast genug gelernt an diesem Nachmittag, nun sieh zu, wie du dir weiterhilfst.“

„Wenn ihr keine Zeit dazu habt, so muß ich auf den Unterricht verzichten. Und es ist wahr, ich habe heute sehr viel gelernt und weiß gar nicht, wie ich dankbar sein soll. Geld wirst du nicht nehmen. So will ich dir ein Andenken geben, Effendim; du wirst dich darüber freuen.“ – „Was ist es denn?“

„Mehrere Gläser mit Spiritus und allen Arten von Band- und Darmwürmern, an denen ich sehr große Freude habe. Dir aber gönne ich sie von Herzen.“

„Ich danke dir! Die Gläser würden mir während der Reise nur unbequem werden.“

„Das tut mir leid; aber du sollst dennoch sehen, daß ich dir dankbar bin. Ich gebe dir das Liebste, was ich besitze: ein Skelett. Ich habe die Knochen selbst abgeschabt, gekocht, gewässert und gebleicht.“

„Auch dafür muß ich dir danken. Du siehst ein, daß ich kein Skelett zu mir aufs Pferd nehmen kann.“ – „Das ist freilich wahr. So erlaube mir wenigstens, daß ich dir nach fränkischer Weise recht herzlich die Hand drücke.“

Wie die meisten dicken Leute war der Hekim im Grund ein ganz gemütlicher Mann. Er besaß Lernbegierde und Dankbarkeit und hatte sich seit dem Nachmittag völlig geändert. Er fühlte sich glücklich, als ich ihn einlud, das Abendmahl mit uns einzunehmen, und verabschiedete sich hernach mit einer Herzlichkeit, als wären wir alte, gute Freunde. Seine Träger hatten solange warten müssen und schleppten dann ihre Lasten wieder fort. Anstatt des „Modells“ aber lag der Instrumentenkorb und der steife Kaftan, den er als Firmenschild benutzen wollte, auf der Bahre.

Der übrige Teil des Abends verlief unter Gesprächen darüber, was wir am nächsten Tag beginnen sollten. Ich war entschlossen, trotz meines Fußes abzureisen, denn wir durften den vier Männern, denen wir folgten, keinen so bedeutenden Vorsprung lassen, daß wir ihre Spur verlieren konnten. Auf dem Zettel, den Hamd el Amasat geschrieben hatte und der mir in Edirne in die Hände gekommen war, stand zu lesen: „In pripa veste la karanorman han ali sa panajir melnikde – sehr eilig Nachricht nach Karanorman-Han, aber nach dem Jahrmarkt in Melnik!“

Melnik lag hinter uns, und wir waren dem Bruder Hamd el Amasats bis heute gefolgt, ohne eine Ahnung zu haben, wo dieses Karanorman eigentlich liege. Jedenfalls war dieser Ort sein Ziel, und wahrscheinlich trafen die beiden dort zusammen. Sie hatten Schlimmes vor, was wir verhüten wollten. Aus diesem Grund hatten wir den Ritt unternommen. Wenn wir ihnen einen größern Vorsprung gestatteten, so konnte unser Zweck leicht verfehlt werden. Darum mußten wir unbedingt morgen weiterreiten.

Halef betrachtete mich als Kranken und verlangte, daß ich mich schonen solle. Osko und Omar aber waren mit mir einverstanden. Letzterer ließ den Rachespruch der Wüste hören: „Ed dem b'ed dem – Blut um Blut! Ich habe geschworen, den Tod meines Vaters zu rächen und ich muß mein Gelübde halten. Wenn ihr morgen nicht mitreitet, so setze ich die Verfolgung allein fort. Ich habe keine Ruhe, bis mein Messer dem Mörder im Herzen sitzt.“

Das klang wild und unmenschlich. Als Christ hing ich an der schönen Lehre: „Liebet eure Feinde“, aber wenn ich mich jenes Augenblickes erinnerte, als sein Vater, unser Führer, unter der entsetzlichen Salzkruste des Schotts versank, so war es mir doch, als müsse diese Tat gesühnt werden. Ob freilich auf Omars Weise, das konnte nur der Augenblick ergeben. Jedenfalls war ich gesonnen, keinen barbarischen Mord zu dulden.

Ich hätte wohl weit in den Morgen hinein geschlafen, wenn ich nicht geweckt worden wäre. Der Korbflechter stand draußen und wollte mit mir sprechen. Ich empfing Abid beinahe zornig wegen der Störung. Als ich aber seinen Schwager Schükrü hinter ihm eintreten sah, ahnte ich, daß ein triftiger Grund vorläge, mich aus dem Schlaf zu wecken, und zeigte ein freundlicheres Gesicht.

„Effendi“, sagte Schükrü, „ich glaubte nicht, daß ich dich bald wiedersehen würde. Verzeih, daß wir dir die Ruhe rauben. Doch ich muß dir Wichtiges mitteilen: es handelt sich um euer Leben.“

„Abermals! Hoffentlich ist es nicht so schlimm, wie du meinst.“

„Es wäre so schlimm, wenn ich dich nicht warnen könnte. Die beiden Aladschy waren bei meinem Schwager Abid.“ – „Ah! – Wann?“

„Als der Tag graute“, berichtete der Korbflechter, an den ich die letzte Frage gerichtet hatte. „Wir waren bald erwacht, denn die Freude über deine Geschenke ließ uns nicht schlafen. Ich war an den Fluß hinuntergegangen, um nach den Nachtangeln zu sehen, die ich gestern abend noch gelegt hatte. Als ich zurückkam, hielten zwei Reiter auf scheckigen Pferden vor der Tür, wo sie mit den Kindern sprachen. Mein Vater war noch auf seinem Lager. Als sie mich kommen sahen, fragten sie mich, ob gestern nicht vier Reiter vorübergekommen seien, von denen der eine den Turban der Schirfa[1] und eine farbige Brille getragen habe. Bei den Pferden sei ein schwarzer arabischer Hengst gewesen."

„Was hast du erwidert?" fragte ich gespannt.

„Ich dachte mir gleich, daß es die Aladschy seien, von denen wir gesprochen hatten, und gestand, daß ihr dagewesen und nach Radowitsch geritten seid." – „Aber doch wohl weiter nichts?"

„Ich wollte nur das sagen, aber die Brüder hatten die Kleinen schon ausgefragt und von ihnen erfahren, daß ihr die Stiefel ausgeschüttet und dem Großvater Geld gegeben hättet und daß ich euch heut nach Taschköj führen solle, wo ich vorher mit dem Mübarek und seinen Gefährten gewesen sei."

„Da hast du es freilich eingestehen müssen. Ich hätte mich hüten sollen, vor den Kindern zu sprechen. Hatten die Räuber wieder Gewehre?"

„Ja, und sie selbst sahen aus, als sei es ihnen schlecht ergangen. Der eine trug ein Pflaster auf der Oberlippe, und seine Nase hatte die Farbe einer Pflaume." – „Das ist Bybar gewesen", erklärte ich, „dem ich mit einem Hieb die Oberlippe aufgerissen habe. Aber er trug doch einen Bart?" – „So hat er sich diesen abgeschnitten, um den Riß zusammenzupflastern. Schükrü wird das wissen. Bybar schwieg, und der andre sprach. Dieser saß so schlecht im Sattel, als hätte er das Rückgrat gebrochen."

„Ich schleuderte Sandar gegen einen Baum, und das wird er noch spüren. Was taten sie dann?" – „Sie gaben mir einige Hiebe und ritten dann auf Radowitsch zu."

„Das glaube ich nicht. Ich meine, daß die Aladschy zum Wald geritten sind, durch den du uns führen sollst. Sie wollen uns dort überfallen. Ohne Zweifel kennen sie die Gegend gut."

„Du hast recht geraten, Effendi. Auch ich hatte diesen Gedanken und schlich ihnen nach. Bald bogen sie wirklich rechts ein, den Bergen zu."

„Nun stecken die Wegelagerer dort und warten auf uns. Vor allen Dingen muß ich jetzt wissen, wie weit deine Geständnisse gegangen sind. Hast du auch von meinem kranken Fuß gesprochen und daß ich vielleicht in Radowitsch bleiben muß?" – „Nein, kein Wort." – „So werden sie uns heut erwarten. Fragten sie nicht, wann wir aufbrechen würden?"

„Ja, und ich erwiderte, daß ich dies erst noch erfahren würde. Dann schwuren die Aladschy, daß sie mich ermorden und meine Hütte niederbrennen würden, wenn ich sie verriete. Dabei sagten sie mir, daß

[1] Mehrzahl von Scherif

sie die Aladschy seien, von denen ich wohl gehört habe, und sie würden ihre Drohung sicher wahr machen." – „Trotzdem sagst du es mir?" – „Es ist meine Pflicht und Dankbarkeit, Effendi. Vielleicht kannst du es so einrichten, daß sie glauben, ich sei verschwiegen gewesen." – „Das wird sich leicht ermöglichen lassen. Ich bin dir dankbar für deine Warnung, ohne die es uns schlecht ergehen könnte."

„Ja, Effendi, du wärest verloren gewesen", fiel sein Schwager ein. „Das habe ich mit meinen Ohren gehört."

„So sind die Räuber wieder zu dir gekommen?"

„Gewiß! Aber Freude habe ich nicht darüber gehabt, denn ich hatte an ihrem ersten Besuch genug."

„Das war gestern vormittag? Oder hattest du sie schon früher gesehen?"

„Gehört hatte ich von den Aladschy, sie aber noch nicht gesehen. Sie kamen schon am Morgen, verlangten Raki und setzten sich an den Tisch vor dem Haus, nachdem sie die Pferde hinter dieses gebracht hatten, und blieben da sitzen." – „Ahntest du, wer sie seien?"

„Ja. Ihre Pferde waren scheckig, und ihre riesigen Gestalten paßten zu der Beschreibung, die man mir von ihnen gegeben hatte. Ich war ergrimmt gegen sie, denn ich hielt sie für die Diebe meines Pferdes und des Packsattels." – „Du wußtest also schon, daß beides verschwunden war?"

„Leider. Ich sah es gleich, nachdem ich aufgestanden war, und erzählte den Aladschy vom Diebstahl. Sie mochten wohl merken, daß mein Verdacht sich gegen sie richtete, denn sie wurden bösartig gegen mich und zwangen mich schließlich, in der Stube zu bleiben. Nicht einmal die Kinder durfte ich holen, was du nachher selbst getan hast, Effendi."

„Kehrte denn in dieser Zeit niemand bei dir ein? Ich denke, die Ankunft eines Gastes hätte sie vielleicht vertrieben?" – „Haben die Brüder sich durch deine Ankunft vertreiben lassen, Effendi?"

„Freilich nicht", gab ich zu.

„Es ging niemand vorüber, und nur ein einziger kam und hielt bei mir an, nämlich –"

„Der Bote Toma aus Ostromdscha", fiel ich Schükrü ins Wort. „Dieser wußte, daß die Aladschy auf ihn warteten. Übrigens waren sie schon in der vorhergehenden Nacht in der Nähe und wußten, daß du zwei Pferde besaßest. Sie sind die eigentlichen Urheber des Diebstahls." – „Das habe ich nun von Abid erfahren."

„Hielt Toma nur kurze Zeit bei den Skipetaren an?"

„O nein! Er stieg von seinem Maultier, setzte sich zu ihnen, und sie saßen wohl eine Stunde beisammen."

„Du konntest nicht hören, was sie sprachen?"

„Von der Stube aus nicht. Doch ich hielt sie für die Diebe meines Pferdes und befürchtete Schlimmes von ihnen, weil ich das Haus nicht verlassen durfte. Darum nahm ich mir vor zu horchen. Du wirst gesehen haben, daß aus meiner Stube eine Leiter unter das Dach führt, wo Maisstroh liegt. Ich stieg hinauf, und von da aus konnte ich leise durch die Luke auf das Vordach kommen. Ich hörte jedes Wort und erfuhr, was in Ostromdscha geschehen war. Der Bote erzählte ausführlich und sagte, daß ihr um Mittag aufbrechen, also ungefähr zwei Stunden später an meinem Haus vorüberkommen müßtet. Ferner hörte ich, daß er schon am vorigen Abend mit ihnen gesprochen hatte."

„Ah! Jetzt erst ist es mir erklärlich", erwiderte ich, „wie der Mübarek die Aladschy so schnell finden und auf mich hetzen konnte."

„Es scheint, daß er sie schon vor eurer Ankunft bestellt hatte, um irgendeinen Streich auszuführen. Ihr habt ihn dabei gestört, und so hat er ihre Anwesenheit zur Rache gegen euch benützen wollen."

„Was hörtest du noch?" forschte ich.

„Der Mübarek sei mit den drei andern entkommen und ihr müßtet sterben. Er bezeichnete sogar den Platz, wo ihr überfallen werden solltet, nämlich nicht weit hinter der einzigen scharfen Biegung, die der Weg im Wald macht."

„Dort hat allerdings der Kampf zwischen ihnen und mir stattgefunden."

„Und du hast sie besiegt, wie Abid mir erzählte. Effendi, Allah ist mit dir gewesen, sonst wärest du ihnen unterlegen!"

„Gewiß! – Weiter!"

„Toma sagte ihnen, daß sie sich nicht auf ihre Flinten oder Pistolen verlassen sollten, denn ihr wärt kugelfest. Da lachten sie aus vollem Hals. Als er ihnen aber genau erzählte, was geschehen war, wurden sie nachdenklich und meinten endlich, daß ihr wirklich kugelfest seid. Sie beschlossen deshalb, daß sie auf euch nicht schießen, sondern euch mit den Beilen und Messern angreifen wollten. Der Bote beschrieb euch so genau, daß kein Irrtum möglich war, und entfernte sich dann. Eine Viertelstunde später kamst du."

„Wen glaubtest du zu sehen?"

„Einen Scherif. Ich konnte nicht ahnen, daß du der fremde Effendi seiest, der ermordet werden sollte."

„Hast du auch unsre Unterredung belauscht?"

„Nein, denn deine Person schien mir nicht wichtig zu sein. Du kamst dann herein und warst freundlich mit mir und den Kindern. Du heiltest sogar mein Töchterchen von den Zahnschmerzen. Ich wußte zwar nicht, was die Wegelagerer mit dir beabsichtigten, aber du warst mit uns freundlich gewesen, und so warnte ich dich."

„Mit eigner Gefahr!"

„Die war nicht groß. Ich hatte nur einige Peitschenhiebe zu gewärtigen. Als die Aladschy mit dir fortritten, wurde es mir um dich doch bange, denn sie hatten sich so eigenartige Blicke zugeworfen. Darum winkte ich dir noch einmal zu, als du dich auf der Brücke umdrehtest."

„Ich verstand, daß du mich zur Vorsicht mahnen wolltest. Was tatest du dann?“

„Ich suchte die Nachbarn auf, erzählte ihnen den Vorgang und forderte sie auf, mit mir in den Wald zu gehen und dich aus den Händen der Räuber zu befreien und auch die vier Fremden zu retten, die überfallen werden sollten.“

„Da machten deine Nachbarn aber nicht mit“, ergänzte ich seine Erzählung. „Sie fürchteten sich vor der Rache der Aladschy und blieben furchtsam hinter ihren vier Pfählen stecken. Ja, das kann ich mir denken.“

„Ich nahm mir vor, die Fremden doch zu warnen. Darum setzte ich mich vor mein Haus auf eine der Bänke und wartete auf sie.“

„Hast du sie gesehen?“

„Nein. Es war zwischen den Kindern ein Streit entstanden. Sie weinten, und ich ging hinein, um die Uneinigkeit zu schlichten. Während dieser Zeit müssen die Fremden vorübergekommen sein. Später sah ich zu meinem Schreck die Aladschy zurückkehren.“

„Mit ihren Pferden?“

„Freilich, Effendi.“

„So haben die Aladschy ihre Tiere bald gefunden. Waren sie guter Laune?“

„Wie kannst du so fragen? Ich mußte mit ihnen in die Stube, und es war, als seien mit ihnen tausend Scheïtane eingetreten. Es ist mir schlimm ergangen! Aber was ich aus ihren Reden entnahm, machte mir heimlich Freude, denn ich erfuhr, daß der alberne Scherif sie bezwungen habe.“

„Sie ahnten also nicht, daß der Scherif der Anführer der Leute gewesen war, denen sie auflauern wollten?“

„Diesen Gedanken hatten die Aladschy nicht. Aber später, als sie ruhiger geworden und wieder beim Raki saßen, zog der eine einen Zettel hervor, den sie lasen. Ich hörte, daß er an einem Baum steckte. Sie konnten daraus nicht klug werden und wußten nur, daß drei Reiter vorübergekommen waren, die sich nach diesem Zettel gerichtet hatten.“

„Hielten sie diese drei für die Erwarteten?“

„Nein, denn es fehlte die Hauptperson. Die Räuber glaubten, ihr würdet noch vorbeikommen. Obgleich der Bote ihnen gesagt hatte, daß ihr gewarnt worden seid, wollten sie es doch mit euch aufnehmen. Sie waren so wütend, daß es für sie gar kein Bedenken gab. Ihre Gewehre waren ihnen zerbrochen worden. Sie hatten die Stücke bei sich. Ich habe sie auf meinem Rücken gefühlt. Die Kinder weinten und erhielten auch Fußtritte und Schläge. Der eine konnte den Körper nicht aufrecht halten, denn du hattest ihn gegen den Stamm eines Baums geworfen. Er zog sich aus, und ich mußte ihm das Rückgrat abwechselnd mit Raki und Butter einreiben. Der andre blutete fortwährend. Du hattest ihm von unten herauf einen Hieb versetzt und ihm dabei die Oberlippe zerrissen; er sagte, mit dem Daumen deiner Faust. Die Nase stand ihm empor und war geschwollen, sie war rund und birnenförmig wie ein Wespennest. Er rieb sie mit Raki ein. Später, als die beiden andern Strolche kamen, schnitt ihm der eine von ihnen den Bart ab und ging, um aus dem nahen Wald Harz zu holen, von dem mit Butter ein Pflaster gemacht wurde, das er auf die Lippe legte."

„Zwei andre kamen? Wer waren diese?"

„Oh, das waren erst richtige Galgengesichter. Du hättest sie nur sehen sollen! Sie hatten die vorige Nacht in Dabila bei dem Handschi Ibarek geschlafen und –"

„Ah, ich kenne sie. Es waren Brüder. Hast du das nicht bemerkt?"

„Ja, ich hörte bald, daß die Ankömmlinge Brüder seien wie die Aladschy. Sie kannten die Skipetaren und euch."

„Und hatten die neuen Gäste gewußt, daß sie die Aladschy treffen würden?"

„Nein. Beide Brüderpaare waren über die Begegnung erstaunt. Ihre Freude war aber größer als ihr Erstaunen, als sie hörten, daß der gleiche Zweck sie zusammenführte – die Rache an euch."

„Das glaube ich. Nun wird erzählt worden sein!"

„Sehr viel: von Edirne, von Melnik, wo ihr so schnell entkommen ward, obwohl ihr unschädlich gemacht werden solltet. Ihr ward ihnen nun doppelt gefährlich geworden, da ihr vom Taubenschlag aus die Unterredung belauscht hattet. Ihr wußtet nun, daß die Männer, die ihr verfolgtet, in der Ruine von Ostromdscha zu suchen seien. Und noch gefährlicher war es, daß der Bruder des Waffenschmieds in Ismilan euch für rechtmäßige Besitzer der Koptscha gehalten und infolgedessen gesagt hatte, daß ihr nach Shiganzy gehen solltet."

„Ja, da hat er freilich eine große Dummheit begangen."

„Als die Aladschy hörten, daß ihr von der Derekulibe bei Shiganzy wüßtet, gerieten sie außer sich und sagten, das müsse auf alle Fälle verhütet werden und sollten sie euch gleich hier auf offener Straße angreifen."

„So waren die Skipetaren noch immer der Meinung, wir seien noch nicht vorübergekommen?"

„Ja. Sie hatten sich so gesetzt, daß kein Mensch vorüber konnte, ohne von ihnen gesehen zu werden. Die beiden andern wollten ihnen beistehen. Sie waren nun vier gegen vier, und die Aladschy erklärten, daß sie jetzt so mutig seien, um es mit einem ganzen Heer aufzunehmen. Dieser Irrtum dauerte freilich nur, bis der Bote Toma von Radowitsch zurückkam."

„Ah, der hat sie aufgeklärt!"

„Man rief den Boten herein. Als er die Aladschy erblickte, schrie er auf über das Aussehen des einen. Sie sagten ihm, die vier Fremden seien noch nicht vorüber. Toma aber antwortete, daß er euch in Radowitsch gesehen und sogar eine gute Tracht Peitschenhiebe von euch bekommen habe. Nun war das Erstaunen groß. Weder verstand er sie, noch vermochten die Räuber ihn zu begreifen. Endlich fragte der Bote, ob sie denn nicht den Scherif gesehen hätten, der jedenfalls den Rappen geritten hätte. Das seist du gewesen, denn du hattest dich verkleidet gehabt."

„Schade, daß ich nicht dabei sein konnte! Ich hätte die Gesichter sehen mögen."

„Ja, Effendi, es war spaßhaft, aber auch entsetzlich. So ein Fluchen und Lästern habe ich noch nie in meinem Leben gehört. Was in der Stube nicht fest war, wurde zerbrochen. Die Räuber haben gewütet und gewüstet wie die Teufel. So war man mit ihnen umgesprungen! Sie hatten dem albernen Scherif einen Streich spielen wollen, und nun waren sie von ihm genarrt worden! Sie vermochten nicht, sich zu besänftigen und glichen wild gewordenen Stieren, vor denen nur die Flucht hilft."

„Das glaube ich gern. Was meinte der Bote?"

„Ihm war himmelangst. Toma hatte dir selbst erzählt, daß du ermordet worden seist, und sich dadurch verraten. Du wußtest übrigens schon, daß er mit den Aladschy im Bund sei, und nun befürchtete er, daß ihr nach Ostromdscha zurückkehren würdet, um ihn dem Gericht zu übergeben."

„Da kann Toma ruhig sein. Wir wollen ihn seinem bösen Gewissen überlassen."

„Oh, das wird ihn nicht peinigen. Es verursacht ihm jedenfalls weniger Schmerzen als die Peitschenhiebe, die er bekommen hat."

„Erzählte er davon?"

„Ja, und er war voll Wut über den Hadschi. Besonders ärgerte es ihn, daß er sich selbst die dreißig Hiebe auswählen mußte. Er sagte, sie seien mindestens soviel gewesen wie sonst hundert. Das Gewand klebte ihm auf dem wunden Rücken, und er bat die Aladschy inständigst, euch doch zu töten, erstens aus Rache und zweitens, damit er nicht von euch angezeigt werden könne."

„Versprachen sie ihm das?"

„Sie schwuren es Toma zu und wollten gleich nach Radowitsch aufbrechen. Aber er sagte den Wegelagerern, da ihr dort übernachten würdet, hätten sie Zeit bis zum Anbruch des Morgens. Sie sollten schlafen und sich erholen, damit sie morgen frisch seien. Mir war das freilich höchst unlieb, denn sie beschlossen die Nacht bei mir zu bleiben, und ich war Gefangener in meinem eigenen Haus. Sie trauten mir nicht, und ich durfte nicht vor die Tür treten. Die Aladschy hatten in der letzten Nacht nicht geschlafen und sollten der Ruhe pflegen, während die andern wechselnd wachten."

„Und Toma?"

„Er ritt nach Ostromdscha, aber er will morgen schon wieder nach Radowitsch kommen, um zu erfahren, ob die Scheckigen euch eingeholt und getötet haben. Als der Bote fort war, kauften die Aladschy den beiden andern die Gewehre nebst Schießbedarf ab. Du hattest die ihrigen zerbrochen und ihnen auch die Pulverbeutel genommen. So wütend sie über dich waren, so lachten sie dich doch aus, weil du ihnen das Geld gelassen hattest."

„Sollten mir diese Skipetaren wieder in die Hände fallen, dann werde ich mich nicht wieder auslachen lassen. Was aber wollten die beiden andern tun? Sie sind doch heute nicht mitgeritten?"

„Sie kehren nach Melnik zurück und haben ihren Auftrag den Aladschy übergeben. Sie sollen nämlich einen gewissen Barud el – el – el – wie war doch der Name?"

„Barud el Amasat."

„Ja, so lautete er. Also diesem sollen sie melden, daß sein Sohn gestorben sei; ferner, daß ihr die Koptscha habt, und endlich, daß ihr euch bei einem Fleischer in Shiganzy nach der Derekulibe erkundigen wollt."

„Nun, vielleicht gelingt es, den Aladschy zuvorzukommen."

„Effendi, hüte dich! Sie reiten auch nach Shiganzy und kennen den nächsten Weg über Taschköj. Willst du ihnen zuvorkommen, so mußt du unbedingt diesen Weg einschlagen und sie im Wald umreiten. Du weißt aber nicht, wo sie sind. Im Gegenteil, sie werden euch auflauern und überfallen."

„Darauf sind wir vorbereitet. Wenn man eine Gefahr kennt, so ist sie nur halb so groß. Hätte ich nicht einen kranken Fuß, so würde ich trotzdem diesen Weg einschlagen. Ich würde ihre Fährte lesen und immer wissen, woran ich bin. Dazu ist aber nötig, daß ich oft absteige, und das kann ich heute nicht. Auch darf ich es aus diesem Grund nicht zu einem Kampf kommen lassen. Im Wald kämpft man nicht zu Pferd, und zu Fuß würde ich eine traurige Rolle spielen. Wir werden einen andern Weg nehmen." – „Der aber länger ist."

„Das tut nichts."

„So wirst du ihnen nicht zuvorkommen, Effendi."

„Wahrscheinlich doch. Wir werden von hier nach Karbinzy reiten und von da über Warzy nach Shiganzy."

„Das ist aber ein schlimmer Weg, Effendi."

„Eigentlich nicht. Wenn wir von hier nach Istip und von da über Karaorman nach Warzy reiten, so haben wir stets Straße, aber da machen wir einen Winkel, der viel Zeit erfordert. Lieber reite ich geradewegs nach Karbinzy, obwohl das ein böser Ritt werden wird, denn ich glaube nicht, daß es dorthin einen gebahnten Pfad gibt."

„Den gibt es freilich nur stellenweise", bestätigte der Korbmacher. „Aber wenn ich dich führen darf, so verspreche ich dir einen leidlichen Ritt." – „Kennst du die Gegend?"

„Gut. Führen soll ich dich, und da ist es mir gleichgültig, ob wir nach Taschköj oder Karbinzy gehen. Auch die Entfernung ist ziemlich gleich. Ich kann es so einrichten, daß wir den ungebahnten Wald vermeiden und meist über freie Strecken kommen. Bergauf und bergab wird aber oft abwechseln."

„Nun, das ist auszuhalten." – „Wann reitest du, Effendi? Kann ich zuvor noch einmal heim?"

„Ja. Aber in einer halben Stunde mußt du wieder hier sein. Könntest du dir nicht ein Pferd ausleihen?"

„Oh, der Handschi hier gibt mir sofort eins."

„So sprich mit ihm; ich bezahle es."

„Du könntest auch das meinige bekommen, das draußen steht", erklärte der Schwager. „Aber ich fürchte, daß es nicht Schritt halten kann, denn es ist alt. Diese Schufte haben mir das gute Pferd genommen. Ich werde es nie wiedersehen und habe auch kein Geld, um mir ein andres zu kaufen, obwohl ich es notwendig brauche."

„Wieviel war es denn wert?" fragte ich Schükrü.

„Unter Verwandten hundertfünfzig Piaster."

„Ich will es dir abkaufen."

„Abkaufen?" fragte er verwundert. „Effendi, ist das dein Ernst?"

„Warum nicht?"

„Weil ich das Pferd nicht habe."

„Das tut nichts. Ich werde es mir bei den Dieben holen. Wenn ich sie ereile, werde ich ihnen auch nebenbei dein Pferd abnehmen."

„Und wenn es dir nicht gelingt?"

„Das ist meine Sorge. Kurz und gut, ich kaufe das Tier dir ab, wenn du überhaupt auf diesen Handel eingehen willst."

„Mit Freuden, denn ich bekäme das Tier doch niemals wieder. Aber, Effendi, nimm es mir nicht übel! Du willst das Pferd gewiß erst dann bezahlen, wenn du es wirklich hast?"

„O nein! Wer weiß, wie lang ich diesen Verbrechern nachreiten muß und wann ich sie treffe! Wie wollte ich dir dann das Geld zustellen? Ich gebe dir die zweihundert Piaster sofort."

„Hundertfünfzig habe ich gesagt." – „Nein, zweihundert!"

„So hast du mich falsch verstanden, Effendi."

„Das ist mein Fehler. Ich habe zweihundert Piaster gedacht und dir erklärt, daß ich es dafür kaufe. Willst du?"

„Aber es ist zuviel." – „Und als Schwanzgeld gebe ich dir noch fünfzig Piaster für deine Kinder mit. Hier hast du also zweihundertfünfzig!"

Das ergab zusammen kaum fünfzig Mark für das beste Pferd dieses Mannes. Aber in jenen Gegenden hat man für gewöhnliche Pferde andre Preise als bei uns daheim. Auf dem Land besitzt selbst der Arme ein Pferd, denn billige, oft kostenlose Weide gibt es überall. Daß der Korbflechter Abid kein Pferd besaß, war ein Zeichen seiner großen Armut.

Trotz der Geringfügigkeit der Summe stiftete ich mit ihr doch eine große Freude. Der Verlust, den der brave Schükrü erlitten hatte, war mehr als ersetzt. Und mir tat ich doch keinen Schaden, denn ich bezahlte das Pferd ja vom Geld der Diebe, die es gestohlen hatten. Jetzt bedauerte ich, nicht auch die Beutel der beiden Aladschy zu mir gesteckt zu haben. Ich hätte mit ihrem Inhalt armen und braven Leuten Gutes erweisen können.

Wir frühstückten und rüsteten uns dann zum Aufbruch. Dabei kam ich wegen meines Fußes in Verlegenheit. Was sollte ich anziehen? Eben dachte ich über diese Frage nach, als der Arzt eintrat.

„Effendim", sagte er, „ich komme, um dir meinen Morgenbesuch zu machen und dich zu fragen, wie du geruht hast." Er war wie gestern abend gekleidet und hatte ein Päckchen in der Hand.

„Ich danke dir", antwortete ich. „Meine Ruhe war sanft, und ich wünsche, daß die deinige ebenso war."

„Allah hat dir deinen Wunsch nicht erfüllt, denn ich habe die ganze Nacht nicht geschlafen. Ich hatte den Kopf so voll des schwefelsauren Kalks, daß ich nicht schlafen konnte. Und als ich doch einmal einschlummerte, träumte mir, das Weltmeer sei voll Gips und Wasser, der Himmel aber sei lauter Kattun und werde in das Gipsmeer getaucht und dann unaufhörlich um mich gewickelt. Dieser entsetzliche Verband hüllte mich endlich so ein, daß mir der Atem ausging. Ich schrie vor Angst laut auf und – erwachte. Aber ich hatte mich so gegen das Verbinden gewehrt, daß ich vom Schlafkissen herab und bis in die Mitte der Stube gerollt war."

„So hast du nun eine Ahnung, wie es gestern deinem ‚Modell' zumute war?"

„Gefallen wird es ihm nicht haben, dennoch liegt er seit einer Stunde wieder bei mir. Er hat den linken Oberschenkel und zwei Finger der rechten Hand gebrochen. Er ist schön verbunden, raucht seinen Tschibuk und trinkt Limonade dazu."

„Kam er denn freiwillig?" – „Nein, ich habe ihn selbst holen müssen." – „Und wie steht es mit deinem Gipskaftan?"

„Der hängt schon neben der Haustür an einer Eisenstange, und viel Volk steht vor dem Haus. Ich habe einen Jüngling hingestellt, der die wichtige Bedeutung des Kaftans erklären muß, und dann darf jeder unentgeltlich eintreten, um den Finger- und Schenkelverband meines Modells zu betrachten. Es werden einige Tage vergehen, so bin ich ein berühmter Mann, und das verdanke ich dir. Wie geht es deinem Fuß?"

„Sehr gut!"

„So empfehle ich als dein Leibarzt die größte Ruhe. Draußen im Hof werden Pferde gesattelt. Du willst doch nicht etwa abreisen?"

„Hm, ich weiß, daß ich es wagen kann."

„Ja, du warst schon gestern abend gewillt, heute zu reiten. Aber was willst du während des Rittes an den Fuß ziehen?"

„Ich dachte soeben darüber nach."

„Und ich habe während der ganzen Nacht daran gedacht. Da ist mir etwas Gutes eingefallen. Ich habe draußen auf dem Land einen reichen Kranken, der von der Gicht gepeinigt wird. Seine Füße sind geschwollen, und es zwickt und kneipt ihn in allen Zehen. Für den hatte ich ein Paar schöne, weiche Gichtstiefel machen lassen. Du hast weder die

Bandwürmer noch das Skelett von mir annehmen wollen, und ich hoffe, du wirst mir erlauben, dir mit diesen Stiefeln einen Beweis meiner Ehrerbietung und Dankbarkeit zu geben."

Doktor „Marterstein" wickelte das Päckchen auf und brachte die Stiefel zum Vorschein. Sie waren aus starkem Tuch gemacht, hoch besohlt und rundum mit Leder besetzt.

„Erfreue mich, Effendi, und probiere den linken an", bat er.

Ich tat ihm gern den Willen. Der Stiefel paßte, und ich erklärte, daß ich das Geschenk annehmen werde. Seine Freude war groß, und er bedankte sich bei mir. Als ich ihm klarmachen wollte, daß ich in seiner Schuld stehe, nicht aber er in der meinigen, eilte er zur Tür hinaus und warf mir, ehe er diese schloß, noch den Wunsch einer glücklichen Reise herein.

Als der Korbflechter dann wiederkam, sollte aufgebrochen werden, und ich fragte den Handschi nach dem Betrag unsrer Rechnung.

„Nichts, Effendi", erklärte er kurz.

„Aber wir müssen doch bezahlen!" – „Es ist vom Hekim bezahlt worden. Du hast ihn etwas gelehrt, was ihm viel Geld einbringen wird. Er läßt dich noch untertänigst grüßen und dir eine fröhliche Ankunft in deinem Vaterland wünschen."

„Sihdi", flüsterte Halef mir zu, „sprich nicht dagegen, sondern laß es dir gefallen! Dieser Hekim ist ein klügerer und anständigerer Mann, als ich dachte. Er weiß die Freuden der Gastlichkeit zu würdigen, und dafür wird ihm im Buch des Lebens ein sanfter Tod verzeichnet sein."

Ich kam mühsam in den Hof und wurde auf das Pferd gehoben. Einmal im Sattel, machte die Sache sich gut. Wir trabten zum Tor hinaus, wieder einmal ohne – bezahlt zu haben.

In einer der engen Gassen, durch die wir ritten, sah ich eine Menschenmenge stehen. An dem Haus, vor dem sie sich versammelt hatten, hing ein weißer Gegenstand. Als wir näherkamen, erkannte ich den Kaftan, über dessen Kragen der Fes gestülpt war. Der Hekim hatte also nicht im Scherz gesprochen. Da hing der Kaftan in Wirklichkeit – ein wunderbares Beispiel türkischer Reklame.

Mir kam die Sache nicht lächerlich vor. Und auch die Menschen, durch die wir uns drängten, zeigten ernsthafte Gesichter. Ich hielt an und schickte den Korbflechter hinein, um mich zu erkundigen, ob der Herr daheim sei. Er kehrte mit einer verneinenden Antwort zurück. Der Frau Doktor konnten wir unmöglich einen Abschiedsbesuch abstatten.

Als wir die Gassen mit ihren unansehnlichen Basaren hinter uns hatten, lenkten wir zur Straße ein, die nach Istip führt. Die Entfernung dorthin ist etwa gleich der von Ostromdscha nach Radowitsch. Aber wir durchmaßen nur einen kleinen Teil davon. Solange wir auf der Straße ritten, ging es im Galopp vorwärts. Dann bog der Führer rechts ab, zwischen zwei bewaldeten Höhen hinein, deren Tal von einem Bach durchflossen wurde. Dieses Tal stieg rasch und ziemlich steil auf, und dann sahen wir einen glatten, baumlosen Höhenkamm vor uns, der gegen Norden strich und dem wir im Trab folgten.

Was soll ich über diese Gegend berichten? Man merkt sich bekanntlich nur die Orte gut, an denen man etwas erlebt hat, und das war hier nicht der Fall. Abid führte uns durch zumeist unbewaldete Gebiete, denen kein landschaftlicher Reiz abzugewinnen war.

In Karbinzy, einem Dorf unweit des linken Ufers der Bregalnitza, machten wir halt und verabschiedeten uns von Abid. Er erhielt noch ein Bakschisch, worüber er sehr erfreut war. Dann ritten wir über den Fluß, um nach Warzy zu kommen, das am rechten Ufer liegt. Durch dieses Dorf führt der schon in alten Zeiten bekannte und viel benutzte Reitweg, der die südlich von Istip liegenden Orte mit Karatowa, Kostendil, Dubnitza, Radomir und schließlich Sofia verbindet. Wir setzten noch über die kleine Sletowska und waren dann im Dorf Shiganzy, dem heutigen Ziel unsres Rittes. Ungefähr um neun Uhr morgens nach unsrer Zeitrechnung hatten wir Radowitsch verlassen und um drei Uhr nachmittags kamen wir in Shiganzy an. Bei gewöhnlichem Schritt hätten wir das Dorf vor nachts nicht erreicht.

8. Ich soll den Schut sehen

Das Dorf Shiganzy ist kein unansehnlicher Ort. Ich möchte ihn, da es hier einen Basar gibt, als Marktflecken bezeichnen. Zwischen der Bregalnitza und der Sletowska gelegen, ist das Land gut bewässert und fruchtbar. Und entgegen andern Orten, durch die wir gekommen waren, deutete die Bauart der Häuser auf eine gewisse Wohlhabenheit der Bewohner.

Wir ließen uns einen Han zeigen. Er bestand aus verschiedenen Gebäuden, die einen großen Hof umschlossen, und machte den Eindruck eines kleinen Rittergutes. Man sah, daß der Besitzer ein Bulgare sein müsse, und so war es auch. Er empfing uns sehr freundlich, gab mir die vornehmsten Titel, wohl weil er ein Pferdekenner war und meinen Rih bewunderte, und lud uns ein, in die Stube zu kommen. Er hieß Ilia[1]. Der Mann hatte zwei Stuben, eine für den gewöhnlichen Verkehr und eine bessere für die Gäste, denen er eine Auszeichnung erweisen wollte.

Zwei Knechte mußten mich vom Pferd heben und in die vornehmere Stube tragen, wo es zu meinem Erstaunen ein Ding gab, das aus einem Lehngestell bestand, auf dem ein langer, breiter und weicher Polster lag. Man hätte dieses Möbel beinahe ein Kanapee nennen können.

Als der Wirt den Blick bemerkte, mit dem ich dieses Möbelstück betrachtete, auf das ich niedergesetzt wurde, sagte er selbstgefällig lächelnd: „Du wunderst dich, dieses Sofa hier zu finden, Effendi? Es

[1] Elias

ist in Sofia gebaut worden und auf einem Wagen hierher gekommen. Du wirst als Muslim das Rahat oturmak[1] gewöhnt sein, ich aber bin ein Christ und darf mit ausgestreckten Beinen sitzen. Da dein Fuß geschwollen ist, so wirst du es sehr bequem finden."

„Ich bin diese Art sitzen von Jugend auf gewöhnt", antwortete ich, „denn ich bin kein Muslim, sondern ein Christ." – „Wenn du ein Christ und an das Sofa von Jugend an gewöhnt bist, so bist du wohl sehr weit her?" – „Ich bin aus Almanja." – „Oh, das kenne ich genau."

„Wirklich, das freut mich."

„Ja, es liegt neben Baweria[2], wo die Wolga fließt, und neben Iswitschera[3], wo die Tuna[4] in den Ak denis adalary[5] mündet."

„Mit Freuden höre ich, daß du die Grenzen meines Vaterlandes kennst. So kenntnisreiche Leute gibt es hier selten."

„Weil sie nichts lernen wollen und nichts merken können", entgegnete Ilia geschmeichelt. „Ich aber halte die Augen und Ohren offen und laß mir nie etwas aus dem Gedächtnis schwinden. Ich weiß noch viel mehr von deinem Vaterland."

„Das merke ich bereits."

„Die Hauptstadt ist Münik, wo das beste Arpa ßuju[6] gebraut wird, von dem du bei mir trinken kannst, soviel du willst, und in –"

„Arpa ßuju hast du?" unterbrach ich ihn. „Das braust du wohl selbst?" Ich dachte, ob wohl auch hier der brave Bayer eingekehrt sei, um gegen sein Bierrezept freie Zeche zu bekommen.

„Ja", erwiderte der Bierbrauer von Shiganzy, „ich mache es selbst, und es wird gern getrunken, besonders im Sommer."

„Was nimmst du dazu?" – „Effendi, das kann ich nicht verraten. Es ist ein großes Geheimnis."

„Oh, in Baweria kennt jedes Kind dieses Geheimnis. Ich kenne sogar mehrere Geheimnisse der Biere und weiß, wie man dunkle und lichte macht, schwere und leichte, auch ganz helle, die man Ak arpa ßuju[7] nennt."

„Effendi, so bist du ein noch viel geschickterer Brauer als der, der bei mir war und von dem ich es gelernt habe." – „Woher kam der Mann?" – „Aus Stambul."

Aha! Es war gewiß der Mann, dessen Erzeugnis ich schon bei Ibarek im Han von Dabila getrunken hatte.

„Und wohin wollte er?" – „In seine Heimat." – „Auf welchem Weg?" – „Zur Tuna und an ihr entlang."

Also nach Norden. Und ich wollte nach Westen. Da konnte ich den eifrigen Sendling des Gambrinus nicht einholen. Ich wäre gern noch eine Weile „errötend seinen Spuren" gefolgt, errötend wegen der Leistung des Schülers, bei dem ich kürzlich ein türkisches Erzeugnis seines deutschen Rezepts getrunken hatte.

„Ich habe schon von ihm gehört und auch sein Bier getrunken."

[1] Wörtlich: Ruhe der Glieder = Sitzen mit untergeschlagenen Beinen nach Art der Orientalen
[2] Bayern [3] Schweiz [4] Donau [5] Mittelländischer Archipel [6] Bier [7] Weißbier

„Wie war es, Effendi?" – „Sehr warm!" – „So muß man kaltes Brunnenwasser dazuschütten. Willst du einen Krug Bier haben?"

„Allerdings." – „Einen großen Krug?"

„Gib mir erst einen kleinen, damit ich es kosten kann."

Ilia entfernte sich in dem Augenblick, als meine drei Gefährten hereinkamen. Sie hatten die Pferde auf eine hinter dem Haus liegende Weide geführt und der Obhut eines Hüters übergeben. Als ich ihnen sagte, daß sie Bier zu trinken bekämen, äußerten sie darüber lebhafte Freude. Es schien mir aber, als täten sie das mehr mir zu Gefallen als aus „innerem" Antrieb. Sie mußten sich doch über den Haupt- und Krafttrank meines Vaterlandes freuen.

Der Handschi brachte einen Krug, der vielleicht anderthalb Liter faßte. Ich öffnete kühn die Säume meines Mundes und setzte den Krug an. Wahrhaftig, es stieg mir eine Ahnung von Kohlensäure in die Nase.

„Wie bewahrst du dieses Arpa ßuju auf?" fragte ich.

„In großen Krügen, deren Öffnungen ich fest verstopft habe."

„Warum verstopfst du sie, o Handschi Ilia?" – „Weil dann in dem Arpa ßuju eine Blähung entsteht, wodurch es besser schmeckt. Es steigen Blasen und Perlen auf." – „Wer hat dir das gezeigt?"

„Der Bawerialy, der mich das Kochen des Arpa ßuju gelehrt hat. Koste es nur!"

Ich kostete nicht, sondern ich trank, denn das Gebräu war nicht übel. Meinen Gefährten ging es ebenso. Darum bestellte ich mir nun einen größeren Krug, womit ich mir, wie ich erkannte, das Herz des Bulgaren im Flug eroberte. Er brachte einen Krug, an dem wir bis zum Abend genug haben konnten, und fragte, ob wir auch einen Imbiß dazu wünschten.

„Später, jetzt noch nicht", erwiderte ich. „Wir haben vorher noch eine kleine Besprechung mit einem Bewohner dieses Ortes. Kennst du hier alle Leute?"

„Warum nicht?" – „Auch den Fleischer Tschurak?"

„Auch diesen. Er war Fleischer, ist aber jetzt Viehhändler und reist überall herum."

Am liebsten wäre ich zu Tschurak gegangen, um ihn in seinem Heim aufzusuchen. Da lernt man die Leute am besten kennen und am sichersten beurteilen. Leider aber konnte ich nicht gehen. Und hinreiten und mich zu ihm ins Haus tragen lassen, das wäre ebenso unbequem wie lächerlich gewesen.

„Ist der Mann ein Bulgare oder ein Türke?" erkundigte ich mich.

„Nein, ein Skipetar." – „In welchen Verhältnissen lebt er?"

„In sehr guten. Er war früher arm; aber der Handel scheint viel Geld einzubringen, denn Tschurak gehört jetzt zu den reichsten Leuten der Umgegend." – „So genießt er einen guten Ruf?"

„O freilich! Tschurak ist ein braver Mann, fromm, wohltätig und sehr angesehen. Wenn du mit ihm ein Geschäft machen willst, so wirst du ihn als ehrlichen Mann kennenlernen."

„Das freut mich, denn ich möchte mit ihm ein Geschäft abschließen." – „So bist du wohl nur einstweilen bei mir abgestiegen und wirst bei ihm wohnen?"

„Nein, ich bleibe bei dir. Ich habe mich auf Shiganzy gefreut, denn diese Gegend ist mir als schön geschildert worden."

„Das ist es auch, Effendi. Schon die Lage zwischen zwei Flüssen ist ein Vorteil. Dann kommen die prachtvollen Hügel, die sich hinauf zur Dovanitza Planina ziehen. Das ist so einladend zum Spazierengehen."

„Das sagte man mir. Besonders anziehend soll der Weg zur Derekulibe sein." Ich hatte absichtlich das Gespräch auf die Schluchthütte gebracht. Ich wollte aus dem Mund dieses unbeteiligten Mannes erfahren, was sie bedeute.

„Zur Derekulibe?" fragte Ilia. „Die kenne ich gar nicht."

„So ist sie nicht allgemein bekannt?"

„Ich habe noch nie von ihr gehört."

„Aber es muß doch unbedingt in dieser Gegend ein Bauwerk geben, das diesen Namen trägt."

„Wohl schwerlich. Ich bin hier geboren, habe stets in Shiganzy gelebt und müßte die Hütte doch kennen." – „Hm! So hat ihr jedenfalls nur der Mann, der mit mir von ihr sprach, diesen Namen gegeben." – „Das ist wahrscheinlich", meinte Ilia.

„Aber selbst in diesem Fall muß sie vorhanden sein. Dem Namen nach ist es eine Hütte, die in einer Schlucht liegt. Ist dir vielleicht so etwas bekannt?" – „Ist die Hütte bewohnt?" – „Das weiß ich nicht." – „Wenn sie keinen Bewohner hat, so kenne ich sie. Es gibt draußen im Wald eine Hütte, die im finstersten Winkel der Schlucht liegt. Mein Vater hat sie aus Holz gebaut, das Gehölz gehörte ihm. Vor ungefähr acht Jahren aber hat es mir der Fleischer abgekauft."

Diese Tatsache diente mir als Beweis, daß die Hütte gemeint sei. Darum fragte ich weiter: „Wozu hat dein Vater die Hütte gebaut?"

„Um Werkzeuge darin aufzubewahren: Hacken, Schaufeln, Spaten und andres." – „Und wozu braucht der Fleischer sie?"

„Das weiß ich nicht. Ich glaube nicht, daß er sie benützt, obgleich er Sitze hineingebaut hat, die früher nicht drin waren."

„Ist sie verschlossen?"

„Ja. Sie besteht aus zwei Abteilungen. Ganz hinten in der Schlucht läuft eine schmale Rinne im Felsen herab; an diese Rinne ist die Hütte angebaut. Warum fragst du so angelegentlich danach?"

„Weil man sie mir genannt hat und dabei sagte, der Weg sei dorthin wunderschön."

„Da hat man dich getäuscht. Du kommst erst durch offne Felder und dann in den dunklen Wald, wo du keine Aussicht hast. Die Wände des Tals rücken immer näher zusammen, und wo sie sich vereinigen, da ist der Wald am wildesten, und dort steht die Hütte neben einer Quelle, die aus dem Gestein entspringt. Eine schöne Gegend ist dort nicht."

Da meinte Halef: „Sihdi, wir suchen einen Ort, den wir nicht finden können, und heute morgen hast du einen ähnlich lautenden Namen genannt. Sprachst du nicht von einem Ort, der ebenso heißt wie der auf dem Zettel Hamd el Amasats? Du sagtest, unser heutiger Weg könnte hindurch führen."

„Meinst du Karaorman?" – „Ja, so lautete es."

„Da fehlt ein Buchstabe. Wir suchen Karanorman."

„Vielleicht ist das nur ein Schreibfehler." – „Das ist möglich. Bist du in Karaorman bekannt?" fragte ich den Handschi.

„Ja", antwortete er. „Ich bin oft in dem Dorf gewesen, denn unser Weg nach Istip führt hindurch."

„Gibt es dort vielleicht einen großen Han?"

„Nein, der Ort hat keinen Gasthof. Er liegt so nahe an Istip, daß die Leute lieber in der Stadt einkehren als in dem Dorf."

„Es handelt sich nämlich um einen Ort oder um ein Gebäude namens Karanorman-Han." – „Ist mir völlig unbekannt. Hier in der Umgebung kann er nicht sein." – „Das habe ich mir auch gedacht." – „Wenn du sicher gehen willst, wende dich an den Kjaja von Karaorman."

„Es wird wohl zwecklos sein. Wer ist denn der Vorsteher von Shiganzy?"

„Der bin ich. Schon mein Vater war Kjaja."

„So hast du die Ausübung der Gerichtsbarkeit?"

„Ja, Effendi. Ich werde jedoch in dieser Beziehung nur wenig belästigt. Es wohnen lauter gute Leute hier. Fällt einmal etwas vor, so sind es stets Fremde, die uns zu schaffen machen. Leider ist die Macht eines Kjaja nicht bedeutend. Es kommt vor, daß man von Halunken geradezu ausgelacht wird, weil sie wissen, daß sie eher unterstützt werden als ich."

„Das ist schlimm. In solchen Fällen mußt du streng sein, um dein Ansehen zu wahren."

„Das tu ich auch, doch verlasse ich mich dabei weniger auf meine Vorgesetzten als auf mich selbst. Diese Strolche, die sonst nichts heilighalten, haben doch eine gewisse Achtung vor einem Paar kräftiger Fäuste – und diese besitze ich. Ich verfahre da ohne viel Federlesens. Zuweilen geschieht es, daß ich beide Parteien durchprügle, aber das ist nicht immer ungefährlich. Vor einigen Wochen hätte es mir das Leben kosten können." – „Wieso?"

„Hast du vielleicht schon von den beiden Aladschy gehört?"

„Allerdings." – „Das sind die frechsten und gefährlichsten Strolche, die es nur geben kann, kühn bis zur Verwegenheit, schlau wie eine Wildkatze, grausam und brutal. Denke dir, der eine, der Bybar heißt, kommt eines Abends auf meinen Hof geritten, steigt ab, spaziert trotz der anwesenden Leute in der Stube herum und verlangt Pulver und Blei von mir." – „Vom Kjaja? Das ist stark!"

„Allerdings. Hätte ich ihm den Schießbedarf gegeben, so wäre es mit meinem guten Ruf vorbei gewesen. Ich schlug ihm also sein Verlangen ab. Da fiel er über mich her, und es kam zu einem bösen Kampf."

„Du bliebst Sieger, denn es waren Leute da, die dir beistehen mußten."

„Oh, da rührte niemand einen Finger, denn alle fürchteten die Rache des Aladschy. Ich bin zwar kein Schwächling, aber dem baumstarken Mann war ich nicht gewachsen. Bybar überwältigte mich und schlug so auf mich ein, daß er mich übel zugerichtet hätte, wenn mir nicht zwei Knechte beigesprungen wären. Wir packten ihn nun gemeinschaftlich beim Kragen und warfen ihn hinaus."

„Nicht übel! Der Polizeiverwalter eines Ortes wirft den Räuber, den er festnehmen sollte, gemütlich zur Tür hinaus!"

„Lache nur! Ich war froh, daß ich ihn los wurde. Als er fortritt, stieß er die schrecklichsten Drohungen aus. Am andern Tag ging ich aufs Feld. Da fiel aus einem Gebüsch, an dem ich vorbeikam, ein Schuß. Er war nicht genau gezielt, denn die Kugel ging mir zwischen Leib und Arm hindurch. Zwei Daumen weiter rechts, und sie hätte mir im Herzen gesessen."

„Was tatest du dann?"

„Ich sprang schnell hinter einen dicken Baum und zog die Pistole. Da kam Bybar aus dem Busch heraus. Er saß auf seinem Schecken und lachte mir höhnisch zu, daß er mir heute nur gezeigt habe, was mich erwarte; später werde er besser treffen. Dann ritt er davon." – „Bist du ihm wieder begegnet?"

„Nein. Aber ich gehe nun nicht mehr ohne meine Flinte aus dem Haus, denn wenn wir uns das nächste Mal sehen, so stirbt einer von uns: er oder ich."

„Dann halte dich bereit, Ilia! Diese Begegnung kann vielleicht noch heut stattfinden."

„Wie? Noch heute?"

„Ich weiß, daß die beiden Aladschy spätestens morgen nach Shiganzy kommen werden."

„Heilige Mutter Gottes! Woher weißt du das? Da kann ich mich gefaßt machen!"

Ich erzählte ihm mein Zusammentreffen und meinen Kampf.

„Und du lebst noch!" staunte Ilia. „Das ist ein großes Wunder!"

„Nun, ich bin freilich nicht so billig davongekommen wie du. Ich habe mir während des Kampfes den Fuß verrenkt; darum siehst du mich in diesen Stiefeln vor dir sitzen." – „Den Fuß hast du dir verrenkt! Und bist den Riesen trotzdem entkommen?"

„Ja. Die Aladschy haben dann erfahren, daß ich nach Shiganzy reiten will, und nun sind sie unterwegs, um sich zu rächen."

„Wai! Da bringst du uns diese Räuber auf den Hals!"

„Willst du mich darüber zur Rede stellen?"

„O nein! Ich muß dich vielmehr beschützen. Aber wie soll ich das anfangen? Es kann mir vielleicht selbst das Leben kosten."

„Ich bedarf deines Schutzes nicht. Aber unbequem werde ich dir dennoch sein, denn du mußt einen hiesigen Einwohner verhaften."

„Wer könnte das sein?" – „Der Fleischer Tschurak."

„Effendi, das ist nicht möglich!"

„Vielleicht doch. Zunächst schau dir diese Urkunden an! Du wirst aus ihnen wohl ersehen, daß ich deine Hilfe wohl begehren darf, wenn sie mir notwendig zu sein scheint."

Als der Kjaja die Ausweise durchgesehen hatte, gab er sie mir mit einer tiefen Verneigung zurück und sagte: „Effendim, ich habe recht vermutet: du mußt ein vornehmer Mann sein, denn du stehst unter dem Schutz des Großherrn. Das aber ist schlimm für mich, weil ich dir in allem zu Willen sein muß und doch von oben herab keine Unterstützung erwarten darf. Versage ich dir meinen Beistand, so beklagst du dich über mich, und es wird mir schlecht ergehen. Versage ich ihn dir aber nicht und werden meinen Vorgesetzten dadurch Unbequemlichkeiten gemacht, dann geht es mir ebenfalls schlimm. Ich kann tun oder lassen, was ich will, immer habe ich den Schaden!"

„Sei unbesorgt! Ich werde derart zu handeln suchen, daß dir kein Schaden erwächst. Hast du vom Schut gehört?"

„Gewiß. Er ist der Anführer einer weitverbreiteten Verbindung von Verbrechern. Man kennt ihn nicht. Man weiß nicht, wer er ist und wo er wohnt, aber er und seine Leute sind überall." – „Ich suche ihn." – „Du? Ah, so bist du wohl ein hoher Beamter der Polizei und reist als Geheimpolizist?" – „Nein, ich bin kein Beamter. Ich will in eigner Angelegenheit mit dem Schut sprechen."

„Du wirst ihn niemals finden."

„Ich bin ihm bereits auf der Spur. Hier in Shiganzy lebt ein Vertrauter von ihm."

„Wen meinst du?" forschte Ilia mit großen Augen.

„Wieder diesen Tschurak."

„Effendi, ich will dir alles glauben, nur das nicht!"

„So scheint der Fleischer ein gewandter Heuchler zu sein."

„Nein, er ist ein braver Mann, er ist sogar mein Freund."

„Dann bist du in der Wahl deiner Freunde unvorsichtig gewesen."

„Bringe Beweise Effendi!"

„Das werde ich tun. Vorher muß ich von dir strengste Verschwiegenheit fordern! Tschurak darf nicht ahnen, daß ich mit dir über ihn gesprochen habe." – „Ich werde schweigen", gelobte Ilia.

„So will ich dir einstweilen einiges sagen. Hast du vielleicht vom Mübarek in Ostromdscha gehört?" – „Ja. Er gilt für einen großen Heiligen und soll Wunder verrichten können." – „Glaubst du das?"

„Nein, denn ich bin kein Muslim."

„Dieser Mann ist ein höchst gefährlicher Bösewicht. Er scheint ein Unteranführer des Schut zu sein."

„Effendi, du sagst mir Dinge, die mich in Erstaunen versetzen."

„Oh, ich habe diesen Mübarek überführt, und das Gericht in

Ostromdscha hat ihn auf Grund meiner Beweise gefangengenommen. Er aber entfloh und ist nun mit drei andern Verbrechern und den beiden Aladschy, die seine Verbündeten sind, hierher unterwegs."

„So schütze uns Gott!" seufzte der Kjaja.

„Sie wollen den Fleischer Tschurak aufsuchen."

„Also bleibst du dabei, daß dieser ein Verbrecher ist?"

„Ja. Ich verlange aber jetzt nichts von dir und erwarte nur, daß du mir kein Hindernis in den Weg legst."

„Das fällt mir nicht ein. Gebiete über mich!"

„Es ist leicht möglich, daß die genannten Personen bereits angekommen sind. Ich möchte das bestimmt wissen."

„Sie sind noch nicht da. Wären sie gekommen, so hätte ich sie sehen müssen, denn der Fleischer wohnt mir gegenüber, da drüben in dem Haus, das du durch den Fensterladen siehst. Er war auch nicht daheim, sondern er ist erst vor einer Stunde auf seinem Pferd nach Haus gekommen."

„Willst du ihm nicht sagen lassen, er möge sich zu mir bemühen, denn ich müßte mit ihm reden?"

„Wie du befiehlst. Soll ich bei eurem Gespräch zugegen sein?"

„Nein. Ich verlange nur, daß du dir nicht das Geringste gegen ihn merken läßt. Sei so freundlich mit ihm wie immer!"

Ilia ging hinaus um den Boten zu schicken, den ich dann im Haus des Fleischers verschwinden sah.

Auf dessen Erscheinen war ich neugierig. Ich bereitete mich darauf vor, einen kriechenden, höflichen und von Schmeicheleien überfließenden Menschen zu sehen, und war der Ansicht, daß er Hehler und nicht ein tätiges Mitglied der Bande sei.

Ich nahm die Koptscha heraus, die ich dem Ismilaner Waffenschmied Deselim abgenommen hatte, und steckte sie vorn an meinen Fes. Halef tat das gleiche mit der seinigen. Zu bemerken ist, daß ich das grüne Turbantuch nicht mehr trug. Die Koptscha als das Zeichen der Mitgliedschaft mußte uns vor dem Fleischer ausweisen. War der Mübarek mit seinen Begleitern noch nicht angekommen, dann durfte ich hoffen, heute hinter das so lange vergeblich gesuchte Geheimnis zu kommen. Ich schärfte meinen Gefährten streng ein, mit dem Mann freundlich zu sein und alles zu unterlassen, was sein Mißtrauen erwecken könnte.

Dann sah ich Tschurak mit dem Boten drüben aus dem Haus kommen. Ich hatte mich geirrt. Er war ein ganz andrer, als ich ihn mir vorgestellt hatte. Seine Gestalt war hoch und kräftig, schlank und sehnig, wie die eines echten Bergbewohners. Er trug einen weißen Fes, rote Pumphosen, eine blaue, mit Silberschnüren verzierte Weste und eine rote, goldgestickte, weitärmelige Jacke. Ein gelbseidener Schal, der um seine Hüften geschlungen war, enthielt einen Handschar und zwei Pistolen. An den Füßen trug er glänzende Stiefel, die bis zum Knie reichten, wo die Hose sich in ihnen verlief.

Draußen im Hof wechselte der Fleischer einige Worte mit dem Handschi Ilia, dann kam er herein. Seine dunklen Augen überflogen uns mit einem scharfen Blick, der eine längere Weile auf mir haften blieb. Diese Augen machten einen eigenartigen Eindruck auf mich. Sie waren kalt, herzlos und grausam. Es schien, als ob sie niemals mild blicken könnten. Sie zogen sich kurz zusammen, so daß zu beiden Seiten an den Winkeln kleine Fältchen entstanden. Dann sahen sie wieder gleichgültig unter den Lidern hervor.

Er grüßte und verbeugte sich wie ein Mann, der höflich sein will, ohne seiner Selbstachtung etwas zu vergeben, und fragte: „Bist du der Effendi, der mit mir sprechen will?"

„Ja. Verzeihe, daß ich dich störe, und setze dich!"

„Gestatte, daß ich stehenbleibe. Meine Zeit ist kurz."

„Vielleicht werde ich dich länger in Anspruch nehmen, als du meinst. Oder ist deine Zeit vielleicht deshalb so kurz bemessen, weil du Gäste hast?"

„Ich habe keine Gäste."

„Und erwartest du auch keine?" – „Nein", erwiderte der Fleischer kurz.

„So bitte ich dich, Platz zu nehmen. Ich habe einen kranken Fuß – ich kann nicht stehen, und es würde mich beschämen zu sitzen, während du höflich bist."

Jetzt ließ Tschurak sich nieder. So scharf ich ihn beobachtete, ich konnte doch nichts entdecken, das geeignet gewesen wäre, Argwohn zu erwecken. Er war der selbstbewußte Skipetar, der zu einem Fremden eingeladen ist und nun erwartet, den Grund der Einladung zu erfahren. Den Eindruck eines Heuchlers, eines hinterlistigen Menschen, eines versteckten Hehlers machte er nicht.

„Kennst du das?" fragte ich und deutete auf die Koptscha.

„Nein", erwiderte Tschurak.

Das hatte ich erwartet. Er konnte sich mir, dem ihm völlig Fremden, doch nicht gleich auf die erste Frage preisgeben. „Sieh dir diesen Knopf genau an!" Tschurak betrachtete ihn mit gleichgültigem Blick und sagte dann: „Pah, ein Knopf! Hast du mich seinetwegen holen lassen?"

„Ja", entgegnete ich ohne Umschweife.

„Ich handle mit Pferden und Rindern, aber nicht mit Knöpfen", lautete seine Antwort.

„Das weiß ich wohl. Mit diesen Knöpfen wird überhaupt kein Handel getrieben. Ich bin gekommen, um dir einen Gruß zu bringen. Von Deselim, dem Waffenschmied und Kahwedschi in Ismilan, und von seinem Bruder."

Da nahmen seine Augen einen freundlicheren Blick an, und sein Gesicht wurde weniger ernst.

„Kennst du die beiden?" fragte er nun.

„Sehr gut. Ich muß sie doch kennen, weil wir Brüder sind."

„Woher kommst du?“ – „Aus Stambul. Ich bin ein Abgesandter des Usta, von dem du gehört haben wirst.“

„Ich weiß. An wen hat er dich gesandt?“ – „An den Schut.“

„Wirst du diesen finden, Effendi?“ – „Ich denke es.“

„Hm! Das ist schwer.“ – „Mir aber wird es leicht sein, denn du wirst mir Auskunft erteilen.“

„Ich? Was weiß ich vom Schut? Hältst du mich für einen Räuber?“

„Nein, sondern für einen tapferen Skipetaren, der die Bedeutung dieser Koptscha kennt und danach handeln wird.“

„Effendi, ich weiß, was ich tun muß. Die Koptscha, die du trägst, ist die eines Anführers; aber wir haben dieses Zeichen abgeschafft. Es gilt nichts mehr, denn es ist zuviel Mißbrauch damit getrieben worden. Es gibt jetzt andre Zeichen.“ – „Welche?“ fragte ich gelassen.

„Du siehst ein, daß ich sie dir nicht sagen kann, denn du sollst dich durch diese ausweisen.“ – „Es sind Worte?“

„Ja. Das erste bedeutet einen Ort. Wo suchst du den Schut?“

„In der Derekulibe.“

„Effendi, das stimmt! Ich höre, daß du wirklich zu uns gehörst. Aber das andre Erkennungszeichen? Kennst du es?“

Leider hatte ich keine Ahnung, welches Wort es sein konnte. Da erinnerte ich mich des Fährmannes von Ostromdscha und wie er sich bei dem alten Mübarek anmelden mußte. „Ssyrdasch – ein Vertrauter“, hatte er vor der Tür rufen müssen. Sollte dieses Wort auch hier das Zeichen sein? Ich wagte es, mich seiner zu bedienen, und antwortete: „Natürlich muß ich es kennen, denn ich bin ja Ssyrdasch – ein Vertrauer.“

Jetzt wiegte er zufrieden seinen Kopf und sagte fast herzlich: „Auch das stimmt! Du bist einer der Unsrigen. Ich darf zu dir Vertrauen haben und heiße dich willkommen. Willst du nicht diesen Han verlassen und lieber mein Gast sein?“

„Ich danke dir. Du siehst wohl ein, daß es besser ist, wenn ich hier bleibe.“

„Du bist ein kluger und vorsichtiger Mann. Das freut mich und erhöht mein Vertrauen. Welche Botschaft bringst du uns?“

„Das darf ich nur dem Schut sagen.“

„Auch zu schweigen weißt du. Hm! Was werde ich tun?“ Tschurak stand auf und schritt nachdenklich in der Stube auf und ab. Dann sagte er: „Ist es etwas Persönliches oder Geschäftliches?“

„Es handelt sich um ein Geschäft, das viel einbringen kann.“

Scine Augen funkelten gierig. „Und was erwartest du von mir?“

„Daß du mich zur Derekulibe führst.“

„Glaubst du, dort den Schut zu finden?“ – „Hoffentlich.“

„Nun, ich kann dir im Vertrauen sagen, daß er dich dort erwarten wird, wenn ich ihn benachrichtige. Das wird nur ein kleines Stündchen in Anspruch nehmen. Hast du solange Geduld?“

„Wenn es sein muß, werde ich warten, obwohl ich Eile habe.“

„Ich werde mich beeilen“, versicherte Tschurak. Und nun einen forschenden Blick auf meine Begleiter werfend, fuhr er fort: „Wer sind diese Männer?“ – „Meine Freunde und Begleiter.“

„Kommen sie in der gleichen Angelegenheit?“

Ich bejahte, und er fragte weiter: „Und auch sie wollen den Schut sehen?“

„Das ist nicht unbedingt nötig. Es genügt auch, wenn ich allein mit ihm spreche.“

Da glitt ein leises, unbestimmbares Lächeln über sein Gesicht. Er drehte die Spitzen seines langen Schnurrbartes, überflog die drei nochmals mit prüfendem Blick und erklärte: „Sie müssen auch mitkommen. Der Schut wird sie gewiß sehen wollen, da sie mit dir gekommen sind.“ – „Auch das ist mir recht.“

„Effendi, ich sehe, daß du die Stiefel eines Kranken trägst. Was hast du an deinen Beinen?“

„Während des Rittes ist mir ein Fuß verletzt worden; ich kann also nicht gehen.“

„Wie willst du mir dann zur Derekulibe folgen?“ – „Zu Pferd.“

„Oh, man hört, daß du den Weg nicht kennst. Zu Roß könntest du nicht durch das Dickicht kommen.“

„Ist es nicht möglich, daß der Schut sich zu mir bemüht?“

„Was denkst du! Er würde es nicht tun, selbst wenn der Padischah ihn darum ersuchte.“ – „Das glaube ich gern!“

„Übrigens läßt er sein Gesicht niemals sehen. Er schwärzt es stets. Könnte er aber mit einem solchen Gesicht hierher kommen?“

„Nein. Das sehe ich ein. Wie aber soll ich in die Hütte kommen?“

„Es gibt nur ein Mittel: Du mußt dich tragen lassen.“

„Das ist zu unbequem. Die Träger würden ermüden.“

„O nein. Sie sollen dich nicht auf den Armen tragen, man nimmt eine Sänfte dazu. Du wirst sie von mir bekommen. Meine Mutter ist so alt und schwach, daß sie nicht gehen kann. Ich habe ihr daher eine Sänfte anfertigen lassen, damit sie ihre Besuche machen kann, ohne ihre Füße anzustrengen.“

„Ich werde dir Dank wissen. Wirst du auch die Träger bestellen?“

„Wo denkst du hin? Träger! Können wir fremde Leute bei uns brauchen? Du wirst dich von deinen Leuten tragen lassen müssen.“

„Gut. Sie mögen die Sänfte holen.“ – „Aber nicht sogleich, denn ich muß erst den Schut benachrichtigen. Und sodann mußt du dem Handschi sagen, daß du mein Freund bist, und daß Ilia alles tun muß, was ich ihm sage.“ – „Warum?“

„Weil ich nicht weiß, was du dem Schut zu melden hast und was das Ergebnis eurer Unterredung sein wird. Es ist möglich, daß ich als Bote ins Dorf zurückgehen muß. Vielleicht ladet der Schut dich auch ein, sein Gast zu sein, oder wer weiß, was sonst beschlossen wird. Da muß ich mich vor Ilia doch als deinen Beauftragten ausweisen können.“

„Auch dazu bin ich bereit", erklärte ich.

„Wohlan: von jetzt an in einer Stunde holt ihr die Sänfte und kommt vor das Dorf hinaus, da rechts von dem Tor aus. Ich warte draußen, denn man soll uns hier nicht beisammen sehen."

Tschurak trat an den in den Hof führenden Fensterladen, rief den Handschi herein und sagte zu ihm: „Ich habe mit diesem Effendi ein Geschäft. Er wird sich in einer Stunde entfernen und dir vielleicht später durch mich eine Botschaft senden. Darum läßt er dir jetzt sagen, daß du alles tun sollst, was ich dir in seinem Auftrag mitteile. Frage ihn selbst!"

Ilia sah mich an, und ich bestätigte es. Dann ging der Fleischer fort. Ich sah ihn in sein Haus treten, das er bald darauf wieder verließ.

„Effendi, ich begreife dich nicht", begann nun der Handschi, der stehengeblieben war. „Ich denke, du hältst den Fleischer für einen Verbrecher, und doch gibst du ihm eine solche Vollmacht. Wenn er kommt, muß ich nun gehorchen."

„Durchaus nicht. Ich tat es nur zum Schein und nehme diese Vollmacht jetzt wieder zurück. Es ist möglich, daß ich Tschurak sende, aber dann werde ich ihm hier aus meinem Notizbuch ein Blatt mitgeben, auf das ich nur das eine Wort ‚Allah' schreibe. Zeigt er es dir vor, so tust du, was er will; hat er aber kein solches Blatt mit dem Wort, so weigerst du dich." – „Tschurak wird mir zürnen."

„Das ist für dich nicht so schlimm, als wenn ich dir zürne. Er könnte es vielleicht auf unsre Waffen und auf mein Pferd abgesehen haben. Hast du einen verschließbaren Stall?" – „Ja, Effendi."

„So laß unsre Pferde in diesen bringen und zwei Knechte sollen bei ihnen wachen, damit sie nicht gestohlen werden. Das ist alles. Du würdest mir sonst für den Schaden haften müssen."

„Um Himmels willen! Wenn ich dir den Rappen ersetzen müßte, könnte ich gleich meinen Han verkaufen! Ich werde selbst auch Wache halten." – „Tu das und bring uns nun ein Essen!"

Wir aßen, und nach einer Stunde holten Osko und Omar die Sänfte aus dem Haus des Fleischers. Ich stieg ein, schärfte dem Handschi Ilia nochmals ein, wie er sich verhalten solle, und dann brachen wir auf.

Osko und Omar trugen die Sänfte. Dabei hatten sie ihre Flinten über den Schultern hängen. Halef schritt voran und trug drei Gewehre: das seinige und meine beiden, für die es in der Sänfte keinen Raum gab. Als wir das Dorf hinter uns hatten, bemerkten wir den Fleischer. Er sah uns kommen und schritt uns nun ein großes Stück voraus. Erst als der Wald begann, wo man nicht von weitem beobachtet werden konnte, blieb er stehen und erwartete uns. Mit verwundertem, beinahe zornigem Blick betrachtete er uns und sagte: „Ihr seid ja bewaffnet, als ob wir in die Schlacht ziehen wollten!" – „Die Waffe ist das Zeichen des freien Mannes", entgegnete ich. „Wir sind gewöhnt, uns niemals von ihnen zu trennen."

„Jetzt müßt ihr es aber doch tun, sonst könnt ihr nicht mit dem

Schut sprechen. Er duldet nicht, daß man sich ihm bewaffnet naht. Wenn ihr eure Waffen vor der Hütte ablegt, so sind sie gut aufgehoben, denn ich werde bei ihnen bleiben."

„Ich gebe meine Waffen nicht ab", erwiderte ich, „und wenn der Schut nicht mit uns sprechen will, dann werden wir dich nicht weiter belästigen."

Zugleich gab ich den Befehl zum Umkehren. Der Zug wandte sich wieder dem Dorf zu. Der Fleischer aber stieß einen nicht ganz unterdrückten Fluch aus und brummte: „Halt! Das geht doch nicht! Ich habe den Schut bestellt, und es würde mir sehr übel bekommen, wenn ich euch nicht zu ihm brächte."

„Dann sorge dafür, daß er kein derart unsinniges Verlangen an uns stellt."

„Etwas Unsinniges tut der Schut niemals. Ich will aber versuchen, ob ich euch die Erlaubnis erwirken kann, die Waffen zu behalten. Es sollte mich aber wundern, wenn er eine Ausnahme machen würde."

Tschurak schritt zornig weiter, und wir folgten ihm wieder. Es wollte mir nicht gefallen, daß er so darauf versessen war, uns waffenlos zu machen. Wurden wir jetzt in eine Falle geführt, aus der es kein Entrinnen gab? Nun, so lange wir bewaffnet waren, brauchten wir uns nicht zu fürchten. Aber wenn wir jetzt unterwegs überfallen wurden! Ich war wehrlos. Die Sänfte bestand aus einer Tragbahre mit einem Häuschen aus hölzernem Gitterwerk. Ich mußte mit untergeschlagenen Beinen sitzen, was mich wegen meines verletzten Fußes belästigte, und konnte mich kaum bewegen. Ehe ich die Tür aufstieß und hinaussprang, hatte ich im Fall eines Angriffs die Kugeln im Leib. Und hinausspringen konnte ich ja wegen des Fußes nicht. Ein Schuß hinter einem Busch hervor mußte Halef trotz seiner drei Gewehre hilflos machen. Osko und Omar trugen die Sänfte; deshalb war auch ihnen eine augenblickliche Gegenwehr nicht möglich. Wir befanden uns also in einer ziemlich mißlichen Lage.

Der Wald war nicht so dicht, wie der Fleischer ihn beschrieben hatte. Wir hätten recht gut zwischen und unter den Bäumen reiten können. Auch diese Unwahrheit wirkte keineswegs mildernd auf mein Mißtrauen. Ich schob die Tür des Häuschens ein wenig auf und hielt den Revolver bereit.

9. In der Schluchthütte

Wir befanden uns in einem Tal, dessen Wände, wie ich bemerkte, sich einander mehr und mehr näherten. Da, wo sie zusammentrafen, wurde haltgemacht. Wir hatten ungefähr eine halbe Stunde gebraucht, um dieses Ziel zu erreichen.

„Da ist die Hütte", meinte der Fleischer. „Steig aus, Effendi!"

Ich schob die Tür vollends auf und blickte hinaus. Die Felswände stiegen lotrecht empor und hatten da, wo sie sich trafen, einen nicht sehr tiefen Einschnitt, eine Spalte, die völlig kahl war; denn es gab keinen Vorsprung und keine Ritze in dem Syenit, wo eine Pflanze hätte Wurzel fassen können.

Hart an diese Spalte stieß die aus unbehauenen Baumstämmen errichtete Hütte. Das Dach bestand aus dünnen Stämmchen und war dann mit Baumrinden gedeckt. Die Tür schien nur angelehnt zu sein.

„Melde mich an, bevor ich aussteige", antwortete ich.

Tschurak trat in die Hütte und ließ die Tür offen. Ich sah, daß an den Wänden niedrige Bänke urwüchsigster Art angebracht waren.

Dem Eingang gegenüber war eine zweite Tür, die offenstand. Sie war schmal und niedrig, ging nach innen und war mit einer eisernen Krampe versehen, durch die ein langer Riegel geschoben werden konnte, der jetzt in der Hütte lag. Das war jedenfalls die hintere, dunkle Abteilung, von der Ilia gesprochen hatte. Jetzt aber schien es mir, als brenne ein Licht darin.

Auffällig war es mir, daß vom Dach der Hütte eine zaunartige Knüppelreihe den untern Teil der Spalte fast unsichtbar machte. Man konnte nicht hindurchsehen. Dort oben konnten leicht mehrere Personen versteckt sein.

Jetzt kam der Fleischer wieder zurück. „Effendi", sagte er, „der Schut verlangt, daß ihr die Waffen ablegt." – „Das tun wir nicht."

„Der Schut duldet es aber nicht, daß ein Mann mit Waffen vor ihm stehe."

„Und dennoch warst du soeben bei ihm, obwohl du ein Messer und zwei Pistolen bei dir trägst?" – „Bei mir ist es etwas andres. Ich bin sein innigster Vertrauter." – „Dann sind wir fertig", erwiderte ich entschlossen. „Halef, wir kehren zurück."

Schon griffen Osko und Omar wieder zu, da erklärte der Fleischer: „Effendi, du hast einen harten Kopf! Ich will noch einmal fragen."

Tschurak trat abermals in die Hütte und kehrte mit der Meldung zurück, daß wir bewaffnet kommen dürften. Ich stieg nicht aus, sondern ließ mich in die Hütte tragen. Halef mußte durch die zweite Tür blicken und meldete mir leise: „Es ist nur ein einziger waffenloser Mann drin, ganz schwarz im Gesicht."

„Gibt es Türen drinnen?" – „Keine einzige."

So eng und niedrig diese zweite Türöffnung war, die beiden Träger brachten die Sänfte doch hindurch. Beim Schein einer Laterne sah ich, daß dieser höhlenartige Raum dreieckig war. Die Grundlinie des spitzwinkligen Dreiecks wurde durch die Vorderseite mit der Tür gebildet. Länger waren die beiden Seiten, die aus glatten Felsen bestanden. Ganz hinten im Winkel stand die Blendlaterne, neben der der Schut saß. Er trug einen langen schwarzen Kaftan und hatte das Gesicht mit Ruß geschwärzt. Deshalb und wegen des spärlichen Lichts waren seine Gesichtszüge nicht zu erkennen. Auch konnte ich nicht recht sehen, woraus die Decke dieses Felsenraumes bestand. Wir befanden uns in dem Spalt. Eine Decke gab es über uns, das war gewiß, denn sonst wäre Tageslicht von oben hereingefallen.

Osko und Omar hatten die Sänfte so gesetzt, daß ihre Tür zum Schut gerichtet war. Dieser gab der Laterne eine solche Stellung, daß ihr Licht grad auf mich fiel. Am Eingang stand der Fleischer. Das alles hatte einen abenteuerlichen, aber keinen gefährlichen Anstrich.

Da begann der Schut: „Du hast mich rufen lassen. Was willst du von mir?“ Seine Stimme klang dumpf und hohl, gar nicht natürlich. War das eine Folge der schlechten Akustik des Raums, oder verstellte er die Stimme, um später nicht an ihr wiedererkannt zu werden?

Er hatte nur diese wenigen Worte gesprochen, und doch war es mir, als hätte ich diese Stimme schon einmal gehört. Es war nicht der Ton, die Klangfarbe, sondern es war die Aussprache der einzelnen Wörter, die mich auf diesen Gedanken brachte.

„Bist du der Schut?“ fragte ich.

„Ja“, erwiderte der Schwarze langsam. – „So muß ich dich grüßen.“

„Von wem?“ – „Zunächst vom Usta in Stambul.“

„Der lebt nicht mehr!“ – „Was sagst du?“ – „Er ist tot. Er ist von der Galerie des Turms von Galata gestürzt worden.“

„Scheïtan!“ entfuhr es Omar, der ihn ja herabgestürzt hatte.

„Weißt du das noch nicht?“ fragte der Schut.

„Ich weiß es“, erwiderte ich.

„Und doch bringst du mir seinen Gruß, den Gruß eines Toten?“

„Meinst du nicht, daß er ihn mir vor seinem Tod aufgetragen haben kann?“ – „Das ist möglich. Aber die Strafe wird seinen Mörder treffen, denn dieser wird langsam und elend verhungern und verschmachten. Hast du auch noch andre Grüße?“ – „Ja, von Deselim aus Ismilan.“ – „Auch dieser ist tot. Er hat das Genick gebrochen und ist seiner Koptscha beraubt worden. Auch seinem Mörder wird es ergehen wie jenem des Usta. Weiter!“

„Ferner bringe ich dir Grüße vom Mübarek und von den beiden Aladschy.“ – „Diese drei haben mich schon selbst begrüßt. Dein Gruß ist also unnötig.“ – „Ah, sie sind da?“

„Ja, sie sind da. Und weißt du, wer ich bin?“ – „Der Schut?“

„Nein, der Schut bin ich nicht! Den wirst du niemals zu sehen bekommen. Du wirst überhaupt nie wieder etwas sehen. Ich bin –“

Hinter uns tat es einen gewaltigen Schlag. Der Fleischer war verschwunden – er hatte die Tür hinter sich zugeschlagen, und wir hörten, wie er draußen den starken Riegel vorschob. Die Laterne war verlöscht.

„– der Mübarek!“ ertönte es über uns. „Ihr bleibt hier, um zu verschmachten und euch selbst bei lebendigem Leib aufzufressen!“

Ein höhnisches Gelächter begleitete diese Worte. Über uns wurde eine helle Öffnung sichtbar. Wir sahen einen doppelten Strick, an dem die Gestalt des Schwarzen hing und durch die Öffnung hinausgezogen wurde. Dann fiel oben die Klappe zu, die die Öffnung verdeckte, und wir befanden uns in undurchdringlicher Finsternis.

Das alles war so schnell geschehen, daß es unmöglich verhindert werden konnte. Hätte ich nicht in der Sänfte gesessen und hätte ich nicht einen kranken Fuß gehabt, dann wäre es diesen Halunken vielleicht nicht so leicht gewesen, uns in dieser Falle einzusperren.

„Allah!“ zürnte Halef. „Da ist der Schwarze durch das Loch hinaufgefahren, und wir haben es ruhig geschehen lassen, ohne ihm eine Kugel mitzugeben. Es war doch genug Zeit dazu.“

„Das ist wahr, Effendi, wir sind dumm gewesen!“ meinte Osko.

„Ja“, lachte der Hadschi bitter. „Bisher waren wir stets nur einzeln dumm, jetzt waren wir es gemeinschaftlich, der Sihdi auch mit uns.“

„Halef, du hast recht“, bestätigte ich. „Doch horch!“

Draußen vor der Tür erhob sich ein wüstes Geheul. Man donnerte mit Fäusten gegen sie, und dann nannte jeder einzelne seinen Namen und knüpfte daran die schaurigsten Verwünschungen. Man malte uns unser Schicksal in allen Farben aus. Es war kein Zweifel, daß wir hier eingesperrt bleiben sollten, um zu verschmachten.

„Sihdi, es fehlt keiner. Alle sind da!“ grollte der Hadschi. „Allah! Wenn ich hinaus könnte, wie wollte ich ihnen meine Peitsche zeigen!“

„Sprich nicht von ihr! Sie kann uns nicht retten.“

„Also verhungern sollen wir! Meinst du, daß es wirklich so weit kommen wird?“ – „Hoffentlich nicht. Wir wollen zunächst diesen Raum untersuchen. An den beiden Seiten gibt es keinen Ausweg, sondern nur vorn durch die Tür oder oben.“

„Sihdi, hast du nicht dein Laternchen bei dir, das kleine Fläschchen, worin Öl und Phosphor ist?“ fragte Halef mich.

„Ja, das habe ich stets bei mir. Da, nimm es!“

Wenn man ein Stück Phosphor in ein kleines Fläschchen mit Öl gibt, so leuchtet der Phosphor, sobald man den Stöpsel öffnet, weil dadurch Sauerstoff hinzutreten kann. Das gibt je nach der Größe des Fläschchens und nach der Reinheit des Glases einen mehr oder weniger hellen Glanz. Ich trage stets ein solches Fläschchen bei mir, auch wenn ich auf Reisen bin. Es leistet beim Ersteigen fremder Treppen und beim Durchschreiten dunkler, unbekannter Orte vortreffliche Dienste. Geschliffenes Glas ist dazu am geeignetsten.

Halef nahm das winzige Laternchen, ließ Luft zum Öl und konnte nun die Tür hinreichend beleuchten. Diese war innen mit starkem Eisenblech beschlagen, an eisernen Angeln befestigt und deren Haken steckten im Gestein und waren mit Blei eingegossen. Vielleicht konnten wir die Angelhaken lockern und die Tür hinausstoßen. Aber vorher mußten wir sehen, ob es nicht einen andern Ausweg gab.

Nun durchsuchten wir den Raum. Der Boden bestand wie die beiden Winkelwände aus hartem Fels. Die Mauer um die Tür war aus spröden Syenitsteinen errichtet und so gut vermörtelt, daß es unmöglich war, ein Loch in sie zu bohren oder zu schlagen. Das starke

Eisenblech der Tür war mit dickköpfigen Nägeln beschlagen; da war mit den Messern nichts auszurichten. Und oben durch die Decke? Omar stieg auf Oskos Schultern und konnte sie doch mit der ausgestreckten Hand nicht erreichen. Wir mußten einstweilen auf diesen Ausweg verzichten.

Das nächste blieb also, die Angelhaken zu entfernen, und meine drei Gefährten machten sich rüstig an die Arbeit. Die Messer kreischten und knirschten im Gestein, draußen aber erhob sich deshalb ein schallendes Gelächter. Freilich war dieser Rettungsgedanke nicht so verlockend. Selbst wenn es uns gelang, die Tür zu öffnen, mußten wir von Schüssen empfangen werden, noch ehe wir einen einzigen abfeuern konnten.

So vergingen mehrere Stunden. Die Arbeit machte keine Fortschritte. Oskos Messer zerbrach, und ich gab ihm mein Messer. Ich sollte nicht mitarbeiten. Die Zeit wurde mir lang, und so kroch ich auf den Knien zur Tür und untersuchte, wie tief man gebohrt hatte. Leider keinen Zentimeter! Ich ergriff nun selbst das Messer und begann zu bohren, aber mit solchem Mißerfolg, daß ich schon nach einer Viertelstunde wieder aufhörte. Es war schade um die Kräfte, die so erfolglos verschwendet wurden, und nun zerbrach auch Omars Messer.

„Lassen wir das", erklärte ich, „Wir wollen unsre Kräfte schonen, denn wir werden sie wohl noch brauchen. Vielleicht kommt auch der Handschi Ilia, wenn wir nicht zurückkehren. Ich habe ihm gesagt, daß der Fleischer ein Mitglied der Bande ist. Wenn wir nicht zurückkommen, muß Ilia um uns besorgt werden und wird uns suchen. Er weiß, daß wir mit Tschurak fort sind."

„Aber nicht wohin!" warf Halef ein.

„Ich habe leider vergessen, es Ilia genau zu sagen; aber wir haben von dieser Hütte gesprochen, und er wird gewiß hier suchen."

„Das glaube ich nicht, denn er fürchtet die Aladschy zu sehr. Wenn er diese hier sieht, reißt er aus." – „Es fragt sich, ob sie hier bleiben." – „Wahrscheinlich, denn man wird die Hütte nicht ohne Bewachung lassen."

„Jetzt ruhen wir aus und warten. Wenn wir eine Zeitlang nicht arbeiten, so hören die Wächter nichts und meinen, wir hätten uns in unser Schicksal ergeben. Da wird ihre Aufmerksamkeit nachlassen."

So blieben wir ruhig. Aber das Warten wurde den braven Gefährten doch sehr schwer, und endlich konnte ich ihrem Drängen nicht länger widerstehen. „Wir wollen die Decke untersuchen", erklärte ich. „Es ist eine Klappe da, und es fragt sich nur, wie sie zu öffnen ist." – „Omar hat sie vorhin nicht erreichen können, als er auf meinen Schultern stand", meinte Osko. – „So machen wir die Pyramide noch höher: Halef mag sich auf Omars Achseln setzen. Vielleicht reicht das aus. Du bist stark genug, alle beide zu tragen."

Halef nahm das Laternchen und setzte sich auf Omars Nacken.

Omar aber stieg auf Oskos Rücken, der wie ein vierbeiniges Tier mit Händen und Füßen auf dem Boden stand. Nun erhob er sich langsam, und Omar trat ihm auf die Schultern. Dabei hielten sich die drei, um nicht zu fallen, so fest wie möglich an dem Gestein der engen Felsenritze an. Jetzt streckte Halef die Arme empor und meldete mir: „Sihdi, ich fühle die Decke!"

„Sprich leiser! Es könnte jemand draußen sein. Nun leuchte mit der Laterne."

Ich sah oben in der Ecke, wo wir die Öffnung bemerkt hatten, das Lichtchen schimmern. Halef hielt es mit der Linken, während er mit der Rechten die Decke betastete. „Sie besteht aus starken Stämmen", flüsterte er. „Die kleine Falltür aber ist aus Brettern gemacht." – „Das ist gut, dann ist sie dünn. Klopfe doch an, damit wir aus dem Klang schließen können, wie stark sie ist." – „Da hört man mich aber!" – „Besser wäre es freilich, man merkte nichts. Aber es ist auch gut für uns zu wissen, ob sich über uns Wächter befinden."

Er klopfte, und gleich darauf hörten wir lautes Gelächter und den Ruf: „Hört, unsre Feinde sind unter uns an der Falltür!"

Draußen vor der Hütte ertönte die Frage: „Steckt der Riegel?"

„Gewiß!"

„So kommen sie nicht durch. Es wird einer auf den andern gestiegen sein."

„Ja, sie machen Kunststücke. Nun, wenn erst der Hunger kommt, so werden sie noch ganz anders turnen. Ich möchte lieber die Tür aufmachen."

„Auf keinen Fall!"

„Dann könnte ich ihnen aber eins mit dem Kolben auf den Kopf geben!"

„Dazu ist immer noch Zeit. Mögen sie klopfen."

„Hast du es gehört, Sihdi?" fragte Halef. „Sollen wir uns mit dem Kolben erschlagen lassen?"

„Nein. Wir werden diese Herren bitten, dort oben von der Klappe wegzugehen."

„Sie werden sich hüten, es zu tun."

„Meine Bitte wird unwiderstehlich sein. Komm herab, Halef! Ich werde deinen Platz einnehmen."

Osko bückte sich langsam nieder. Omar stieg ihm vom Rücken und dann sprang Halef von Omars Schultern herab.

„Nun ruht euch erst ein wenig aus", sagte ich, „denn eine Anstrengung ist es immerhin gewesen. Ich bin schwerer als Halef und werde länger oben bleiben müssen als er."

Wir warteten einige Minuten, dann nahm Omar mich auf seine Achseln.

„Aber nehmt euch jetzt doppelt in acht, daß wir nicht stürzen", mahnte ich. „Mit meinem verletzten Fuß könnte mir der Fall doppelt gefährlich werden."

„Keine Angst, Effendi!" erklärte Osko. „Ich werde wie ein Baum stehen. Die Felsrinne ist so eng, daß man sich mit den Ellbogen zu beiden Seiten anstemmen kann. Das gibt sichern Halt."

Nun stieg Omar wieder auf Oskos Schultern. Ich war länger als der kleine Hadschi und brauchte die Arme nur wenig auszustrecken, um die Klappe zu erreichen. Ich stieß fast mit dem Kopf an. Das Fläschchen hatte ich bei mir und beleuchtete nun damit die Bretter. An der einen Kante der Klappe war ein eiserner Haspen eingeschlagen, durch den jedenfalls der Riegel gesteckt worden war. Die beiden Spitzen dieses Haspens waren durch das Holz gedrungen und dann umgeschlagen worden, so daß sie in das Holz zurückgriffen.

Ich klopfte mit dem Knöchel des Zeigefingers an. Dem Klang nach konnten die Bretter nicht über zwei Zentimeter dick sein. Dem Klopfen folgte auch jetzt eine Antwort: „Hörst du es? Sie sind wieder da. Na, da müßten sie mich mit emporheben, wenn sie die Klappe auch aufbrächten."

Da ich mich dem Sprechenden jetzt näher befand, erkannte ich deutlich die Stimme des Fleischers. Aus seinen Worten und dem Schall war zu schließen, daß er auf der Klappe saß. Das war eine Unvorsichtigkeit, die man einem Räuber nicht hätte zutrauen sollen.

Tschurak lachte höhnisch. Ein zweites Lachen antwortete, und dann vernahm ich die Worte: „Den Mäusen soll es nicht so wohl werden, uns zu entwischen, denn die Katzen sitzen vor dem Loch."

Diese Stimme erkannte ich nicht. Ich hörte aber, daß der Mann neben der Klappe saß, ungefähr da, wo ich unter ihm den Kopf hatte.

„Hörst du es?" fragte Halef. „Die Wächter sind noch da; nun kannst du sie bitten fortzugehen. Ich möchte wissen, wie du das anfangen willst."

„Du sollst es gleich hören. Gib mein Gewehr herauf; die beiden mögen es mir reichen."

„Ah, jetzt verstehe ich. Welches denn?"

„Den Bärentöter."

Ich hatte das selbstverständlich nur leise gesagt, damit es von den Wächtern über mir nicht gehört werden konnte. Halef gab das Gewehr an Osko, der es Omar reichte.

„Nun paß auf, Omar!" flüsterte ich. „Ich habe hier oben unter der Decke keinen Raum, um die Büchse anzulegen. Ich kann nur die Läufe dahin halten, wohin die Kugeln treffen sollen. Ich sage ‚eins' und ‚zwei'. Du nimmst den Kolben in beide Hände. Bei ‚eins' feuerst du den rechten und wenn ich wieder gezielt habe, also bei ‚zwei', den linken Lauf ab. Verstanden?"

„Ja, Effendi!"

Ich hatte den Doppellauf in der Hand und richtete ihn auf die Mitte der Klappe, da, wo der Fleischer saß.

„Jetzt – Eins!" Der Schuß krachte. Über uns erscholl ein Schrekkens- und ein Wehruf. „Allah! Sie schießen!"

Das war nicht die Stimme des Fleischers, sondern die des andern. Dieser saß auf jenem Teil der Decke, die aus runden Stammhölzern bestand. Ich richtete den linken Lauf auf eine Stelle, wo zwei dieser Hölzer zusammenstießen und die Kugel also nicht durch das starke Holz, sondern nur durch die aneinanderliegenden Ränder dringen mußte.

„Zwei!" Der zweite Schuß des Bärentöters dröhnte – im engen Raum fast wie ein Kanonenschuß.

„O Allah, Allah!" schrie der Getroffene. „Ich bin verwundet! Ich bin tot!"

Der Fleischer Tschurak hatte gar nichts gesagt. Ich hatte seinen Weheschrei gehört, aber sonst kein Wort. Jetzt wurde lautes Wimmern hörbar.

„Osko, wird es dir zu schwer?" fragte ich.

„Mit der Zeit, ja."

„So wollen wir ausruhen. Wir haben Zeit."

Als ich wieder unten auf dem Boden saß, und die andern bei mir standen, meinte Halef: „Ja, Sihdi, das ist freilich eine Bitte, der man nicht widerstehen kann. Hast du getroffen?"

„Zweimal. Tschurak scheint tot zu sein. Die Kugel ist ihm wahrscheinlich durch die Muskeln des ‚ruhmwürdigen Sitzens' in den Leib gedrungen. Der andre ist nur verwundet."

„Wer kann es sein?"

„Wahrscheinlich der Gefängniswärter. Wäre es ein andrer, so hätte ich ihn an der Stimme erkannt. Dieser aber hat überhaupt so wenig gesprochen, daß ich mich an seine Stimme nicht erinnern kann."

„Du meinst also, daß sich kein andrer wieder hinaufstellt?"

„Diese Dummheit wird ein dritter nicht begehen, denn sie könnte ihm das Leben kosten."

„Wie aber bringen wir die Klappe auf? Das ist die Hauptsache."

„Ich werde die eiserne Krampe aus dem Deckel schießen. Einige gute Schüsse auf jede ihrer Spitzen, mit denen sie im Holz steckt, werden genügen. Ich lade mehr Pulver, da kann sie nicht widerstehen."

„Ah, wenn es gelänge!"

„Es gelingt gewiß."

„Dann schnell hinaus und hinab!" meinte Halef eifrig.

„Oho! Das geht nicht so schnell. Hoffentlich liegt der Strick noch oben, mit dem die den Mübarek emporgezogen haben. Dann könnten wir uns draußen an ihm wieder hinablassen. Aber es gibt noch vieles zu bedenken. Wir werden mit Kugeln empfangen werden, sobald wir aus der Luke steigen."

„Ich glaube, es wird niemand oben sein", bemerkte der kleine Hadschi.

„Unmittelbar über uns wohl nicht, aber auf dem Hüttendach werden wohl etliche stehen. Diese können durch die Zwischenräume des Zauns auf uns schießen."

„O weh, so können wir doch nicht hinaus?"
„Wir werden es dennoch versuchen. Ich steige voran."
„Nein, Sihdi, lieber ich! Sollst du uns erschossen werden?"
„Oder du uns?"
„Was liegt an mir?" erwiderte der Hadschi treuherzig.
„Sehr viel! Denke an deine Hanneh, die Lieblichste der Frauen und Mädchen! Ich habe keine Hanneh, die auf mich wartet."
„Aber du bist ohne Hanneh mehr wert als ich mit zehn Blumen der Schönheit."
„Streiten wir nicht! Die Hauptsache ist, daß ich mir mehr zutraue als dir. Ich bin der erste, und du magst der zweite sein. Aber du darfst erst kommen, wenn ich es erlaube."
Ich zog mein grünes Turbantuch aus dem Gürtel und wand es mir um den Fes. Halef sah das beim Schein des Fläschchens und fragte: „Warum machst du das? Willst du dich zum Tod schmücken?"
„Nein, ich werde den Turban auf den Lauf des Stutzens stecken und durch die Luke emporhalten. Unsre Feinde werden vermutlich glauben, es komme einer von uns herausgestiegen, und auf den Turban schießen. Dann haben sie keine Kugeln mehr in den Läufen, denn sie besitzen keine Doppelflinten, und ich komme mit dem Henrystutzen über sie."
„Recht so! Ziele nur gut und laß keinen entkommen!"
„Hat sich ein sicheres Zielen, wenn es dunkel ist."
„Dunkel?"
„Jawohl! Bedenke, wie lang wir schon hier sind. Es ist draußen Nacht geworden. Doch nun habt ihr euch ausgeruht – wir wollen beginnen. Merkt euch: wenn ich hinausgestiegen bin, kommt Halef bis zur Luke empor. Aber er darf erst dann hinausklettern, wenn ich es ihm sage."
Ich hing den Stutzen über die Schulter und nahm die Büchse, deren Läufe mit mehr Pulver geladen waren, in die Hand. Dann nahm Omar mich wieder auf die Achseln und stieg auf Oskos Schultern. Ich mußte mich beeilen, um die beiden nicht zu ermüden.
„Wir schießen wieder so wie vorhin, Omar", flüsterte ich diesem zu. „Zuerst feuerst du den rechten und dann den linken Lauf ab. Ich ziele auf die Krampenspitzen. Also – eins! – – zwei!"
Die Schüsse krachten, und die Kugeln waren hindurchgedrungen, denn ich konnte durch beide Löcher blicken. Draußen mußte es hell erleuchtet sein.
„Unsre Belagerer haben ein Feuer vor der Hütte", meldete ich. „Das ist gut und doch auch wieder unvorteilhaft für uns. Denn wie wir sie sehen können, werden auch sie uns bemerken."
„Wie steht es mit den Krampen?" fragte Halef.
„Will's versuchen." Ich stieß an die Klappe, und sie gab nach. Der schwere Bärentöter hatte seine Schuldigkeit getan.
„Gib nun die Büchse hinab, Omar!" befahl ich. „Die Klappe geht

auf. – Jetzt steht fest auf den Füßen! Ich muß auf Omars Schultern knien.“

Mit einiger Mühe nahm ich diese Stellung ein, mußte mich aber dabei bücken, denn ich stieß mit dem Kopf an. Nun warf ich die Klappe empor – sie überschlug sich draußen. Mit dem schußbereiten Stutzen in den Händen, wartete ich einige Augenblicke. Es war nichts zu hören. Aber hell war es draußen, und die Schatten des flackernden Feuers huschten an den Felsen auf und nieder. Nun steckte ich den Turban an den Lauf und schob ihn langsam empor, wobei ich ein Ächzen ausstieß, als wolle sich jemand mühsam hinausarbeiten. Die List hatte Erfolg: zwei Schüsse fielen. Eine Kugel hatte den Lauf gestreift, so daß der Stutzen mir beinahe aus der Hand gerissen wurde.

Im Nu war ich jetzt mit dem Oberkörper aus der Öffnung. Ich sah das Feuer. Draußen auf der Decke der Hütte lag die Leiche des Fleischers, wie ich sofort bemerkte. Auf dem Hüttendach standen zwei Männer, die auf den Turban geschossen hatten. Sie waren von mir und der Plattform, die die Decke bildete, durch das bereits erwähnte Zaunwerk getrennt, durch dessen Lücken sie gezielt hatten. Diese unvorsichtigen Leute hatten die Hauptsache vergessen: ich konnte sie gegen die Flamme viel besser sehen als sie mich. Der eine war im Wiederladen begriffen, und der andre hob sein Gewehr auf und richtete es auf mich.

Rasch legte ich auf ihn an. Ich wollte ihn nicht töten und zielte auf seinen linken Ellbogen, den er mir zielgerecht in die Höhe hielt. Ich drückte ab. Er ließ sein Gewehr fallen, schrie laut und stürzte auf die Seite der Hütte hinab. Der andre wandte sich schleunigst um, sprang gleichfalls hinunter und rannte zum Feuer. Es war Bybar. Am Feuer saßen sein Bruder, Barud el Amasat und Manach el Barscha.

„Sie kommen! Geht vom Feuer weg!“ brüllte Bybar. „Sie sehen euch und können auf euch zielen.“

Die drei sprangen auf, und alle vier rannten in den Wald hinein. Der Mann, auf den ich zuletzt geschossen hatte, schien der Mübarek zu sein. Und nun erinnerte ich mich, daß sein Arm ungewöhnlich dick gewesen war. Er hatte ihn unter dem Ärmel verbunden, infolge des Schusses, der ihn bei der Ruine von Ostromdscha getroffen hatte.

Ich stieg über den Zaun und kroch vor bis zum Rand der Plattform. Richtig! Unten auf der Erde lag die lange, hagere Gestalt regungslos. Oben hatte ich die beiden nicht erkannt, da durch den Zaun nur ihre Umrisse zu erkennen waren. An diese Seite der Hütte konnte der Schein des Feuers nicht dringen. Es war leidlich dunkel. War es mir möglich, an dieser Stelle hinabzukommen, so konnte ich von den hinter den Bäumen Versteckten nicht gesehen werden.

Da hörte ich hinter mir: „Sihdi, ich bin da. Darf ich hinaus?“

„Ja, Halef; doch stelle dich nicht aufrecht, sonst sehen sie dich und schießen auf dich.“

„Oh, wir sind ja kugelfest!“

„Scherze nicht! Komm!“ Er kroch zu mir herüber.

„Ah, wer liegt hier?“

„Der Fleischer Tschurak. Die Kugel hat ihn getötet.“

„So hat ihn die Strafe schnell ereilt. Allah sei ihm gnädig!“

Als ich mich genauer umschaute, sah ich einen eisernen Ring, der an dem Felsen befestigt war. Von diesem Ring hing der Doppelstrick, den wir schon gesehen hatten, als der Mübarek emporgezogen wurde, über den Plattformrand hinab.

„Daran hat der Gefängniswärter sich hinabgelassen“, meinte Halef.

„Wahrscheinlich. Diese Vorrichtung ist mit Berechnung hier angebracht. Sollte das heutige Spiel schon mit andern vorgenommen worden sein?“

„Ah, Sihdi, vielleicht sind da unten schon Menschen verhungert und verschmachtet!“

„Diesen Schurken ist so etwas schon zuzutrauen; mit uns wenigstens hatten sie es ernstlich vor. Lassen wir das Seil in die Hütte hinab, damit Osko und Omar heraufklettern können.“

Das geschah, und bald kauerten die beiden neben uns. Wir strengten vergeblich unsre Augen an, um einen der in den Wald Geflohenen zu entdecken.

„Meinst du, daß wir das Seil nun außen hinunterlassen und daran unbemerkt hinabklettern können?“ fragte Halef.

„Ja“, erwiderte ich, „denn es ist hier dunkel. Übrigens wollen wir die Probe machen. Lassen wir erst die Leiche hinab. Auf diese mögen die Feinde feuern. Ich halte den Stutzen bereit. Wenn ihre Schüsse aufblitzen, habe ich ein Ziel.“

Es kostete die Gefährten einige Mühe, die Leiche Tschuraks über den Zaun zu schaffen. Dann zog man ihr die Stricke unter den Armen durch und ließ sie hinab, recht langsam, um die Gegner zum Schießen zu verführen; aber es regte sich nichts.

„Nun will ich zuerst hinab“, sagte ich. „Ich krieche sofort in das Gebüsch und von da aus weiter in den Wald. Da muß ich die Feinde sehen, wenn sie noch hier sind. Es ist ein Quell da; folglich kann es Unken und Frösche hier geben. Ein solcher Ruf fällt darum nicht auf. Ihr bleibt so lange hier oben, bis ihr mein Zeichen hört. Vernehmt ihr den Ruf einer Unke, dann bleibt ihr, bis das Feuer dort erloschen ist. Quakt aber ein Frosch, nur einmal und recht tief, so steigt ihr herab. Dann aber bleibt ihr unten stehen, bis ich komme.“

„Das ist zu gefährlich für dich, Sihdi!“

„Pah! Wenn nur dieser alte Mübarek, der da unten liegt, nicht etwa Schlimmes im Schild führt und sich nur verstellt! Auch der Gefängniswärter muß irgendwo stecken. Nehmt euch in acht. Ich gehe.“

Die Büchse lag unten in der Hütte. Den Stutzen hing ich über, ergriff das Seil und ließ mich rasch hinab. Da lag die Leiche des Fleischers und neben ihr der Mübarek, bewegungslos, wie tot. Der Strick war lang genug. Ich schnitt ein tüchtiges Ende ab und fesselte den Schurken. Er blutete am Arm, und ich sah, daß sein Ellbogen zerschmettert war. Vielleicht war er auf den Kopf gestürzt und dadurch ohnmächtig geworden.

Nun kroch ich weiter, immer am Felsen hin, durch Farn- und andre Gestrüppflanzen gut verdeckt. Dabei hatte ich den Blick immer in die Gegend des Feuers gerichtet. Also mußte ich alles bemerken, was sich zwischen diesem und mir befand. Ich fühlte mich sicher. Was wußten diese Leute vom indianischen Beschleichen eines Feindes? Sie vermuteten uns noch auf dem Dach der Hütte und hielten, wenn sie noch da waren, ihre Blicke jedenfalls dorthin und nicht hinter sich gerichtet. Selbst wenn sie mich bemerkt hätten, brauchte ich mich nicht zu fürchten. Mit meinem vielschüssigen Stutzen war ich ihnen überlegen.

So war ich wohl an die fünfzig Schritte weit fortgekommen, da roch ich Pferde. Ich schlüpfte weiter und hörte Stimmen. Bald sah ich Tiere und Menschen. Die Pferde waren an Bäume gebunden, und die Feinde standen beieinander, halblaut sprechend. Die Tiere standen nicht unbeweglich. Sie mußten sich nächtlicher Insekten erwehren, stampften mit den Hufen und schlugen mit den Schweifen um sich. Das gab ein solches Geräusch, daß selbst der Ungeübteste heimlich an sie gelangen konnte. Endlich hatte ich sie erreicht. Ich kroch zwischen zwei Pferde und lag da im tiefen, schilfigen Gras. Die Männer standen nicht weiter als drei Schritte vor mir.

„Der Mübarek ist ausgeblasen“, grollte soeben Manach el Barscha. „Der Alte war ein Esel, sich dort hinaufzustellen.“

„So war auch ich einer?“ fragte Sandar.

„Du warst vorsichtiger und hast dich nicht treffen lassen.“

„Der Fremde hätte auch mich erschossen, wenn ich nicht fortgerannt wäre.“

„Welcher war es denn?“

„Welcher? Das fragst du noch! Natürlich der, den sie Kara Ben Nemsi Effendi heißen.“

„Der soll mit seinem kranken Fuß emporgestiegen sein?“

„Gewiß. Hätte er doch den Hals gebrochen, anstatt des Fußes! Ich wollte Allah dafür danken. Aber man sieht doch wenigstens, daß er auch verwundbar ist.“

„Pah! Daran, daß er kugelfest wäre, habe ich nicht geglaubt. Das ist Schwindel.“

„Schwindel? Höre, ich glaube es jetzt mehr als früher. Der Mübarek hat ihn aufs Korn genommen und ich auch, als er mit dem Kopf durch die Luke kam. Ich schwöre tausend Eide, daß ich ihn getroffen habe. Die Mündung meiner Flinte, die ich durch den Zaun gesteckt hatte, war nicht zwei Armlängen von dem Kopf entfernt, den wir deutlich sahen. Wir trafen beide. Ich sah, daß der Kopf zurückwankte, denn so eine Kugel hat eine fürchterliche Kraft, wenn sie anprallt; aber im gleichen Augenblick hörte ich die Kugeln an die Felsen schlagen. Sie sind vom Kopf abgesprungen und würden uns sicher getroffen haben, wenn der Zaun uns nicht beschützt hätte. Und im nächsten Augenblick lag der Effendi im Anschlag und erschoß den Mübarek. Er muß ihn durch den Kopf getroffen haben, denn der Alte stieß einen letzten Schrei aus und stürzte hinab. Mir wäre es ebenso ergangen, wenn ich nicht schleunigst die Flucht ergriffen hätte."

„Wunderbar, höchst wunderbar!"

„Ja. Ihr wißt, daß ich mich selbst vor dem Scheïtan nicht fürchte, aber vor diesem Fremden habe ich Angst. Ihm ist nur mit dem Messer oder mit dem Tschakan beizukommen, und das soll heute geschehen."

„Und du weißt ganz genau, daß du geladen hattest?" fragte Manach el Barscha.

„Ich hatte die Kugel doppelt gepflastert. Denkt euch, vier Fuß vom Kopf entfernt drückte ich ab!"

„Hm! Wenn ich ihm nur einmal einen Schuß geben könnte! Ich möchte gern eine Probe machen."

„Wage es nicht! Du bist verloren, denn die Kugel prallt auf dich zurück. Hättet ihr doch meinen Rat befolgt und die Halunken überfallen, als sie den Effendi zur Hütte trugen! Da waren sie uns sicher."

„Der Mübarek verbot es."

„Das war eine Dummheit von ihm."

„Ja, wer konnte ahnen, daß es so kommen würde! Es war ein prachtvoller Gedanke, die Hundesöhne da drinnen vor Hunger heulen zu lassen. Aber der Teufel hat sie in seinen besonderen Schutz genommen. Hoffentlich wird er sie uns nun überlassen."

„Es ist zu toll, den Fleischer durch die Decke hindurch zu erschießen und dem andern das Bein zu zerschmettern! Der arme Mann hat einen elenden Tod gehabt."

„Es ist nicht schade um ihn", meinte Barud el Amasat roh. „Er war mir schon längst im Weg und verursachte uns nur Störung. Man konnte kein vertrauliches Wort sprechen. Darum habe ich ihm, als ihr ihn in die Hütte brachtet, gleich noch einen guten Kolbenhieb gegeben."

Schrecklich! Der Gefangenenwärter war von dem, den er befreit hatte, ermordet worden! So rächte sich seine Tat von selbst. Die vier Schurken waren doch wahre Hölleninsassen.

„Also entschließen wir uns, ehe die Zeit vergeht!" sagte Sandar. „Greifen wir sie bei der Hütte an?"

„Nein", entgegnete Manach el Barscha. „Da ist es zu hell. Die Schufte sehen uns, und dann sind wir verloren, weil sie schießen können, während unsre Kugeln ihnen nichts schaden. Wir müssen im Dunkeln über sie herfallen, ohne daß sie es ahnen. Vier Hiebe oder Stiche und sie sind abgetan."

„Ich stimme bei; aber wo soll es geschehen?"

„Im Wald."

„Nein, das gibt einen unsichern Angriff. Lieber am Ende des

Waldes, zwischen den Büschen. Wenn es auch nicht hell ist, so geben die Sterne doch genügend Licht, daß wir sehen können, wohin wir schlagen. Unsre Feinde werden den Weg gehen, den sie hergekommen sind, denn einen andern kennen sie nicht. Wir können sie nicht verfehlen. Am besten ist es, wenn wir die Verfolger am Ende des Gebüschs erwarten, wo das freie Feld beginnt."

„Gut so!" stimmte Bybar bei, dessen Stimme man anhörte, daß ihm der Mund und die Nase verwundet waren. „Wir sind vier und sie sind vier. Jeder nimmt einen. Nehmt ihr die Träger und den Kleinen; mir aber gebührt der Effendi. Er hat mir das Gesicht zerschlagen, und so muß ich ihn haben."

„Er wird in der Sänfte sitzen, denn er kann nicht gehen. Wie kommst du an ihn? Bevor du die Tür öffnest, hast du schon die Kugel seiner Pistole im Leib."

„Meinst du, daß ich mich so lange mit der Sänfte aufhalte? Das Häuschen besteht aus lauter dünnen Holzstäbchen. Ich mache rasche Arbeit, schlage mit meinem Tschakan gleich die Sänfte in Trümmer, und dieser Hieb trifft den Kerl sicherlich so, daß er keines zweiten bedarf."

„Und wenn es nicht gelingt?"

„Es muß gelingen, es muß!"

„Denke an das Geschehene! Überall und jedesmal haben wir gedacht, daß es gelingen muß, und doch sind diese Schützlinge des Scheïtans stets glücklich davongekommen. Man muß an alles denken. Wir können gestört werden. Was dann?"

„Hm! Wenn man wüßte, wann sie von Shiganzy aufbrechen!"

„Jedenfalls morgen. Sie werden meinen, daß wir Eile haben, und uns folgen."

„Nun, dann führen wir den Plan aus, von dem ich schon am Nachmittag sprach: wir schicken ihnen unsern Suef an den Hals, der sie uns ans Messer liefert. Er ist der schlaueste Verbündete, den ich kenne, und er kennt die Gegend zwischen hier und Prisren so genau, wie ich meinen Gürtel. Ihm können wir die Sache überlassen."

„So schlage ich vor, jetzt aufzubrechen. Wir wissen nicht, wann die Feinde die Hütte verlassen. Es wäre verdrießlich, wenn sie früher als wir fortgingen."

Länger konnte ich nicht warten und kroch rückwärts bis an den Felsen zurück, von wo ich weiter zur Hütte schlich. Doch blieb ich in angemessener Entfernung verborgen, um mich zu überzeugen, daß die Leute des Schut auch wirklich verschwanden. Dann erhob ich mich und ging, mich mit der Hand an den Felsen stützend, humpelnd weiter. Das Zusammenbiegen des linken Knies war doch zu anstrengend gewesen. So aber konnte ich mit dem rechten Fuß allein weiterkommen. Ich verzichtete darauf, das Quaken des Frosches nachzuahmen, denn bald war ich wieder im Schein des Feuers, und da ich aufrecht stand, sahen die Gefährten mich.

„Kommt herab!“ gebot ich. Sie ließen sich herunter, und ich war nun so ermüdet, daß ich mich setzen mußte.

„Wir wollen die beiden Toten untersuchen“, meinte der Hadschi. „Vielleicht haben sie etwas Nützliches bei sich.“

„Dem Fleischer laßt alles“, mahnte ich. „Er gehört uns nicht. Mit ihm mag der Kjaja tun, was ihm beliebt. Aber was der Mübarek bei sich trägt, nehmen wir an uns.“

Der Alte hatte ein Messer und zwei Pistolen bei sich. Sein Gewehr lag auf dem Hüttendach; wir brauchten es nicht. Aber zwei große, volle Beutel zog der Kleine ihm aus den Taschen.

„Hamdulillah!“ rief er aus. „Hier stecken die Kalifen und Gelehrten des Koran! Sihdi, da ist auch Gold!“

„Ja, wer dem Kodscha baschi fünftausend Piaster für die Freilassung geben kann, muß Geld haben. Wir können es ihm nehmen, ohne befürchten zu müssen, ein Unrecht zu begehen.“

„Natürlich nehmen wir es! Denke, wie glücklich die Nebatja gewesen ist und wie froh der Handschi Schükrü und der Korbflechter Abid waren! Mit diesem Geld können wir viele Sorgen lindern und uns den Himmel Allahs öffnen.“

„So stecke es ein! Du sollst unser Schatzmeister der Almosen sein, lieber Halef!“

„Ich danke dir! Ich werde meines Amtes treu und ehrlich walten. Wir wollen zählen.“

„Zum Zählen haben wir jetzt keine Zeit; wir müssen fort. Jetzt schafft die beiden Menschen in die Hütte! Der tote Gefängniswärter liegt schon drin.“

„So hast du auch ihn erschossen?“

„Nein, nur verwundet, aber Barud el Amasat hat ihn dann mit dem Kolben erschlagen, weil er ihm unbequem geworden ist.“

„Solch ein Schurke! Ah, wenn ich ihn unter die Hände bekomme! – Faßt an, ihr beide! Erst tragen wir den Sihdi hinein.“

Als meine Gefährten mich niedergesetzt hatten und hinausgingen, um die Leiche des Fleischers und den Mübarek zu holen, hörte ich ein gräßliches Stöhnen. Der Wärter war also noch nicht tot. Als Halef zurückkehrte, mußte er einen Feuerbrand holen, bei dessen Schein wir die Laterne des Alten sahen, die auf der Bank stand und angezündet wurde. Nun konnten wir den Stöhnenden betrachten. Er sah schrecklich aus. Meine Kugel hatte ihm den Oberschenkel zerschmettert, und infolge des Kolbenschlags klaffte die Hirnschale. Er war rettungslos verloren und blickte uns mit stieren Augen an.

„Hier hast du meinen Fes, Halef. Hole Wasser herbei.“

Diese Kopfbedeckungen sind so dicht gearbeitet, daß sie das Wasser halten. Wir gaben dem Sterbenden etwas Wasser in den Mund und gossen ihm solches mehrmals über den Kopf. Das schien ihm wohlzutun, denn seine Augen wurden klarer, und er sah uns nun mit Blicken an, denen man anmerkte, daß er zu denken begann.

„Kennst du uns?“ fragte ich.

Er bejahte durch ein schwaches Kopfschütteln.

„Du wirst in wenigen Minuten vor dem ewigen Richter stehen. Weißt du, wer dir den Schädel zertrümmert hat?“

„Barud el Amasat“, flüsterte der geflohene Gefängniswärter von Edirne.

„Dem du eine Wohltat zu erweisen glaubtest. Du bist ein Verführter, und Allah wird dir verzeihen, wenn du reuig aus dem Leben scheidest. Gestehe: ist der Mübarek der Schut?“ – „Nein.“

„Wer ist denn der Schut?“ – „Ich weiß es nicht.“

„Weißt du auch nicht, wo er wohnt?“

„Im Schar Dagh, nicht weit von einem Dorf, das Weitscha heißt.“

„Nördlich von Kalkandelen?“

Er bejahte wieder durch eine Kopfbewegung, denn er konnte nicht mehr sprechen. Seine Antworten hatte er nur abgebrochen und so leise gegeben, daß ich mein Ohr seinem Mund nähern mußte, um ihn zu verstehen.

„Sihdi, er stirbt!“ seufzte Halef mitleidig. – „Hole Wasser!“

Er ging, aber seine Hilfeleistung war nicht mehr nötig, denn der Mann starb uns unter den Händen, ohne noch ein Wort zu sprechen.

„Wir schaffen die beiden Leichen und den Mübarek in den zweiten Raum der Hütte hinein“, entschied ich. „Der Kjaja mag sie holen.“

„Effendi, der Alte hat die Augen offen. Er ist wieder bei sich“, meinte Osko, und leuchtete dem Mübarek mit der Laterne ins Gesicht.

Sofort bückte Halef sich, um sich zu überzeugen, daß es wahr sei. Wirklich hatte der alte Sünder die Besinnung wiedererlangt. Er hütete sich zwar, zu reden, aber seine Blicke bewiesen sein Bewußtsein. Es blitzte aus ihnen eine solche Wut, wie ich sie noch niemals in irgendeinem Auge gesehen hatte.

„Lebst du noch, altes Skelett?“ fuhr Halef ihn an. „Es wäre auch jammerschade, wenn die Kugel dich zu Tode getroffen hätte, denn so ein Ende hast du nicht verdient. Du sollst qualvoll sterben, damit du einen Vorgeschmack der Freuden bekommst, die dich in der Hölle erwarten.“

„Hundesohn!“ zischte der alte Bösewicht.

„Scheusal! Verhungern sollten wir und verschmachten? Meinst du denn, Dummkopf, daß du solche berühmte und glorreiche Helden festhalten könntest? Wir dringen durch Stein und springen durch Eisen und Erz. Du aber sollst in deiner eigenen Falle vergebens um Hilfe und Labsal schreien.“

Selbstverständlich war das nur eine leere Drohung. Der Verwundete wurde in den Hinterraum der Hütte geschafft und zwischen die Leichen gelegt. Ein wenig Todesangst konnte dem Unhold nicht schaden.

Als ich die Sänfte genauer betrachtete, ergab es sich, daß das Häuschen abgenommen werden konnte. Ich ließ es abnehmen, denn dadurch bekam ich unterwegs freie Bewegung der Arme. Ich nahm den Bärentöter und den Stutzen auf, und nachdem wir noch das Feuer ausgelöscht hatten, traten wir den Rückweg an, wobei ich getragen wurde. Dem Mübarek hatten wir vorher den Strick gelöst. Er konnte sich erheben und auf und ab gehen. Die eisenbeschlagene Tür aber hatten wir mit dem großen Riegel verschlossen. Wir ließen den Alten in der Furcht, daß er hier ohne Hilfe steckenbleiben müsse.

Des Nachts ist im Wald nicht gut wandern, wenn es keine gebahnten Wege gibt, zumal mit einer Sänfte. Dennoch blieben wir in der vorgesehenen Richtung. Die Gefährten traten so leise wie möglich auf. Halef hielt seine Pistolen und ich die Revolver schußbereit – für alle Fälle.

Als der Wald hinter uns lag, bogen wir rechts ab, den Wiesen der Sletowska zu, wo es freies Gelände gab. Es war ein Umweg, auf dem wir dem Kampf entgingen, der uns, wenn auch nicht den Tod, doch Wunden bringen konnte. Wir langten glücklich in unserm Han an, wo ich durch die vordere Stube, in der Gäste saßen, in das „gute Zimmer" getragen wurde. Da saß Ilia. Als er uns erblickte, sprang er von seinem Sitz auf.

„Effendi!" staunte der Handschi. „Du bist ja fort!"

„Wohin denn?" – „Nach Karatowa." – „Wer sagte das?"

„Tschurak." – „So ist er dagewesen?"

„Ja, und er verlangte eure Pferde und war sehr ergrimmt, als ich ihm erklärte, daß ich sie ihm nicht geben könne, weil du die Vollmacht wieder zurückgezogen hättest. Er drohte mir mit deinem Zorn. Du müßtest nach Karatowa getragen werden und bei deiner Ankunft die Pferde dort finden."

„Hatte ich es doch geahnt! Er wollte mich um meinen Rappen betrügen und nicht nur um das Pferd, sondern auch um das Leben."

„Um das Leben, sagst du?"

„Ja, wir können dir viel erzählen. Der Fleischer ist tot."

„Ist ihm ein Unglück zugestoßen?"

„Ja, wenn du es nämlich ein Unglück nennst, daß ich ihn erschossen habe."

„Erschossen?" rief Ilia erschrocken. „Du? Freilich ist das ein Unglück, und zwar für ihn, für seine Familie und auch für dich."

„Wieso für mich?" – „Hast du es mit Absicht getan?"

„Nun, erschießen wollte ich ihn nicht, aber treffen sollte meine Kugel ihn."

„So hast du mit Vorbedacht geschossen, und ich muß dich als Mörder festnehmen."

„Dagegen erhebe ich entschieden Einspruch. Hast du mir nicht gesagt, der Fleischer sei ein Skipetar?"

„Ja, er ist sogar ein Miridit[1]."

[1] Ein fast ausschließlich katholischer Stamm der Albanier

„So stammt er gar nicht von hier?“

„Nein. Sein Vater kam, als er hierherzog, aus Orossi, dem Hauptort der Miriditen.“

„Nun, was geht dich dann sein Tod an? Stehen die Miriditen unter den Gesetzen des Padischah?“

„Nein, die betrachten sich als freie Arnauten.“

„Weißt du auch, daß sie nur unter sich richten, und zwar nach den alten Gesetzen Skanderbegs?“

„Das weiß ich freilich.“

„So brauchst du dich um den Tod des Fleischers nicht zu bekümmern. Ich habe ihn getötet, ob mit Recht oder Unrecht, das ist bei diesen Leuten gleichgültig. Ich bin dem Gesetz der Blutrache verfallen, und die Verwandten des Toten müssen diese an mir ausüben. Du aber hast mit der Sache nichts zu tun.“

„Ah!“ holte Ilia tief Atem. „Das ist mir sehr lieb.“

„So sind wir einig. Aber es gibt noch einen andern Toten.“

„Wer ist das?“

„Ein Gefängniswärter aus Edirne, der einen Gefangenen befreit hat und mit ihm geflohen ist. Dieser hat ihn erschlagen. Bei diesen beiden Toten wirst du auch den Mübarek finden, dem ich mit einer Kugel den Ellbogen zerschmettert habe.“

„Auch ihm? Effendi, du bist doch ein ganz entsetzlicher Mensch!“

„Ich bin, im Gegenteil, ein sehr guter Mensch. Aber wie hier die Sache liegt, konnte ich nicht anders handeln.“

„Wie ist es denn gekommen?“

„Setze dich zu uns; ich muß es dir erzählen.“

Der Kjaja nahm Platz, und ich begann meinen Bericht. Wir hatten Zeit, darum war ich so ausführlich wie möglich. Ich erzählte ihm auch, warum wir Barud el Amasat verfolgten. Ilia gewann also einen klaren Eindruck in unsre Absichten, und das erleichterte ihm die Erkenntnis, mit welchen Schurken wir es zu tun hatten. Als ich endlich schwieg, saß er bestürzt da.

„Sollte man so etwas für möglich halten?“ staunte der Kjaja. „Ihr seid ja Leute wie die Gepanzerten des Kalifen Harun ar Raschid, die im ganzen Reich umherritten, um die Bösen zu bestrafen und die Guten zu belohnen.“

„Oh, wir sind keineswegs so hohe und herrliche Leute. Die Männer, von denen ich dir erzählte, haben unsern Freunden oder auch uns selbst Übles zugefügt. Sie planen jetzt noch gewisse Verbrechen, und wir folgen ihnen, um diese zu verhindern. Was wirst du nun tun?“

Ilia kratzte sich mit beiden Händen den Kopf und antwortete endlich: „Gib mir einen guten Rat!“

„Du bist Beamter und mußt wissen, was deine Pflicht dir vorschreibt. Meines Rates bedarfst du nicht.“

„Ich wüßte, was ich tun würde, wenn du nicht eine große Dummheit begangen hättest. Warum hast du den Mübarek nur in den

Ellbogen geschossen? Konntest du nicht auf seinen Kopf oder seine Brust zielen? Da wäre er aus der Welt gewesen."

„Das sagst du, du als Kjaja?"

„Nein, der Kjaja spricht jetzt nicht zu dir. Wäre der Alte auch tot, so ließe ich die drei begraben, und kein Wort würde weiter gesprochen. Nun muß ich mich des Mübarek bemächtigen und ihn dem Gericht überliefern. Das ist ein böser Fall."

„Ich sehe nichts Schlimmes dabei. Du wirst dich sogar verdienstlich machen. Er ist aus dem Gefängnis zu Ostromdscha entsprungen. Du ergreifst ihn und schickst ihn nach Üsküb[1], dann bist du fertig."

„Spotte nur! Du weißt nicht, wie schlimm es mir ergehen kann. Aber auch du wirst Shiganzy wohl kaum lebend verlassen, sondern der Blutrache verfallen."

„Hat der Fleischer mannbare Verwandte hier?"

„Ja, den Bruder Hajdar."

„Weißt du nicht, ob er heute daheim ist?"

„Hajdar ist da, denn mein Knecht hat vorhin meine Botschaft an ihn und nicht an Tschurak selbst ausgerichtet."

„Hm! Das ist freilich bedenklich. Wenn er wie sein Bruder ist, so muß ich mich vor ihm hüten."

„Er ist zum mindesten so. Ich habe ihn nicht für so brav wie Tschurak selbst gehalten. Da nun dieser ein Schurke war, dann wird sein Bruder Hajdar wohl ein noch größerer sein. Du bist deines Lebens nicht sicher, solange du hier bist. Darum will ich dir einen guten Rat erteilen: steigt ohne Verzug in die Sättel und reitet fort. Das ist wirklich das allerbeste für euch."

„Und auch das allerbeste für dich! Nicht wahr?" Diese Frage machte Ilia verlegen. Er hatte so dringlich zu mir geredet, wie nur die Sorge um sich selbst sprechen konnte. Der Mann war brav, aber als Sohn seines Landes mußte er allerdings mit der Unsicherheit der dortigen Rechtsverhältnisse rechnen.

„Inwiefern für mich, Effendi?"

„Wenn wir fort wären, würdest du den Mübarek einfach laufen lassen. Dann hättest du keine Rache zu fürchten, sondern seinen Dank zu erwarten."

Er errötete: ich hatte das Richtige getroffen. Dennoch sagte er: „Denk das nicht von mir! Ich werde sehr streng nach meiner Pflicht verfahren."

„Das erwarte ich auch von dir. Ich verlange nun, daß du dich noch am Abend des Mübarek bemächtigst. Die beiden Leichen mögen meinetwegen liegenbleiben."

„Aber was soll ich mit ihm anfangen?"

„Ihn hier einsperren, bis wir ihn morgen nach Üsküb schaffen."

„Alle guten Geister! Die Aladschy stürmen mir das Haus!"

[1] Auch Üschküp oder Üskup in türkischer Sprache. Serbisch: Skoplje; bulgarisch: Skopia

„Wir helfen dir, es zu verteidigen."
„Später trifft mich ihre Rache!"
„Die Aladschy können dir nichts zuleid tun, denn wir liefern sie morgen gleichfalls nach Üsküb ab und Manach el Barscha und Barud el Amasat dazu."
„Hast du sie denn?"
„Nein, aber wir holen sie uns gleich."
„Und wie?"
„Mit den Bewohnern von Shiganzy, die wir jetzt aufbieten, um gegen sie auszuziehen."
„Die werden sich bedanken, Effendi!"
„Sie müssen! Hast du nicht gelesen, daß ich ein Schützling des Großherrn bin?"
„Ja, leider bist du es."
„So mußt du meiner Forderung gehorchen. Diese vier Räuber stehen draußen am Rand des Gebüschs. Nichts ist leichter, als sie einzuschließen und gefangenzunehmen."
„Oh, da irrst du dich. Sie werden sich dagegen wehren."
„Ihr müßt es so anfangen, daß sie gar nicht dazukommen, sich zu verteidigen."
„Wie sollen wir das machen?"
„Das werde ich den Leuten erklären, wenn sie hier versammelt sind."
„Oh, keiner wird kommen, wenn ich sagen lasse, um was es sich handelt."
„Das darfst du nicht. Du gibst doch zu, daß du nach dem Gesetz das Recht und auch die Pflicht hast, in einem solchen Fall die Hilfe der ganzen streitbaren Einwohnerschaft anzurufen?"
„Ja, das Recht habe ich."
„Müssen sie dir gehorchen?"
„Unbedingt, Effendi."
„Nun, so rufst du jetzt deine Männer mit dem Befehl auf, sie sollen sich schleunigst hier in deiner vorderen Stube mit ihren Waffen einfinden. Wenn alle versammelt sind, werde ich ihnen selbst sagen, was wir von ihnen verlangen. Ich werde so zu ihnen reden, daß sie stolz darauf sein werden, gegen diese Missetäter auszuziehen."
Ilia äußerte noch eine Menge Bedenken, aber ich blieb bei meinem Verlangen, bis er endlich sagte: „Nun, da du so streng befiehlst, werde ich meinen Polizeiwächter holen und in deiner Gegenwart unterweisen."
Als er sich entfernt hatte, sagte Halef: „Ich begreife dich nicht, Sihdi. Denkst du denn wirklich, daß diese wackern Untertanen des Sultans auch nur eine Fliege fangen werden?"
„Nein. Ich will uns einen Spaß machen. Ich reise doch, um Länder und Völker kennenzulernen. Ich möchte einmal die Bewohner eines hiesigen Ortes beisammen sehen, um zu beobachten, wie sie sich

unterhalten und belustigen. Wir haben uns heute in Gefahr befunden und dürfen uns nun eine frohe Stunde gewähren."

Die Gefährten stimmten bei: sie waren neugierig auf den bewaffneten Landsturm, der sich einfinden sollte.

Nach einiger Zeit kam der Handschi zurück und brachte den Polizeiwächter mit. Dieser machte einen nicht sehr gebieterischen Eindruck. Sein Gesicht war zwar ungemein bärtig, aber das übrige paßte nicht dazu. Er sah recht hungerleidend aus, und sein Anzug bestand nur aus einer bis zum Knie reichenden Hose und einer alten, zerrissenen, vorn zugehefteten Jacke. Seine Unterschenkel waren unbekleidet. Um den Kopf hatte er ein Baumwolltuch gewickelt, von der Sorte, wie sie bei uns auf Jahrmärkten um zwei Mark das Dutzend verschleudert werden. In der HAnd hielt er einen Olivenstock von der Dicke eines Kinderbeins. Anstatt des Griffs hatte dieser eine Sichel – wozu? Als Waffe? Dann war sie ein höchst gefährliches Ding.

„Effendi, hier ist mein Polizeiwächter", sagte der Kjaja. „Willst du ihn selbst unterrichten?"

„Nein, tu du es! Du bist der Vorgesetzte und mußt diese Befehle erteilen."

Er gab dem Wächter den Auftrag so, wie es in meiner Meinung lag. Dann fragte ich ihn nach seinem Biervorrat.

„Ich habe erst gestern einen neuen Vorrat gekocht", erwiderte er. „Du könntest mit deinen Gefährten eine ganze Woche davon trinken."

„Verkaufst du es mir?"

„Ja. Aber wozu könntest du so viel brauchen?"

„Dein Polizeiwächter mag deinen Männern sagen, daß sie alles vorhandene Arpa ßuju und auch noch Raki erhalten, wenn sie das richtig tun, was von ihnen verlangt wird."

Da erhob der Polizeiwächter seinen Stock wie zum Schwur und gelobte: „Effendi, deine Güte ist groß! Bei Allah, wir werden fechten und streiten, als ob wir gegen die Feinde des Padischah zu Feld zögen!" – „So weißt du, um was es sich handelt?"

„Ja, der Kjaja, mein Gebieter, hat mich des Vertrauens gewürdigt, es mir zu sagen." – „Aber du wirst nicht davon sprechen?"

„Kein Wort! Mein Mund wird sein ein Buch mit sieben Siegeln, in dem nicht geblättert werden kann, und wie eine eiserne Truhe, zu der der Schlüssel abhanden gekommen ist."

„Das rate ich dir. Und nun beeile dich!"

„Ich werde fliegen wie der Gedanke des Gehirns, der in einer Sekunde um die Erde läuft."

Er wendete sich zur Tür und schritt würdevoll und gemessenen Schrittes zur Tür hinaus.

„Das ist noch niemals dagewesen", sagte der Handschi. „Kein Mensch wird allen Männern des Dorfes zu trinken geben, ein Fremder schon gar nicht. Effendi, man wird dich rühmen lange Jahre hindurch und eurer gedenken lebenslang."

„Wieviel wird das Bier kosten?“ – „Fünfzig Piaster.“
Das waren ungefähr zehn Mark.
„Und wieviel Männer werden kommen?“ – „Vielleicht gegen zwanzig.“ – „Und was kostet hier ein fetter Hammel?“
„Oh, der ist hier weit billiger als in Stambul oder Edirne, woher du kommst. Du wirst nur fünfzehn Piaster zahlen.“
„So kannst du den Leuten sagen, daß sie sich, wenn sie tapfer sind, draußen in deinem Hof zwei Hammel am Spieß braten dürfen.“
„Effendi, du rufst den Segen des Dorfes auf dein Haupt herab! Die Leute werden –“
„Schon gut!“ unterbrach ich Ilia. „Du selbst hast fette Hammel. Suche zwei aus und sorge dafür, daß auch wir eine tüchtige Abendmahlzeit erhalten.“
„Du sollst mit mir zufrieden sein. Ich werde für euch sorgen, als sei der Kalif selbst bei mir zu Gast!“ Ilia eilte hinaus.
„Jetzt hat er gute Laune!“ lachte Osko.
„Ja, aber dieser Frohsinn gefällt mir nicht. Der Kjaja scheint nicht mehr um das Leben und um das Wohl seiner streitbaren Männer besorgt zu sein. Das kommt mir verdächtig vor. Er wird irgendeine Vorsichtsmaßregel getroffen haben, die ihm Sicherheit gibt, daß ihnen nichts geschehen kann.“
„Er wird uns doch keinen Schaden machen?“
„Das ist unmöglich. Er vertreibt unsre Feinde. Das ist das einzige, was er fertigbringen wird.“
Es dauerte lange, bis der erste der streitbaren Helden eintraf. Als dieser endlich kam, machte der Handschi und Kjaja die Tür zur Vorderstube auf und meldete: „Effendi, sie kommen bereits. Soll ich schon Arpa ßuju geben?“ – „Nein. Erst müssen deine Männer zeigen, daß sie tapfer sind.“
Nach und nach kamen noch andre. Jeder trat an die offne Verbindungstür, machte uns eine Verneigung und betrachtete uns mit neugierigem Blick.
Aber in diesen Blicken spiegelte sich noch etwas andres als bloße Neugier oder die Freude über den Schmaus, der ihrer wartete. Es waren so pfiffige Augen! Diese Leute hatten irgendein Geheimnis, das ihnen Vergnügen machte. Bewaffnet waren alle: mit Flinten, Pistolen, Säbeln, Beilen, Messern, Sicheln an langen Stielen und sonstigen Werkzeugen.
Später hörten wir lauten Jubel dieser Kriegerschar. Wir sahen den Polizeiwächter eintreten, dem einige Männer folgten. Auch sie waren bewaffnet, doch trug jeder außerdem noch ein Musikinstrument bei sich. Er kam stramm und würdevoll mit ihnen zu uns hereingeschritten.
„Effendi“, meldete er, „die Krieger sind versammelt und harren deiner Befehle.“
„Gut! Was bringst du denn da für Leute?“

„Das sind die Tschalgydschylar[1], die erst die Dschenk makami[2] und dann die Makam er raks en nagmeh[3] machen werden. Dadurch werden die Truppen zur höchsten Tapferkeit begeistert."

„Ah, ihr wollt mit Musik gegen die Feinde ziehen?"

„Natürlich! Es ist so Brauch in jedem Heer. Beim Sturm wird trompetet."

Das war wunderbar! Die vier Räuber sollten still umzingelt und gefangen werden, und dieser Polizeiwächter wollte mit Musik gegen sie ziehen. Da er aber vom Sturm, von Kriegsmusik sprach, mußte er den Kriegern schon gesagt haben, um was es sich handle. Er hatte also mein Gebot übertreten, doch sagte ich jetzt nichts dazu. Er ließ mich auch nicht zu Wort kommen, denn er faßte den einen, der ein trommelähnliches Ding vorgeschnallt und zwei Stöcke in den Händen hatte, bei der Brust, schwenkte ihn vor mich hin und erklärte: „Dieser schlägt die Dawul[4]. Er ist Meister des Instrumentes."

Ihn fortschiebend, zog er einen zweiten herbei, der einen Reifen trug, über den ein Fell gespannt war. „Dieser klappert den Dawuldschuk[5] und dieser bläst die Düdük[6]."

Bei diesen Worten stieß er einen, der eine lange Holzpfeife hatte, an die Stelle des vorigen, schleuderte aber auch ihn wieder zur Seite und raffte zwei andre herbei, die sich mit Saiteninstrumenten zu befassen schienen.

„Dieser pimpelt die Kytara[7], und dieser sägt die Keman[8]", erläuterte er uns. „Aber nun kommt die Hauptsache, Effendi. Hier der letzte hat das eigentliche Instrument des Krieges. Er ist der Held der Töne, denn er macht den Takt und bläst die Feinde um, wenn er will. Er pfeift die Surna[9], der niemand widerstehen kann. Du wirst mit unserer Musik außerordentlich zufrieden sein."

Ich zweifelte daran. Die sogenannte Gitarre, der sich der eine befleißigte, bestand aus einem Brettstück, an das ein Hals geleimt war. Zwei Saiten hätten sich im Abendwind geschwungen, wenn er hier in der Stube geweht hätte. Die Violine bestand aus einem Hals, der eine kropfähnliche Anschwellung hatte. Über den Steg liefen drei Saiten, so dick, daß ein Baßgeiger sie hätte benützen können. Der Bogen bestand aus einer krummen Rute, an die eine starke Schnur gespannt war. Ein großes Stück Pech, das der Mann in der Hand hielt, sollte dieser Schnur wohl statt des Kolophoniums die nötige Rauheit geben.

Und nun erst die Posaune! Ja, es war eine wirkliche, leibhaftige Zugposaune. Woher der Mann sie nur haben mochte? Aber wie sah sie aus! Sie war voller Schrullen, Drücke und Kniffe, als ob Simson sie benutzt hätte, damit die Philister zu erschlagen. Ihre ursprüngliche Gestalt hatte sich im Lauf der Zeit verändert. Sie schien es für geboten gehalten zu haben, sich mehr und mehr einer unregelmäßigen Spirallinie zu nähern, und als ich daher dem Posaunisten das wunderliche

[1] Musikanten [2] Kriegsmusik [3] Musik des Tanzes und Gesanges [4] Trommel
[5] Tamburin [6] Flöte [7] Gitarre [8] Geige [9] Posaune

Ding aus der Hand nahm, um zu versuchen, ob es ausgezogen werden könne, fand ich, daß seine jetzige Gestalt sich dagegen sträubte und daß es außerdem völlig eingerostet war. Der glückliche Besitzer dieses Instruments schien dem Ausdruck meines Gesichts zu entnehmen, daß die Posaune nicht mein völliges Vertrauen besitze, denn er beeilte sich, mir zu versichern: „Effendi, habe keine Sorge! Diese Surna tut ihre Schuldigkeit."

„Ich will es hoffen."

„Da du zu dem Arpa ßuju noch Raki gibst, so schlage ich mit dieser Posaune alle beiden Aladschy tot!" – „Esel!" raunte der Polizeiwächter ihm zu. „Ihr dürft das noch gar nicht wissen!"

„Ah so!" meinte der Heldenposaunist. „Da nehme ich meine Worte zurück!" – „Sie sind nun heraus", lachte ich. „Also ihr wißt es bereits, worum es sich handelt?"

„Effendi, sie ließen mir keine Ruhe, bis ich es ihnen sagte", entschuldigte der Wächter sich. „Ihre Tapferkeit entbrannte so schnell, daß es mein Leben gefährdet hätte, wenn ich schweigsam geblieben wäre." – „Es ist recht, daß du dein Leben geschont hast. Nun brauche ich diesen wackren Leuten nicht erst erklären, was von ihnen verlangt wird." – „Oh, eine kleine Rede solltest du doch halten, um sie noch mehr anzufeuern, denn dann werden sie unüberwindlich sein!"

„Die Rede werde ich halten. Nicht, Sihdi?" meinte Halef.

Da ich seine Redefreudigkeit kannte, winkte ich ihm Gewährung zu und fragte dann: „Wer wird die Krieger anführen?"

Der Polizist erklärte würdevoll: „Natürlich bin ich als Polizeiwächter der Müschir[1] dieser Heeresmacht. Ich werde planmäßig verfahren. Ich teile das Heer in zwei Hälften, die von zwei Divisionsgeneralen befehligt werden. Mit ihnen werden wir die Verbrecher heimlich umzingeln und gefangennehmen. Sie können gar nicht entwischen, da wir von zwei Seiten kommen."

„Sehr gut! Und dazu macht ihr Musik?"

„Ja, denn damit jagen wir dem Feind schon beim Nahen Schrecken ein. Dann legen wir dir die Missetäter gebunden zu Füßen. Aber da du nun einsehen mußt, wie tapfer und verwegen wir sein werden, so brauchst du mit den beiden Hammeln nicht warten, bis wir siegreich nahen. Du kannst sie schon jetzt braten lassen. Ich habe einige Frauen mitgebracht, die dieses Geschäft gut verstehen. Sie sind schon draußen im Hof und treffen ihre Vorbereitungen. Die Stücke oberhalb des Schwanzes, die die zartesten und besten sind, werdet ihr erhalten, denn wir wissen, was die Höflichkeit erfordert." – „Also auch Frauen werden da sein?"

„Oh, noch andre! Schau hinaus in den Hof, so wirst du auch die Söhne und Töchter der Frauen sehen."

„Nun, so mag der Kjaja seinem Knecht befehlen, nicht zwei,

[1] Feldmarschall

sondern vier Hammel zu schlachten und sie den Frauen zu übergeben."

„Effendi, du fließt über vom Wohltun! Aber daß wir die Hauptsache nicht vergessen: wer bekommt die vier Felle?"

„Sie sollen unter die vier Tapfersten verteilt werden."

„Da bin ich sicher, wenigstens eines zu erhalten. Nun aber soll dein Gefährte seine Rede beginnen, denn der Eifer meines Kriegsvolks wird kaum länger zu zügeln sein."

Er zog sich mit seinen Musikanten in die vordere Stube zurück. Halef stellte sich unter die Verbindungstür und hielt seine Ansprache. Sie war ein Meisterstück. Er war überaus freigebig mit der Bezeichnung der Zuhörer als Helden, Unüberwindliche, Vortreffliche und warf eine Fülle anzüglicher Brocken dazwischen, die nur wir verstanden.

Als der Hadschi geendet hatte, erklang ein Ton, über den ich so erschrak, daß ich vom Sitz auffuhr. Das war, als steckten ein halbes Dutzend amerikanischer Büffel lebendig am Spieß, um gebraten zu werden, und stießen dabei ihr Schmerzgebrüll aus. Auf meine Erkundigung entgegnete der Wirt: „Das war die Surna. Sie blies zum Aufbruch."

Die Stube leerte sich nun. Draußen vor dem Tor erklang die Stimme des Marschalls. Er teilte sein Heer in zwei Scharen, und dann setzten die Helden sich in Bewegung. Einige kräftige Donnerstöße der Posaune leiteten den Sturmmarsch ein. Die Flöte tat, als wollte sie einen Triller hervorbringen, blieb aber stecken und verfiel in ein wütendes Pfeifen. Die Trommel begann zu quirlen, dann fiel das Tamburin ein, von Geige und Gitarre aber war nichts zu hören. Ihre sanften, zarten Töne erstarben unter der Tonmacht der andern kriegsgewohnten Instrumente. Nach und nach wurden die Harmonien schwächer, je weiter das Heer sich entfernte. Es klang nur noch so, als würde der Sturm um eine Ecke heulen, und dann verging es in einem hinsterbenden Piepen, wie einem Leierkasten, dem die Luft ausgeht.

10. Knapp am Tod vorbei

Wir überließen die Tapfern ihrem Heldentum und zogen unsre Tschibuks hervor. Draußen im Hof loderten einige Feuer, an denen die Hammel gebraten wurden. Nicht ganz drei Mark das Stück. Eine solche Freigebigkeit konnte man schon einmal wagen.

Ilia hatte nichts zu tun. Er setzte sich zu uns, zündete sich auch eine Pfeife an und verlor sich in Vermutungen, ob einer der vier, auf die wir es abgesehen hatten, gefangengenommen würde – oder alle vier – oder gar keiner. Es lag dabei ein Zug in seinem Gesicht, der mich auf eine kleine Verstecktheit schließen ließ. Der Kjaja war ein ehrlicher Mann, das glaubte ich gern; jetzt aber verbarg er uns irgend etwas, was zu dem im schönsten Gang befindlichen Feldzug in Beziehung stand.

„Aber wenn sie nun Unglück haben“, meinte er, „was dann?“

„So bekommen wir die Verbrecher nicht.“

„Ich meine in betreff des Biers.“ – „Das wird doch getrunken.“

„Und die Hammel?“ – „Werden doch verspeist.“

„Du sprichst wie ein Weiser, Effendi, denn wenn die Aladschy fort sind, hilft auch die größte Kühnheit nichts.“

„Der Marschall wird schon dafür sorgen, daß sie fortgehen. Seine Musik fordert sie dazu auf. Oder sollte er sie schon vorher gewarnt haben?“ – „Gewarnt? Wie meinst du das?“

„Nun, dein Saptije kann ja zu ihnen hinausgelaufen sein, um ihnen in aller Gemütlichkeit mitzuteilen, daß sie uns vergeblich auflauern, weil wir schon hier bei dir sind.“

Ilia sah mich forschend an, ob ich das wohl im Ernst meine.

„Effendi, was denkst du nur?“

„Etwas, was leicht möglich ist. Und bei dieser Gelegenheit hat er ihnen auch gesagt, daß sie ein wenig beiseite gehen sollen, weil er jetzt die Tapfern zu einem Angriff gegen sie zusammenrufen müsse.“

„Das wird er doch nicht getan haben! Das wäre ganz gegen seine Pflicht.“

„Wenn es ihm aber von dir befohlen worden wäre?“

Der Kjaja errötete, blickte zur Seite und antwortete unsicher: „Das traust du mir zu?“

„Du siehst mir so ungemein pfiffig aus. Die große Sorge um deine Helden ist ganz verschwunden, und der erste dieser Tapfern kam so spät, daß ich wirklich glaube, dein Saptije hat einen kleinen Spaziergang zu den Büschen hinaus gemacht. Aber ich will dir deine Sorge für die Bewohner von Shiganzy nicht zum Vorwurf machen. Hoffentlich werden ihrer nur wenige getötet werden!“

Ich sagte das in scherzhaftem Ton. Er antwortete, halb auf ihn eingehend: „Meine Krieger werden wie die Löwen kämpfen. Solche Waffen wie ihr haben sie freilich nicht, aber sie wissen die ihrigen zu gebrauchen. Mit einer hiesigen Flinte könnte man nicht eine eiserne Krampe aus dem Holz schießen. Ich habe noch nie ein so schweres Gewehr gesehen.“

Er nahm meine Büchse von der Wand, an der sie lehnte, und wog sie mit den Händen.

„Wirst du nicht müde, wenn du sie trägst?“ erkundigte Ilia sich.

„Nein, ich bin es gewöhnt.“ – „Warum aber macht man bei euch so schwere Gewehre? Der Arm schmerzt ja beim Zielen.“

„Man fertigt jetzt keine solche Büchsen mehr an. Dieses Gewehr ist alt. Es gehört zu einer Gattung, die man Bärentöter nannte, weil man sich ihrer bei der Bärenjagd bediente. Es gibt drüben in Amerika eine Bärenart, die ein graues Fell hat. Dieser graue Bär ist so stark, daß er einen Ochsen im Rachen fortschleppt. Keine der früheren Kugeln tötete ihn sicher, und nur aus schweren Gewehren, wie dieses hier ist, konnte man einen sicheren Schuß abgeben."

„Hast du auch solche Bären getötet?" – „Ja. Wozu hätte ich sonst die Büchse?" – „Aber warum schleppst du sie hier mit dir herum, wo es keine Bären gibt?"

„Weil ich während meiner Reise in Gegenden kam, wo es zwar keine Bären, aber andres starkes Wild gab. Ich habe mit ihr den Löwen und den Schwarzen Panther geschossen. Übrigens gewährt sie wegen ihrer Schwere ein sicheres Ziel aus freier Hand. Und daß sie mir auch sonst gute Dienste leistet, das hast du heute erfahren."

„Ist die Büchse geladen?" – „Ja. Sobald ich einen Schuß abgegeben habe, lade ich sofort wieder. Das ist Jägerart!"

„Dann will ich sie lieber aus der Hand geben. Und welch sonderbare Waffe ist das andre Gewehr?"

Ich muß bemerken, daß wir an einem Tisch saßen, der an dem offnen Fensterladen stand. Ich saß mit dem Gesicht und Halef mit dem Rücken gegen die Fensteröffnung. Rechts von mir saß Ilia, links Omar und hinter mir stand Osko, der sich soeben seine Pfeife gestopft hatte und von seinem Platz aufgestanden war, um sie sich an der Lampe anzuzünden. Er war hinter mir stehengeblieben, um dem Handschi zuzuschauen, der den Bärentöter so auf den Tisch gelegt hatte, daß er mir glücklicherweise handgerecht lag, und jetzt zum Henrystutzen griff. Der Handschi fragte mich nach seiner Handhabung, und ich erklärte ihm, wie ich fünfundzwanzig Schüsse abfeuern könne, ohne zu laden. In dieser Erklärung wurde ich durch den Ruf Oskos aufgeschreckt.

„Effendi! Um Allahs willen! Hilfe!" schrie er laut.

Ich sah mich um. Der Montenegriner deutete auf das Fenster. Seine Augen waren weit geöffnet und auf seinem Gesicht lag die Blässe des Todes. Osko war ein Bild starren Schreckens. Als ich der Richtung seines Arms folgte, sah ich mich der Mündung eines Gewehrs gegenüber. Der Lauf war auf die untere Fensterkante gelegt. Der Schütze stand draußen auf der Straße und hatte das Gewehr hier aufgelegt, um ein sicheres Ziel auf mich zu haben.

Es gibt Gelegenheiten, bei denen der Geist in einem halben Augenblick Gedanken und Folgerungen bildet, zu denen er sonst Minuten braucht. Das Handeln scheint dann nur ein triebhaftes zu sein; aber in Wahrheit hat der Geist wirklich seine ordentlichen Schlüsse gebildet, nur daß die Verbindung der Ideen blitzartig war.

Das Gewehr war so auf meine Stirn gerichtet, daß ich nicht den Lauf, sondern nur die Mündung wie einen Ring sehen konnte. Ein Augenblick des Schreckens und des Zögerns hätte mich unbedingt dem Tod überliefert. Es mußte gedankenschnell gehandelt werden. Aber wie? Bog ich den Kopf rasch zur Seite, so wurde zwar nicht ich, sondern der hinter mir stehende Osko getroffen. Um diesen zu retten, durfte ich dem Mörder sein Ziel, nämlich meinen Kopf, nicht entziehen. Aber ich bewegte ihn so rasch hin und her, daß das Ziel unsicher wurde, und ergriff den Bärentöter.

Das kann unmöglich so schnell erzählt oder gelesen werden, wie es geschah. Der im Anschlag liegende Mörder konnte nicht sehen, daß ich das Gewehr vom Tisch aufriß. Ohne es anzulegen – denn das hätte er bemerkt – streckte ich es aus, hielt die beiden Läufe an die mich bedrohende Mündung und drückte ab, beide Schüsse fast zugleich.

Von Oskos Schrei bis zu den beiden Schüssen war eine so kurze Zeit vergangen, daß sie sich gar nicht messen ließ. Kaum war der Schrei erklungen, so krachten auch schon die zwei – vielmehr drei Schüsse, denn der draußen stehende Schütze hatte auch losgedrückt, glücklicherweise vielleicht den zehnten Teil einer Sekunde später als ich. Auf den Krach der Schüsse folgte draußen ein schriller Schrei.

Halef hatte Oskos Warnungsruf gehört und sich zum Fenster umgedreht, aber meine Büchse war ebenso rasch gewesen wie sein Blick. Er hatte den fremden Gewehrlauf nicht gesehen. Darum fuhr er jetzt vom Sitz auf und schrie: „Was gibt es, Sihdi? Du schießt?"

„Ein Mörder!" antwortete Osko, noch immer starr und mit ausgestrecktem Arm dastehend, während ich aufgesprungen war, den Bärentöter auf den Tisch warf und den Stutzen aus den Händen des Handschi Ilia riß.

Ich konnte nicht sehen, wer draußen stand. War der Schurke noch da, so war er verloren, denn nun seitwärts vom Fenster stehend, wo ich kein grades Ziel mehr bot, feuerte ich acht Schüsse hintereinander hinaus. Mein treuer Hadschi hatte sofort begriffen, um was es sich handelte.

„Schieß nicht weiter!" rief er mir zu. Im nächsten Augenblick war er in der Fensteröffnung und wollte hinaus.

„Halef, bist du toll?" rief ich und faßte ihn an den Beinen, um ihn zurückzuziehen.

„Ich muß hinaus!" schrie der Kleine, riß sich los und sprang auf die Straße hinab.

Ich hatte mit dem gesunden Fuß einen raschen, weiten Schritt gemacht, der mich ans Fenster brachte. Die Wand war nicht stark. Schnell schob ich erst den Stutzen und dann den Kopf mit dem linken Arm durch das Fenster. Mehr brachte ich von meinem Körper nicht hinaus, weil das Fenster für mich zu schmal war. Ich sah Halef nach rechts laufen, wo das breite Hoftor offenstand und der Schein der lodernden Feuer hell auf die Straße fiel. Gleichzeitig löste sich von der dunklen Tür des gegenüberliegenden Hauses des Fleischers eine Gestalt ab und rannte hinter Halef her.

War das ein Feind? Ich legte den Stutzen an. Da sah ich einen Menschen am Tor vorübereilen. Er war im Flammenschein deutlich zu erkennen.

„Manach el Barscha!" brüllte Halef hinter ihm her. Auch ich hatte ihn erkannt und sah nun Halef an dem Tor vorbeirasen. Ich zielte auf die schmale Stelle, die erleuchtet war und an der nun der dritte vorüber mußte, der dem kleinen Hadschi folgte.

Jetzt erschien die Gestalt des Verfolgers im Licht. Er war so gekleidet, wie der Fleischer es gewesen war. Jetzt kam er mir vor das Visier, und ich schoß, verfehlte ihn aber. Da ich nur den linken Arm draußen hatte, mußte ich links schießen und zielen. Nun soll einer des Nachts, dazu in unbequemer, eingeengter Haltung und vom Flackern der Feuer beirrt, das Gewehr an die linke Backe legen, das rechte Auge schließen und dann einen sicheren Schuß abgeben! Es war fast unmöglich. Ich zog mich sofort wieder in die Stube herein und befahl Osko und Omar: „Schnell nach! Durch die Stube und den Hof, rechts die Straße hinaus! Halef befindet sich zwischen zwei Gegnern."

In diesem Augenblick fielen mehrere Pistolenschüsse. Beide griffen zu ihren Flinten.

„Nicht die Gewehre! Da ist nur etwas mit Messern und Pistolen zu tun. Fort, fort, schnell!"

Darauf rannten meine Gefährten dem wackern Hadschi zu Hilfe. Ich konnte ihnen leider nicht folgen, denn ich war in meinem hilflosen Zustand zum Bleiben genötigt.

Ilia saß noch immer gleichsam erstarrt auf seinem Platz. Wie ich ihm den Stutzen aus der Hand gerissen hatte, so hielt er sie noch. Er hatte seit dem Warnungsruf Oskos noch keine Bewegung gemacht und kein Wort gesprochen.

„Ef – ef – effen – fendi!" stammelte er jetzt. „Was war es denn?"

„Das hast du doch gesehen und gehört."

„Man hat ge – ge – geschossen!"

Ich faßte ihn an der Schulter und schüttelte ihn.

„Handschi, komm doch zu dir! Du bist ja ganz steif vor Angst!"

„Galt es mir?"

„Nein, mir", lächelte ich.

„Ich dachte, weil ich euch geholfen habe, wollten sie mich erschießen."

„Nein, dein teures Leben war nicht bedroht, sondern das meinige. Aber mache den Laden zu. Wir wollen niemand Gelegenheit geben, abermals auf uns zu zielen."

Ilia wankte, als er dieser Weisung folgte. Gewiß war er kein Feigling, aber die Schnelligkeit, mit der alles aufeinander gefolgt war, hatte ihn ganz verwirrt. Nachdem er den Laden geschlossen hatte, sank er wieder auf den Stuhl, und ich zündete mir erneut die Pfeife an.

„Du rauchst, Effendi?" staunte der Kjaja. „Und die draußen kämpfen!" – „Kann ich ihnen helfen? Wärst du ein tüchtiger Mann, so eiltest du ihnen nach!" – „Danke! Mich geht das nichts an." – „So rauche auch!"

„Mir zittern noch alle Glieder. Deine alte Büchse knallt doch wie eine Kanone!"

„Ja, sie hat einen etwas kräftigen Baß, die gute Matrone. Wollen gleich wieder laden. Du hast gesehen, wie gut das ist. Wäre sie ungeladen gewesen, so stand es schlimm um mich."

„Du hast doch auf den Mörder geschossen?"

„Nein. Ich konnte nicht das geringste von ihm sehen. Ich sah nur die Mündung seines Gewehres. Er zielte grad auf meine Stirn. Ich konnte nichts weiter tun, als schießen, um mit meiner Kugel den auf mich gerichteten Lauf emporzuschleudern, und das ist mir gelungen."

Unter den Frauen und Kindern draußen im Hof war eine große Unruhe entstanden. Sie hatten die Schüsse auch gehört und dann die Männer laufen sehen. Alle wußten, daß die Aladschy in der Nähe waren, und befanden sich darum in höchster Aufregung.

Jetzt trat eine Stille ein, und nun wurde die Tür zur vordern Stube geöffnet. Osko, Omar und Halef kamen zurück. Der Kleine sah übel aus. Seine Kleider waren beschmutzt und teilweise zerrissen, und von der Stirn lief ihm Blut über das Gesicht.

„Du bist verwundet?" fragte ich erschrocken. „Ist's gefährlich?"

„Ich weiß es nicht. Untersuche es, Sihdi!" – „Wasser her!"

Da nicht gleich Wasser zur Hand war, tauchte ich mein Taschentuch in den Bierkrug und wischte dem wackren Kleinen das Gesicht ab. „Gott sei Dank! Ein leichter Streifschuß", tröstete ich. „In zwei Wochen ist die Schramme verheilt." – „Das läßt sich hören!" lachte Halef. „Aber es war nicht so gemeint; es sollte mir ans Leben gehen."

„Wer schoß auf dich? Manach el Barscha?"

„Nein, der andre." – „Kanntest du ihn?"

„Nein. Es war so dunkel, daß ich sein Gesicht nicht erkennen konnte, obwohl unsre Bärte einander so nahe waren, daß wir uns hätten küssen können."

„Ich vermute, daß es Hajdar, der Bruder des Fleischers, war."

„Sehr möglich, denn grad wie ein Fleischer griff er zu."

„Erzähle doch! Omar mag inzwischen das Verbandzeug aus meiner Satteltasche holen."

„Nun, die Sache ging sehr schnell vor sich. Als ich den Kopf durchs Fenster steckte, sah ich einen Mann darunter liegen. Ich wollte auf ihn springen, da aber nahmst du mich von hinten fest. Ich zappelte mich los. Als ich die Beine hinausbrachte, sprang er auf und lief davon."

„Manach el Barscha war es. Er sagte heute zu den drei andern, als ich sie belauschte, daß er gern einmal auf mich schießen möchte."

„Ich kam im Sprung auf ein langes, schmales Ding, so daß ich niederstürzte. Es muß eine Flinte sein, die noch draußen liegt."

„Sie wird Manach el Barscha durch meinen Schuß aus der Hand geprellt worden sein, und er hat einen Stoß oder Schlag erhalten, der ihn niederwarf."

„Jedenfalls sind ihm die Sinne für kurze Zeit vergangen, sonst wäre er nicht liegengeblieben, bis ich kam. Ich raffte mich sogleich auf und sprang ihm nach. Als er am Tor vorüberlief, erkannte ich ihn und rief es euch zu."

„Auch ich habe Manach el Barscha erkannt."

„Er lief wie Feuer. Ich blieb ihm aber auf den Fersen. Da stolperte er und stürzte. Ich war ihm so nahe, daß ich nicht schnell genug anhalten konnte, und stürzte über ihn hinweg. Das benutzte er, um aufzuspringen und weiterzurennen." – „Das war dumm. Er hätte sich auf dich werfen können." – „Freilich, die Schurken haben kein Geschick."

„Wer schoß dann?"

„Ich. Noch im Wiederaufstehen zog ich die Pistolen aus dem Gürtel und feuerte auf ihn. Aber auch ich war dumm und schoß im Laufen. Wäre ich stehengeblieben, um ruhig zielen zu können, so hätte ich ihn sicher getroffen, denn meine Pistolen tragen weit. Es soll mir auch nicht wieder vorkommen."

Jetzt kam Omar mit dem Verbandzeug.

„Draußen vor dem Fenster liegt Manachs Gewehr", sagte Halef ihm; „hole es herein!" – „Ich will aber deine Erzählung auch hören."

„Ich warte."

Als Omar die Flinte brachte, zeigte es sich, daß Manach el Barscha eine gewaltige Ohrfeige erhalten haben mußte, denn der Kolben hatte einen Sprung. Man sah an der Mündung deutlich, wo meine Kugeln aufgetroffen waren.

„Aber sie ist doch nicht geladen", meinte Halef, der sich fleißig das Blut aus dem Gesicht wischte. „Also muß er doch geschossen haben."

„Gewiß! Fast zugleich mit mir."

„So haben deine Kugeln seinen Flintenlauf hinaufgeschlagen, und seine Kugel muß da drüben in der Wand, in der Nähe der Decke sitzen."

Osko nahm die Lampe und fand bald das Loch, in dem die Kugel steckte. „Da ist sie", sagte er. „Die säße dir jetzt im Kopf, Effendi, wenn ich das auf dich gerichtete Gewehr nicht noch rechtzeitig bemerkt hätte." – „Ja, ich verdanke dir mein Leben."

„Darauf bin ich stolz. Wir verdanken dir so viel, besonders ich, denn du hast meine Tochter aus der Hand dieses Abrahim Mamur befreit. Nun konnte ich dir doch auch einmal einen kleinen Dienst erweisen."

„Klein kann ich diesen Dienst nicht nennen. Hab herzlichen Dank dafür!"

„Du brauchst mir keinen Dank zu sagen. Ein andrer wäre trotz meiner Warnung erschossen worden. Wie kamst du nur auf den Gedanken, ihm den Lauf wegzuschießen? Du brauchtest dich ja nur zu bücken." – „Manach el Barscha hätte doch abgedrückt und dann dich getroffen. Er lag im Anschlag." – „Also um auch mich zu retten?" – „So dachte ich. Und da wir seine Kugel gefunden haben, so können wir auch die meinigen suchen. Sie sind durch seinen Lauf abgelenkt worden. Seht den Rand des Fensters an!"

Richtig, sie steckten nahe nebeneinander im weichen Luftziegel. Osko grub sie heraus.

„Und die da oben hole ich mir auch", sagte er. „Ich muß mir diese drei Kugeln aufheben zum Andenken an diese Stunde. Nun aber weiter, Halef!"

Dieser erzählte: „Das übrige weißt du fast ebenso genau wie ich. Ich ereilte Manach und faßte ihn von hinten. Er tat einen gewaltigen Sprung zur Seite, riß sich darauf wieder los – ich stürzte. Diesmal war er klüger als vorher. Er warf sich auf mich und packte mich bei der Kehle. Eben zog ich das Messer, um es ihm von unten zwischen die Rippen zu stoßen, da griff noch ein andrer zu. Wer es war, weiß ich nicht; aber morgen würde ich ihn kennen, denn ich zog ihm das Messer so über das Gesicht herüber, daß er die Hand von mir lassen mußte. Dafür aber hielt er mir den Lauf der Pistole vor den Kopf. Das Blut mochte ihn blenden, denn er rief: ‚Halte ihn fest, Manach!' Dieser tat es redlich. Ich lag mit dem Gesicht zur Seite. Die Mündung der Waffe stieß mir an die Schläfe. Ich warf den Kopf zurück, und er drückte los. Es war mir, als hätte jemand mit einem glühenden Draht über meine Stirn gestreift. Nun nahm ich alle Kräfte zusammen, um mich loszumachen. Das Messer war mir entfallen. Die beiden hielten fest, beim Hals und bei den Armen. Dann bekam ich plötzlich Luft. Der eine stieß einen Fluch aus, denn er war von hinten gepackt worden."

„Von mir", erklärte Osko. „Ich nahm ihn bei der Kehle, doch ich war zu eilig gewesen – es war nicht der richtige Griff. Er riß sich los und entfloh."

„Ja, und indessen war Manach el Barscha auch entwischt", setzte Halef hinzu. „Der Atem war mir ausgegangen und bis ich Luft bekam, hatte Manach sich ohne Abschied empfohlen."

Es ist ein eigentümliches und unbeschreibliches Gefühl, sich plötzlich im Angesicht des Todes zu befinden und sich ebenso schnell gerettet zu sehen. Millionen haben glücklicherweise keine Ahnung von diesem Gefühl.

Die Wunde Halefs war leicht zu verbinden und konnte nur eine leichte Narbe hinterlassen.

„Wieder ein Zeichen der Tapferkeit, mein lieber Hadschi!" sagte ich zu ihm. „Was wird Hanneh, die Perle ihres Geschlechtes, sagen, wenn sie diese Denkmäler deiner Kühnheit sieht?"

„Hanneh wird denken, daß ich es für meinen Sihdi getan habe, den sie auch liebt. Oh, was werde ich von uns erzählen können! Es wird wenige unter den Beni Arab geben, die solche Reisen gemacht haben wie wir! Und dann, wenn ich – – horch!"

Wir hörten einen fernen Ton, ein Klingen, wie das spitze Singen einer Mücke. Es wurde immer stärker, und bald erkannten wir den Schlachtmarsch des streitbaren Heeres, das jetzt zurückkehrte.

„Sie kommen!" meinte Ilia, wobei er erst jetzt von seinem Sitz aufstand. „Sie werden die Gefangenen bringen."

„Die indessen im Dorf waren, um auf mich zu schießen, während die tapferen Bewohner spazierengingen", erwiderte ich.

„Effendi, es war doch nur einer da! Die drei andern sind sicher ergriffen worden."

„So zahle ich tausend Piaster für jeden!" – „Noch wissen wir nicht, ob meine Leute keinen Erfolg gehabt haben. Ich als der Oberste der Polizei muß sie empfangen."

Er ging, jedenfalls, um den Polizisten zu warnen, mir ein Geständnis zu machen. Er ließ die Türen offen, damit wir den Einzug des siegreichen Heeres sehen konnten.

Zuerst erschien der Müschir, den Sichelknüttel wie ein Tambourmajor seinen Stock schwingend. Ihm folgte die Musikbande, aus Leibeskräften spielend, aber nicht nach Noten und in Taktgleichheit, sondern ein jeder nach seinem Geschmack. Hinter diesen kamen die Helden geschritten, jeder einzelne in einer Haltung, als habe er die Taten eines Roland oder Bayard geleistet. Vier von ihnen trugen Bahren aus jungen Stämmen und Laubrinde, auf denen die beiden Toten lagen: der Fleischer Tschurak und der einstige Gefängnisschließer.

In der vorderen Stube wurde angehalten. Die Musik machte einen Tusch, dann trat tiefe Stille ein. Von draußen drang der Duft der bratenden Hammeln herein. Der Feldmarschall öffnete seine Nüstern weit, sog den Wohlgeruch behaglich ein und kam dann würdevoll zu uns.

„Effendi", meldete er, „der Feldzug ist beendet. Die beiden Aladschy habe ich allein erlegt. Mir gebühren also zwei Hammelfelle."

„Wo hast du ihre Leichen?"

„In den Fluß geworfen." – „Und wo sind die beiden andern Missetäter?" – „Auch in der Sletowska. Wir haben sie elend ersäuft."

„Und wer hat sie erlegt?"

„Das weiß man nicht genau. Wir werden also losen müssen, wer die beiden andern Felle bekommt."

„Sonderbar, daß ihr sie ersäuft habt, so daß man nicht gut nachweisen kann, daß der Feldmarschall lügt." – „Effendi, beleidige mich nicht!" – „Seit wann kommen denn die Toten herein ins Dorf, um hier durch das Fenster auf meinen Kopf zu schießen?"

Der Polizeiwächter erschrak.

„Was willst du damit sagen, Effendi?" – „Daß diese vier Männer, gegen die ihr ausgezogen seid, unterdessen hier hereingeschossen haben."

„So waren es ihre Geister."

„So empfehle ich dir, mit deinem tapfern Heer die Geister der vier Hammel zu verspeisen, denn ihre Leiber werdet ihr nicht bekommen."

„Effendi, du hast sie uns versprochen! Wir halten dich beim Wort!"

„Ich versprach sie euch unter Bedingungen, die ihr nicht erfüllt habt. Wenn du mich für einen Mann hältst, den man so anlügen darf, wie du es tust, so lasse ich dir die Peitsche geben, Ich habe die Macht dazu; frage den Kjaja, er wird es bestätigen."

Ich hatte sehr laut gesprochen, so daß alle, auch die draußen

Stehenden, es hörten. Sie wurden sehr ernst und steckten die Köpfe zusammen. Der Polizist stand wie ein armer Sünder da. Der Kjaja, der sich in meiner unmittelbaren Nähe befand, glaubte sich seines Untergebenen annehmen zu müssen, aber ohne mir ein Zugeständnis zu machen: „Effendi, du denkst grundfalsch. Es ist dir keine Unwahrheit gesagt worden. Wie könnten wir so etwas wagen!"

„Ja, wie könnt ihr es wagen, mich zu belügen und mich zum Narren zu halten? Du weißt, daß ich mich des Schutzes des Großherrn und der Empfehlungen seiner obersten Behörde erfreue. Was ist ein Kjaja, was ist ein Polizeiwächter gegen mich! Dennoch habt ihr geglaubt, mich täuschen zu können. Das kann und darf ich nicht dulden. Ich will den Leuten Arpa ßuju, Raki und vier gebratene Hammel geben und zum Dank werft ihr mir solche Lügen an den Hals! Da behalte dein Getränk! Die Hammel aber werde ich morgen mitnehmen, um sie an würdigere Leute zu verschenken."

Hatte keins meiner früheren Worte den gewünschten Eindruck gemacht, die letzte Drohung erzielte die beabsichtigte Wirkung. Ilia trat verlegen zurück. Der „Feldherr" sog den hereinströmenden Bratengeruch ein, kniff die Lippen zusammen und rieb ratlos die Hose am Bein. Der Posaunenkünstler aber war der Mann, der die Lage beherrschte. Er kam mit langen Schritten auf uns zu, pflanzte sich vor mir auf und sagte: „Effendi, die Hammel wollen wir nicht einbüßen. Es würde dein Gewissen schwer belasten, sie uns entzogen zu haben. Darum will ich mich von stillen Selbstvorwürfen befreien, indem ich dir die Wahrheit gestehe."

„Ich sehe, daß es hier wenigstens einen ehrlichen Mann gibt", erwiderte ich.

„Oh, wir sind alle ehrlich, aber es kann doch nur einer sprechen. Ich blase den Takt und habe den stärksten Ton in meiner Surna, darum will ich auch hier das Wort ergreifen. Wir haben nicht gekämpft, sondern sind zur Hütte gezogen, um die Toten zu holen. Das Wasser der Sletowska hat keine Leiche gesehen. Wenn du befiehlst, werde ich dir offen sagen, wie das gekommen ist."

„So sprich!"

„Ich saß daheim und kniff grade eine tiefe Schrulle aus, die meine Surna erhalten hatte, als ich gestern einen Beleidiger mit ihr zu Boden schlug; da kam dieser Wächter der Polizei zu mir, der mein Schwager ist, weil er die Schwester meines Weibes geheiratet hat. Er erzählte mir von dir, von den Aladschy und was du vom Kjaja verlangt hast. Ilia hatte ihm den heimlichen Auftrag gegeben, hinaus an die Büsche zu gehen und den Aladschy zu sagen, daß ihr ihnen entkommen seid und daß sie sich aus dem Staub machen sollten, weil in kurzer Zeit das Heer unsrer Streiter gegen sie anrücken werde, um sie zu fangen." – „Ich dachte es mir!"

„Der Wächter des öffentlichen Wohlbefindens wollte aus Freundschaft und Schwagerschaft mich teilnehmen lassen an dem Ruhm, mit den Aladschy gesprochen zu haben, darum forderte er mich auf, ihn zu begleiten." – „Oder vielmehr, er fürchtete sich, allein zu gehen; deshalb nahm er dich mit."

„Da irrst du. In seinem wie auch in meinem Herzen wohnt keine Furcht. Ich scheue auch den stärksten Feind nicht, denn ich besitze in meiner Surna hier eine gewaltige Waffe, mit der ich schon manchen Kopf mit Beulen bedeckt habe. Also wir brachen auf und gingen." – „Aber langsam?" – „Ja, denn wir mußten beraten, wie wir uns unsres heiklen Auftrags am besten entledigen könnten. Darum gingen wir langsam unsres Wegs und riefen den Aladschy von Zeit zu Zeit zu, daß wir nicht gekommen seien, sie zu töten."

„Das war freilich eine weise Vorsicht von euch, denn sonst hätten sie über euch herfallen können."

„O nein! Wir taten es, um die Aladschy nicht allzusehr zu erschrecken. Aber sie vergalten unser Zartgefühl mit Undank."

„Worin bestand dieser?"

„In Peitschenhieben, die sie meinem lieben Schwager reichlich versetzten, während sie dies bei mir natürlich nicht wagten."

„Oho!" fiel der Polizist ihm ins Wort. „Hat der eine Aladschy dir nicht eine Ohrfeige gegeben, daß du dich auf den Boden setztest?"

„Du hast dich getäuscht, denn es war dunkel, und die Hiebe fielen so hageldicht auf dich, daß du überhaupt nicht um dich schauen und auf mich achthaben konntest. Deine Worte haben also nicht die Kraft eines Zeugnisses von Gewicht."

„Streitet nicht!" befahl ich. „Was taten die Aladschy dann?"

„Sie fragten, welche Aufgabe unsre Schar lösen sollte, und wir erklärten ihnen, daß wir zunächst sie fangen und dann den alten Mübarek und die beiden Leichen aus der Hütte holen sollten. Sie hatten den Mübarek für tot gehalten. Als sie erfuhren, daß er lebe, waren sie froh und beschlossen, sich schnell zu ihm zu begeben, um ihn nicht in deine Hände fallen zu lassen. Mein Schwager erhielt noch einen Fußtritt von –"

„Nein, du hast ihn erhalten!" rief der Wächter.

„Schweig! Ob du ihn erhieltest oder ich, das ist gleichgültig, denn wir sind nahe Verwandte. Also sie gaben dem einen von uns noch einige Fußtritte und verdufteten sich dann ängstlich in die Falten des nächtlichen Gewandes der Erde."

„Dann seid ihr zurückgekehrt, um die Helden zusammenzurufen?"

„Ja. Wir hatten längere Zeit gebraucht, und damit du nicht Verdacht schöpfen solltest, mußten wir uns beeilen!"

„Ihr sagtet dabei jedem, daß er nichts befürchten müsse, weil die Feinde stolz entwichen seien?"

„Ja, Effendi."

„Daß die einzige Gefahr, die ihrer wartete, nur darin bestehe, Arpa ßuju zu trinken und Hammelbraten zu essen?"

„Das haben wir ihnen zum Ruhm deiner Güte anvertraut."

„Habt ihr dann auf eurem Kriegszug eine Spur der Aladschy gefunden?" – „Nicht eine Spur von ihnen, sondern sie selbst."

„Ah! Wo denn?" – „Am Ende des Dorfes. Dort hielten sie zu Pferd – zwei links und zwei rechts vom Weg. Der Mübarek stand bei ihnen. Wir zogen mit Janitscharenmusik zwischen ihnen hindurch. Es ist kein Spaß, zwei Leichname aus einem nächtlich dunklen Wald zu holen. Sie liegen nun im vordern Zimmer."

Dabei deutete er mit einer Handbewegung durch die Tür. Ich antwortete: „Alles, was du mir jetzt erzählt hast, habe ich vorher gewußt. Aber weil du mir endlich die Wahrheit eingestanden hast, will ich euch den Schmaus nicht entziehen."

„Und wer erhält die Felle?"

„Wer ist der ärmste Mann im Dorf?"

„Pero[1], der Holzhacker, der dahinten mit seiner Axt steht."

„So soll er sie haben. Schafft nun die Toten fort und laßt das Arpa ßuju bringen."

Dieser Befehl wurde mit Jubel beantwortet. Große dickbauchige Krüge wurden gebracht, die mit Bier gefüllt waren. Da der Türke früher das Bier nicht kannte, so hat er kein eigenes Wort dafür. Er bedient sich entweder des tschechischen Ausdrucks Piwo oder der schon öfter erwähnten Umschreibung. Arpa bedeutet Gerste, ßu ist Wasser und ju ist der Genitiv des Wortes ßu. Arpa ßuju heißt auch wörtlich Gerstenwasser, eine Bezeichnung, die keineswegs empfehlend klingt.

Während sich nun jeder ein kleines Gefäß zum Trinken zu verschaffen suchte, nahm ich den Polizeiwächter zur Seite und fragte: „Wohin werdet ihr den Leichnam des Fleischers Tschurak schaffen?" – „Hinüber in seine Wohnung." – „Wirst du die Überführung begleiten?" – „Ja, denn ich bin die rechte Hand des Gesetzes."

„So will ich dir einen Auftrag geben. Ich habe mich überzeugt, daß du ein kluger und gewissenhafter Diplomat bist und jede Sache beim richtigen Ende anzufassen weißt. Also höre! Ich möchte gern haben, daß du den Bruder des Fleischers zu Gesicht bekommst."

„Das ist doch leicht." – „Vielleicht nicht. Hajdar kann einen Grund haben, sich nicht sehen zu lassen."

„Oh, ich bin die Polizei! Mir muß er kommen."

„So nicht! Ich wünsche, daß du nicht barsch auftrittst, sondern klug und listig handelst." – „Dazu bin ich der richtige Mann."

„So suche ihn zu Gesicht zu bekommen. Ich gebe dir fünf Piaster, wenn es dir gelingt."

„Das gelingt mir so gewiß, daß ich dich bitte, sie mir gleich zu geben."

„Nein, mein Lieber. Du hast mich so belogen, daß ich vorsichtig sein muß. Glaube nicht, daß du mir sagen könntest, du habest ihn

[1] Peter

gesehen, wenn es nicht wahr ist. Ich werde genau wissen, ob du mich nicht täuscht."

„O Effendi, es wird kein unwahres Wort über meine Lippen kommen. Was willst du eigentlich wissen?"

„Davon später! Du sollst dir Hajdar ansehen; wenn du das getan hast, so ist's genug."

„Aber bedenke, daß du ein großes Opfer von mir forderst. Während ich fort bin, trinken mir die andern das kostbare Arpa ßuju weg."

„Du wirst deinen Anteil erhalten."

Er ging. Ich sah, daß er zwei Männer beauftragte, die Leiche des Fleischers zu tragen. Die des Schließers wurde einstweilen in einen verborgenen Winkel geschafft.

Jetzt war alles in Ordnung. Teils mit untergeschlagenen Beinen auf dem Boden und teils nach unsrer Art an Tischen sitzend, hielten die Helden alle möglichen und unmöglichen Gefäße in den Händen und tranken ihr Arpa ßuju. Draußen im Hof lungerten die Frauen und Kinder um die Feuer. Auch ihnen waren einige Krüge mit Bier hingestellt worden. Die Knaben und Mädchen waren besonders emsig bemüht, das Fett aufzufangen, das von den bratenden Hammeln tropfte. Der eine hatte dazu einen Stein, der andre ein Stück Holz, auf das er den Tropfen fallen ließ, um ihn dann schnell abzulecken.

Ein kleiner, vielleicht achtjähriger Bube fing es allerliebst an, sich diesen ersehnten Genuß zu verschaffen. Er hielt nämlich seinen winzigen Fes unter, bis er einige Tropfen aufgefangen hatte, stülpte ihn dann um, so daß die innere Seite heraus kam, und wischte nun die betreffende Stelle über die Zunge, bis er den gewünschten Genuß hatte. War das Fett zu tief in den Stoff gedrungen oder klebte es zu fest daran, so bediente er sich wacker seiner Zähne. Ich ließ ihn mir später vorführen und untersuchte seinen Fes. Der Kleine hatte verschiedene Löcher hinein-„gefressen" und freute sich riesig, als ich ihn für diesen andauernden Fleiß mit einem Piaster belohnte.

Einer der Hammel wurde von einer kleinen verschworenen Schar förmlich belagert. Zwei Weiber saßen an der Glut und drehten abwechselnd den Bratspieß. Sooft nun eine es an Aufmerksamkeit fehlen ließ, sprang ein Mitglied der verwegenen Bande herbei und leckte an irgendeiner Stelle des Bratens, worauf es schleunigst die Flucht ergriff.

Das war kein leichtes Unternehmen, da die Glut die Kleidung versengen konnte. Glücklicherweise erfreuten sich die Kinder keines Überflusses an seidenen Falbeln und Brüsseler Spitzen. War einem das Wagnis gelungen, so wurde er von seinen Mitverschworenen mit einem Ehrengeheul ausgezeichnet. Erhielt er aber von einer der Frauen einen Klaps oder gar eine saftige Ohrfeige, was unter zehn Angriffen auf den Braten neunmal der Fall war, so wurde er gewaltig ausgelacht. Jedesmal aber, ob die Tat gelungen war oder nicht, folgte ihr ein höchst ausdrucksvolles Mienenspiel, entweder wegen der Ohrfeige oder weil der glückliche Hammellecker sich die Zunge verbrannt hatte.

Es gab eine Menge Einzelbildchen, die sich zu einem anziehenden Ganzen vereinigten. Die Leute – jung sowohl wie alt – taten sich keinen Zwang mehr an. Die äußere steife Hülle, in der der Morgenländer sich Fremden gegenüber zeigt, wurde vom Arpa ßuju hinweggespült. Nach und nach getraute man sich an uns, und bald waren wir von einem Kreis lebhafter Menschen umringt, an denen ich die köstlichsten Studien machen konnte.

Als der Polizeiwächter von seinem Gang zurückkam, meldete er mir: „Effendi, es ist gelungen! Ich habe Hajdar gesehen, aber es hat Mühe gekostet. Du wirst wohl zehn Piaster geben müssen anstatt nur fünf." – „Warum?"

„Weil eine zehnfache Anstrengung meines Scharfsinns erforderlich war. Als ich nach Hajdar fragte, erhielt ich die Antwort, daß er abwesend sei. Ich aber war klug und sagte, ich müßte mit ihm sprechen, da ich ihm eine wichtige Mitteilung über die letzten Augenblicke des Toten machen wollte. Da ließ er mich zu sich in seine Stube kommen. Als ich ihn sah, erschrak ich, denn er hatte eine lange, tiefe Wunde von der Stirn aus über die Nasenwurzel und über die Wangen herab. Neben ihm stand ein Wassergefäß, um die Wunde zu kühlen."

„Fragtest du ihn, wie er zu ihr gekommen sei?"

„Freilich. Das Beil sei von dem Nagel an der Wand herunter und ihm ins Gesicht gefallen."

„Nun wollte der Miridit deine wichtige Meldung hören?"

„Ich sagte ihm, daß sein Bruder noch nicht ganz tot gewesen sei, als ich ihn aufhob, sondern noch einmal geseufzt habe."

„Das war alles?"

„War es nicht genug? Sollte ich mein zartes Gewissen mit einer noch größeren Lüge beschweren? Einen kleinen Seufzer werde ich vor der Heiligen Dreieinigkeit verantworten können. Hätte ich aber gesagt, der Tote habe noch eine lange Rede gehalten, so wäre meine Seele dadurch auf das schwerste belastet worden."

„Nun, was das betrifft, habe ich dir nicht befohlen eine Unwahrheit zu sagen. Und zehn Piaster sind für einen Seufzer zuviel."

„Dir? Einem Mann von so glänzendem Einfluß und natürlichen Begabungen? Wenn ich die Vorzüge deines Charakters, die Innigkeit deiner Gefühle, den Reichtum deines Herzens und die Zierlichkeit deiner Denkungsart besäße, würde ich mir fünfzig Piaster weihen!"

„Die weihe ich mir auch."

„Ich meine mich und nicht dich, zumal die Sache nicht so ruhig abgelaufen ist, wie ich es wünschte." – „Wie denn?"

„Hajdar wurde zornig, sprang auf und stieß einen greulichen Fluch aus. Er sagte, er wolle dafür sorgen, daß auch ich jetzt seufze, und zwar ordentlich. Das übrige kannst du dir denken."

„Nein. So deutlich, wie du denkst, kann ich mir den Fall nicht ausmalen.“

„Nun, ich nahm das in Empfang, was man gewöhnlich Prügel nennt, was ich aber als die Folgen meiner innigen Ergebenheit für dich bezeichne.“ – „Waren die Hiebe kräftig?“

„Ungemein.“ – „Das ist mir lieb!“

„Mir nicht, denn ich werde reichlich Medizin brauchen, um mich zu heilen, äußerlich eine Einreibung von Raki, innerlich aber Arpa ßuju zur Kühlung und Hammelbraten zur Kräftigung der angegriffenen körperlichen Behendigkeit.“

„Ich glaube, du wirst auch den Raki innerlich gebrauchen. Und was die Behendigkeit betrifft, so beweise sie jetzt, indem du dich schleunigst fortmachst. Hier hast du zehn Piaster.“

„Effendi, deine Worte sind Beleidigungen, aber deine Taten sind lindernde Pflaster. Du hast meine Seele und mein Herz gewonnen, und meine Nieren atmen nur die Wonne der Zuneigung und Hingebung für dein teures, beispielloses Wesen.“

„Hebe dich hinweg, Polizeiwächter, sonst lehre ich dich springen!“ Ich langte zum Griff der Peitsche, und sofort machte er sich unsichtbar.

Bald ergab die fleißig wiederholte Untersuchung der Hammel, daß der Braten und die Verteilung begann. Damit kein Streit entstehen könne, übernahm Halef das Zerlegen, was er ausgezeichnet verstand. Die einzelnen Stücke wurden verlost. Wir erhielten die Schwanzstücke. Übrigens war der Handschi Ilia sehr besorgt gewesen, uns eigens ein reichliches und nach den hiesigen Verhältnissen auch gutes Abendessen vorzusetzen. Wir konnten in dieser Beziehung mit ihm zufrieden sein.

Nach fast spurloser Vertilgung der vier fetten Hammel stellte die Kriegskapelle sich in einer Ecke des Hofes auf und verwandelte sich jetzt in ein „Orchester des Tanzes und Gesanges“. Es wurde zunächst nur von Männern getanzt. Später ließen sich auch einige tanzende Frauen sehen. Ein Paar, Mann und Weib, zeigte ein leidliches, pantomimisches Spiel, das nur von der Gitarre und Geige begleitet wurde. Zwischen den Tänzen ließen sich Sänger hören, teils einzeln, teils im Chor. Die Sololieder hatten wehmütiges Gepräge, während die Chorgesänge, fast ausnahmslos Kriegslieder, einstimmig gesungen und von Schreien unterbrochen wurden, die das Trommelfell zu zerreißen drohten. Die Begleitung war angemessen, und Posaune, Trommel und Flöte spielten dabei die Hauptrolle.

Spät – es war wohl kurz vor Mitternacht – sah ich einen Reiter kommen, der hier herbergen wollte. Er war ein kleiner Mann und stieg von einem alten Klepper, der sehr abgetrieben und schlecht gepflegt war. Der Ankömmling sprach einige Worte mit dem Handschi, und dieser teilte mir mit, daß ich morgen vielleicht einen sehr brauchbaren Reisebegleiter erhalten könne.

Ich dachte sofort an jenen Menschen, von dem die zwei Aladschy gesprochen hatten, denen er mich in die Hände liefern sollte. Suef hatten sie ihn genannt, ein echt arabischer Name. Er sollte bei Mißlingen des heutigen Überfalls seine Tätigkeit beginnen. Nun, zum geplanten Angriff war es nicht gekommen. Also stand fast mit Gewißheit zu erwarten, daß er seine Aufgabe beginnen würde. Es war möglich, daß er schon an diesem Tag versuchte, sich uns zu nähern, und dann konnte es der jetzt Angekommene sein. Ich mußte vorsichtig verfahren und mich genau erkundigen.

„Wie kommst du dazu, von einem Begleiter zu sprechen?“ fragte ich den Handschi. „Wir brauchen niemand.“

„Vielleicht doch. Kennt ihr die Wege?“

„Wir haben niemals einen Weg in diesem Land vorher gekannt und sind dennoch stets zurechtgekommen.“

„So wünschest du keinen Wegweiser?“ – „Nein.“

„Ganz wie du willst. Ich glaubte, dir einen Gefallen zu erweisen.“

Ilia wollte sich abwenden. Das sah nicht so aus, als habe der Fremde ihm einen dringenden Auftrag erteilt. Darum forschte ich weiter: „Wer ist es, von dem du sprichst?“

„Nun, er ist freilich kein passender Gesellschafter für euch. Er ist ein armer Schneider, der nicht einmal eine feste Wohnung hat.“

„Wie ist sein Name?“ – „Er heißt Afrit.“

„Der paßt freilich nicht zu seiner Gestalt. Er heißt also ‚Riese‘ und ist doch fast ein Zwerg!“

„Für seinen Namen kann er nicht, den verdankt er seinem Vater. Vielleicht war dieser auch so klein und hat gewünscht, daß sein Sohn größer werde.“ – „Stammt Afrit von hier?“

„Wo er geboren wurde, weiß ich nicht. Er ist überall nur als der reisende Schneider bekannt. Wo er Arbeit findet, kehrt er ein und bleibt, bis er fertig ist. Mit der Kost und einer kleinen Bezahlung ist er zufrieden.“ – „Ist Afrit ehrlich?“

„In hohem Grad. Er ist sogar wegen seiner Uneigennützigkeit zum Sprichwort geworden, denn man pflegt zu sagen: Ehrlich wie der reisende Schneider.“ – „Woher kommt er heute?“

„Aus Sletowo, das im Norden von uns liegt.“

„Und wohin will er?“

„Nach Üsküb und noch weiter. Da du auch dorthin willst, glaubte ich, ihn dir empfehlen zu sollen. Auf der Straße reitest du länger, und der gerade Weg ist schwer zu finden.“

„Hast du mit dem Schneider schon von uns gesprochen?“

„Nein, Effendi. Er weiß gar nicht, daß Fremde hier sind. Er fragte nur, ob er bis morgen früh hierbleiben könne. Ich wollte ihm Arbeit geben, aber er konnte sie nicht annehmen, denn er wird wegen eines Krankheitsfalles erwartet.“ – „Wo ist er jetzt?“

„Hinter dem Haus, wo er sein Pferd zur Weide führt. Diesem Tier kannst du ansehen, wie arm er selbst ist.“

„So erlaube ihm nachher, zu uns hereinzukommen. Er soll unser Gast sein.“

Bald danach kam auch der Mann. Er war sehr klein und schwach gebaut und ärmlich gekleidet. Sein Wesen schien gedrückt zu sein, und er nahm bescheiden in der Ecke Platz. Außer einem Messer trug er keine Waffen bei sich. Aus der Umhängetasche zog er ein Stück hartes Maisbrot und verzehrte es. Dieser Arme war sicher kein Verbündeter von Räubern. Ich lud ihn ein, doch bei uns Platz zu nehmen und von den Resten unsres Mahls, die noch auf dem Tisch standen, zu essen.

„Effendi, du bist freundlich“, sagte Afrit höflich, „und ich habe wirklich Hunger und Durst. Aber ich bin ein armer Schneider und darf mich nicht zu solchen Herren setzen. Wenn du mir etwas geben willst, nehme ich es dankbar an, aber ich bitte dich um die Erlaubnis, es hier verzehren zu dürfen.“

„Wie du willst. Halef, setze ihm vor!“

Der Hadschi legte Afrit so viel vor, daß mehrere Personen hätten satt werden können, und stellte ihm auch Bier und Raki hin.

Als der Mann sich gelabt hatte, kam er herbei und bedankte sich in ehrerbietigen Ausdrücken. Er hatte ein bekümmertes, ehrliches Gesicht, und sein Blick war so aufrichtig, daß ich mich für ihn eingenommen fühlte. – „Hast du Verwandte?“ fragte ich ihn.

„Keinen Menschen. Weib und Kind sind mir vor zwei Jahren an den Blattern gestorben. Nun bin ich allein.“ – „Wie heißt du?“

„Man nennt mich allgemein den reisenden Schneider, aber mein Name ist Afrit.“ – „Kannst du mir sagen, wo deine Heimat ist?“

„Warum nicht? Ich muß doch wissen, wo ich geboren bin! Ich stamme aus einem kleinen Gebirgsdorf im Schar Dagh; Weitscha heißt es.“

Ah, das war ja der Ort, von dem mir der sterbende Gefängnisschließer gesagt hatte, daß der Schut dort in der Nähe wohne. Das Zusammentreffen mit diesem armen Mann konnte für mich von großem Vorteil sein.

„Bist du dort bekannt?“ fragte ich.

„Sehr gut; ich bin ja oft dort.“

„Wann wirst du wieder hinkommen?“

„Eben jetzt. Ich will über Üsküb und Kalkandelen heimreiten.“

„Um einen Besuch zu machen?“

„Nein. Es wohnt ein Wundermann dort, dessen Hilfe ich brauche, denn ich bin krank.“

„Willst du nicht lieber einen richtigen Arzt fragen?“

„Das habe ich getan, aber vergeblich. Der Wundermann hat mir schon große Linderung verschafft.“ – „Woran leidest du?“

„Ich soll Steine in der Leber haben.“

Afrit sah aus, als habe er innerliche Schmerzen. Er dauerte mich.

„Wann brichst du von hier auf?“ – „Morgen früh.“

„Nach Üsküb?“

„Nicht ganz. Es ist zu weit, um in einem Tag dorthin zu gelangen."
„Gibt es unterwegs eine gute Herberge?"
„Oh, mehrere."
„Willst du uns mitnehmen?"
„Wie könnte ich mit euch reiten? Ich verstehe es nicht, mit solchen Herren zu reden."
„Nun, du sprichst jetzt so mit mir, daß du mir gefällst. Wenn es dir recht ist, so reiten wir zusammen, und ich werde dich für deine Führerdienste belohnen."
„Nein, es ist eine Ehre für mich, bei euch sein zu dürfen, und zu mehreren reist es sich besser als allein. Wenn du befiehlst, werde ich mich euch anschließen."
Damit war die Sache abgemacht, und der Kleine setzte sich wieder an seinen Platz. Später wünschte er gute Ruhe und entfernte sich, um sein Lager aufzusuchen. Die Gefährten sprachen sich auch dahin aus, daß der Mann ehrlich sei, und Ilia bestätigte es nochmals.
Nach und nach leerte der Hof sich und die vordere Stube, und es wurde auch für uns Schlafenszeit. Der Handschi machte mir auf dem „Sofa" ein weiches Lager zurecht. Die andern mußten aber bei den Pferden schlafen, die ich hier am allerwenigsten ohne Aufsicht lassen wollte.
Als ich allein war, verschloß ich die Tür von innen. Die Fensterläden waren auch zu, und da ich mich auf mein gutes Gehör verlassen konnte, schlief ich ohne Sorgen ein.

11. Afrit, der Schneider

Am Morgen erwachte ich erst, als Halef mit den Fingerspitzen an der Tür kratzte. Ich tastete mich längs der Wand hin und öffnete sie. Das helle Tageslicht fiel herein. Ich hatte mich verschlafen. Im Haus war jedes Geräusch vermieden worden, um mich nicht zu stören.
Der Schneider mußte mit uns frühstücken, dann bezahlte ich die Zeche, und wir rüsteten zum Aufbruch.
Ilia war eine kleine Weile fortgewesen und hielt mir nun eine begeisterte Abschiedsrede. An diese schloß er die Bemerkung: „Effendi, wir scheiden in Freundschaft voneinander, obwohl du mir große Sorgen zugedacht hattest. Es ist alles gut verlaufen, und so will ich dir noch eine Warnung mitgeben. Ich war soeben drüben beim Fleischer, weil ich als Nachbar mein Beileid sagen mußte. Der Bruder des Toten war nicht zu sehen. Es hieß, Hajdar sei fortgeritten. Aber im Hof sah ich gesattelt und gezäumt das beste Pferd des Fleischers stehen. Das gilt dir."
„Vielleicht hat Hajdar ein Geschäft."
„Glaube nur das nicht! Wenn er so verwundet ist, wie mein Wächter

mir sagte, dann kann ihn nur die Blutrache aus dem Haus treiben. Sei auf deiner Hut!" – „Was für ein Pferd ist es?"

„Ein Brauner mit langer, breiter Blesse. Er ist das beste Pferd in der ganzen Gegend. Wenn der Mann beabsichtigt, dir zu folgen, so wird er nicht eher wieder umkehren, als bis du tot bist, denn nach den Gesetzen der Blutrache ist er ehrlos, wenn er dich entkommen läßt."

„Nun, ich sage dir Dank für deine Warnung. Lebe wohl!"

„Lebe wohl! Und erschrick nicht, wenn du zum Tor hinauskommst!"

„Was sollte mich erschrecken?"

„Du wirst es sehen und auch hören."

Nun brachen wir auf. Das Tor wurde erst jetzt geöffnet. Ich ritt voran. Als ich unter dem Torbogen war und der Kopf meines Hengstes draußen sichtbar wurde, tat es einen Knall, als habe der Blitz eingeschlagen, und ein entsetzliches Getöse folgte. Mein Rappe bäumte sich und schlug mit allen vieren umher. Ich hatte Mühe, seine Hufe wieder zur Erde zu bringen.

Und was für ein Heidenlärm war das? Einen Tusch, einen schönen, ehrenden Tusch hatte man uns bringen wollen. Draußen stand die gestrige Armeekapelle. Die Posaune hatte den erschütternden ersten Knall getan, und jetzt donnerte und rumorte sie in Begleitung der andern Instrumente weiter. Endlich gab der Posaunist mit einer heftigen Schwenkung seiner Surna ein Zeichen – es trat Stille ein.

„Effendi", rief ihr Besitzer mich an. „Nachdem du uns gestern so hohe Ehren erwiesen hast, wollen wir heute Gleiches mit Gleichem vergelten und uns an die Spitze eures Zugs stellen, um euch bis vor den Ort hinaus das Geleite zu geben. Ich hoffe, daß du uns diese Bitte nicht abschlägst."

Ohne weiteres setzte sich der Zug unter musikalischem Lärm in Bewegung. Draußen vor Shiganzy hielt Halef eine Ansprache des Dankes an die Herren, und dann kehrten sie in ihr Heim zurück. Wir aber wendeten uns Warzy zu, woher wir gestern gekommen waren. Dort wich unser heutiger Weg vom gestrigen ab, da wir von hier nach Jersselü reiten mußten.

Als wir jenseits der Brücke der Sletowska waren, sagte ich zu Halef: „Reitet im Schritt weiter, ich habe etwas vergessen. Ich muß noch einmal zurück, aber ich komme bald nach."

Sie ritten fort. Mir aber fiel es nicht ein, ins Dorf zurückzureiten. Ich hatte eine andre Absicht, von der ich aber den Schneider nichts wissen lassen wollte. Er war mir noch zu fremd, als daß ich ihn ins Vertrauen hätte ziehen mögen.

Der Bruder des Fleischers sann auf Rache; das war gewiß. Er hatte sein Pferd bereitstehen und wollte uns folgen. Beabsichtigte Hajdar das wirklich, so brach er bald nach uns auf. Ich brauchte also nur kurze Zeit zu warten, um zu sehen, ob wir ihn zu fürchten hätten. Über diese Brücke mußte er jedenfalls kommen. Ich trieb mein Pferd zwischen die

Büsche die am Ufer standen und mich verdeckten, wenn ich mich bückte und wartete.

Kaum fünf Minuten später kam Hajdar im Trab herbei und über die Brücke. Er ritt den Braunen mit der Blesse, hatte eine Flinte am Sattel hängen und einen Tschakan an der Seite. Sein Gesicht war durch ein Pflaster entstellt, das unter dem Fes hervor über Stirn, Nase und Wange lief. Er hielt nicht die Richtung nach Warzy ein, sondern folgte dem Fluß bis zu dessen Vereinigung mit der Bregalnitza, dann noch ein Stück weiter und nahm hierauf die Richtung den steilen Abhängen zu, die die Ebene von Jersselü tragen.

Ich war ihm vorsichtig gefolgt, mit meinem guten Fernrohr in der Hand. Der Rappe trug mich so weich und eben fort, daß ich den kleinen Punkt, den der Reiter bildete, stets im Glas hatte. Es ging über die Straße, die von Karanorman nach Warzy führt, und dann folgte ich ihm über eine ebene Wiesenfläche, die inselartig mit Büschen bestanden war.

Hier konnte ich ihn nicht im Auge behalten, da die Straucheilande sich zwischen uns schoben. Ich mußte seiner Fährte folgen, und die war deutlich genug. Linker Hand fielen die Abhänge steil ab. Die Spur führte auf sie zu. Das Gras hörte auf, und Geröllboden trat zutage. Buschwerk aber gab es immerfort. Hier war die Fährte schwer zu erkennen, aber ich verlor sie doch nicht. Ich befand mich hart an dem steinigen Abhang, längs dem ich hingeritten war.

Da – ich riß den Rappen schnell zurück – hörte ich kurz und grad vor mir das Schnauben eines Pferdes. Eben hatte ich um einen Busch biegen wollen. Nun lugte ich vorsichtig um dessen Rand und sah den Braunen, der an den nächsten Strauch gebunden war. Der Sattel war leer. Als ich mein Pferd einen Schritt weiter treten ließ, sah ich den Miriditen, der suchend und den Boden genau betrachtend langsam weiterging und der hinter dem nächsten Strauchwerk verschwand. Wen oder was suchte er? Das hätte ich gern gewußt, aber ich konnte ihn nicht belauschen, denn zu Pferd durfte ich ihm nicht folgen, weil er mich sicher bemerkt hätte, und zu Fuß ging es auch nicht, da ich nicht gehen konnte.

Aber eins war mir möglich, wenn mir Zeit dazu blieb: Hajdars Gewehr unschädlich zu machen. Es hing am Sattelknopf. Ich hatte allerdings keine Zeit, die Kugel herauszuziehen, aber es gab eine andre Art, es zum Versagen zu bringen. Und überraschte der Skipetar mich dabei, so war ich ihm mehr als gewachsen, falls er nicht etwa hier Gefährten hatte, die er treffen wollte.

Ich schwang mich aus dem Sattel und nahm den Stutzen in die Hand, teils um ihn als Stütze beim Gehen, teils auch um in ihm eine zuverlässige Waffe zu haben. Die wenigen Schritte zum Braunen konnte ich wagen. Als ich bei ihm war, nahm ich die Flinte vom Sattel, knackte den Hahn auf und nahm das Zündhütchen ab. Nun zog ich aus der Jacke eine Stecknadel – ich hatte stets einige darin stecken – und stieß sie möglichst tief und fest in das Zündloch. Da ich sie nach links und rechts bog, brach ich sie ab. Das Löchlein war völlig verstopft, und die Flinte nun so unbrauchbar wie eine vernagelte Kanone. Jetzt setzte ich das Zündhütchen wieder auf und ließ den Hahn herab. Nachdem ich die Flinte wieder wie vorher an den Sattel gehängt hatte, hinkte ich zu meinem Rappen zurück und stieg auf. Jetzt war ich Hajdar doch zu nahe. Ich kehrte um einen Busch weiter zurück und blieb dahinter halten. Nach einiger Zeit vernahm ich Hufschlag und sich nähernde menschliche Stimmen.

„Die Zeit ist uns lang genug geworden", hörte ich sagen, und wenn ich mich nicht täuschte, sprach Barud el Amasat. „Wir wollen nicht noch einen ganzen Tag vergeblich hinter ihnen herschleichen, sondern wir reiten voraus und erwarten sie. Inzwischen können wir ausruhen, bis sie kommen."

„Die Hundesöhne brachen zu spät auf", erwiderte ein andrer, dessen Stimme ich nicht kannte und der wahrscheinlich der Miridit war. „Auch mir ist die Zeit lang geworden. Nun werde ich eilen."

„Sieh dich vor, daß es nicht wieder mißlingt wie gestern abend."

„Das war etwas andres. Heute entgeht der Fremde mir nicht. Ich habe den Lauf sogar mit gehacktem Blei geladen."

„Nimm dich in acht! Er ist kugelfest!"

„Gehacktes Blei ist keine Kugel!" – „Wahrlich, da kannst du recht haben. Auf diesen Gedanken hätten wir längst kommen sollen!" – „Übrigens glaube ich nicht an dieses Märchen."

„Oho!" hörte ich Manach el Barscha antworten. „Ich habe gestern abend sorgfältig geladen, mich an den Laden geschlichen und sogar mein Gewehr auf dem Fensterbrett aufgelegt. Dann zielte ich genau auf seinen Kopf. Als ich losdrückte, gab es einen furchtbaren Knall, und mein Gewehr schlug mich zu Boden. Daß ich ihn nicht getroffen habe, hast du selbst gesehen. Er ist eben kugelfest!"

„Nun, so will ich es mit gehacktem Blei versuchen, und tut auch das ihm nichts, so greife ich zu meinem Beil. In dessen Führung bin ich Meister, dieser Franke aber wird noch niemals eine solche Waffe in der Hand gehabt haben. Ich werde ihn auch nicht von hinten töten, sondern ihn offen und frei überfallen." – „Wage nicht zu viel."

„Pah! Ehe er Zeit hat, sich zu wehren, ist er tot!"

„Aber seine Leute?"

„Die fürchte ich nicht."

„Sie werden sich sofort auf dich werfen."

„Dazu finden sie keine Zeit. Bedenkt, daß ich den Braunen hier reite. Übrigens werde ich einen mit Büschen besetzten Platz wählen, wo ich hinter den Sträuchern bald aus den Augen bin."

„Vergißt du, daß sein Rappe deinem Braunen jedenfalls überlegen ist?" – „Was kann der Rappe mir schaden, wenn ich den Reiter getötet habe?"

„Ein andrer wird ihn besteigen und dich einholen, vielleicht der kleine Satan, der gewandt und flink wie ein Affe ist." – „Das wäre mir nur lieb. Dann könnte ich ihm eins für gestern geben."

„Nun, wir wünschen dir Glück! Du hast deinen Bruder zu rächen und also eine gerechte Sache, der Allah wohl Sieg verleihen wird. Gelingt es dir trotzdem nicht, nun, so kommst du uns nach. Du weißt, wo wir zu finden sind, und heute abend wird beschlossen, wie wir diesen Männern zu Leibe gehen. Jetzt scheiden wir, da wir nun wissen, daß sie aufgebrochen sind und nach Üsküb reiten wollen."

„Ihr schlagt also nicht den gleichen Weg ein wie sie?"

„Nein, denn wir reiten über Engely, während sie über Jersselü gehen. Wir kommen früher an als sie."

„Nun, so kann ich doch noch eine Weile bei euch bleiben. Wenn ich heut nicht komme, dann ist's geglückt, und ihr bekommt diesen Effendi nie wieder zu sehen, denn er liegt irgendwo verscharrt. Vorwärts!"

Wieder hörte ich Pferdegetrappel, das sich entfernte. Jetzt trieb ich meinen Rappen behutsam vor und sah die beiden Aladschy auf ihren Schecken, den Miriditen auf seinem Braunen, Manach el Barscha, Barud el Amasat und den Mübarek, der in hinfälliger Haltung im Sattel saß und den Arm in der Schlinge trug.

Hätten sie gewußt, daß ich höchstens fünf Meter hinter ihnen war! Welch einen Auftritt hätte das gegeben! Mein Pferd brauchte nur zu schnauben, so war ich verraten. Aber das kluge Tier wußte, was es bedeute, wenn ich ihm die Hand einen Augenblick auf die Nüstern legte. Dann gab es gewiß keinen Laut von sich.

Jetzt konnte ich wieder zu meinen Gefährten stoßen, die Warzy nun längst hinter sich hatten. Ich lenkte rechts hinüber, so daß ich den Ort nicht berührte. Ich kannte die Gegend nicht, und es gab auch von Warzy nach Jersselü keinen gut betretenen Weg; das hatte ich von dem Schneider erfahren. Aber ich fand doch, ungefähr drei Kilometer vom genannten Dorf, die Fährte der Meinen und folgte ihr. Sie führte mich durch ein mit Steintrümmern besätes Tal zum Wald empor, in dessen weichem Boden sie sehr deutlich wurde, so daß ich meine Augen nicht mehr anstrengen brauchte und schneller reiten konnte. Bald hatte ich meine Gefährten eingeholt.

„Sihdi, eben wollte ich verlangen, daß man auf dich warte", sagte Halef. „Was hast du vergessen?"

Bevor ich antwortete, warf ich einen forschenden Blick auf den kleinen Schneider. Er schien auf meine Antwort nicht neugierig zu sein.

„Ich wollte nach dem Miriditen, dem Bruder des Fleischers, sehen", erwiderte ich. „Du hast doch von dem Handschi Ilia gehört, daß diese Brüder Miriditen sind."

„Was geht dieser Miridit uns an?"

„Sehr viel. Er will mich unterwegs mit gehacktem Blei erschießen oder mit dem Tschakan töten." – „Das weißt du?"

„Hajdar hat es selbst gesagt – zu unsern guten Freunden, die uns verschmachten lassen wollten."

Ich erzählte nun den Vorfall, erwähnte aber nicht, daß ich das Gewehr des Miriditen vernagelt hatte. Dabei hielt ich den Blick fest auf den Schneider gerichtet. Er machte ein ehrlich erstauntes Gesicht und meinte schließlich: „Effendi, was sind das für Menschen? Kann es denn wirklich solch gottlose Leute geben?"

„Wie du hörst." – „O Allah! Davon habe ich keine Ahnung gehabt. Was habt ihr ihnen getan?"

„Das wirst du gelegentlich erfahren, wenn du länger mit uns reitest, denn wir bleiben nicht in Üsküb. Wir reiten nur durch die Stadt und dann schnell weiter nach Kalkandelen und Prisren."

„Also in meine Heimat? Das freut mich sehr. Was euch gestern zugestoßen ist, habe ich heute früh von den Knechten erfahren. Nun seid ihr auch heute wieder durch den Tod bedroht. Da möchte einem angst und bange werden!"

„Du kannst dich von uns trennen!"

„Das fällt mir nicht ein. Vielleicht liegt es nur an mir, daß ihr glücklich entkommt. Ich werde euch so führen, daß dieser Miridit euch gewiß nicht findet. Ich führe euch über Gebirgswiesen und offne Strecken. Später kommen wir dann hinab in die berühmte, fruchtbare Ebene Mustafa, die sich von Üsküb nach Südost bis über Köprülü hinaus erstreckt und in der die neue Eisenbahn gebaut wird. Da haben wir offnes Land. Und wenn es euch recht ist, bleibe ich auch hinter Üsküb noch euer Führer."

„Das ist uns ungemein lieb. Wie es scheint, bist du weit herumgekommen?"

„Nur in dieser Gegend, die ich aber auch genau kenne."

„Wir sind fremd und haben zuweilen von einem Mann sprechen hören, der der Schut genannt wird. Wer ist denn das?" fragte ich leichthin.

Der Zwerg hob die Brauen hoch empor und entgegnete: „Das ist ein berüchtigter Räuber." Er blickte sich scheu um und fügte hinzu: „Es ist nicht gut, von ihm zu sprechen. Er hat überall seine Leute. Hinter jedem Baum kann einer stehen."

„Hat er denn eine so zahlreiche Bande?"

„Der Schut hat seine Verbindungen überall, in jedem Dorf, in jeder Stadt. Der höchste Richter und der frömmste Imam kann Mitglied dieser Bande sein." – „Ist ihm nicht beizukommen?"

„Nein. Das Gesetz vermag hier nichts. Ich bin kein Kundiger des Korans, der Sunna und ihrer Auslegungen, aber ich habe einmal gehört, unsre Gesetze seien so dunkel und vieldeutig, daß sie selbst da, wo ihnen Nachdruck gegeben werden kann, mehr Schaden als Nutzen bringen. Der Richter kann ein solches Gesetz der verschiedenartigsten Deutung unterwerfen."

„Leider ist das nur allzu wahr."

„Wie soll es nun erst da sein, wo ihm kein Nachdruck gegeben werden kann, wo niemand sich um das Gesetz zu kümmern braucht, wie hier bei uns? Nimm einmal die Albanier an und all die Völkerschaften und einzelnen Stämme, von denen jede dieser Sippe ihre eignen Gesetze, Gebräuche und Rechte hat. Das ist das richtige Feld für einen Mann wie der Schut. Er lacht des Großherrn und seiner Beamten. Er verhöhnt die Richter, die Behörden, die Polizei und die Soldaten. Keiner von ihnen kann ihm das geringste anhaben. Hier lebt jedes Dorf in Gegnerschaft mit seinem Nachbardorf. Jeder Ort hat mit dem andern irgendeinen Diebstahl, Raub oder gar eine Blutrache auszugleichen. Das ist ein ewiger Krieg, und da behält natürlich der gewalttätigste und größte Übeltäter die Oberhand."

„Anderswo könnte so etwas freilich nicht vorkommen", meinte ich.

„Gibt es an andern Orten, in andern Ländern nicht auch Räuber?"

„Ja, zuweilen, aber nur kurze Zeit, fast nur für Tage, denn das Gesetz hat dort die nötige Macht, um sie schnell unschädlich zu machen." – „Oh, List geht oft noch über die Macht!"

„List wird mit List bekämpft. Bei uns ist kein Verbrecher so schlau, daß nicht irgendein Polizist noch viel schlauer wäre. Käme ein solcher hierher, so würde er den Schut bald aufgestöbert haben."

„Pah! Der Schut würde den Mann noch eher kennen als dieser ihn. Wie dann?"

Es war, als wolle der Schneider in seinen Ton eine gewisse Beziehung legen. Es klang fast wie Hohn, oder hatte ich mich geirrt?

„Nun, dann würde der Geheimpolizist vielleicht verloren sein", erwiderte ich; „aber andre träten an seine Stelle."

„Sie würden ebenso verschwinden wie er. Wie die Dinge hier liegen, ist dem Schut nicht beizukommen. Es ist am besten, man spricht nicht von ihm, und auch wir wollen dieses Gespräch fallen lassen. So arm ich bin, habe ich doch Angst, wenn ich an ihn denke. Ich verdiene mir mein Geld nur paraweise und bringe nicht viel zusammen. Aber ich habe mir doch einige Piaster für den Wundermann, der mich heilen soll, sparen müssen. Wenn diese Räuber mich überfielen und mir die Frucht meiner Arbeit abnähmen, so könnte ich nicht einmal Medizin erhalten, um gesund zu werden!"

„Ist dieser Wundermann berühmt?" – „Weit und breit."

„So ist wohl das Dörfchen Weitscha weithin bekannt?"

„Gewiß; frage nur danach."

„Nun, ich habe allerdings schon von Weitscha sprechen hören. Es wurde dabei auch der Name eines berühmten Han genannt, der dort in der Nähe sein soll." – „Wie heißt er?"

„Ich kann mich nicht genau besinnen. Ich glaube, es war das Wörtchen Kara dabei."

Afrit sah mich scharf an. Aus seinen Augen zuckte ein rascher, unbewachter Blick, ein versengender Blitz. Doch sofort nahm sein Blick wieder die frühere Sanftheit an, und der Schneider meinte:

„Kara, kara; hm! Ich kann mich nicht erinnern. Wenn du das ganze Wort wüßtest, so käme ich vielleicht darauf."

„Vielleicht fällt es mir noch ein. Kara – kara – Halef, du hast den Namen auch gehört. Fällt er dir wohl ein?"

„Karanorman?" erwiderte der Hadschi, der mich gar wohl verstand.

„Ja, so war es. Karanorman-Han. Kennst du ihn, Afrit?"

Es schien, als müsse er nachdenken, bevor er antwortete: „Ja, jetzt weiß ich, was du meinst. Das ist aber nicht etwa ein großer Han, sondern nur eine Ruine. Kein Mensch wohnt da. Erst war es eine große Karawanserei, vor Jahrhunderten, nun liegt sie in Trümmern. Was hat man denn von diesem Ort erzählt?"

„Daß der Schut dort sein Wesen treiben soll."

„Der – – Schut?" Afrits sanfter Mund verzog sich in einer Weise, die mich überraschte. Er sah so aus, als wolle er im nächsten Augenblick vor Heiterkeit losplatzen. Ich war erstaunt, da ich eher den Ausdruck des Erschreckens erwartete. Nach dem, was mir der Gefängniswärter noch im Sterben anvertraut hatte, war der Schut zweifellos bei Weitscha zu suchen, aber die Miene des Schneiders wollte mich in meiner Überzeugung fast wankend machen.

„Ich glaube, daß man dir da etwas weisgemacht hat", fügte Afrit in seiner gewöhnlichen Sanftmut hinzu. „Ich bin zu jeder Stunde des Tags und auch der Nacht dort gewesen und habe nie etwas gesehen, was darauf schließen ließe, daß diese Sage auf Wahrheit beruhe. Auch in der ganzen Gegend weiß man nichts. Ich behaupte sogar, daß der Schut dort viel weniger erwähnt wird als anderswo."

„Er wird sich wohl hüten, grad da, wo er wohnt, die Bevölkerung gegen sich aufzubringen."

„Das könnte sein. Ich sehe, Effendi, du bist ein schlauer Kopf und gehst der Sache leicht auf den Grund. Das aber kann dein Verderben sein. Weißt du, daß ich dich nun im Verdacht habe, daß du den Schut suchst?"

„Ah! Wie kommst du auf diesen Gedanken?"

„Deine ganze Art und Weise führt mich darauf."

„Höre, ich beginne zu merken, daß dein Scharfsinn auch nicht ungeübt ist. Das kann ebenso leicht dein Verderben sein."

„Du scherzt. Ich bin ein armer Schneider; du aber hast, wie ich höre, schon seit Tagen die Anhänger des Schut verfolgt und verfolgst sie auch weiter. Ich muß dich für einen Polizisten halten, für einen von der listigen Art, von der du vorhin sprachst."

„Das bin ich nicht."

„Es scheint aber so. Vielleicht suchst du den Schut im Karanorman-Han. Du wirst aber nicht dahin kommen."

„Warum nicht?"

„Weil du vorher ermordet wirst. Wenn der Schut in Weitscha ist, so weiß er schon, was du vorhast. Du bist dem Tod verfallen."

„Wollen sehen!"

„Wenn du es siehst, ist es schon zu spät."

„Nun, ich wiederhole, daß ich kein Beamter und kein Polizist bin. Der Schut und seine Leute mögen mich in Ruhe lassen."

„Du sie aber auch!"

Diese vier Worte wurden befehlend gesprochen. Afrits Stimme bebte und klang heiser. Er war innerlich erregt. Dieser Zwerg, der sich ja Afrit – Riese nannte, war nicht das, wofür er sich ausgab; jetzt wollte ich darauf schwören. Aber er besaß eine ungeheure Verstellungsgabe. Dieser kleine Sperber verstand es, das Gefieder einer Turteltaube anzulegen. Er war vielleicht doch jener Suef, der mich „liefern" sollte. Aber das war mir wieder deshalb unwahrscheinlich, weil der Kjaja Ilia ihn gekannt hatte und auch seinen Namen dazu. Oder sollte er nur von den Mitgliedern der Verbrüderung „Suef" genannt werden? Reiste er als armer, ehrlicher Schneider herum, um für die Räuber Gelegenheiten auszuspähen? Ich mußte mich vor ihm in acht nehmen. Jetzt entgegnete ich: „Ich lasse sie in Ruhe. Ich habe mich nicht früher um die Aladschy und die andern bekümmert, als bis sie mir dazu Veranlassung gaben."

„So tu, als hättest du keine Veranlassung erhalten!"

„Nein, mein Lieber, das tu ich nicht. Wer sich mir in den Weg stellt, den reite ich nieder, und wäre es der Schut selbst. Will er sich an mich wagen, so mag er es versuchen. Es wird sich zeigen, wer den kürzern zieht."

Der Zwerg reckte den Kopf in die Höhe und streckte den Hals aus, als wollte er ein höhnisches Gelächter anschlagen. Sehr höhnisch sollte es werden, das sah ich seiner Miene an. Aber er beherrschte sich und sagte warnend: „Keine Behörde des Großsultans vermag etwas gegen ihn; selbst das Militär ist zu schwach. Und du, ein einzelner Fremder, willst ihm drohen?"

„Der Schut ist ebenso ein einzelner wie ich. Er ist mir ebenso fremd wie ich ihm. Wenn ich mit ihm zusammentreffe, so wird zwischen uns nur unsre persönliche Kraft, Gewandtheit und List entscheiden."

„Ich sehe, daß du wirklich beabsichtigst, den Schut aufzusuchen."

„Nun, ich bin zu stolz, es zu leugnen."

„Ah! Und willst wohl gar mit ihm kämpfen?"

„Je nach den Umständen. Ich bin fremd und mir liegt nichts an den hiesigen Personen und Verhältnissen. Ob ein Schut lebt oder nicht, ob es einen Räuber mehr oder weniger gibt, ist mir ganz gleichgültig. Aber ich will ein persönliches Verlangen an ihn stellen. Gehorcht er meinem Gebot, so –"

„Gewährt er deine Bitte, willst du wohl sagen, Effendi?"

„Nein. Der Ehrliche steht über dem Spitzbuben und kann ihm befehlen. Also, gehorcht er meinem Gebot, so scheide ich von ihm, ohne ihm ein Haar zu krümmen. Tut er es aber nicht, dann hat es einen Schut gegeben!"

Ich sah, daß seine kleine, schmale Brust schwer Atem holte. Der

Mann war leichenblaß geworden. Er befand sich in großer Aufregung, aber er beherrschte sich und sagte ruhig: „Effendi, du tust, als ob du unverletzlich seist und tausend Schuts nicht zu fürchten hättest."

„Das ist auch der Fall", antwortete ich, wobei ich mit der Hand aufs Knie schlug, daß es klatschte. „Wir sind nur vier Männer. Wir haben eine Abrechnung mit dem Schut zu halten. Er und seine Verbündeten müssen uns fürchten, nicht aber wir sie. Ich blase alle diese Leute mit einem Hauch von meiner Hand herunter in den Staub!"

Dabei blies ich über meine emporgehobene flache Hand. Es fiel mir nicht ein, etwa zu prahlen oder den Maulhelden zu spielen. Indem ich mich so in Kraft warf, verfolgte ich eine bestimmte psychologische Absicht. Ich wollte den Kleinen in Wut bringen, damit er seine Selbstbeherrschung verlöre und sich durchschauen ließe. Aber das Männlein zeigte sich mir überlegen. Es blinzelte mich lustig an und meinte: „So blas immer zu, bis du selbst fortgeblasen bist. Ich bin dein Freund. Du hast den armen Schneider freundlich aufgenommen und bewirtet. Dafür bin ich dir dankbar und möchte dich vor Üblem bewahren, deshalb warnte ich dich. Du aber hörst nicht auf mich und bist also nicht zu retten. Du bist hier fremd, ich aber kenne das Land ganz anders als du. Ich habe versprochen, dich nach Kalkandelen zu bringen, aber ich bin überzeugt, daß du diese Stadt nie in deinem Leben sehen wirst, denn dein Leben ist viel zu kurz für diese Reise."

„In zwei oder höchstens drei Tagen bin ich dort."

„Nein, sondern du ruhst im Grab!"

„Das weißt du so bestimmt? Fast klingt es, als seist du mit dem Schut außerordentlich vertraut!"

„Das ist nicht dein Ernst. Ich spreche nur so, weil ich aus ähnlichen Beispielen ersehen habe, daß der Schut nicht mit sich scherzen läßt!"

„Oh, ich werde mit dem Schwager Deselims keinen Spaß machen!"

„Effendi, wer hat dir das verraten?" rief er hastig.

Jetzt hatte ich ihn gefaßt, trotz seiner ungemeinen Schlauheit und großen Verstellungskunst! Er kannte Deselim und wußte, daß dieser der Schwager des Schut war. Das scheinheilige Schneiderlein hatte sich verraten!

Aber ich ließ mir nichts merken, denn sobald der angebliche Afrit wußte, daß ich ihn durchschaute, konnte ich keinen Nutzen mehr aus ihm ziehen.

„Deselim hat es mir selbst gesagt", antwortete ich.

Es traf mich ein funkelnder Blick, der aber gedankenschnell an mir vorüberglitt. Das war ein Blick des Hasses! Er wußte, daß Deselim durch mich den Hals gebrochen hatte. Das hatte ich diesem Blick angemerkt. Dieser kleine, höfliche, untertänige Mensch war mein Todfeind!

„Das war sehr unvorsichtig von ihm", bemerkte er freundlich. „Aber weiß denn Deselim, was sein Schwager treibt – und daß er der Schut ist?"

Ah, der Heuchler hatte seinen Fehler erkannt und versuchte nun, ihn gutzumachen, indem er eine kindliche Unbefangenheit heuchelte.

„Sicher weiß er es, sonst hätte er es mir nicht gesagt", erwiderte ich.

„Wie hast du es ihm denn entlockt?"

„Durch List."

„Bei Allah, du bist ein höchst gefährlicher Mensch! Wäre ich der Schut, so müßtest du augenblicklich sterben. Da ich aber nur ein armer Schneider bin, freue ich mich, daß es kluge Leute gibt, die imstande sind, die Bösen zu überlisten. Aber wenn du das weißt, dann ist es ein sehr gefährliches Geheimnis für dich. Der Schut muß dich töten lassen, um es für sich zu retten."

„Pah! Ich sollte in der letzten Woche schon öfters getötet werden. Erst gestern wieder zweimal und vorgestern auch und ehegestern ebenso. Heute will mich der Miridit mit gehacktem Blei erschießen oder mit dem Beil erschlagen!"

„Wie konntest du nur wagen, ihm nachzureiten? Wenn er sich umdrehte, warst du verloren!" – „Nein, er!" behauptete ich.

„Denke das nicht! Hajdar ist ein Miridit, ein Tapferer!"

„Und was ich bin, wirst du heute sehen. Als ich ihm folgte, hatte ich ihn stets vor mir. Konnte ich ihm da nicht in jedem beliebigen Augenblick die Kugel geben? War er in meiner Gewalt oder ich in seiner?"

„Du hattest ihn diesmal in der Hand, wenn du nämlich ein guter Schütze bist. Aber wenn ihr euch heute wiederseht, bist du in seiner Gewalt." – „Das glaube ich nicht."

„O gewiß! Er lauert dir auf und wird auf dich schießen, wann und wo es ihm beliebt, ohne daß du es ahnst. Du wirst ihn nicht sehen und eine Leiche sein."

„Und ich sage dir: wenn er es wagt, sein Gewehr gegen mich zu erheben, so geht es nicht los!"

„Allah ist mein Zeuge, daß dies doch vermessen ist!" rief der Spion zornig.

„Es ist nicht Vermessenheit. Ich weiß, was ich sage!"

„Und ich sage dir: selbst wenn seine Kugel dich aus irgendeinem Grunde fehlen sollte, so bist du doch seinem Tschakan verfallen. Er ist ein Meister im Werfen dieser Waffe. Hast du schon einmal ein Heiduckenbeil geworfen?" – „Nein."

„Dann bist du verloren. Und wenn du auch ihm entgingest, so sind doch die andern da, denen du gestern entkommen bist. Sie können hier hinter jedem Busch stecken, um dich zu überfallen."

„Das ist unmöglich!" – „Warum?"

„Weil sie nach Engely geritten sind. Und wären sie hier, so gäbe es Spuren von ihnen; mein Pferd würde sie durch Schnauben verraten, und ich würde sie bereits von weitem sehen, denn meine Augen sind seit langen Jahren den Wald gewohnt."

Der Verräter war jedenfalls überzeugt, daß ich in einer Stunde nicht mehr leben würde, darum ärgerte es ihn, daß ich mich über meine Feinde so geringschätzig äußerte.

„Ich wiederhole es", sagte er, „dir ist nicht zu helfen. Du glaubst ja selbst der Wahrheit nicht, daß sie wahr ist!"

„Wenn sie erst verlangt, daß ich ihr glauben soll, dann ist sie eben nicht wahr! Wollen von dieser Sache abbrechen. Ich bin noch andern Männern gegenüber gestanden, als dieser Hajdar, der Bruder des Fleischers ist, und ich weiß, wie ich mich gegen ihn wehren muß. Halef, wenn er mich anfällt, so überläßt ihr ihn mir allein. Ihr sollt dabei nichts zu tun haben."

„Wie du willst, Sihdi", antwortete der Kleine gleichmütig.

Die Steilungen, die zur Hochfläche von Jersselü führen, sind mit Wald bestanden. Die Ebene selbst trägt prächtige Weiden und Ackerfelder. Wir hatten den Baumgürtel hinter uns und ritten nun über einen weiten, ebenen Plan, der mit kurzem, dünnhalmigem Gras bewachsen war. Zuweilen unterbrach ein einzelnes Gebüsch die Fernsicht.

Da kamen wir auf eine Pferdespur, die von links herüberführte und in unsre Richtung einbog. Ich hielt an und betrachtete sie, mich vom Sattel niederbeugend.

„Was suchst du?" fragte der Schneider.

„Ich will sehen, wer hier geritten ist", erwiderte ich.

„Wie willst du das feststellen?"

„Nah meiner Art und Weise, die du freilich nicht kennst. Ich sehe, daß es der Miridit war. Hajdar ist vor ungefähr einer Viertelstunde hier vorübergekommen."

„Das kannst du unmöglich behaupten!"

„O doch! Die niedergetretenen Gräser verraten mir die Zeit. Reiten wir weiter!"

Jetzt mußte ich zweierlei beobachten, nämlich die Fährte und auch den angeblichen Schneider. Ich bemerkte, daß sich seiner eine gewisse Unruhe bemächtigt hatte. Sein Blick wurde unstät und doch schärfer dabei. Er sah bald rechts, bald links, und es schien mir, als ob er besonders zu den Büschen spähte, an denen wir vorbeikamen. Hatte das einen bestimmten Grund? Jedenfalls! Darum beobachtete ich selbst nun auch die Sträucher schärfer und bemerkte bald, daß der Miridit unserm Führer geheime Weisungen erteilte. Bald war links und bald rechts ein Zweig geknickt und in die Richtung gelegt, die wir einhalten sollten.

Sie hatten sich verabredet und gewiß geglaubt, einen klugen Gedanken gefaßt zu haben. Ich hätte mir nun meine Beobachtung zunutze machen können, ohne darüber ein Wort zu sprechen, aber dieser Verräter sollte nicht innerlich über uns lachen. Wie er selbst den Überfall voraussah, wollte auch ich diesen voraussagen.

Darum hielt ich an, als wir wieder an eins dieser Zeichen gelangten, und sagte zu Halef: „Hadschi Halef, siehst du diesen umgebrochenen

Zweig?" – „Ja, Sihdi." – „Wer mag ihn umgebrochen haben?" – „Irgendein Wild."

„Es könnte nur ein Hochwild gewesen sein. Dann müßten wir dessen Fährte bemerken."

„Das Gras hat sich wohl wieder aufgerichtet, so daß sie nicht mehr zu sehen ist."

„In diesem Fall wären viele Stunden vergangen, seit der Zweig umgebrochen wurde, auch müßte die Bruchfläche verdorrt sein. Sie ist aber noch so frisch und feucht, daß höchstens eine Viertelstunde vergangen sein kann, seit sie entstanden ist."

„Wer soll es denn getan haben, und was geht es uns an, Sihdi? Warum kümmerst du dich sosehr um diesen Zweig?"

„Weil er mir eine ganze Geschichte erzählt."

„Eine Geschichte? Sihdi, ich weiß, daß du die Fährten und Spuren zu lesen verstehst wie sonst keiner. Nun, die des Miriditen haben wir deutlich vor uns. Was aber haben wir mit diesem Zweig zu tun?"

Der Schneider hielt abseits und blickte mich mit einem ruhig sein sollenden Ausdruck an. Aber einer seiner Mundwinkel war ein wenig geöffnet und seitwärts gezogen, was dem Gesicht den allerdings nur schwer bemerkbaren Ausdruck heimlichen Hohns gab.

„Wenn du nicht weißt, was dieser Zweig mir erzählt, so wird vielleicht unser Führer Afrit scharfsinniger sein als du", erklärte ich.

Der Spion machte sogleich ein erstauntes Gesicht und entgegnete: „Effendi, ich weiß nichts und ahne nichts, und auch du wirst nichts wissen. Was soll ein solcher Zweig erzählen?"

„Sehr viel."

„Ja, er predigt die Vergänglichkeit des Irdischen. Gestern noch grünte er, und jetzt muß er welken und verdorren."

„Ja, und dabei soll er mir sagen, daß auch ich dem Tod geweiht bin."

„Wieso? Ich verstehe dich nicht, Effendi."

„Nun, ich bin überzeugt, daß der Miridit den Zweig umgebrochen hat." – „Weshalb?"

„In einer besonderen Absicht. Hast du nicht auch schon andre umgebrochene Zweige bemerkt?" – „Nein, Effendi."

„Dieser hier wird der elfte sein, den ich bemerke."

„Das bedeutet doch nichts."

„Man kann im Gehen oder Reiten einmal in Gedanken ein Ästchen im Spiel der Finger knicken, aber elf Zweige knicken, und zwar bald rechts und bald links, das kann nur in einer bestimmten Absicht geschehen." – „So möchte ich diese Absicht wissen."

„Du brauchst nur aufzupassen. Wir werden wahrscheinlich noch mehrere dieser Zeichen finden, und da wirst du sehen, daß sie alle in einer Richtung geknickt sind."

„Gewiß, weil das betreffende Wild in dieser Richtung gelaufen ist."

„Von einem Wild ist keine Rede. Die Knickungen der Zweige sind nämlich genau so hoch wie die ausgestreckte Hand eines Reiters. So hoch kommt kein Reh und auch nicht das Geweih eines Hirsches. Überdies führt die Spur des Miriditen stets rechts oder links zu dem Busch mit einem solchen Zeichen."

„Aber Effendi, da du so scharfsinnig bist, sag uns nun auch, was er damit beabsichtigen wollte!"

„Kennst du vielleicht einen Mann, der Suef heißt?"

Dieser Zwerg, der sich hartnäckig ein armes Schneiderlein nannte, mußte doch eine ungeheure Selbstbeherrschung besitzen, denn er zuckte mit keiner Miene. Wäre es nicht wie ein Schatten über das Licht der Augen, mit denen er mich anblickte, gegangen, hätte ich leicht glauben können, daß ich mich irrte.

„Suef?" antwortete er. „Den Namen habe ich gehört, aber ich kenne keinen, der so heißt."

„Ich dachte, da du in dieser Gegend gut bekannt bist, würdest du den Mann kennen, den ich meine."

„Ich kenne ihn nicht. Was soll er sein?"

„Ein Anhänger des Schut. Er soll uns heute dem Miriditen vor das Gewehr führen."

„Effendi, was denkst du?"

Jetzt verriet sein Gesicht, wenn nicht Schreck, doch deutliche Besorgnis. Aber er konnte diese ebensogut um meinet- wie um seinetwillen hegen.

„Ich weiß es", fuhr ich fort. „Es wurde gestern ausgemacht, daß dieser Suef versuchen solle, sich unser Vertrauen zu erwerben und uns dann in die Falle zu führen."

„Du scheinst allwissend zu sein, Effendi."

„Ich bin nur aufmerksam, weiter nichts."

„Woher weißt du das?"

„Darüber will ich nicht sprechen. Ich bin gewohnt, alles zu beobachten und meine Schlüsse daraus zu ziehen. Das wirst du auch jetzt an diesen Zweigen erfahren."

„Ist denn dieser Suef wirklich gekommen?"

„Nein. Er sollte sich uns als Führer anbieten. Glücklicherweise aber haben wir vorher dich getroffen, und dieser Suef hat eingesehen, daß er nun nicht bei uns anzukommen vermag."

„Wie aber hängt das mit diesen Zweigen zusammen?"

„Der Miridit will Suef andeuten, wie er reiten soll."

„So würde Hajdar nicht wissen, daß dieser Suef nicht bei uns ist?"

„Jedenfalls nicht. Der Spion und Verräter hat sich vermutlich erst unterwegs an uns machen wollen. Da hat er aus seinem Versteck dich gesehen und nun erkannt, daß wir keinen Führer brauchen. Wahrscheinlich schleicht er nun hinter uns her."

Das Gesicht des Schneiders erhellte sich. Er war wirklich besorgt, durchschaut worden zu sein. Nun war er beruhigt, denn ich glaubte ja diesen Suef hinter mir zu haben. Er ahnte nicht, daß ich ihn erkannt hatte, und dabei mußte ich ihn lassen.

„Aber ich glaube doch, daß du dich irrst", begann er wieder. „Dein Verdacht ist falsch." – „Wieso?"

„Wozu braucht der Miridit die Zweige zu knicken? Der Verräter, dieser Suef, würde doch seine Spur erkennen. Wenn eine Fährte so deutlich ist, bedarf es doch nicht noch besondrer Zeichen!"

„O doch! Hajdar will mit diesen Zeichen nicht sagen, wie er geritten ist, sondern wie Suef uns führen soll."

„Ist das nicht einerlei?"

„Durchaus nicht. Ich bin überzeugt, daß es nicht lange mehr dauert, bis die Richtung dieser Zeichen von seiner Fährte abweichen wird." – „Allah! Was hast du für einen Kopf!" rief der angebliche Schneider aus.

Das war ungeheucheltes Erstaunen. Ich hatte also das Richtige getroffen und erwiderte: „Mein Kopf ist nicht besser als der deinige. Ich überlege mir die Sache genau. Ich sehe im Geist den Miriditen hier warten, und ich sehe auch uns kommen, geführt vom Verräter Suef. Wenn Hajdar mich töten will, muß er mir doch auflauern. Er wird also zur Seite hinter den Büschen stecken und muß deshalb vorher von unsrer Richtung abgewichen sein. Siehst du das nicht ein?" – „O ja!"

„Also muß Hajdar vorher ein Zeichen geben, daß Suef von einem bestimmten Platz aus ihm nicht mehr folgen soll. Und dieses Zeichen werden wir bald finden. Reiten wir jetzt weiter!"

Als wir unsre Pferde wieder in Bewegung setzten, sagte der Schneider: „Ich bin ganz begierig darauf, zu erfahren, ob du recht vermutest."

„Und ich bin überzeugt davon, daß ich mich nicht irre. Ich weiß genau, daß ich jetzt noch nichts zu fürchten brauche. Der Überfall wird erst erfolgen, wenn die Richtungen sich getrennt haben. Und so wie ich dir hier bewiesen habe, daß ich sämtliche Gedanken und Absichten dieses Miriditen und dieses Suef mir von den Zweigen erzählen ließ, so weiß ich auch noch mehr voraus, als du ahnst und denken kannst. Der Schut ist mir ein ungefährlicher Bursche."

Wir kamen noch an mehreren umgebrochenen Zweigen vorüber. Ich machte den Spion aufmerksam und bewies ihm, daß das Pferd des Miriditen stets nahe an dem betreffenden Busch vorbeigekommen war.

Dann gelangten wir an die Stelle, die ich ihm vorhergesagt hatte. Die Pferdespur führte links ab, während gradeaus an zwei einander gegenüber stehenden Büschen die umgebrochenen Zweige vorwärts deuteten.

„Sieh, da hast du den Punkt, den ich meine", behauptete ich. „Der Miridit ist nach links geritten, um uns den Hinterhalt zu legen. Suef soll uns aber gradaus zwischen diesen Büschen hindurchführen. Bist du nicht auch dieser Ansicht?"

„Effendi, ich kann dir nicht antworten. Deine Gedanken sind mir zu hoch."

„Ich habe dir doch alles deutlich erklärt!"

„Ja, aber trotzdem kann ich deinen Schlüssen nicht folgen. Ich denke, du wirst dich wohl irren." – „Ich irre mich nicht."

„Was wirst du tun, Effendi?"

„Zunächst würde ich diesen Suef, wenn er bei mir wäre, hier an dieser Stelle so peitschen lassen, daß er nicht wieder aufstehen könnte." – „Ihm würde sein Recht werden! Leider aber ist er nicht da." – „Jedenfalls ist er hinter uns. Ich hätte große Lust, hier auf ihn zu warten." – „Er wird sich hüten, sich sehen zu lassen." – „Ganz richtig. Aber ich bekomme ihn doch in meine Hand; dann soll er seinen Lohn erhalten." – „Recht so, Effendi!"

„Denkst du, daß hundert Hiebe genug sein würden?"

„Nein. Wenn du ihn in deine Hände bekommst, so mußt du ihn totpeitschen lassen, denn ein Verräter ist schlimmer als der Täter."

„Ganz richtig. Aber es genügen fünfzig."

„Das wäre eine außerordentliche Milde und Gnade, Effendi."

„Merke dir diese deine Worte und bitte dann nicht etwa für ihn um Gnade; aber das wird ja später sein. Jetzt haben wir es mit der Gegenwart zu tun."

„Ja, Sihdi, wir können doch nicht hier halten bleiben!" mahnte Halef. „Vielleicht steckt der Miridit nicht weit von hier."

„Das befürchte ich nicht. Wir reiten weiter, aber nicht genau in der Richtung, die die Zweige uns andeuten, sondern ein wenig weiter rechts. Auf diese Weise bringen wir mehr Raum zwischen ihn und uns. Ich bleibe einige Augenblicke hier zurück, werde aber schnell wieder bei euch sein. Und noch eins, Halef! Nimm dein Gewehr zur Hand. Man weiß nicht, was geschehen kann. Den Miriditen nehme ich allein auf mich. Solltest du aber auf irgendeine Weise diesen Suef bemerken, jagst du ihm augenblicklich eine Kugel durch den Kopf!"

„Einverstanden!" erklärte Halef.

„Und da unser guter Afrit nicht bewaffnet ist, so müssen wir ihn beschützen. Osko und Omar mögen ihn in die Mitte nehmen, und du reitest hinterher und bist sogleich bei der Hand, wenn etwas Verdächtiges geschieht."

„Keine Sorge, Sihdi! Ich werde augenblicklich hinter diesem Suef sein!"

Der Hadschi verstand mich. Ich war überzeugt, daß er den Verräter sofort erschießen würde, wenn es diesem einfallen sollte, die Flucht zu ergreifen. Dieser selbst sah mich mit einem besorgt forschenden Blick an und sagte: „Effendi, macht euch doch um meinetwillen keine Sorge!"

„Das ist unsre Pflicht. Du befindest dich bei uns, und bist also der Feind unserer Feinde. Als solcher wirst du von ihnen behandelt. Wir müssen dich darum in unsern Schutz nehmen. Entferne dich aber ja nicht von meinen drei Gefährten, denn dann könnte dir etwas geschehen, wofür wir dir nicht verantwortlich sind. Du bist nur bei ihnen sicher." – „Und du reitest nicht mit uns?"

„Ich bleibe einen Augenblick zurück." – „Warum?"

„Aus Feigheit. Hajdar mag erst euch erschießen, bevor er mich trifft. Vorwärts!"

Halef lachte über meine Antwort und winkte mit dem Auge zur Fährte des Miriditen. Er erriet, daß ich ihr folgen wollte. Ich wartete, bis meine Freunde zwischen den beiden Büschen hindurch waren, und ritt dann langsam links auf der Fährte weiter. Es galt nun, die Augen überall zu haben. Ich konnte von Hajdar viel früher bemerkt werden, als ich selbst ihn sah. Darum wich ich lieber von der Fährte ab und ritt eine Strecke weiter links in gleicher Linie mit ihr. Die Büsche standen in ziemlich regelmäßiger Entfernungen auseinander, immer zwischen fünf und acht Meter ungefähr. Sooft ich einen Strauch erreichte, hielt ich an und spähte vorsichtig hinter ihm hervor.

Da hörte ich einen schrillen Pfiff. Er kam von da, wo jetzt meine Gefährten sein mußten. Wer hatte gepfiffen? Halef, um mich zu warnen oder mir ein Zeichen zu geben? Nein, sein Zeichen wäre anders gewesen. Oder der angebliche Schneider? Hatte er mit dem Miriditen verabredet, unser Nahen durch einen solchen Pfiff anzuzeigen? Dann war es höchst verwegen von ihm, unter den jetzigen Umständen, wo er wußte, daß der Plan von mir erraten sei, dennoch dieses Zeichen zu geben.

Kaum war der Pfiff verhallt, so hörte ich hinter dem Busch vor mir einen Ton, als riefe jemand halblaut das Wort „oldu – endlich!" aus. Ich hörte das Stampfen von Hufen, nicht hell, sondern wegen des weichen Bodens nur dumpf, und richtete mich hoch im Sattel auf, um über den Busch, hinter dem ich hielt, hinwegzusehen. Da sah ich den Miriditen, der neben seinem Pferd im Gras gesessen hatte und sich nun in den Sattel schwang. Auch er stand noch in den Bügeln und schaute nach uns aus.

12. Der Tschakan des Skipetaren

Ich muß gestehen, daß Hajdar den Platz gut gewählt hatte, denn dieser paßte ausgezeichnet zu dem beabsichtigten Unternehmen. Der Miridit konnte zwischen den Büschen gedankenschnell über uns kommen und ebenso rasch wieder verschwinden. Sein unerwartetes Erscheinen mußte uns verblüffen. Ehe wir uns gefaßt hatten, war ich von ihm erschossen oder erschlagen, und er befand sich bereits wieder in Sicherheit, bevor meine erschrockenen Gefährten an eine Verfolgung des Mörders denken konnten.

Das war freilich hübsch ausgedacht, aber die Rechnung hatte nicht meine Genehmigung, und um einen Strich durch sie zu machen, hatte ich bereits während der letzten zwei Minuten meinen Lasso aufgerollt.

Diese Waffe, die in der Hand eines Geübten dem Gegner furchtbar werden kann, ist nicht ausschließlich eine amerikanische, wie viele meinen. Alle Nomadenvölker, die Herden besitzen, bedienen sich ihrer in verschiedenartig abgeänderter Gestalt und in der ihnen eignen Art und Weise. Der ungarische Csikos bedient sich der Leine oder des Fangriemens ebenso wie der russische Tabuntschik. Die Turkmenen haben ihren langen, geschmeidigen Kaji, ebenso wie die Mongolen, Ostjaken, Tungusen und Kirgisen sich mit der Wurfschlinge die einzelnen Tiere aus den Herden holen.

Darum war es nicht etwa ein lächerlicher Gedanke von mir gewesen, den Lasso mit auf die Reise zu nehmen. Ich war vorzugsweise mit Nomaden in Berührung gekommen und mein geflochtener, zehn Meter langer Riemen hatte mir mehrmals vortreffliche Dienste geleistet. Man weiß freilich, daß er vor längerer Zeit von mir zerschnitten und verbraucht worden war, und ich muß daher erwähnen, daß ich mir dann aus Riemen einen neuen, freilich weniger guten, geflochten hatte.

Ich befestigte jetzt das obere Ende des Lasso am Ring der vordern Sattellehne. Ich wollte den Miriditen fangen. Er hatte wohl noch nie einen Lasso gesehen und hatte sicher keine Ahnung, wie man sich seiner erwehren kann. Um ihn nicht vorzeitig meine Absicht erkennen zu lassen, legte ich die Schlingen nicht in den Arm, sondern hing sie über den Sattelknopf. Dagegen aber nahm ich den Bärentöter in die Hand. Er war die einzige Waffe, womit ich das Beil abwehren konnte, übrigens ein Kunststück, das nur der versuchen darf, der sich geübt hat, einen auf ihn geschleuderten Tomahawk mit dem Lauf des Gewehrs von sich abzuhalten, so daß das Beil zur Seite fliegt, ohne eine jener gefährlichen Verletzungen hervorzurufen, die stets die Folge einer unsichern Abwehr sind. Es gilt dabei nicht nur, dem Beil während des Flugs anzusehen, welche Stelle es treffen wird, sondern man muß auch trotz der großen Schnelligkeit der in kreisförmigem Wirbel heransausenden Waffe genau zwischen Stiel und Helm unterscheiden, sonst schlägt das Beil um den Gewehrlauf herum und trifft doch das Ziel. Vor allen Dingen muß man das trotzbietende Gewehr mit beiden Händen halten, sonst bekommt man Beil und Gewehr ins Gesicht, weil der Anprall gewaltig ist. Auch muß der Gewehrlauf eine schiefe Richtung haben, damit das Beil in einem spitzen Winkel aufschlägt und im stumpfen Winkel auswärts abgleitet. Dazu gehört Körperkraft, Übung und ein scharfes Auge.

Die Stellung war jetzt folgende: Ich hielt so auf dem Pferd, daß ich grad vor mir die Richtung hatte, in der ich die Gefährten wußte. Links von mir war der Miridit. Ich hielt den Blick auf ihn gerichtet und erkannte, daß er sich anstrengte, um die Reiter zu sehen. Eine hastige unwillige Bewegung Hajdars verriet mir seinen Ärger, daß Suef nicht die ihm durch die Zweige angewiesene Richtung eingeschlagen hatte. Hätte ich Halef nicht weiter rechts gewiesen, so wären meine Gefährten viel näher am Miriditen vorübergekommen. So aber bewegten sie sich am Rand der freien Ebene dahin, was dem Auflauernden besonders unlieb sein mußte.

Jetzt sah ich die Reiter kommen. Auch Hajdar mußte sie sehen. Die hier und dort stehenden Büsche machten es ihm aber unmöglich, die einzelnen Männer zu unterscheiden. Er konnte sich also nicht überzeugen, ob ich auch wirklich bei ihnen sei. Da er dies aber mit voller Sicherheit erwartete, setzte er sich in Bewegung, erst langsam und dann schneller, bis sein Pferd in raschen Trab überging.

Ich folgte dem Miriditen, die Büchse in der Rechten, und sorgte dafür, daß stets Strauchwerk zwischen ihm und mir war. Das war wohl überflüssig, denn die Aufmerksamkeit Hajdars war so ausschließlich vorwärts gerichtet, daß es ihm nicht einfiel, hinter sich zu sehen. Der weiche Boden dämpfte den Hufschlag meines Pferdes, und überdies mußte das Geräusch seines eignen Pferdes es ihm unmöglich machen, mich hinter sich zu hören. Die Entscheidung mußte in wenigen Sekunden erfolgen. Ich hatte keine Angst, höchstens hätte seine Axt mich besorgt machen können.

Jetzt mußte der Skipetar noch an zwei Büschen vorbei. Nun jagte er an dem letzten vorüber und hinaus auf die Ebene, wobei er einen schrillen Ruf ausstieß, um uns zu erschrecken. Sein Pferd zum Stehen bringend, erhob er das Gewehr zum Schuß, aber er schoß nicht. Er zielte nicht einmal, sondern stieß einen zweiten Ruf aus, einen Ruf der Überraschung, des Ärgers – er sah, daß ich nicht dabei war.

Auch meine Gefährten hielten. Halef brach in ein lautes Gelächter aus.

„Was willst du von uns?“ fragte er. „Warum schneidest du ein Gesicht, als hättest du deinen eignen Kopf samt dem Backenpflaster verschluckt?“ – „Ihr Hundesöhne!“ knirschte der Skipetar.

„Du ärgerst dich? Wohl weil du den Gesuchten nicht siehst? Schau dich doch um!“

Der Bluträcher wandte sich im Sattel um und erblickte mich, der ich ungefähr fünfzehn Schritt hinter ihm hielt.

„Suchst du mich?“ lächelte ich.

Da riß er sein Pferd gegen mich herum, nahm das Gewehr wieder hoch und schrie: „Ja, dich will ich haben, du Scheïtan! Bin ich dir bekannt?“

Ich machte keine Bewegung und bejahte nur durch eine Geste.

„Du hast meinen Bruder ermordet! Du bist der Blutrache verfallen. Ich will dich nicht tückisch von hinten niederschießen, sondern von vorn!“ – „Schieß nicht, denn wir alle sind kugelfest!“

„Das will ich sehen! Fahre in die Dschehenna!“

Hajdar drückte ab. Das Zündhütchen knallte, aber der Schuß ging nicht los.

„Siehst du?“ lachte ich. „Ich habe dich gewarnt. Nun bist du mein!“ Ich erhob den Bärentöter, wie um zu schießen. Da riß er den Tschakan aus dem Gurt und schrie wütend: „Noch nicht! Trifft die Flinte dich nicht, so trifft dich das Beil!“

Hajdar wirbelte die Axt um den Kopf und schleuderte sie dann nach meinem Kopf. Aus so geringer Entfernung mußte sie mir den Schädel spalten, wenn ich nur um eine Handbreit in der Abwehr fehlte.

Einen Augenblick hörte ich das Sausen des Beils. Es war wie ein dumpfer und doch schriller Pfiff. Mit weitem Auge hatte ich die Armbewegung des Miriditen erfaßt. Ich blieb starr im Sattel halten, das Gewehr in beiden Händen. Dann ein blitzschneller Ruck empor mit dem Gewehr – die Axt traf den Lauf und flog davon. Sie hätte mich in die Stirn getroffen.

Der Bluträcher ließ den Zügel aus der Linken vor Bestürzung sinken. Er hatte nun keine andre Waffe mehr als die Pistolen, und die brauchte ich nicht zu fürchten.

„Siehst du, daß ich auch dein Beil verachte!" rief ich ihm zu. „Nun aber bist du meiner Rache verfallen. Paß auf!"

Ich legte den Bärentöter auf ihn an. Das gab Hajdar die Bewegung wieder. Er ergriff die Zütel, riß sein Pferd empor und raste davon, in die Ebene hinein, just so, wie ich es erwartet hatte.

Ich ritt zu Halef hin und gab ihm die Büchse, denn sie war mir nun hinderlich. Er nahm sie, mahnte aber dringend: „Schnell, schnell! Er entkommt sonst!"

„Nur Geduld! Wir haben Zeit. Dieser gute, arme Schneider Afrit soll einen Reiter sehen, mit dem es der Schut sicher nicht aufnehmen kann. Kommt mir im Galopp nach!"

Ein kurzer Pfiff und mein Rih schoß davon. Ich legte ihm die Zügel auf den Hals und stellte mich in den Bügeln auf, obwohl der kranke Fuß mir dabei ziemlich hinderlich war. Während des Rittes nahm ich die Lassoschlingen vom Sattelknopf auf den linken Unterarm, so daß sie regelrecht ablaufen konnten. Die Schleife aber hielt ich in der Rechten. Den Rappen lenkte ich weder mit dem Zügel noch durch Schenkeldruck, denn das kluge Tier wußte, um was es sich handelte.

Hajdar war erst in schnurgerader Richtung geflohen, eine Dummheit von ihm, denn da mußte ihn meine Kugel leicht treffen, da mir auf diese Weise das Zielen erleichtert wurde, wenn ich ihn überhaupt hätte erschießen wollen. Da aber die offne Ebene in dieser Richtung am breitesten war, so lenkte er jetzt links ab, wo es wieder Büsche gab, die ihm Schutz und wohl auch Rettung gewähren mußten. Rih schoß ohne mein Zutun, wie ein guter Jagdhund, sofort nach links. Es waren wohl an die vierzig Pferdelängen zwischen mir und dem Miriditen, aber kaum eine Minute dauerte es, so befand ich mich nur mehr zwei Längen hinter ihm.

„Halte an! Ich befehle es!" rief ich.

Der Skipetar drehte sich zu mir um. Er hatte schon seine Pistolen bereit und schoß auf mich. Ich sah am Zielen, daß er mich nicht treffen würde, schwang die Schleife des Lasso um den Kopf und ließ los. In dem Augenblick, als sie wie ein weiter Ring über dem Kopf des Reiters schwebte, hielt ich meinen Hengst an und riß ihn zurück. Ein Ruck, ein Schrei – Rih stand, der Braune rannte weiter, und der Miridit lag auf dem Boden, mit straff angezogener Schlinge um die Arme und um den Leib. Ich sah, daß Hajdar sich nicht rührte, und beeilte mich keineswegs mit dem Absteigen. Er konnte ja nicht fort.

Als ich nun die wenigen Schritte zu ihm ritt, sah ich, daß der Gefangene die Augen geschlossen hatte. Er war ohnmächtig. Ich blieb im Sattel und liebkoste mein Pferd zum Dank für seine Anstrengung. Der Rappe war für solche Zärtlichkeiten empfänglich. Er bog den Hals zurück und leckte mit der Zunge nach mir, ohne mich jedoch zu erreichen. Nun versuchte er, mich wenigstens mit dem Schweif zu treffen. Um ihm diese Freude zu machen, bog ich mich zurück und streckte die Hand aus, in die er mir den prächtigen Schweif wohl zehnmal warf, wobei er vor Vergnügen laut aufwieherte.

Nach einiger Zeit kamen auch die Gefährten herbei. Dabei wunderte ich mich, mit welcher Leichtigkeit der alte, dürre Klepper des Schneiders galoppierte. Es schien, als mache es der alten Mähre nur Vergnügen, sich einmal tüchtig auszulaufen. Und der hagere Zwerg saß im Sattel wie nur einer! Ich glaube, der Klepper war ein ebenso großer Heuchler wie sein Herr.

„Ist er tot?" fragte Halef, als sie herangekommen waren.

„Weiß nicht. Sieh nach!"

Er sprang ab und untersuchte den Gefangenen. „Sihdi, der Skipetar schläft nur ein wenig. Hier hast du seinen Tschakan."

Halef reichte mir die herrliche Waffe, die er mitgebracht hatte. Der gewundene Schaft war mit geperlter Fischhaut überzogen; das Beil selbst war von alter, feiner und herrlich ziselierter Arbeit. Auf der einen Seite stand in arabischer Schrift „Li ma' ak kelimet – ich muß ein Wort mit dir sprechen", und auf der andern: „Awasi, chatrak – wohl bekomm's, leb wohl!" Der Künstler, von dem die Arbeit stammte, hatte eine etwas stachelige Gemütsart gehabt.

„Nun, Afrit, du Riesengeschöpf, was sagst du zu diesem Pferd?" fragte Halef.

„Es ist unvergleichlich! Ich habe noch nie ein solches gesehen", erwiderte der Gefragte. Dabei betrachtete der Schneider den Hengst mit Kenneraugen. Es lag eine nicht zu verkennende Gier in diesen Blicken. Er trug Verlangen, den Hengst zu besitzen. Das sah man ihm an, so sehr er sich auch bestrebte, dies zu verheimlichen.

„Schön", meinte Halef, von diesem Lob befriedigt. „Aber was sagst du zu seinem Herrn?"

„Er ist es wert, ein solches Pferd zu besitzen, denn er reitet gut."

„Gut? Afrit, was fällt dir ein! Auch du reitest gut, aber du bist im Vergleich zu ihm ein Frosch, der auf dem Rücken eines Ochsen sitzt. Und wer hat dich gefragt, wie er reitet? Ich habe es anders gemeint. Hat mein Sihdi nicht glänzend Wort gehalten?"

„Ja, das gebe ich freilich zu."

„Freilich? Du mußt es zugeben, du bist gezwungen dazu. Hat er es nicht bewiesen, daß der Miridit ein Knabe gegen ihn ist, ein Junge, der sich noch nicht die Jacke zuknöpfen kann? Wie herrlich hat Kara Ben Nemsi Effendi den Bluträcher überlistet! Hast du geahnt, daß er ihn abermals beschleichen würde?"

„Nein, Hadschi Halef."

„Ich habe es gleich gewußt. Dein Gehirn ist wie ein Kuchen, den die Hitze schwarz und trocken gebrannt hat, so daß er nun nicht zu genießen ist. Wie staunte der Miridit, als er unsern Sihdi nicht bei uns sah, und wie erschrak er, als er ihn dann hinter sich erblickte! Wie sicher zielte Hajdar dann auf ihn! Und weißt du, warum sein Gewehr nicht losgegangen ist?"

„Weil es versagte."

„Nein, sondern weil wir kugelfest sind. Verstanden, du Schneider aller armen Schneider! Hat dir mein Sihdi nicht im voraus gesagt, daß Hajdars Gewehr nicht losgehen wird? Und dann der Wurf des Tschakan! Hättest du das Beil abzulenken vermocht?"

„Bei meiner armen Seele, nein!"

„Bei deiner armen Seele wirst du niemals etwas vermögen, denn deine Seele ist doch nur ein langes, unbehilfliches Ding wie ein Regenwurm, das sich vergeblich in dir windet, um einen klugen Gedanken zu fassen. Und nachher die Jagd! Hast du schon einmal gesehen, wie man mit einem Riemen einen Reiter vom Pferd reißt?"

„Niemals."

„Das glaube ich. Du hast überhaupt noch gar vieles, noch tausenderlei nicht gesehen, was wir verstehen und können. Was kann dein Schut gegen unsern Effendi ausrichten? Unsre List und Tapferkeit wird wie eine Schraube sein, die sich in seinen Leib hineinfrißt!" – „Mein Schut? Sag das nicht!"

„Du verteidigst ihn!" – „Das ist mir nicht eingefallen!"

„Hast du nicht gesagt, der Schut sei uns überlegen und werde uns verderben?" – „Ich sagte das, um euch liebreich zu warnen."

„So sage ich dir ebenso liebreich, daß du in Zukunft das Maul halten sollst! Wir bedürfen keiner Warnung. Wir wissen selbst, was wir tun und lassen müssen, denn wir kennen uns und auch unsre Feinde. Sie sind gegen uns wie dürre Grashalme gegen die Palmen, die ihre Häupter in den Wolken baden. Dieser Schut wird uns zu Füßen liegen wie der Miridit, der hier auf dem Boden liegt. Und alle, die ihm dienen, werden wir verzehren, wie man Tabak in den Tschibuk steckt."

„Hadschi Halef, was habe ich getan, daß du so streng und zornig mit mir redest?"

„Den Schut hast du über uns gesetzt! Ist das nicht genug? Du hast noch keinen berühmten Helden gesehen. Hier aber erblickst du Männer und Helden, die den Schut wie eine Fliege achten. Man fängt und zerdrückt sie mit der Hand!"

Um den kleinen Hadschi, der nun im Zug war, nicht noch größer werden zu lassen, unterbrach ich ihn: „Als ich hinter dem Meriditen hielt, hörte ich einen Pfiff. Wer hat ihn ausgestoßen?"

„Hier der Schneider." – „Warum?"

„Er sagte, es sei ein Hund durch die Büsche gelaufen."

„Ja, Effendi, ich sah ihn deutlich", erklärte der Verräter angelegentlich. – „Was ging das Tier dich an?"

„Es hatte sich wohl verlaufen, und wir konnten es bis zum nächsten Dorf mitnehmen, wohin es wahrscheinlich gehört."

„So! Der Meridit schien diesen Pfiff zu kennen."

„Gewiß nicht."

„Er sprang sofort vom Boden auf und stieg zu Pferd. Es scheint, daß Hajdar mit dem Suef verabredet hatte, daß dieser seine Annäherung durch einen Pfiff verkünden sollte. Das ist eine große Albernheit von beiden, denn dadurch würden sie verraten haben, daß sie im Einverständnis handeln. Hoffentlich kommt der Verräter mir in die Hände, und da werde ich ihn auf diese Dummheit aufmerksam machen."

„Willst du nicht zum Meriditen sehen? Er bewegte sich."

Der Skipetar hatte eine Bewegung mit den Beinen gemacht, um in eine andre Lage zu kommen. Ich sah, daß er die Augen geöffnet hatte und mich grimmig anstarrte.

„Nun", fragte ich Hajdar, „wie gefällt dir der Ausgang deines Abenteuers?" – „Sei verflucht!" zischte der Bluträcher.

„Dein Mund trieft nicht von Segensworten, und doch habe ich es gut mit dir gemeint."

„Wie gut du es meinst, weiß ich: Du wirst mich töten!"

„Du irrst. Hätte ich dich töten wollen, dann wäre es mir heute schon öfter leicht gewesen, es zu tun."

„So hast du Schlimmeres mit mir vor?" – „Was denkst du da?" forschte ich. – „Oh, es gibt verschiedene Arten, einen Blutfeind unschädlich zu machen, ohne ihn gleich zu töten."

„Man läßt ihn zum Beispiel verschmachten, wie ihr es mit uns im Sinn hattet."

„Der Scheïtan hat euch herausgeholfen!" grollte der Meridit.

„Nein, wenn dieser uns hätte unterstützen wollen, so wären wir lieber in der Hütte geblieben."

„Und doch habt ihr den Teufel, denn ihr seid alle kugelfest!"

„Glaubst du, daß man dazu die Hilfe des Scheïtan braucht? Das kann man selbst tun ohne fremde Hilfe. Man muß nur klug genug sein und etwas gelernt haben. Wir fürchten allerdings deine Kugeln und auch dein gehacktes Blei nicht, das du heut so sorgfältig in den Lauf geladen hattest." – „Ah, du hast meine Flinte?"

„Nein, sie hing am Sattel, und dein Pferd ist mit ihr fort."

„Wie kannst du denn wissen, daß ich gehacktes Blei geladen habe?"

„Ich weiß stets alles, was ich wissen muß. Nun kannst du nicht nach Shiganzy heimreiten, sondern du mußt deinen Verbündeten folgen, wie du es mit ihnen ausgemacht hast."

„Ich? – Wohin?" erkundigte Hajdar sich.

„Das weißt du genau. Sind sie dir nicht über Engely voran?"

„Effendi, wer hat dir das gesagt?"

„Mein Traum. Ich sah sie im Traum auf der Höhe jenseits Warzy deiner warten. Du kamst, stiegst vom Pferd und suchtest sie auf, um ihnen zu sagen, wir seien endlich aufgebrochen. Dann seid ihr zusammen fortgeritten. Du aber hast dich bald von ihnen getrennt, um hierherzureiten, wo Suef uns dir in die Hände liefern sollte."

„Suef!" rief der Miridit erschrocken aus.

Hajdars Blick suchte den Schneider und fand ihn. Ich tat, als sähe ich den warnenden Blick nicht, den der Kleine ihm gab. Dieser Wink schien den Miriditen zu beruhigen, denn er fragte:

„Wer ist Suef?" – „Dein Freund." – „Ich kenne keinen Suef."

„Nun, vielleicht erkennst du ihn, wenn ich ihn, wie ich hoffe, vor deinen Augen auspeitschen lasse. Du hast mit deinen Gefährten verabredet, daß ich tot wäre, wenn du heute nicht kämst, daß du aber heute abend zu ihnen stoßen würdest, wenn dein Überfall mißglücken sollte. Er ist mißglückt. Willst du fort?"

Der Bluträcher wußte nicht, was er von mir halten sollte; doch sagte er düster: „Woher du alles weißt, ahne ich nicht. Aber ich brauche es auch nicht zu wissen. Mach es kurz und töte mich!"

„Warum sollte ich dich töten?"

„Weil ich dir nach dem Leben trachtete."

„Das ist für mich kein Grund, denn ich bin ein Christ und vergelte nicht Böses mit Bösem."

„So kennst du das Gesetz der Blutrache nicht?"

„Ich kenne es." – „So weißt du, daß ich zeit meines Lebens trachten muß, dich zu töten?"

„Ich weiß es."

„Und dennoch mordest du mich nicht?"

„Nein. Ich habe mich gegen dich gewehrt, und du hast gar nichts tun können. Das ist genug. Wir Christen kennen die Blutrache nicht, darum ist bei uns der Mord ein todeswürdiges Verbrechen. Dich aber zwingt das Gesetz der Blutrache zum Mord. Ich kann dir nicht zürnen, daß du dem Gesetz gehorchen willst."

Er blickte mich an wie im Traum, denn er konnte meine Worte nicht begreifen.

„Aber", fuhr ich fort, „überlege dir, ob ich die Blutrache verdient habe. Ich war eingeschlossen – ich mußte mich befreien. Ich mußte schießen und wußte nicht, wer es war, der oben saß. Dein Bruder trug selbst die Schuld, daß meine Kugel ihn traf. Er wußte, daß wir unsre Waffen bei uns hatten. Es war eine große Torheit von ihm, sich dort hinaufzusetzen."

„Effendi, deine Worte enthalten viele Tropfen der Wahrheit!"

„Und warum wollte Tschurak mich bis zum Verschmachten einsperren? Was hatte ich getan? Hatte ich ihn gekränkt, beleidigt, bestohlen und beraubt? Nein! Ich kam, um mich nach dem Schut zu erkundigen. Es stand ihm frei, mir Auskunft zu geben oder nicht, und dann wäre ich in Frieden weitergezogen. Warum wurde er mein Feind?"

„Weil seine Freunde deine Feinde sind und weil du den Schut verderben willst." – „Auch das will ich nicht."

„Du suchst ihn und hast seinen Schwager Deselim getötet. Du bist der Blutrache verfallen und wirst ihr erliegen."

„Ich habe Deselim nicht getötet. Er stahl mir mein Pferd, stürzte von diesem und brach sich den Hals. Bin ich der Mörder?"

„Hättest du ihn fliehen lassen! Du aber hast ihn gejagt und verfolgt."

„Ah, so verfalle ich also der Blutrache, weil ich mir mein Pferd nicht stehlen lassen wollte? Höre, ich habe Achtung für euch empfunden, denn ich glaubte, ihr wärt tapfre, offenherzige Männer. Nun sehe ich, daß ihr feige, hinterlistige Schufte seid. Ihr seid elende Diebe, und wenn man euch euren Raub dann abjagt, so sagt ihr, wir seien der Blutrache verfallen. Das ist, um euch anzuspucken. Pfui! Jetzt ist mir euer Schut nur ein elender Bube und alle, die ihm dienen, sind jämmerliche Halunken, auf die ich gar nicht achten werde. Da, mach dich auf und lauf davon! Ich fürchte dich nicht. Schieß auf mich, sooft du willst. Halef, löse ihm den Lasso vom Leib!"

„Sihdi!" rief der Kleine erschrocken. „Bist du toll?"

„Nein. Mach ihn los!" – „Das tu ich nicht!"

„Soll ich es vielleicht selbst tun? Hajdar hat mir nicht hinterrücks nachgeschossen, sondern er hat sich mir offen gegenübergestellt. Er hat mir auch, bevor er schoß, eine schöne Rede gehalten, während der ich ihn töten konnte, wenn es mir beliebt hätte. Ein Meuchelmörder ist er nicht, und so will ich ihn auch nicht als solchen behandeln. Mach den Lasso auf!"

Jetzt gehorchte Halef und band den Miriditen los. Dieser stand vom Boden auf. Wenn wir erwartet hatten, daß er nun schleunigst davoneilen würde, so waren wir im Irrtum gewesen. Er streckte und reckte seine dicht an den Leib gezogen gewesenen Arme und trat dann vor mich hin.

„Effendi", erklärte Hajdar, „ich weiß nicht, was dein Verhalten bedeuten soll."

„Ich habe es gesagt! Du kannst gehen, wohin du willst."

„So verlangst du nichts von mir?" – „Nein."

„Auch kein Versprechen, dich zu schonen?"

„Fällt mir nicht ein!" wehrte ich ungeduldig ab.

„Aber ich muß dich töten!" – „Versuche es immerhin!"

„Du selbst weißt ja, daß ich heute abend meinen Freunden folgen soll." – „Ich weiß es und habe nichts dagegen."

In Hajdars Gesicht machten sich die Zeichen eines innern Kampfes bemerkbar. Stolz und Milde, Haß und Rührung stritten miteinander. Dann sagte er: „Hältst du mich für einen Feigling, wenn ich die Freiheit von dir annehme?"

„Nein. Ich würde es auch tun und halte mich für einen mutigen Mann."

„Gut, ich will mein Leben von dir annehmen. Es würde mich kein Mensch mehr anrühren, wenn ich es mir von dem Mörder meines Bruders schenken ließe, um auf meine Rache zu verzichten. Die Blutrache bleibt zwischen uns, aber sie mag einstweilen schweigen. Ich sehe meinen Tschakan in deinem Gürtel. Obwohl ich weiß, daß er eigentlich deine rechtmäßige Beute ist, bitte ich dich trotzdem, so zu tun, als hätte ich ihn dir freiwillig gegeben. Weißt du, was das bedeutet?" – „Nein."

„Es ist das Zeichen, daß die Blutrache einstweilen schweigen soll. Sobald du mir die Axt zurückgibst, beginnt die Rache von neuem."

„Solange ich den Tschakan behalte, schweigt der Kampf zwischen uns?"

„Ja. Willst du die Waffe in diesem Sinn von mir nehmen?"

„Ich nehme sie." – „Wohin ist mein Pferd gelaufen?"

„Drüben an den Büschen weidet es."

„So gehe ich, Effendi, ich würde dir gern meine Hand zum Abschied reichen, aber an der deinigen klebt das Blut meines Bruders. Ich darf dich nur anrühren, um dich zu töten. Lebe wohl!"

„Lebe wohl!"

Hajdar schritt davon. Aus der Ferne wandte er sich noch einmal um und winkte uns zu, dann ging er zu seinem Pferd und ritt fort.

Den Tschakan habe ich heute noch. Die Blutrache schläft noch immer und wird auch niemals aufwachen.

Der kleine Schneider hatte diesem Vorgang mit gespanntester Aufmerksamkeit zugeschaut. Es war ihm anzusehen, daß er trotz meiner früheren Worte mit größter Bestimmtheit geglaubt hatte, ich würde den Miriditen töten lassen. Ob er aber mit dem Ausgang der Sache zufrieden oder unzufrieden sei, ließ seine Miene nicht erkennen. Diese drückte jetzt nur das größte Erstaunen aus.

Halef war sichtlich unzufrieden. Es wäre ihm ein großes Vergnügen gewesen, wenn ich ihm den Auftrag gegeben hätte, dem Mann fünfzig aufzuzählen und ihn dann laufen zu lassen. Aber abgesehen von der Gemeinheit eines solchen Verfahrens, hätte ich mir dadurch einen doppelt ergrimmten Todfeind erworben, während ich jetzt von ihm nichts mehr zu fürchten hatte. Da der Hadschi nicht wagte, mir Vorwürfe zu machen, ließ er seinen Unmut an dem angeblichen Schneider aus: „Nun, du Mann der Nadel und des Zwirns, was stehst du da und guckst in die Luft, als ob es Kamele regnete? Worüber wunderst du dich so sehr?"

„Über den Effendi." – „Ich auch."

„Er konnte Hajdar töten lassen", meinte der falsche Afrit bedächtig.

„Und dich dazu!" – „Mich! Warum?"

„Das werde ich dir seinerzeit sagen, wenn ich es dir auch schriftlich geben kann."

„Dann hättet ihr euren Führer verloren.“ – „Das wäre schade!“
„Und wer weiß, was euch dann noch unterwegs zustoßen würde!“
„Nun, auch nichts Schlimmeres, als wenn du dabei bist. Kennst du die Gesetze der Blutrache, wie sie hierzulande geübt werden?“
„Ja, ich kenne sie.“
„Ist es auch wirklich wahr, daß dieser Streit nun beigelegt ist?“
„Er ruht, bis der Tschakan zurückgegeben wird. Das gilt aber nur von der Blutrache, sonst nicht.“ – „Wie meinst du das?“
„Hajdar kann euch zum Beispiel überfallen, um euch auszurauben und dabei zu töten. So hat er euch nicht wegen der Blutrache, sondern wegen des Raubes getötet.“
„Allah ist groß, aber eure Ehrlichkeit hier ist klein“, entgegnete Halef entrüstet. „Was hilft es meinem Nachbar, wenn ich ihm verspreche, ihm seine Kürbisse nicht zu stehlen, und in der nächsten Nacht nehme ich seine Melonen? Ihr seid doch alle miteinander Verbrecher!“
Ich unterbrach das Gespräch durch die Frage: „Wie weit haben wir noch bis Jersselü?“
„Eine kleine Stunde“, erwiderte Suef eifrig.
„So können wir dort halten, um uns zu erfrischen. Ist ein Han dort?“ – „Ja, ich kenne den Handschi.“
„Und wo schlägst du vor, daß wir die Nacht zubringen sollen?“
„In Kilisseli; ich kenne auch dort den Handschi.“
„Wie lange haben wir bis dorthin zu reiten?“
„Von Jersselü vier Stunden.“
„Warum wählst du grad dieses Dorf?“
„Es ist ein schöner Ort und liegt in der Ebene von Mustafa, wo alles, was das Herz begehrt, billig und reichlich zu haben ist.“
„Wie weit ist von dort bis Üsküb?“ – „Acht Stunden.“
„Gut, so bleiben wir in Kilisseli.“
Der Schneider ritt als Führer voran und schien sich nicht um uns zu kümmern. Da Osko und Omar hinter ihm ritten, so konnte ich mit Halef von ihm reden, ohne von ihm gehört zu werden.
„Sihdi“, fragte der Hadschi neugierig, „du glaubst doch auch, daß er jener Suef ist?“
Ich bejahte nach morgenländischem Brauch durch Kopfschütteln. Halef fragte weiter und blinzelte mich von der Seite an: „Du hältst doch Wort wegen der Fünfzig?“
„Suef soll sie erhalten, aber nicht jetzt.“
„Verdient hat er sie auch reichlich. Ich habe mich gewundert, daß du ihm soviel mitgeteilt hast, obgleich du weißt, daß er zu unsern Gegnern hält.“ – „Mit Absicht.“
„Ja, du hast immer deine heimlichen Absichten. Du schaust weiter voraus als wir, und darum tust du auch, als schenktest du dem verräterischen Schneider dein Vertrauen. Ich aber würde ihn durchpeitschen und dann liegenlassen.“

„Und schlimme Früchte davon ernten. Solange er bei uns ist, werden wir von allem unterrichtet sein, was seine Verbündeten gegen uns planen. Heute abend machen sie einen Angriff, den sie für den letzten, weil erfolgreichen, halten. Heut abend sollen wir alle ermordet werden. Wie das geschehen soll, weiß ich noch nicht."

„Wir werden es aber doch erfahren?"

„Ja, und zwar durch den Schneider. Aus dem, was er tut, werden wir sicher auf das schließen können, was geschehen soll."

„So werde ich ein offenes Auge haben."

„Ich muß dich allerdings darum ersuchen, da ich mich nicht selbst um alles kümmern kann. Ich werde wegen meines Fußes wohl wieder das Zimmer hüten müssen. Was draußen vorgeht, müßt ihr drei beobachten. Wir müssen vor allen Dingen erfahren, wo die Aladschy, Barud el Amasat und die andern sind, wann und wo sie mit dem Schneider reden wollen, und wann, wo und wie wir ermordet werden sollen."

„Sihdi, da ist viel zu ergattern! Für jetzt können wir uns freuen, einen der grimmigsten Feinde losgeworden zu sein."

„Du meinst den Miriditen?"

„Ja. Der kommt nun heute abend jedenfalls nicht."

„Und ich meine, daß Hajdar gewiß kommen wird."

„Um den Aladschy zu helfen?"

„Im Gegenteil, um uns gegen sie beizustehen."

„Ah, das glaube ich nicht!"

„Ich glaube es. Er ist ein ehrlicher Miridit und ist nur deshalb mein Feind, weil meine Kugel seinen Bruder getroffen hat, nicht aber des Schut wegen. Ich meine, Hajdar achtet uns jetzt und verabscheut das hinterlistige, heimtückische Verhalten der andern. Er weiß, daß ich ihm das Leben geschenkt habe. Welcher Mensch liebt sein Leben nicht? Darum fühlt er sich uns zu Dank verpflichtet." – „Hast du die andern nicht auch geschont? Haben sie es dir gedankt?"

„Nein, aber sie sind auch nur elende Schurken. Hätten sie Hajdars Charakter, seine Offenheit, so wären wir längst mit ihnen fertig. Ich bin fest überzeugt, daß er kommen wird, und vielleicht ist uns seine Anwesenheit von Nutzen."

Wie der Schneider angegeben hatte, erreichten wir Jersselü nach etwa einer Stunde. Es war ein Höhendorf, von dem nichts Besonderes zu sagen ist. Am Han blieben wir halten und ließen uns einen Imbiß geben: saure Milch mit Maiskuchen. Die Pferde wurden gefüttert und getränkt.

Auffallen mußte es mir, daß der Schneider uns vorauseilte, als das Dorf in Sicht kam. Er tat das, wie er sagte, um für uns eine Erfrischung zu bestellen. Halef blickte mich an, wiegte den Kopf und fragte: „Weißt du, warum?"

„Er wird im Han sagen, daß man ihn nicht Suef, sondern Afrit nennen soll."

„Das denke ich auch. Aber da hätte er doch unsern Handschi in Shiganzy auch vorher bereden müssen!"

„Vielleicht ist er dort nur unter dem Namen Afrit bekannt."

„Oder Ilia war doch nicht aufrichtig gegen uns."

„Auch möglich, doch glaube ich es nicht."

Nach eingenommenem Imbiß ritten wir weiter und kamen bald von der westlichen Seite der Hochfläche herunter auf die bereits erwähnte Ebene von Mustafa, die viele Stunden lang und breit ist. Durch fruchtbare Felder, wo die Ernte schon eingeheimst war, ging es über die Straße, die von Engely nach Komanova führt, und nach vier Stunden sahen wir Kilisseli vor uns liegen.

Es war eine reizende Gegend. Berge fehlten, desto anmutiger aber fanden wir die an den Seiten des Wegs stehenden Wälder, unter denen es immergrüne Hölzer gab. Wir kamen durch prächtige Obstpflanzungen, wo Südfrüchte im Freien reiften. Reiche, jetzt abgeerntete Getreidefelder dehnten sich zur Rechten und zur Linken, und als wir nahe an das Dorf gelangten, sahen wir einen großen Fischteich, in dessen kristallhellem Wasser sich die Bäume eines großen Gartens spiegelten. Der Garten gehörte zu einem Gebäude, dessen schloßartiges Aussehen in diesem Land der ärmlichen Bauwerke auffallen mußte.

„Was ist das für ein Gebäude?" fragte ich unsern Führer.

„Das ist ein Schloß", entgegnete er. – „Wem gehört es?"

„Dem Gastwirt, bei dem wir übernachten werden."

„Aber dieses Schloß ist doch kein öffentliches Gasthaus, wie mir scheint." – „O nein, Effendi." – „Du sprachst doch von einem Han!"

„Ich kenne den Besitzer. Er sieht sehr gern Gäste bei sich und wird euch freudig willkommen heißen." – „Wer ist er denn?"

„Ein Türke aus Saloniki, der sich hier von seinen Geschäften zur Ruhe gesetzt hat. Er heißt Murad Habulam Aga."

„Wie sieht er aus?" – „Der Aga[1] ist in den mittleren Jahren, lang und etwas hager von Gestalt und bartlos."

Für einen langen, hageren, bartlosen Türken empfand ich keine Zuneigung. Ich kann mir einen braven, gradsinnigen, ehrlichen Türken nicht als halbes oder ganzes Skelett vorstellen und habe die Erfahrung gemacht, daß man sich im Osmanischen Reich vor jedem, der übermittelmäßig lang und hager und überdies noch bartlos ist, in acht nehmen muß. Meine Miene mochte ungünstig sein, denn der Schneider fragte mich: „Ist es dir nicht recht, daß ich euch zu ihm führe?"

„Nein. Ich halte es für eine Unbescheidenheit, sich fünf Mann hoch bei einem völlig Unbekannten zu Gast zu bitten."

„Aber nicht ihr bietet euch an, sondern der Aga läßt euch bitten."

„Das ist mir neu!"

„Ich will es dir dadurch erklären, daß Murad Habulam Aga sehr gern Gäste sieht. Ich komme oft zu ihm, und er hat mir ein für allemal

[1] Hier die Anrede für einen Grundbesitzer

den Befehl erteilt, Fremde mitzubringen, wenn er sich ihrer nicht zu schämen braucht. Er liebt die Fremden und ist ein gelehrter und weit in der Welt herumgekommener Mann, wie du selbst. Ihr werdet großes Wohlgefallen aneinander finden. Außerdem ist er so reich, daß es ihn gar nicht anficht, zehn oder auch zwanzig Gäste zu beherbergen."

Ein gelehrter und weltkundiger Mann, das zog. Und um mich noch geneigter zu machen, fügte der Verräter hinzu: „Du wirst eine prächtige Wohnung finden mit Park und allem, was ein reicher Mann nur haben kann." – „Hat er auch Bücher?"

„Eine große Sammlung."

Da war es nun freilich mit allen Bedenken aus, und ich sandte den Schneider voraus, um uns anzumelden.

Während ich mit Halef über den steinreichen und gelehrten Türken plauderte und meine Vermutung aussprach, daß wir bei ihm keiner Anmeldung bedurft hätten, weil er unsre Ankunft schon durch die Aladschy erfahren haben würde, scheute plötzlich das Pferd des Hadschi.

Wir ritten hart am Rand des Teichs hin, über dessen Fläche grad ein Kahn auf uns zugekommen war. Darin saß ein junges Mädchen, das das Fahrzeug mit kräftigen Armen ruderte. Es trug das Gewand unverheirateter Bulgarinnen. Unter dem roten Tuch, das sie um den Kopf geschlungen hatte, hingen zwei lange, schwere Haarzöpfe hervor.

Die Bulgarin mochte es sehr eilig haben, denn ohne den Kahn erst anzubinden, sprang sie heraus und wollte schnell an uns vorüber. Ihre rote Kleidung, ihre Hast oder sonst etwas erschreckte Halefs Pferd: es tat einen Satz vorwärts, streifte das Mädchen mit einem Huf und riß es nieder. Mein Rappe wurde auch ein wenig scheu und bäumte sich. Die Bulgarin wollte sich aufraffen, tat es aber nach der verkehrten Seite, kam so unter mein Pferd und schrie laut auf vor Angst.

„Still! Du machst nur die Pferde scheu!" gebot ich ihr. „Bleib ruhig liegen."

Rih tänzelte zwar noch ein wenig, trat aber die Bulgarin dabei nicht, und so konnte sie sich erheben. Nun wollte sie davonlaufen, aber ich hielt sie zurück durch die Worte: „Halt! Warte einen Augenblick! Wie heißt du?"

Sie blieb stehen und sah zu mir herauf. Es war ein echt bulgarisch-jugendliches Gesicht, weich, rund und voll, mit kleiner Nase und sanften Augen. Der Kleidung nach war sie arm, auch ging sie barfuß. Halefs Pferd hatte ihr scheinbar weh getan, denn sie zog den einen Fuß empor.

„Anka heiße ich", antwortete das Mädchen. – „Hast du Eltern?"

„Ja, Effendi." – „Geschwister?" – „Oh, viele!"

„Und einen Schatz?"

Eine tiefe Röte überzog ihr frisches Antlitz, aber trotzdem antwortete sie schnell: „Ja, einen prächtigen!"

„Wie heißt er denn?" – „Janik. Er ist Knecht."

„So seid ihr beide wohl nicht reich?"

„Wenn wir Vermögen hätten, wäre ich längst seine Frau. Wir sparen aber." – „Wieviel denn?" – „Ich tausend Piaster und er tausend."

„Was wollt ihr dann anfangen?"

„Dann ziehen wir in die Nähe von Skopia, wo meine und seine Eltern wohnen, und pachten uns eine Gärtnerei. Sein Vater ist Gärtner und meiner auch."

„Nun, wie steht es mit dem Sparen? Wächst die Summe?"

„Nur sehr langsam, Effendi. Mein Lohn ist gering, und ich möchte doch auch dem Vater etwas geben, der auch nur Pächter ist."

Das freute mich. Die Bulgarin sah so treuherzig und brav aus. Sie gab ihrem Vater von ihrem kargen Lohn, obgleich sie dadurch das ersehnte Glück noch länger hinausschob.

„Hast du dir weh getan?" fragte ich.

„Das Pferd hat mich getroffen."

Das war wohl nicht schlimm, denn sie stand jetzt wieder aufrecht. Ich griff in den Gürtel, zog eine Kleinigkeit, vielleicht fünfzig bis siebzig Piaster, hervor und hielt sie ihr hin.

„So mußt du zum Arzt und zum Apotheker gehen, Anka, damit die Verletzung wieder heil wird. Hier hast du etwas, um beides zu bezahlen."

Anka wollte schnell zugreifen, zog die Hand aber wieder zurück und meinte: „Das darf ich doch nicht annehmen."

„Warum nicht?" – „Ich muß vielleicht nicht zum Arzt und zum Apotheker gehen, darum darf ich auch kein Geld annehmen."

„So nimm es als Geschenk von mir!"

Anka machte ein allerliebst betroffenes Gesicht und fragte verlegen: „Wofür denn? Ich habe dir doch keinen Dienst erwiesen?"

„Das darf man bei einem Geschenk auch nicht verlangen. Leg es zu deinem Spargeld – oder sende es deinem Vater, der es wohl brauchen kann."

„Effendi, dein Wort ist gut. Ich werde das Geld meinem Vater schicken. Er wird für dich zur Mutter Gottes beten, obwohl du ein Muslim bist."

„Ich bin kein Muslim, sondern ein Christ."

„So freut es mich noch mehr. Ich bin eine Katholikin, und mein Bräutigam gehört dem gleichen Glauben an."

„Nun, ich war in Rom und habe den Baba mukkades[1] gesehen, umgeben von den Kardnalalar[2]."

„Oh, wenn du mir das erzählen könntest!"

Dieser Wunsch war wohl auch von der weiblichen Neugier eingegeben, kam aber aus einem guten Herzen, das sah man ihren leuchtenden Augen an.

[1] Heiliger Vater [2] Kardinäle

„Ich wollte es wohl gern tun, Anka, aber ich werde dich wahrscheinlich nie wiedersehen."

„Du bist hier fremd, wie ich sehe. Wo willst du bleiben?"

„Bei Murad Habulam."

„Sweta Panagia – heilige Gottesmutter!" rief sie erschrocken in bulgarischer Sprache aus. Schnell trat sie näher, ergriff meinen Bügelriemen und fragte türkisch mit gedämpfter Stimme: „Bist du vielleicht der Effendi, der mit drei Begleitern erwartet wird?"

„Ein Effendi bin ich, und drei Begleiter habe ich. Aber ob ich erwartet werde, das kann ich nicht wissen."

„Kommst du heute von Shiganzy?" – „Ja."

„So bist du es." Anka erhob sich auf die Zehen und raunte mir noch leiser als vorher zu: „Nimm dich in acht, Effendi!"

„Du darfst laut sprechen, Anka. Diese drei Männer dürfen alles hören. Sie sind Freunde von mir. Vor wem soll ich mich hüten?"

„Vor Murad Habulam, meinem Aga."

„Ah, du dienst bei ihm?" forschte ich. – „Ja, und Janik auch."

„Hast du einen Grund zu deiner Warnung?"

„Man trachtet euch nach dem Leben."

„Das weiß ich bereits, Anka. Kannst du mir vielleicht sagen, in welcher Weise man das tut?"

„Noch nicht. Ich habe gelauscht und Janik auch. Wir haben einiges vernommen, aus dem wir ahnen können, daß etwas Schlimmes mit euch geschehen soll."

„Willst du meine Beschützerin sein?"

„Sehr gern, Effendi, denn du bist meines Glaubens und hast den Heiligen Vater gesehen. Ich werde dich beschützen und sollte mein Aga uns fortjagen!"

„Wenn er das tut, so werde ich für euch sorgen."

„Wirst du es wirklich tun, Effendi?"

„Ich gebe dir mein Wort darauf."

„So wirst du es auch halten, weil du ein Christ bist. Ich kann dir jetzt nichts mehr sagen, denn ich habe keine Zeit; ich muß in die Küche gehen, weil die Herrin nach Üsküb auf Besuch gefahren ist. Sie mußte sogleich fort, als die Kunde von eurer Ankunft kam. Hütet euch vor Humun, dem Diener, der der Vertraute des Aga ist und mich haßt, weil Janik mir lieber ist als er. Ihr werdet im Ichtiar ana kulleßi[1] wohnen, und ich sorge dafür, daß ihr Nachrichten erhaltet. Wenn ich nicht selbst kommen kann, werde ich Janik zu euch senden, dem ihr vertrauen könnt."

Anka hatte in fliegender Hast gesprochen und rannte nun schnell davon.

„Effendi, was haben wir da gehört!" sagte Osko. „Welch eine Gefahr bedroht uns da! Wollen wir nicht lieber in den Han gehen?"

[1] Turm der alten Mutter

„Nein. Dort würden wir ebenso bedroht sein, ohne uns wehren zu können. Hier aber haben wir Helfer und Freunde gefunden, von denen wir erfahren werden, was wir tun müssen."

„Der Sihdi hat recht", stimmte Halef bei. „Allah hat uns diese Freundin und ihren Bräutigam gesandt, um uns zu beschützen. Das Christentum muß doch gut sein, da es sofort die Herzen verbindet. Da ich ein Muslim bin, kann ich kein Christ sein; aber wenn ich kein Muslim wäre, so würde ich ein Anhänger von Isa Ben Marryam[1] werden. Seht! Dort winkt der Schneider, der Verräter!"

Wir waren an die Mauerecke des Gartens gekommen und ritten nun längs der einen Seite hin. Dort stand ein Tor offen, und davor hielt der Zwerg, um uns zu erwarten. „Kommt, kommt!" rief er uns entgegen. „Ihr seid hoch willkommen. Der Aga erwartet euch!"

„Kann Murad Habulam Aga uns nicht selbst entgegenkommen?"

„Nein, denn er hat kranke Beine und kann nicht gehen."

„So bereiten wir ihm große Störung und Unbequemlichkeiten?"

„Gar nicht. Murad Habulam Aga freut sich, in seiner Einsamkeit Leute zu haben, mit denen er sich unterhalten kann, denn das Schlimmste bei seiner Krankheit ist die Langeweile."

„Nun, da ist zu helfen. Wir werden ihm Kurzweile und Beschäftigung bringen."

13. Der „böse Blick"

Wir ritten durch das Tor. Nach der Beschreibung, die der Führer uns gemacht hatte, und nach dem Eindruck des Gebäudes von der Ferne aus, hatte ich ein schloßähnliches Bauwerk erwartet. Aber wie sah es aus!

Es war allerdings lang und hoch, aber halb verfallen. Die Fensterlükken starrten uns leer entgegen. Das Dach war an vielen Stellen offen. Der Bewurf der Mauer war verschwunden, und längs der Stirnseite lag das Mehl der luftgetrockneten Ziegel, die sich unter dem Einfluß der Witterung auflösten. Wir ritten bis vor das hohe, breite Tor, wo uns ein Mann empfing, dessen langgezogenes Galgengesicht keineswegs vertrauenserweckend war.

„Das ist Humun, der Diener des Aga", erklärte Suef.

Ah, da hatten wir ja gleich den Mann, vor dem wir uns hüten sollten! Er machte mir eine tiefe, ehrerbietige Verbeugung, deutete auf zwei kräftige Jünglinge, die hinter ihm standen, und sagte:

„Effendim, mein Aga hat mit Trauer vernommen, daß du nicht gehen kannst. Darum gab er den Befehl, daß diese Leute dich zu ihm tragen sollen. Sie sind so kräftig, daß du dich ihnen anvertrauen kannst."

[1] Jesus, Mariens Sohn

Ich stieg ab. Die beiden Bezeichneten schlangen je einen Arm ineinander und faßten sich dann mit den beiden andern Händen. Auf die Hände setzte und an die Arme lehnte ich mich und so war eine Art Tragstuhl gebildet, mittels dessen ich in den Flur und durch zwei Stuben in das Empfangszimmer getragen wurde. Meine Gefährten folgten mir. Der Schneider hingegen verschwand.

Dieses Selamik war leidlich ausgestattet. Um die Wände liefen Diwane. Auf einer erhöhten Stelle, dem Eingang gegenüber, saß der Schloßherr. Neben sich hatte er eine ähnliche Erhöhung, die wohl für mich bestimmt war, und vor seinem Platz lagen einige Polster für meine Gefährten. Meine beiden Träger blieben mit mir unter der Tür stehen. Der Aga verbeugte sich, ohne sich zu erheben, und sagte: „Sei mir willkommen, Effendim! Allah segne deinen Eingang in mein Haus und gebe dir lange Tage bei mir! Verzeihe, daß ich mich nicht erhebe, aber die Nikris[1] plagt meine Beine, so daß ich sie nicht bewegen kann. Laß dich zu mir tragen, um neben mir zu meiner Rechten Platz zu nehmen. Deine Gefährten aber mögen hier vor uns Ruhe ihrer Glieder finden."

Man setzte mich neben ihm nieder, während die drei uns gegenüber Platz nahmen. Ich sagte einige höfliche Worte des Dankes und der Entschuldigung, die er mir aber mit der Versicherung abschnitt, daß nicht ich, sondern er zu Dank verpflichtet sei. Die Träger hatten sich entfernt, und der Diener brachte Pfeifen und Kaffee. Im Morgenland ist man gewöhnt, den Reichtum eines Mannes nach der Beschaffenheit seiner Pfeifen einzuschätzen. Mit diesem Maßstab gemessen, war Murad Habulam Aga ein sehr reicher Mann. Seine und die mir gereichte Pfeife hatten Rohre von echtem Rosenholz, die mit Goldfäden umstrickt und mit Perlen und Edelsteinen verziert waren. Die Spitzen waren Prunkstücke. Der Bernstein war von jener halb durchsichtigen, rauchigen Art, die im Orient weit höher geschätzt wird als der durchsichtige. Die kleinen Findschanlar[2] standen in goldnen Bechern von köstlich durchbrochener Arbeit, und als ich kostete, mußte ich mir gestehen, daß ich nur in Kairo einmal einen besseren Kaffee getrunken hatte. Er wurde nach morgenländischer Art samt dem feingestoßenen Satz genossen. Ein Täßchen enthielt ungefähr den Inhalt von vier Fingerhüten. Auch der Tabak war ausgezeichnet. Schade, daß die Pfeifenköpfe so klein waren! Wenn man ungefähr fünfzehn Züge getan hatte, mußten sie wieder gestopft werden, was Humun, der Liebling seines Herrn, besorgte.

Da es die gute Sitte erforderte, daß man den Gast nicht gleich nach seinen Verhältnissen fragt, so wurden nur allgemeine Redensarten gewechselt. Dann rückte Murad Habulam mir etwas näher und fragte: „Hast du heute eine gute Reise gehabt, Effendim?"

„Allah hat mich gut geleitet", erwiderte ich.

[1] Podagra [2] Mehrzahl von Findschan = henkellose Porzellantasse

„Afrit, der Schneider, sagte mir, du kämst von Shiganzy?"
„Ich war seit gestern dort."
„Und vorher?"
„In Radowitsch und Ostromdscha."
„So bist du täglich unterwegs gewesen?"
„Ja, denn wir kommen von Edirne und Stambul."
„Von Stambul! Allah hat es sehr gut mit dir gemeint, daß er dich hat in der Stadt des Padischah geboren werden lassen!"
„Ich bin nicht dort geboren. Ich kam von Esch Scham[1] über Filistin[2] dahin."
„So bist du also ein Schamli?"
„Auch nicht. Ich bin ein Franke, ein Alaman, und reiste von meinem Vaterland aus zur großen Sahar[3], um von da nach Myßyr[4] und Arabistan[5] zu gehen."
„Allah ist groß! So weit hat deine Reise dich geführt? Hast du gute Geschäfte gemacht?"
„Ich reise nicht, um Geschäfte zu machen. Ich will die Länder sehen, die Völker, die sie bewohnen, ihre Sprachen und Sitten kennenlernen. Deshalb habe ich auf so lange Zeit meine Heimat verlassen."
Er sah mich ungläubig an.
„Deshalb? Allah! Was bringt es dir für Nutzen, wenn du die Berge und Täler anschaust, die Menschen und die Tiere, die Wüsten und die Wälder? Was hast du davon, wenn du siehst, wie man sich kleidet, und hörst, wie man spricht?"
Das war die alte Ansicht, der ich so oft begegnet war. Diese Leute können es durchaus nicht begreifen, daß man aus rein sachlicher Neigung fremde Völker und Länder besucht. Eine Geschäftsreise, eine Wallfahrt nach Mekka, weiter reicht ihr Verständnis nicht.
„Liebst du die Dschografia[6]?" fragte ich ihn.
„Sehr. Ich lese gern solche Bücher."
„Wer hat diese geschrieben, o Aga?"
„Gelehrte Männer, die in den betreffenden Ländern gewesen sind."
„Und diesen Männern weißt du wohl Dank, daß sie dich mit ihren Büchern unterhalten und unterrichten?"
„Gewiß!"
„Nun, auch in meiner Heimat gibt es Leute, die solche Bücher wünschen. Viele Tausende sind es, die sie lesen. Es muß daher auch Männer geben, die diese Bücher schreiben und also in entfernte Länder reisen, um sie kennenzulernen. Zu diesen gehöre ich."
„So bist du ein Alim[7] der Dschografia. Aber ich frage dich trotzdem: was hast du davon? Du verläßt dein Haus und gibst die Freuden des Daseins auf, um in der Ferne Unbequemlichkeiten, Hunger und Durst zu leiden und vielleicht gar mit Gefahren zu kämpfen." – „Das ist freilich der Fall", stimmte ich ihm zu.

[1] Damaskus [2] Palästina [3] Sahara [4] Ägypten [5] Arabien
[6] Geographie [7] Gelehrter

„Dann setzest du dich hin und schreibst dir die Augen krank, damit die Neugierigen erfahren sollen, was du gesehen hast. Was frommt das aber dir?“ – „Ist das Reisen kein Genuß?“

„Nein, sondern es ist eine große Beschwerde.“

„So würdest du wohl zum Beispiel keinen hohen Berg mühsam besteigen, um die Sonne aufgehen zu sehen?“

„Nein, denn mein Gehirn ist gesund. Was soll ich hier meinen bequemen Diwan verlassen, wo ich rauchen und Kaffee trinken kann? Wozu soll ich steigen und klettern, um nachher wieder herabzulaufen. Es ist doch unnütz. Die Sonne geht auf und geht unter, auch wenn ich nicht da oben auf dem Berg sitze. Allah hat alles weislich eingerichtet, und ich kann durch mein Klettern nicht das mindeste zu seinem Ratschluß beitragen.“

Ja, so sind die Ansichten dieser Leute. Allah, allüberall Allah. Das ist ihr Wahlspruch und die Entschuldigung ihrer geistigen und körperlichen Trägheit.

„So wirst du auch nicht die Beschwerden und Gefahren weiter Reisen auf dich nehmen, nur um die Fremde kennenzulernen?“ fragte ich. – „Nein, das werde ich nicht.“

„Aber einen Nutzen habe ich doch. Ich lebe davon.“

„Wieso? Kannst du die Berge verspeisen und dazu die Flüsse austrinken, die du siehst?“

„Nein; aber wenn ich ein solches Buch geschrieben habe, bekomme ich Geld dafür, und das ist mein Einkommen.“ Jetzt hatte ich endlich etwas vorgebracht, was nicht ganz verrückt klang.

„Ah“, sagte der Hausherr, „jetzt verstehe ich dich. Du bist kein Geograph, sondern ein Kitabdschi[1].“

„Nein, sondern der Kitabdschi bezahlt mich für das, was ich schreibe, druckt es dann zu einem Buch und verkauft es an die Leser. So machen wir beide ein Geschäft.“

Murad Habulam legte den Finger an die Nase, sann eine Weile nach und erwiderte: „Jetzt verstehe ich: Du bist es, der den Kaffee aus Arabien holt, und der Kitabdschi ist es, der ihn einzeln an die Leute verkauft?“ – „Ja, so ungefähr ist es.“

„Schreibst du alles nieder, was du siehst?“ – „Nicht alles, sondern nur das Lesenswerte.“ – „Zum Beispiel, wenn du einen recht guten Menschen kennenlernst?“ – „Ja, der kommt in mein Buch.“

„Oder einen recht bösen?“ – „Auch über diesen schreibe ich, damit die Leser ihn kennen und verabscheuen lernen.“

Murad schnitt ein ernstes Gesicht und fuhr sich mit der Pfeifenspitze unter den Turban. Die Sache gefiel ihm nicht; sie schien bedenklich.

„Hm!“ brummte er. „Also werden beide, die Guten und Bösen, durch dich in deinem Land bekannt?“ – „So ist es.“

„Schreibst du auch ihre Namen auf?“ – „Gewiß, o Aga.“

[1] Buchhändler

„Wer und was sie sind und den Ort, wo sie wohnen?"

„Sehr genau sogar", betonte ich.

„Was sie getan haben und was du mit ihnen gesprochen und über sie erfahren hast?" – „Alles das!" – „Allah, Allah! Du bist ja ein großer Verräter! Man muß dich ja fürchten!"

„Die Guten brauchen mich nicht zu fürchten, sondern man wird sie in allen Ländern rühmen, da diese Bücher auch in andre Sprachen übersetzt werden. Den Bösen aber geschieht ganz recht, wenn sie bekannt werden und Abscheu und Verachtung erregen."

„Wirst du auch über Shiganzy schreiben?" – „Sehr viel sogar, denn ich habe dort viel erlebt." – „Vielleicht auch über Kilisseli?"

„Jedenfalls, denn Kilisseli ist ein schöner Ort, den ich nicht übergehen darf."

„Was wirst du über ihn schreiben?"

„Das weiß ich noch nicht. Ich muß erst warten, was ich hier erlebe und erfahre. Aber daß du prächtige Pfeifen und einen herrlichen Kaffee hast, werde ich rühmend erwähnen."

Murad Habulam blickte still vor sich hin, und es verging eine Weile des Schweigens. Ich hatte ihn gleich von meinem Eintritt an scharf betrachtet. Er kam mir so bekannt vor. Wo hatte ich sein Gesicht nur gesehen? Der Hausherr machte keineswegs den Eindruck eines reichen Mannes. Sein Turbantuch war alt und schmutzig und sein Kaftan gleichfalls. Von seinen Beinen sah ich nur, daß sie wegen des Podagra dick umwickelt waren. Trotzdem waren die Füße nackt und steckten nur in alten, dünnen, abgeschlurften Pantoffeln. Der Türke war lang und sehr hager. Sein Gesicht lag in frühzeitigen Falten. Die scharfen Züge, die kleinen, stechenden, harten Augen, das stark entwickelte Kinn, der breite, an den Spitzen nach unten gezogene Mund ließen sein Gesicht nichts weniger als angenehm erscheinen. Genau so war das Gesicht eines Geizhales zu denken, der nur auf Erwerb sinnt, der nur zusammenscharrt, ohne zu fragen, auf welche Weise er zu Gewinn kommt.

„Ich hoffe", sagte der Türke endlich, „daß es dir bei mir gefallen wird und daß du nur Gutes von mir schreibst."

„Dessen bin ich überzeugt. Du hast mich so gastfreundlich aufgenommen, daß ich dir nur dankbar sein kann."

„Ich hätte dich noch ganz anders aufgenommen und würde dich noch viel besser verpflegen, aber mein ‚Haus'[1] ist nach Üsküb verreist, und ich kann mich nicht bewegen. Die Nikris plagt mich an den Füßen. Ich habe sie mir im Krieg geholt."

„So warst du Soldat? Wohl gar Offizier?"

„Ich war etwas noch weit Besseres und Höheres. Ich war Asker sachredschissi[2] und habe den Helden des Sultans Kleidung und Nahrung gegeben."

[1] Nur in dieser Umschreibung spricht ein Türke von seinen Frauen [2] Armeelieferant

Ah, ein Kriegslieferant! Ich dachte an die armen, halbnackten und ausgehungerten Soldaten und an die Geldsäcke, die diese Herren Lieferanten sich während des Krieges[1] gefüllt hatten.

„Da hast du allerdings ein hochwichtiges Amt verwaltet und das Vertrauen des Großherrn besessen", erwiderte ich.

„Ja, so ist es", erklärte der Aga stolz. „Der Lieferant gewinnt die Schlachten. Der Lieferant führt die Krieger zum Sieg. Ohne ihn gibt es keinen Mut, keine Tapferkeit, sondern nur Hunger, Elend und Krankheit. Das Vaterland hat mir sehr viel zu verdanken."

„Soll ich das in meinem Buch erwähnen?"

„Ja, erwähne es; ich bitte dich darum. Kannst du über das Reich und über die Untertanen des Padischah viel Gutes schreiben?"

„Sehr viel", antwortete ich kurz, denn ich bemerkte, daß er jetzt auf den Gegenstand übergehen wollte, der für ihn der wichtigste war.

„Wohl auch manches Böse?"

„Auch das; es gibt ja überall gute und böse Menschen."

„Hast du bei uns viele Bösewichte getroffen?"

„Besonders in der letzten Zeit, und zwar hier in dieser Gegend."

Murad rückte hin und her. Auf diese Sache hatte er kommen wollen. „Da werden die Leser des Buches ja alles erfahren. Wenn ich doch ein solches Buch haben könnte!"

„Du würdest es nicht lesen können, da es nicht in deiner Sprache gedruckt werden wird."

„So könntest du mir wenigstens jetzt etwas vom Inhalt erzählen."

„Vielleicht später, wenn ich mich ausgeruht habe."

„So werde ich dir deine Wohnung anweisen lassen. Vorher aber könntest du mir wenigstens einiges erzählen."

„Ich bin wirklich sehr müde; aber damit du siehst, daß ich den Wunsch meines Gastfreundes achte, soll dir mein Gefährte Hadschi Halef Omar eine kurze Übersicht dessen geben, was wir in der letzten Zeit erlebt haben." – „So mag er beginnen; ich höre."

Daß Halef erzählen sollte, war dem Kleinen sehr lieb. Aber daß der Aga ihn in so kurzer, halb befehlender Art dazu mahnte, ärgerte den Hadschi. Ich wußte, was da gleich kommen würde.

„Erlaube mir zunächst", begann Halef, „dir zu sagen, wer der Redner ist, der die Güte hat, dir seine Worte zu widmen. Ich bin Hadschi Halef Omar Ben Hadschi Abul Abbas Ibn Hadschi Dawuhd al Gossarah, ein Krieger der Haddedihn vom großen Stamm der Schammar. Der Urahne meines Urgroßvaters ritt mit dem Propheten in die Schlacht, und der Aberurahne dieses Helden hat mit Ibrahim, dem Vater Isaaks, Wassermelonen verspeist. Ist die Reihe deiner Vorfahren auch so vollkommen?"

„Die Reihe meiner Ahnen reicht hoch hinauf", erwiderte Murad ein wenig verlegen.

[1] Krimkrieg 1853–1856

„Das ist gut, denn man darf den Mann nicht nach seinen Pfeifen und Tassen, sondern nach der bekannten Zahl der Väter schätzen. Im Paradies harren Tausende meines Kommens, deren geliebter Nachkomme ich bin. Ich würdige nicht einen jeden meiner Rede, aber da mein Freund und Sihdi, der Kara ben Nemsi Effendi, gewünscht hat, daß ich erzählen soll, verlange ich, daß du mir deine ganze Aufmerksamkeit widmest."

Das kam alles so ruhig heraus, als sei Halef selbst dabei gewesen, als dieser Aberurgroßahne mit Abraham Wassermelonen aß! Er tat so, als sei es eine Gnade für unsern Gastgeber, daß er ihn seiner Rede würdigte.

Nun lieferte Halef in wohlüberlegten Worten einen Umriß der letzten Ereignisse. Kein Jurist hätte es besser machen können als der kleine Hadschi. Er sagte keine Silbe, die den frühern Lieferanten auf den Gedanken hätte bringen können, daß wir wußten, woran wir mit ihm waren. Ich hatte meine stille Freude über ihn und winkte ihm anerkennend zu, als er geendet hatte und mir einen fragenden Blick zuwarf, wie er seine Sache gemacht habe.

Murad tat, als sei er außer sich vor Erstaunen. Er legte seine Pfeife weg, was bei einem Muselman sehr viel bedeutet, faltete die Hände und rief: „O Allah, Allah, sende doch deine Boten der Rache herunter auf die Erde, daß sie die Missetäter mit Feuer verzehren, deren Verbrechen zum Himmel schreien! Soll ich glauben, was ich vernommen habe? Ich vermag es nicht, nein, ich vermag es nicht!"

Er fiel in Schweigen, nahm seinen Rosenkranz her und ließ die Perlen durch die hageren Finger gleiten, als bete er. Dann hob er plötzlich den Kopf empor, sah mich forschend an und fragte: „Effendim, bestätigst du die Wahrheit der Worte dieses Hadschi?"

„Wort für Wort." – „Erzählst du das alles in deinem Buch? Vom Schut, von den Aladschy, von Manach el Barscha, Barud el Amasat und dem Mübarek?" – „Alles erwähne ich."

„Das ist eine entsetzliche Strafe für sie. Und glaubst du, daß du nochmals mit ihnen zusammentreffen wirst?"

„Ganz gewiß, denn sie verfolgen mich. Hier in deinem Haus bin ich freilich sicher; das danke ich dir und dem guten Schneider Afrit. Aber morgen, wenn ich weiterreite, werden die Missetäter wieder über mir sein." – „Du wirst meinem Haus nicht die Schande antun, Effendi, daß du nur eine Nacht unter meinem Dach verweilst."

„Ich werde es mir überlegen. Übrigens ist es ja nach deiner eignen Ansicht bereits von Anbeginn im Buch des Lebens verzeichnet, wie lange ich bei dir bleibe. Keiner von uns beiden kann hieran etwas ändern. Ja, selbst Allah kann es nun nicht anders machen."

„So ist es. Aber ich hoffe, daß ich noch lange das Licht deiner Augen über mir leuchten sehe. Ich wohne einsam in meinem Haus, und du wirst mir mein Dasein verschönern und die Leiden meiner Füße verkürzen, wenn du recht lange verweilst."

„Auch mir wäre es lieb, wenn ich deine Gegenwart recht lange genießen könnte", erwiderte ich. „Du sollst große Reisen gemacht haben?" – „Wer sagte das?" – „Der Schneider."

Ich sah es seinem Gesicht an, daß Suef die Unwahrheit gesagt hatte. Dennoch antwortete der Türke: „Ja, meine Füße haben, als sie noch gesund waren, die Städte und Dörfer vieler Länder betreten." – „Und vorhin sagtest du, daß du nicht einmal einen Berg besteigen würdest, um den Aufgang der Sonne zu sehen!"

„Jetzt, da meine Füße krank sind", verteidigte er sich.

„Warum umwickelst du die Beine und läßt die Füße entblößt?"

Ich sah ihn dabei scharf an. Murad wurde verlegen. Sollte er das Podagra aus irgendeinem Grund nur heucheln?

„Weil ich die Krankheit in den Schenkeln, nicht aber in den Füßen habe", erklärte der Aga.

„So hast du also keinen Schmerz in der großen Zehe?" – „Nein, Effendi." – „Und sie ist auch nicht geschwollen?" – „Sie ist gesund." – „Wie steht es abends mit dem Fieber?" – „Ich habe noch nie ein Fieber gehabt."

Der Mann verriet sich, denn wenn das alles nicht der Fall war, so hatte er auch kein Podagra! Er war völlig unwissend in Beziehung auf die Erscheinungen, von denen das Podagra begleitet ist. Ich wußte nun, woran ich war. Um auch noch seine angebliche Bibliothek zu erwähnen, erkundigte ich mich: „In deinem Leiden und in deiner Einsamkeit wirst du Linderung und Unterhaltung finden durch die vielen Bücher, die du besitzt."

„Bücher?" fragte Murad Habulam erstaunt.

„Ja, du bist ein hochgelehrter Mann und besitzest eine Menge von Schriften, um die du zu beneiden bist." – „Wer sagte das?"

„Auch der Schneider."

Offenbar hatte der Zwerg diese Lüge ersonnen, um mich zu ködern. Murad erkannte das und erwiderte rasch: „Effendim, meine Bibliothek ist gar nicht so viel wert, wie du wohl denkst. Für mich reicht sie freilich aus, aber für einen solchen Gelehrten, wie du bist, ist sie unbedeutend."

„Dennoch hoffe ich, daß du mir erlaubst, sie einmal zu betrachten."

„Ja, aber jetzt nicht. Du bist ermüdet, und ich werde euch in eure Wohnung führen lassen." – „Wo ist diese?"

„Nicht hier im Haus, denn da würdet ihr zu sehr gestört sein. Ich habe deshalb für euch die Ichtiar ana kulleßi instand setzen lassen. Da seid ihr unter euch."

„Ganz, wie es dir beliebt. Warum aber heißt dieses Gebäude ‚Turm der alten Mutter'?"

„Das weiß ich nicht. Man sagt, eine alte Frau sei nach ihrem Tod oft wiedergekommen und habe des Abends im weißen Sterbegewand oben auf dem Söller des Turms gestanden, um von da herab ihre Kinder zu segnen. Glaubst du an Gespenster?" – „Nein, o Aga."

„So wirst du dich wohl auch nicht vor der Alten fürchten?"

„Fällt mir nicht ein! Kommt sie noch zuweilen wieder?"

„Die Leute sagen es und gehen darum nachts nicht in den Turm."

Warum sagte der Aga mir das? Wenn es in dem Gebäude umging, so war dies doch wohl eher ein Grund für mich, das Übernachten darin abzuweisen. Vielleicht sollte jemand im Gewand jenes Gespenstes einen Streich gegen uns ausführen und dann die Verantwortung auf die alte Frau geschoben werden – ein sehr kindischer Gedanke, der nur dem Gehirn solcher Leute entspringen konnte.

„Wir würden uns freuen", erwiderte ich, „einmal ein Gespenst zu sehen und es fragen, wie es im Land der Toten aussieht."

„Hättest du den Mut dazu, Effendi?" – „Sicher."

„Aber es könnte dir schlimm ergehen. Man soll mit keinem Geist sprechen, weil es das Leben kosten kann."

„Das glaube ich nicht. Allah wird keinem Verdammten erlauben, die Qualen der Hölle zu verlassen, um auf Erden zu lustwandeln. Und gute Geister braucht man doch nicht zu fürchten; verkappten Gespenstern aber gehen wir ohne weiteres zu Leibe. Und nun bitte ich dich, uns zum Turm bringen zu lassen."

„Ihr werdet durch einen Teil des Gartens gehen müssen, und ich denke, daß du dich über ihn freuen wirst. Er kostet mich viel Geld und ist so prächtig wie der Park der Glückseligen hinter dem Eingangstor des ersten Paradieses."

„So tut es mir leid, daß ich ihn nicht genießen kann, denn es ist mir unmöglich, durch seine Gänge zu wandeln."

„Wenn du willst, so kannst du ihn trotzdem genießen. Du brauchst nicht zu gehen, sondern kannst fahren. Mein ‚Haus' kann auch nicht gut gehen. Darum habe ich einen Räderstuhl machen lassen, auf dem es sich fahren läßt. Jetzt ist mein ‚Haus' nicht daheim, und du kannst den fahrenden Stuhl also benutzen."

„Das ist eine große Wohltat für mich."

„Ich werde den Räderstuhl gleich holen lassen. Humun wird dich fahren und euch überhaupt bedienen."

Der Diener sollte uns jedenfalls beobachten, so daß wir nichts unternehmen konnten, ohne daß er es bemerkte. Darum erwiderte ich: „Deines Leibdieners darf ich dich nicht berauben, und ich bin gewöhnt, mich von meinen Begleitern unterstützen zu lassen."

„Das kann ich nicht dulden", entgegnete der Hausherr. „Sie sind ebenso meine Gäste wie du. Es wäre eine Unhöflichkeit von mir, sie als untergeordnete Personen zu behandeln. Rede mir nichts darein! Humun ist beauftragt, eure Befehle auszuführen und immer bei euch zu sein."

Immer bei uns zu sein! Das heißt, wir waren unter seine Aufsicht gestellt. Wie konnte ich ihn nur loswerden?

Humun brachte den Fahrstuhl, ich setzte mich hinein und verabschiedete mich von dem Aga. Der Diener schob mich hinaus, und die andern folgten. Wir kamen durch den weiten Flur des Hauptgebäudes zunächst in einen Hof, der als allgemeine Düngerstätte benutzt zu werden schien. An zwei Seiten standen niedrige, schuppenähnliche Gebäude, die mit Stroh gefüllt waren. Die vierte Seite des Hofes enthielt Stallungen und hatte in der Mitte einen Durchgang, durch den wir in den Garten gelangten. Erst war da ein Rasenplatz, auf dem einige Heuschober standen. Dann kamen wir an mehrere Beete mit Küchengewächsen, zwischen denen Blumen blühten. Sollte das der berühmte „Garten der Glückseligen“ sein? Nun, in diesem Fall hatte der Prophet vom Geschmack der Muslimin keine sonderliche Vorstellung gehabt.

Als wir an diesen Beeten vorüber waren, erreichten wir abermals einen Rasenplatz, der größer als der vorige war. Auch hier standen mehrere große Feime, aus Heu und verschiedenen Getreidearten errichtet. Und da ragte nun der „Turm der alten Mutter“ auf. Er war ein rundes, altes Bauwerk mit vier Geschossen, also von ziemlicher Höhe. Wie gewöhnlich gab es hier keine Fenster aus Glas. Der Eingang stand offen. Das Erdgeschoß bestand aus einem einzigen Raum, aus dem eine ziemlich gebrechliche Treppe hinaufführte. Ich sah, daß Matten und Teppiche an der Wand hingelegt waren, auf denen mehrere Kissen lagen. In der Mitte stand auf niedrigen Füßen ein viereckiges Brett, das uns als Tisch dienen sollte. Weiter gab es nichts.

„Hier ist eure Wohnung, Effendi“, erklärte Humun, nachdem er mich hineingeschoben hatte. – „Wohnen hier öfters Gäste?“

„Nein. Dieses Zimmer ist das beste, das wir haben, und der Gebieter will dich dadurch auszeichnen, daß er es euch anweist.“

„Was für Räume sind über uns?“

„Noch zwei ebensolche, wie dieser hier, und dann kommt das Gemach des schönen Blicks in die Ferne; aber sie sind nicht eingerichtet, weil man nie darin wohnt.“

Die uns umgebende Mauer sah fast so aus, als brächte hier öfters ein kleines Erdbeben die Mauersteine aus ihrer Fassung. Einen Bewurf der Mauer oder einen Kamin gab es nicht. Der Raum war ein kahles Loch.

Unterwegs war mir ein Gedanke gekommen, wie ich den Diener loswerden könnte. Wir waren einem Arbeiter begegnet, der böse, triefende Augen hatte und ich war dadurch unwillkürlich an den Umstand erinnert worden, daß die Morgenländer alle den Aberglauben hegen, es gebe einen „bösen Blick“, den die Italiener bekanntlich Jettatura nennen. Sieht einer, der mit dem bösen Blick behaftet ist, den andern nur scharf an, so hat dieser alles mögliche Schlimme zu erwarten. Ein Mensch, der einen scharfen, stechenden Blick besitzt, kommt leicht in den Verdacht ein Jettatore zu sein, und wird sodann von jedem gemieden.

Um Kinder gegen den bösen Blick zu schützen, bindet man ihnen rote Bänder oder Korallen um den Hals. Erwachsene kennen nur ein einziges Mittel, um sich vor den Folgen des bösen Blicks zu schützen.

Es besteht darin, daß man dem Betreffenden die ausgespreizten Finger der erhobenen Hand entgegenhält. Wer das tut und sich dann schnell entfernt, bleibt vor den schlimmen Folgen der Jettatura bewahrt.

„Ich bin sehr zufrieden mit dieser Wohnung", meinte ich. „Hoffentlich wirst du uns für den Abend eine Lampe bringen?"

„Ich bringe sie dann mit, wenn ich euch die Mahlzeit vorsetze. Hast du sonst noch einen Wunsch, Effendi?"

„Wasser, das ist alles, was wir jetzt brauchen."

„Ich eile, es zu holen, und hoffe, daß ihr mit meiner Aufmerksamkeit und Schnelligkeit zufrieden sein werdet. Solche Herren, wie ihr seid, muß man schleunigst bedienen. Ich habe gehört, was ihr dem Gebieter erzähltet. Ihr besitzt meine Achtung und Ergebenheit. Das Herz hat mir gebebt, als ich von den Gefahren vernahm, in denen ihr euch befunden habt. Allah ist euer Schutz gewesen, sonst wärt ihr längst zugrunde gegangen."

„Ja. Allah hat uns stets errettet. Er hat mir ein Geschenk verliehen, das mich in jeder Gefahr beschützt, so daß mir kein Feind etwas anhaben kann."

Seine Neugierde war sofort erregt. „Was ist das, Effendi?" fragte er lauernd. – „Mein Auge." – „Dein Auge? – Wieso?"

„Sieh mir grad, offen und voll in die Augen!" Humun tat es.

„Nun, bemerkst du nichts?" forschte ich. – „Nein, Effendi."

„Haben meine Augen nichts, das dir auffällt?" – „Ich bemerke nichts." – „Das ist eben das Gute für mich, daß man mir gar nichts ansieht. Ich aber brauche meine Feinde nur anzublicken, und sie sind verloren." – „Wieso denn, o Kara Ben Nemsi Effendi?"

„Weil ihnen niemals wieder etwas im Leben gelingen wird. Wen ich anschaue, der wird, wenn ich will, von da an nur noch Unglück haben. Der Blick meines Auges bleibt bei ihm immerdar. Seine Seele gehört hinfort mir an, und ich brauche nur an ihn zu denken und ihm etwas Böses wünschen, so widerfährt es ihm auch."

„Effendi, ist das wahr?" fragte er hastig voll Schreck. „Hast du etwa das Fena gös[1]?" – „Ja, ich habe den bösen Blick, wende ihn aber nur gegen Übelwollende an."

„So beschütze mich Allah! Ich mag nichts mehr mit dir zu tun haben. Allah, Wallah!" Humun streckte mir alle zehn Finger entgegen, drehte sich um und rannte in höchster Eile fort. Meine Gefährten lachten laut.

„Das hast du gut gemacht", jubelte Halef. „Der kommt nicht wieder, er hat ein böses Gewissen. Wir werden einen andern Diener bekommen." – „Ja, und wahrscheinlich den ich mir wünsche: Janik, den Bräutigam der jungen Christin." – „Wieso, Sihdi?"

„Weil Humun ihm wegen Anka feindlich gesinnt ist. Er wünscht ihm Böses und wird es so einzurichten wissen, daß sein verhaßter

[1] Böses Auge = böser Blick

Nebenbuhler von Murad Habulam mit unsrer Bedienung beauftragt wird. Jetzt aber helft mir auf den Polster, und dann geht ihr auf Kundschaft. Ich muß wissen, wie es in diesem Turm aussieht."

Als ich meinen Platz eingenommen hatte, stiegen die drei andern den Turm hinauf, kehrten aber bald zurück. Halef meldete: „Ich glaube nicht, daß hier irgendeine Gefahr auf uns lauern kann. Die beiden Stuben des ersten und zweiten Stocks gleichen diesem Raum."

„Sind so wie hier Läden an den Fenstern?" – „Ja, und sie können durch starke hölzerne Riegel versperrt werden."

„So können wir dafür sorgen, daß niemand des Nachts einsteigen kann, ohne ein Geräusch zu machen. Und wie ist es ganz oben?"

„Es gibt da ein rundum offnes Gemach mit vier steinernen Säulen, die das Dach tragen. Ringsum läuft eine steinerne Brüstung."

„Die habe ich von außen gesehen. Jedenfalls ist die ‚alte Frau' da hinausgetreten, um ihre Kinder zu segnen."

„Jetzt könnte sie aber nicht mehr hinaus, weil die frühere Öffnung zugemauert ist", bemerkte Halef.

„Das muß irgendeinen Grund haben. Wie aber kommt man in dieses Gemach der schönen Aussicht hinauf? Da es offen ist, so kann es hereinregnen, und das Wasser würde über die Treppe herablaufen in die unteren Räume. Dem muß doch vorgebeugt sein?"

„Ja, die Treppenöffnung ist mit einem Deckel verschlossen, den man abheben kann. Er ist am Rand, wie auch die Öffnung, mit Gomelastik[1] versehen, damit er wasserdicht schließt. Der Boden senkt sich ein wenig von der Mitte aus, und in der Mauer ist ein kleines Loch, durch das das Wasser ablaufen kann."

„Hm! Dieses offne Gemach kann uns gefährlich werden. Man kann da einsteigen." – „Dazu ist es zu hoch, Sihdi."

„Nein. Diese Stube ist nur so hoch, daß ich im Stehen die Decke beinahe berühre. Wenn die beiden über uns liegenden Räume die gleiche Höhe haben, so liegt der Fußboden des offnen Gemachs höchstens elf Arschin[2] hoch. Rechne ich dazu zwei Arschin, die die Mauerdicke beträgt, die das Gemach da oben umschließt, so sind es etwa dreizehn Arschin." – „Man müßte einen Merdiwen[3] von dieser Höhe haben, und sicher ist ein solcher vorhanden."

„Das glaube ich auch. Kann die Fußbodenklappe verschlossen werden?" – „Nein", erklärte Halef.

„Da habt ihr es! Und die andern Fußböden haben wohl gar keine Klappe, um die Treppenöffnungen zu verschließen?" – „Nein."

„So steht also unsern Feinden, die jedenfalls eine Leiter haben, der Weg zu uns offen. Sie steigen hinauf und kommen dann herabgeschlichen, von wo wir sie sicherlich nicht erwarten. Ich muß selbst hinauf, um mir die Sache anzusehen. Omar, kannst du mich auf die Schultern nehmen?" – „Ja, Effendi, steige auf!"

[1] Gummi [2] Türkische Elle = 0,686 m [3] Leiter

Ich setzte mich ihm reitend auf die Schultern, und er trug mich hinauf. Jedes Stockwerk des Turms bestand wie das Erdgeschoß nur aus einer Stube. Die Fußböden hatten Öffnungen, durch die die Treppe führte. Diese Öffnungen waren frei, außer im obersten Stock, wo eine starke, schwere Verschlußklappe vorhanden war. Gummiränder mochten die Klappe wasserdicht schließen. Die Mauer, durch die dieses obere Gemach gebildet war, war nur zwei Ellen hoch, so daß sich zwischen den Säulen, auf denen das Dach ruhte, weite Öffnungen befanden. Diese gestatteten eine liebliche Fernsicht auf die Felder und Fruchthaine.

Da oben führte außen ein Balkon rund um den Turm. Die Steine waren gelockert und an einigen Stellen sogar hinabgestürzt. Man durfte es nicht wagen, sich hinauszustellen, und das war gewiß der Grund, weshalb man die Türöffnung, die einst hinausführte, vermauert hatte. Hier war, wie gesagt, die einzige für uns bedrohliche Stelle. Mit einer Leiter konnte man heraufsteigen und dann über die drei Treppen zu uns hinabgelangen. Wollten wir uns dagegen verwahren, dann mußten wir die Klappe innen so verrammeln, daß sie von außen nicht geöffnet werden konnte. Die Fernsicht hatte sich übrigens etwas getrübt. Schon während der letzten Stunde unseres Rittes hatten wir Wolken bemerkt, die jetzt den Himmel umsäumten und immer höher zogen.

Kaum waren wir wieder in unserm Wohnzimmer, so kam ein kräftiger Jüngling, der zwei Gefäße mit Trink- und Waschwasser brachte. Er hatte ein offnes, kluges Gesicht und betrachtete uns mit freundlichen, forschenden Blicken.

„Dobar wetscher – guten Abend!“ grüßte er bulgarisch und fuhr dann türkisch fort: „Der Aga sendet mich, euch Wasser zu bringen, Effendi. Das Essen wird bald fertig sein.“

„Warum kommt Humun nicht?“ – „Der Aga bedarf seiner.“

„Er sagte uns das Gegenteil.“ – „Seine Beine beginnen zu schmerzen; da muß er den Diener haben.“ – „Also werden wir dich bekommen?“

„Ja, Effendi, wenn du es nicht anders wünschst.“

„Du gefällst mir besser als Humun. Du bist wohl Janik, der Bräutigam Ankas?“

„Ja, Effendi. Du hast Anka reich beschenkt. Sie hat das Geld erst angesehen, als sie heimkam, und ich soll es dir zurückgeben, weil du dich geirrt haben mußt. Soviel hast du gewiß nicht geben wollen.“ Janik hielt mir das Geld hin.

„Ich nehme es nicht wieder. Vielleicht erhältst du auch ein solches Geschenk, wenn ich mit deiner Bedienung zufrieden bin.“

„Effendi, ich mag kein Bakschisch. Ich bin arm, aber dich werde ich gern bedienen. Anka hat mir gesagt, daß du unsers Glaubens seist und in Rom sogar den Heiligen Vater gesehen hast. Da ist es mir eine Herzenssache, dir meine Ergebenheit zu bezeugen.“

„Ich sehe, daß du ein braver Jüngling bist, und würde mich freuen, wenn ich dir irgendwie von Nutzen sein könnte. Hast du einen Wunsch?" – „Ich habe nur den einen Wunsch, Anka recht bald mein Weib nennen zu können."

„So sieh zu, daß du die tausend Piaster recht bald beisammen hast!"

„Ah, Anka hat schon geplaudert! Übrigens habe ich tausend fast beisammen. Anka ist aber mit den ihrigen noch nicht so weit."

„Wieviel fehlt dir noch?"

„Zweihundert nur." – „Wann wirst du sie verdient haben?"

„Nun, zwei Jahre wird es schon noch dauern. Doch ich muß Geduld haben. Stehlen kann ich das Geld nicht, und der Aga zahlt einen kargen Lohn." – „Wie nun, wenn ich dir die zweihundert schenken würde?" – „Kara Ben Nemsi Effendi, du scherzt!"

„Mit einem so braven Jüngling mag ich keinen Scherz treiben. Ich will dir das Geld geben, und dann kannst du deiner Anka sparen helfen. Komm her und nimm!" Das waren nicht ganz vierzig Mark. Ich gab sie Janik mit Vergnügen, denn er war es wert, und es ging nicht von dem Meinigen. Seine Freude war groß, und er konnte es nicht begreifen, daß ein Fremder ihm ohne allen Grund ein solch reiches Geschenk machte. Den eigentlichen Grund sagte ich ihm nicht. Meinen Zweck erreichte ich auch so, denn ich war überzeugt, daß Janik sich nun mit aller Entschiedenheit auf unsre Seite stellen würde. Er versicherte, daß er alles tun würde, um unsre Zufriedenheit zu erwerben.

Nun begann ich, ihn vorsichtig über seinen Herrn auszuforschen, und das Ergebnis meiner vielen Fragen lautete: Murad Habulam war ein zum Islam übergetretener Bruder von Manach el Barscha, des wegen Unterschlagung flüchtig gewordenen Steuereinnehmers von Üsküb. Darum also war mir das Gesicht des Aga so bekannt vorgekommen. Manach el Barscha kam öfter zu Murad Habulam und hatte, da er sich als Flüchtling nicht sehen lassen durfte, wenigstens in dieser Gegend nicht, ein Versteck in jenem großen Getreideschober, der unserm Turm zunächst stand. Dieses Versteck sollte zwar vor den Dienstleuten ein Geheimnis sein, aber diese hatten es längst entdeckt. Freilich schwiegen sie darüber. Auch Janik hatte den Auftrag, sich möglichst wenig von uns zu entfernen und seinem Herrn alles zu hinterbringen, was wir reden würden.

„So erzähle ihm", sagte ich abschließend, „daß du uns nicht verstehen könntest, weil wir in arabischer Sprache reden, die du nicht kennst." – „Das wird das allerbeste sein. Jetzt muß ich fort, denn das Essen wird fertig sein."

Als Janik ging, mußte er die Tür offen lassen, damit ich mir die verdächtige Getreidefeime betrachten konnte. Sie war von ziemlichem Umfang, und uns gegenüber bemerkte ich unten eine Stelle, die von ihrer Umgebung abstach. Das war jedenfalls der Zugang. Aus der Spitze des trichterförmigen Daches ragte eine Stange hervor mit einem

Strohwisch. Vielleicht diente diese Vorrichtung dazu, geheime Zeichen zu geben.

Bald kehrte Janik mit einem großen Korb in der Hand zurück. Er legte den Inhalt auf den niedrigen Tisch. Das Essen bestand aus Maisbrot, kaltem Fleisch und einer warmen, prächtig duftenden Eierspeise.

„Effendi", berichtete er, „Anka flüsterte mir zu, ihr sollt euch vor dem Jumurta jemeji[1] sehr in acht nehmen." – „Hat sie etwas Verdächtiges bemerkt?" – „Der Aga hat den Teig selbst gemacht und Anka hinausgeschickt. Sie lauschte aber und bemerkte, daß er die Tüte mit Ssytschan sehiri[2] aus der Tasche nahm."

„War Murad Aga noch jetzt in der Küche?"

„Ja, und er fragte mich, wovon ihr gesprochen hättet, und ich antwortete so, wie du mir gesagt hast. Da befahl er mir, recht freundlich mit euch zu tun und sooft wie möglich mit euch zu sprechen, damit ihr mir antworten müßtet und vielleicht Lust bekämt, ein Gespräch mit mir anzuknüpfen. Der Aga hat mir ein Bakschisch von fünf Piastern versprochen, wenn ich meine Sache gut mache."

„So sieh zu, ob du Lust hast, deine Seele für fünf Piaster der Hölle zu verschreiben."

„Um tausende nicht! Aber Anka läßt euch sagen, daß ihr Brot und Fleisch ohne Sorge essen könntet."

„So wollen wir ihr folgen. Den Jumurta jemeji werde ich gleich den Sperlingen zu kosten geben."

Welche hochfein eingerichtete Wohnung wir hatten, war auch daraus zu ersehen, daß unsre Stube einigen Sperlingsfamilien als Heimat und Unterstützungswohnsitz diente. Mehrere Steine waren aus der Mauer gefallen, und in den dadurch entstandenen Löchern waren die Nester dieser frechen Vögel, die nicht einmal soviel Sinn für Ordnung und Stil besitzen, ihren Brutstätten eine feste und gefällige Form zu geben.

Die Spatzen schienen sich vor uns gar nicht zu fürchten. Sie flogen ohne Zagen aus und ein und betrachteten uns von ihren Fenstern aus mit jener Vertraulichkeit, mit der Sperlinge eben auf Leute blicken, vor denen sie keine Scheu haben. Ich warf ihnen mehrere Brocken vom Eierkuchen in die Ecke, und die Vögel flatterten herbei, um sich darum zu zanken und zu beißen. Die Spatzen befanden sich überhaupt jetzt alle bei uns im Turm. Draußen war es düster geworden, und ein fernes Grollen verkündete uns das Nahen eines Gewitters.

„Hole uns eine Lampe", befahl ich Janik, „und benütze diese Gelegenheit, deinem Aga mitzuteilen, daß wir sämtliche Läden des Turmes schließen und verriegelt werden." – „Warum?"

„Er wird dich wohl danach fragen. Sag ihm, ich hätte gemeint, wir wollten den Geist der alten Mutter nicht hereinlassen."

[1] Eierspeise, Rührei [2] Rattengift

Als der Jüngling sich entfernt hatte, stiegen die Gefährten in die obern Stockwerke, um die Läden fest zu verschließen. Dann kehrte Janik mit einer alten Tonlampe zurück, in der so wenig Öl war, daß sie nach kaum einer Stunde verlöschen mußte.

„Warum hast du so wenig Öl gebracht?" forschte ich.

„Der Aga gab mir nicht mehr. Er sagte, ihr würdet euch wohl bald schlafen legen. Anka aber ist ein kluges Mädchen und hat mir heimlich das mitgegeben." Janik zog ein Fläschchen mit Öl aus der Tasche und gab es mir.

„Das ist jedenfalls nicht bloß Geiz", meinte ich. „Murad Aga will haben, daß wir im Finstern sein sollen; da ist man hilflos."

Ein ängstliches Piepen und Zirpen ließ mich nach den Sperlingen schauen. Sie saßen mit gesträubtem Gefieder in ihren Nestern und benahmen sich ganz so, als hätten sie Schmerzen. Einer flatterte aus seinem Loch heraus und fiel auf den Boden nieder, wo er noch einigemal mit den Flügeln schlug und sich dann nicht mehr bewegte. Er war tot.

„So schnell!" brummte Halef. „Der Schurke muß eine gehörige Menge Gift in die Eiserspeise getan haben!"

„Es gehört auch eine tüchtige Menge dazu, vier kräftige Männer zu töten. Bei uns wäre es freilich nicht so schnell gegangen wie bei dem Sperling. Dieser Mensch ist nicht nur bodenlos schlecht, sondern auch im höchsten Grund dumm. Er muß gedacht haben, wir würden so schnell stürzen wie die Sperlinge und hätten keine Zeit zur Rache."

Jetzt lagen schon mehrere Vögel tot auf dem Boden. Die armen Spatzen dauerten mich, aber ich mußte sie opfern, um Gewißheit zu erlangen.

„Was wirst du nun mit dem Kuchen tun, Sihdi?" fragte Halef mich. „Wollen wir zu Murad Habulam gehen und ihn mit der Peitsche zwingen, seine eigne Eierspeise zu verzehren?"

„Den ersten Teil deines Vorschlags wollen wir ausführen, den letztern aber nicht. Wir suchen Murad augenblicklich auf und nehmen den Eierkuchen mit, den wir mit den toten Vögeln belegen."

„Effendi, tu das nicht", bat Janik, „sonst ergeht es mir schlimm, weil der Aga glauben wird, daß ich euch gewarnt habe."

„Dem werden wir dadurch vorbeugen, daß wir tun, als hätten wir dir ein Stück gegeben, das du gegessen hättest. Du mußt dann heftiges Leibschneiden vortäuschen. Wirst du dich so verstellen können?" – „Ich denke, ja." – „Das übrige ist meine Sache. Kannst du uns sagen, wo wir Murad Aga finden werden?"

„In seiner Stube hinter dem Selamik, wo ihr mit ihm gesessen seid. Ihr werdet die Tür gleich sehen. Ist er nicht dort, so trefft ihr ihn in der Küche, denn Anka sagte mir, daß er dabei sein will, wenn das Akscham taami[1] für euch bereitet wird." – „Wo ist die Küche?"

[1] Abendessen

„Links neben der Hoftür. Du bist an ihr vorübergefahren. Seid aber klug und laßt euch nicht zu früh bemerken, sonst versteckt der Aga sich."

Janik ging, und auch wir brachen auf, ich im Rollstuhl. Halef ließ es sich nicht nehmen, die Eierspeise zu tragen, und hielt sie mit dem Zipfel seines Kaftans zugedeckt. Wir nahmen aber nicht den Weg quer über den Hof, sondern wendeten uns zum Stall hin und schritten dann am Hauptgebäude entlang, um nicht zu früh gesehen zu werden.

Zunächst suchten wir den Hausherrn in seiner Stube. Da das Empfangszimmer mit Teppichen und Matten belegt war, verursachten wir kein Geräusch. Osko öffnete die von dort weiter führende Tür und blickte hinein.

„Was willst du?" hörte ich die erschrockene Stimme Murad Habulams.

In diesem Augenblick wurde ich von Omar auf dem Rollstuhl in die Stube geschoben. Als der Türke mich erblickte, spreizte er alle zehn Finger aus, hielt sie mir entgegen und schrie im höchsten Schreck: „Hascha, fi amahn Allah – Gott bewahre mich. Gott beschütze mich! Geh hinaus, hinaus! Du hast den bösen Blick!"

„Habe keine Sorge! Solange du mir freundlich gesinnt bist, kann mein Auge dir keinen Schaden bringen."

„Das glaube ich nicht! Hinaus, hinaus!"

Um mich nicht ansehen zu müssen, hatte er sich angstvoll abgewendet und streckte beide Hände zur Tür.

„Murad Aga", sagte ich streng, „was fällt dir ein? Behandelt man seinen Gast in dieser Weise? Ich sage dir, daß mein Blick dir nichts schaden wird, und werde nicht früher gehen, bis ich den Grund meines Kommens mit dir besprochen habe. Wende dich also mir zu und schau mir getrost ins Gesicht!" – „Kannst du mir bei Allah versichern, daß dein Blick, trotzdem er auf mich fällt, nichts Böses bringen wird?"

„Ich gebe dir diese Versicherung."

„So will ich es wagen. Aber ich sage dir, daß mein schrecklichster Fluch dich treffen wird, wenn du mir Unheil bringst."

„Er wird mich nicht treffen, denn mein Auge wird nur mit Freundlichkeit auf dir ruhen und dir also nichts schaden."

Jetzt wendete der Aga sich mir zu. Aber in seinem Gesicht spiegelte sich doch eine so große Bangigkeit, daß ich mich innerlich höchst belustigt fühlte. – „Was wünschst du von mir?" fragte er.

„Ich möchte dich um eine kleine Auskunft bitten und vorher ein freundliches Gesuch an dich richten. Es ist Sitte, daß der Gastfreund das Brot mit seinen Gästen breche. Du hast das nicht tun können, weil das Podagra dich verhindert, zu mir zu – –"

Ich hielt inne und tat, als betrachtete ich Murads Beine erst jetzt genauer. In Wahrheit hatte ich aber gleich bei meiner Ankunft bemerkt, daß die dicken Umhüllungen verschwunden waren. Der Aga stand aufrecht vor mir. Die weiten Pluderhosen hingen ihm faltenreich um die Knie, und seine vom Schreck erzeugten Bewegungen waren vorhin so schnell und kräftig gewesen, daß von einer schmerzlichen Krankheit keine Rede sein konnte. Darum erklärte ich nach einer Pause des Erstaunens: „Was sehe ich? Hat Allah ein Wunder getan? Die Krankheit ist von dir gewichen!“

Der Aga befand sich in so großer Verlegenheit, daß er nur einige mir unverständliche Worte murmeln konnte.

„Und da hast du Angst vor meinem Auge?“ fuhr ich fort. „Mein Blick bringt denen, die mir gut gesinnt sind, nur Gutes. Ich bin überzeugt, daß du meinem Auge und meiner wohlwollenden Freundschaft diese plötzliche Besserung zu verdanken hast.“

Damit hatte ich Murad Aga willkommenen Stoff zu einer Ausrede gegeben. Er benutzte ihn, indem er sagte: „Ja, Effendi, nur so kann es sein. Seit Jahren leide ich an dem Übel. Kaum warst du fort von mir, bemerkte ich ein unbeschreibliches Gefühl in meinen Beinen. Ich versuchte zu gehen und siehe da, es gelang! Noch niemals in meinem Leben habe ich mich derart wohl und kräftig gefühlt wie jetzt. Das kann nur dein Blick getan haben!“

„Dann sieh zu, daß es so bleibt! Eine Wandlung deiner Gesinnungen würde auch eine Änderung in deinem bessern Befinden hervorrufen. Du würdest kränker werden, als du jemals vorher gewesen bist.“

„Effendi, warum sollte ich anders gegen dich denken? Du hast mir nichts Böses getan, sondern mir Heilung gebracht. Ich bin dein Freund, und du bist der meinige.“

„So ist es. Und grad darum hat es mir Leid getan, daß ich unser Mahl nicht mir dir teilen konnte. Du sollst aber nicht von uns sagen, daß wir die Gesetze der Höflichkeit und Freundschaft nicht kennen. Darum kommen wir, um dir den besten Teil unsres Mahls zu bringen und dich zu bitten, ihn in unsrer Gegenwart zu genießen. Wir werden dir zuschauen und uns herzlich freuen, wenn du die Gabe zu unsrer Ehre verzehrst. Hadschi Halef Omar, gib sie heraus!“

Halef nahm den Kaftanzipfel von der Eierspeise, trat vor Murad hin und überreichte ihm diese mit den Worten: „O Aga, nimm die Speise der Gastfreundschaft und erweise uns die Liebe, zusehen zu dürfen, wie sie dir schmeckt!“

Sechs tote Sperlinge lagen auf dem Kuchen. Murad blickte betroffen von einem zum andern und fragte: „Was soll das? Warum liegen diese Sperlinge auf dem Jumurta jemeji?“

„Ich gab ihnen davon zu essen, und sie sind sogleich vor Wonne über den Wohlgeschmack der Speise gestorben. Nun sind sie Tjur el dschinne[1] geworden und schweben durch die Gärten des Paradieses, um mit Nachtigallentönen den Preis deiner Kochkunst zu singen.“

Murad langte nicht zur Eierspeise – er war blaß geworden und stotterte: „Effendim, ich verstehe dich nicht. Wie können Spatzen an

[1] Vögel des Paradieses

einer Eierspeise sterben?" – „Das wollte ich dich fragen. Deshalb bin ich gekommen." – „Wie soll ich darauf antworten?"

„Du kannst es am besten wissen. Hast denn nicht du die Speise zubereitet?" – „Ich? Wie kommst du auf den Gedanken, daß ich selbst sie gebacken habe?" – „Ich glaube, die Freundschaft für uns hätte dich fortgerissen, mit eignen Händen diese Speise für uns zuzurichten." – „Das kann mir nicht einfallen. Ich bin kein Aschdschy[1], ich würde alles verderben." – „Wem haben wir diesen guten Kuchen denn zu verdanken?" – „Die Dienerin Anka hat ihn gebacken."

„Zeig ihn ihr und sag ihr, daß sie selbst davon essen möge. Das ist nicht ein Ömür taami[2], sondern ein Ölüm jemeji[3]. Wer sie genießt, über den senken sich die Schatten der Verwesung."

„Effendi, du erschreckst mich!" – „Du würdest noch viel mehr erschrecken, wenn ich nicht den bösen Blick hätte. Wir lägen jetzt als Leichen im Turm, und unsre Seelen würden des Nachts dort mit dem Geist der alten Frau erscheinen, um die Leichtsinnige anzuklagen, die den Tod in diese Speise gebacken hat. Glücklicherweise ist aber mein Blick so scharf, daß er alles durchdringt. Darum habe ich das Gift der Ratten gleich bemerkt und, um es dir zu beweisen, den Vögeln gegeben, die schnell daran verendet sind."

„Allah! Das soll ich glauben?" – „Ich sage es dir, und darum mußt du es glauben." – „Wie aber sollte das zugegangen sein? In meiner Küche gibt es doch kein Gift!" – „Aber Ratten hast du im Haus?" – „Sehr viele." – „Und auch Gift, um sie zu töten?"

„Ja, ich habe es aus Üsküb kommen lassen."

„Und wo bewahrst du es auf?"

„Hier in meiner eignen Stube. Es liegt dort auf dem Sims an der Wand. Nur ich selbst kann dazu gelangen."

Ich blickte hinüber. Auf dem schmalen Vorsprung der Mauer standen allerlei Kästchen und Büchsen. Eine Tüte sah ich nicht. Vielleicht hatte er sie noch in seiner Tasche. Darum sagte ich: „Wenn du es dir nicht erklären kannst, dann will ich mich meines Blicks bedienen, der alles Verborgene durchschaut. Ich sehe Anka in der Küche und dich dazu. Du sendest sie hinaus. Während sie sich daußen befindet, nimmst du die Tüte mit Ssytschan sehiri aus der Tasche und schüttest davon in den Teig."

Der Aga wich einige Schritte zurück. „Effendi!" rief er aus. „Ich bin doch kein Giftmischer!" – „Habe ich das gesagt? Du hast dich wohl vergriffen und das Gift für Zucker gehalten."

„Nein, nein! Dein Auge belügt dich. Ich bin gar nicht in der Küche gewesen!"

„Ich sehe dich aber doch mit meinem geistigen Blick darinnen!"

„Nein, Effendi, du täuschst dich. Es muß ein andrer gewesen sein!"

„Ich täusche mich nie. Greif in deinen Kaftan. Das Gift ist bei dir."

[1] Koch [2] Speise des Lebens [3] Speise des Todes

Der Aga fuhr unwillkürlich mit der rechten Hand in die Tasche, zog sie aber wieder schnell heraus und rief: „Ich weiß nicht, was du willst, Effendi! Warum sollte ich Gift herumtragen?"

„Um es gegen Ratten anzuwenden." – „Ich habe aber kein Gift!"

„Murad Habulam Aga, jetzt belügst du mich. Die Tüte ist in deinem Kaftan!" – „Nein, o Kara Ben Nemsi Effendi!"

„Hadschi Halef, nimm sie ihm heraus!"

Halef trat zu ihm und streckte seine Hand aus. Murad Habulam wich zurück und fuhr zornig auf: „Effendi, was willst du? Glaubst du, ich sei ein Lump, mit dem man machen kann, was man will? Es hat kein Mensch das Recht, mich auszusuchen und mir in die Tasche zu greifen, noch dazu in meinem eignen Haus!"

Da erhob Halef warnend den Finger.

„Murad Aga, weigere dich nicht! Wenn du meinen Effendi erzürnst, so wird er dich sofort mit dem bösen Blick anschauen, und dann gebe ich keinen Para für dein Leben. Bedenke das!"

Der Hadschi griff, ohne jetzt daran gehindert zu werden, in Murads Tasche und holte die Tüte hervor.

„Nun, Murad Habulam Aga!" sagte ich. „Wer hat recht gehabt?" – „Du, Effendi", stammelte er. „Aber ich weiß bei Allah nicht, wie diese Tüte in meine Tasche gekommen ist. Es muß sie jemand hineingetan haben, um mich zu verderben."

„Soll ich das glauben?"

„Du mußt es glauben, denn ich schwöre es dir beim Bart des Propheten zu. Das kann kein andrer als Janik getan haben, denn er ist in der Küche gewesen."

„Dieser war es am allerwenigsten."

„Du kennst ihn nicht. Janik ist ein heimtückischer Mensch, der nur auf Böses sinnt. Warum hat er euch zu mir gesandt? Ist er nicht bei euch, um zu bedienen? Weiß er nicht, daß ich euch nicht erwartet habe? Warum hat er euch nicht gehindert, zu mir zu kommen?" – „Weil er nicht konnte. Um seine Einrede nicht hören zu müssen, sandte ich ihn in den Stall, und dann sind wir schnell und heimlich aufgebrochen." – „Trotzdem ist es Janik gewesen!"

„Du verdächtigst ihn ohne seine Schuld. Er hat von der Eierspeise gegessen, denn wir boten ihm davon an. Würde er das getan haben, wenn er sie vergiftet hätte?" – „Wie? Er hat gegessen, er?" – „Frag ihn selbst! Siehst du nicht, daß ein Stück fehlt?"

Dieses Stück hatten wir abgeschnitten und versteckt.

„O Allah! Da muß Janik sterben!"

„Leider! Und du bist der Schuldige! Warum hast du uns diese Speise des Todes geschickt? Mich kannst du nicht täuschen. Ich will dich aber noch nicht strafen, sondern dir Zeit zur Reue geben. Hüte dich jedoch, weiter Böses gegen uns zu sinnen! Eigentlich sollte ich dein Haus sofort verlassen, da aber würde das Unglück bei dir zurückbleiben und dich verzehren. Darum will ich aus Barmherzigkeit noch bis morgen bleiben, damit du dich bessern kannst. Jetzt lassen wir dich allein. Denke nach, wie unbesonnen du gehandelt hast und auch noch handeln willst!“

Der Aga antwortete keine Silbe, und wir entfernten uns. Ich hatte mich gehütet, mich klar auszudrücken. Er durfte noch nicht wissen, was und wie wir über ihn dachten. Als wir in den Hof kamen, blitzte es, und ein Donnerschlag folgte. Das Gewitter brach los, und wir beeilten uns, den Turm zu erreichen, wo Janik auf uns wartete.

14. Im Turm der alten Mutter

Infolge des Gewitters und der vorgerückten Tageszeit war es ziemlich dunkel geworden. Halef wollte die Lampe anzünden, aber ich gab das nicht zu. Die Tür wurde angelehnt, doch nicht ganz zugemacht, so daß ich von meinem Sitz aus durch die Spalte in den Garten hinaussehen und die Feinde im Auge behalten konnte. Obgleich es unwahrscheinlich war, daß ich etwas bemerken werde, denn ich mußte annehmen, daß man mit großer Vorsicht verfahren werde, war ein glückliches Zusammentreffen uns doch günstig.

Ein blendender Blitz erleuchtete für einen Augenblick das Dunkel, aber diese Sekunde hatte genügt, um mir zu zeigen, daß es dort am Getreideschober Menschen gab. Zwei von ihnen waren in gebückter Stellung eben bemüht, den Eingang ins Innere dadurch zu öffnen, daß sie einige der Getreidebündel herauszogen. Wer waren diese Leute? Jedenfalls die von uns Erwarteten, denen das Regenwetter, das alle Bewohner ins Haus zurücktrieb, die gute Gelegenheit gegeben hatte, das Versteck unbemerkt zu erreichen. Ich beschloß, sie zu belauschen.

Zunächst gebot ich Janik, sich an die Türspalte zu stellen, um zu sehen, wann der geeignete Augenblick gekommen sei. Die unaufhörlich zuckenden Blitze gaben genügend Beleuchtung. Als er mir meldete, daß er niemanden mehr sehe und das Eingangsloch der Getreidefeime wieder verstopft sei, ließ ich mich durch ihn und Omar bis an die Feime tragen. Nachdem die beiden sich schleunigst zurückgezogen hatten, versuchte ich mich zwischen die waagrecht aufeinander liegenden Getreidebündel einzudrängen. Das hatte seine Schwierigkeit, weil die Büschel durch ihr Eigengewicht fest zusammengedrückt wurden und ich jedes Geräusch vermeiden mußte.

In letzterer Hinsicht war mir der laut prasselnde Regen, das Heulen des Gewittersturms und das fast ununterbrochene Rollen des Donners von großem Vorteil. Den Kopf voran, schob ich mich immer weiter zwischen die Bündel hinein. Die Halme des Roggens hatten Manneslänge und waren nicht in wirre Bündel, sondern zu sogenannten „Schütten“ vereinigt, bei denen die Stengel ihre Länge behalten und das Gebund bedeutend länger wird, als die Halme eigentlich sind. Daher kam es, daß die Dicke der Feimewand mehr als meine

Körperlänge betrug, und ich ganz, auch mit den Füßen, in ihr verschwinden konnte, ohne daß man im Innern meinen Kopf bemerken konnte.

Die Bündel lagen mit den vollen Ähren nach innen. Ich schob mich langsam so weit vor, daß die Ähren mein Gesicht vollständig verschleierten, ich aber zwischen ihnen hindurch den hohlen Innenraum völlig überblicken konnte. Das Gewitter kam mir dabei sehr zustatten. Meine Bewegungen verursachten ein unvermeidliches Rascheln im Stroh und ein Ausfallen der Körner, das mich zu andrer Zeit unbedingt hätte verraten müssen. Wie wäre es mir dann möglich gewesen, mich zu verteidigen, da ich mich nicht frei bewegen konnte. Jede auf mich gerichtete Kugel mußte mich treffen, da es mir nicht gelingen konnte, ihr auszuweichen. Die einzige Rettung bestand darin, daß ich dem Feind zuvorkam. Darum hatte ich meine beiden Revolver schon draußen vor der Feime in die Hände genommen, weil ich sonst, zwischen den Bündeln eingepreßt, nicht in den Gürtel hätte greifen können. Alles andre, selbst das Messer und den Inhalt meiner Taschen, hatte ich im Turm zurückgelassen, da etwas Verlorenes hier schwerlich wiederzufinden war.

Die kreisförmige Grundfläche des Schobers hatte einen Durchmesser von vielleicht acht Metern und die Wände waren ungefähr zwei Meter dick. Also besaß der innere, leere Raum einen Durchmesser von wohl vier Metern, so daß ein Dutzend Personen in sitzender Stellung darin genügend Platz fanden. Janik hatte weniger angegeben. In der Mitte war ein starker, hohler Pfahl in die Erde gerammt, der das dicke Strohdach trug. Rundum lagen Getreidebündel als Sitzgelegenheiten, und am Pfahl hing eine brennende Laterne, die den Raum erleuchtete. Der Eingang bestand aus einigen weniger starken Gebunden, die leicht weggezogen und wieder vorgeschoben werden konnten, was von außen gar nicht, von innen aber deutlich zu erkennen war.

Wozu hatte Murad Habulam dieses Versteck eingerichtet? Etwa nur, um seinen Bruder Manach el Barscha darin zu verbergen? Dann hätte er den Innenraum bedeutend kleiner machen können, und jedenfalls gab es in seinem Haus und Gehöft wohl noch einen andern und bequemeren Platz, der als Aufenthalt einer einzelnen Person geeignet war. Übrigens kam der einstige Steuereinnehmer doch wohl nur zu Pferd, und es mußte also für das Tier noch ein besonderes Versteck vorhanden sein.

Nein, diese Feime war sicher zur Aufnahme größerer Gesellschaften bestimmt. Sie diente zu geheimen Zusammenkünften, und es war leicht zu vermuten, daß die hier verkehrenden Personen zu den Anhängern des Schut gehörten. War das aber wirklich der Fall, so stand es fest, daß Murad Habulam ein hervorragendes Mitglied dieser Verbrecherbande sei. Er saß mir grad gegenüber. An seinen beiden Seiten saßen sein Bruder Manach el Barscha und Barud el Amasat. Neben diesem saß der Mübarek, der den Arm in einer Binde trug. Am Eingang stand

Humun, der Diener, und ihm gegenüber Hajdar, der Bruder des toten Fleischers von Shiganzy. Er war, wie ich vermutet hatte, auch gekommen. Auf der Seite, wo ich versteckt war, hockten die beiden Aladschy und der Spion Suef. Sehen konnte ich sie nicht, da sie niedriger saßen, als mein Kopf im Stroh steckte, aber ich hörte sie reden. Das waren also neun Personen, deren Feindschaft wir vier uns erwehren mußten. Ihre Kleider waren vom Regen durchnäßt, und nun hingen die Spelzen des Getreides so massenhaft daran, daß man die eigentliche Farbe nicht erkennen konnte.

Der erste, den ich reden hörte, war der Miridit, der zunächst die mich weniger angehende Bemerkung machte: „Wir hätten unsre Pferde nicht in dem Gehölz unterbringen sollen. Bei diesem Donnergetöse sind wir ihrer nicht sicher."

„Du brauchst keine Sorge zu haben", erwiderte Murad Habulam. „Meine Knechte werden gut aufpassen."

Die Pferde standen also in irgendeinem Gehölz, und zwar unter der Aufsicht einiger Knechte des Aga. Das gab mir die Gewißheit, daß er außer Humun noch mehr vertraute Leute besaß.

Der Mübarek hatte den Arm aus der Binde gezogen und ließ sich von Barud el Amasat den Verband öffnen. Habulam reichte ihm eine Büchse mit Salbe, die jedenfalls vorher bei ihm bestellt worden war. Auf dem Boden stand ein Wasserkrug, mit dessen Inhalt die Wunden ausgewaschen wurden. Ich sah, daß mein vorgestriger Schuß dem Alten durch die innern Oberarmmuskeln gegangen war. Die gestrige Kugel hatte ihm das Ellbogengelenk zerschmettert. Beide Verletzungen, besonders aber die zweite, mußten ihm große Schmerzen verursachen, zumal von einem kunstgerechten Verband keine Rede war. Im allergünstigsten Fall behielt er einen steifen Arm. Wahrscheinlicher aber war, daß ihm wenigstens der Unterarm abgenommen werden mußte. Wenn der Verwundete nicht bald in die richtige Pflege kam, war zu befürchten, daß Brand eintreten würde.

Nachdem die verletzten Teile gewaschen waren, ließ der Alte sie von einem mit der Salbe bestrichenen Leinwandlappen umwinden und dann mit einem Tuch verbinden. Dabei verzog der Mübarek keine Miene. Er mußte sehr starke Nerven haben, sonst hätte er diesen Schmerz nicht ertragen. – „Allah, Allah, wie hat der Fremde dich zugerichtet!" seufzte Murad Habulam. „Dieser Arm wird niemals wieder werden, wie er gewesen ist." – „Nein! Ich bin ein Ssakat[1] geworden, ein armseliger Ssakat, der den Gebrauch seines Arms verloren hat", knirschte der Alte. „Dafür aber soll der Giaur eines zehnfachen Todes sterben. Ist er denn so leicht ins Netz gegangen?"

„Leicht wie eine Krähe, der man im Winter eine Tüte mit einem Stückchen Fleisch hinlegt. Dieser dumme Vogel steckt den Kopf hinein, um sich das Fleisch herauszuholen, und da die Tüte mit Ökse[2]

[1] Krüppel [2] Leim

angestrichen ist, so bleibt sie ihm am Kopf stecken, und man kann ihn mit den Händen greifen, weil er nicht zu sehen vermag. Eine solche Tüte haben wir dem Fremden über den Kopf gesteckt. Mein Bruder hat ihn mir als sehr klug geschildert, aber er hat es nicht bewiesen, daß er es ist." – „Nein, klug ist er gar nicht, sondern er hat den Scheïtan, der ihn beschützt." – „Da irrst du dich, denn er hat nicht den Teufel, sondern das Fena gös."

„Allah, Allah!" rief der Mübarek erschrocken. „Ist das wahr?"

„Er hat es Humun mitgeteilt und ihn gewarnt. Aber was das allerschlimmste ist, er hat nicht nur den einfachen bösen Blick, der nur beim unmittelbaren Anschauen wirkt, sondern das Usagha atylan fena gös[1]. Er braucht sich eine Person nur in Gedanken vorzustellen und mit seinem Auge zu betrachten, so sendet sein Blick dem Betreffenden alles Böse, das er ihm anwünscht."

„Allah sei uns gnädig! Nicht der Teufel, sondern sein böses Auge macht ihn unüberwindlich. Wer mit ihm kämpft, muß ihn doch ansehen und ist dann verloren. Man darf also mit diesem Menschen nicht offen kämpfen, sondern muß ihn hinterrücks töten und vor allen Dingen dafür sorgen, daß sein Auge dabei nicht auf uns fällt." – „Dann wäre es also nichts mit unserm schönen Plan?" fragte Murad.

„Nein, außer es hat einer von euch den Mut, den Dschin[2] zu machen. Aber ich mag keinem dazu raten, denn das Auge des Fremden würde auf ihm ruhen und ihm Verderben bringen. Wer war denn dazu bestimmt?" – „Humun."

„Nein, nein!" rief der Diener ängstlich. „Erst war ich dazu entschlossen. Nun aber fällt es mir nicht ein, den Geist der alten Mutter zu spielen. Mein Leben ist mir viel zu lieb dazu."

„So wird sich vielleicht ein andrer finden", meinte der Aga. Da aber alle verneinten, fuhr er fort: „Also nicht? Nun, so müssen wir etwas andres ersinnen. Wir sind ja hier beisammen und können uns besprechen."

„Es bedarf keiner langen Beratung", erklärte Barud el Amasat. „Wir wünschen den Tod dieser Leute und müssen sie töten, ohne daß der Deutsche uns anblicken kann. Das kann nur geschehen, wenn wir ihn und seine Leute im Schlaf überfallen."

„Ganz richtig!" stimmte Manach el Barscha bei. „Wir warten, bis die Fremden schlafen, und fallen dann über sie her, wenn das Rattengift meines Bruders sie bis dahin nicht schon umgebracht hat." – „Rattengift?" fragte der Mübarek. „Haben sie denn solches erhalten?"

„Ja. Ich besprach mich mit Murad, als ich ihm eure Ankunft meldete. Er wollte es ihnen in einer Eierspeise geben, die sie hoffentlich verzehrt haben."

„Nun, dann ist ihr Tod gewiß, falls er nicht zu wenig genommen hat." – „Oh, drei Hände voll habe ich in die Eier gemischt", brummte

[1] Den in die Ferne wirkenden bösen Blick [2] Gespenst

Habulam. „Das ist genug, um zehn Menschen umzubringen. Diesen Wichten aber hat es gar nichts geschadet."

„Gar nichts?" staunte der Mübarek. „Wieso nicht?"

„Weil diese Leute die Eierspeise nicht gegessen haben! Dieser Giaur mit dem bösen Blick hat der Speise sofort angesehen, daß sie vergiftet war." – „Das ist doch unmöglich!" fuhr Manach auf.

„Unmöglich? Ich möchte wissen, was dem Fremden überhaupt unmöglich ist! Denkt euch, er kam mit seinen drei Begleitern zu mir, um mir den Eierkuchen zu bringen. In seiner freundlich-höhnischen Art sagte er mir, daß der beste Teil des Mahls dem Gastgeber gehöre, und ich möge darum die Eierspeise essen."

„Wai!" – „Noch dazu verlangte der Effendi, daß ich sie vor seinen Augen verzehren sollte. Er hatte sie sogar mit toten Sperlingen belegt, an denen er das Gift vorher versucht hatte."

„O Allah, so war die Sache verraten!"

„Leider! Zum Unglück hatte auch Janik davon gegessen und wird nun wohl sterben müssen."

„Um diesen Menschen ist es nicht schade!" fiel Humun hämisch ein.

„Weil er dein Feind ist? Du mußt bedenken, in welchen Verdacht ich dadurch komme! Ich kann deshalb wegen Giftmischerei angeklagt werden."

Und nun erzählte der Aga den erstaunten Zuhörern den ganzen Vorfall und fuhr hierauf fort: „Die Eierspeise ist samt den Spatzen vernichtet, und nun soll mir jemand nachweisen, daß sie vergiftet gewesen ist!" – „Der Tod Janiks wird es beweisen."

„O nein! Wer weiß, was er gegessen hat? Ich sage, daß ich selbst die Eierspeise verzehrt habe, und mir hat sie nicht das mindeste geschadet."

„Werden die Fremden heute abend vielleicht noch einmal essen?"

„Ich denke es. Wenigstens muß ich ihnen ein richtiges Abendmahl anbieten, freilich ohne Gift. Ich darf mich nicht wieder in Gefahr begeben, abermals für einen Giftmischer angesehen und nun sicher überführt zu werden. Nein, sie sollen gut und reichlich bewirtet werden, als seien sie mir die liebsten Gäste."

„Nach meiner Ansicht tust du wohl daran. Diese Gastlichkeit wird unsre Feinde irremachen und ihren Verdacht zerstreuen. Sie werden in Sicherheit gewiegt, und wir haben dann leichteres Spiel. Also speise sie so üppig wie möglich. Du kannst es tun, denn was es dich kostet, ist eine Kleinigkeit gegen den ungeheuren Nutzen, den du von unsrer Verbrüderung gezogen hast und noch ziehen wirst."

„Ungeheuer? Du sprichst, als hättet ihr mir schon Millionen eingebracht. Die Vorteile aber, die ihr mir bietet, sind gering gegen die Gefahr, die ich laufe, weil ich zu euren Helfershelfern gehöre." – „Oho!"

„Denk nur an den jetzigen Fall! Wenn wir diese Fremden töten, so ist es um mich geschehen. Mein ganzer Einfluß reicht nicht aus, mir das Leben zu retten. Ihr reitet fort und laßt euch nicht erwischen. Ihr habt keine Heimat und auch kein liegendes Eigentum. Wollte ich mich durch die Flucht retten, so müßte ich alles verlieren, was ich besitze."

„So fange es nur klug an!" murrte der Mübarek. „Es darf keine Spur von den Verhaßten übrigbleiben."

„Sie müssen ganz klein zerhackt und dann in den großen Fischteich Murads geworfen werden, den Hechten zum Fraß", meinte Suef.

„Und die Hechte verspeise dann ich?" fragte der Aga mit einer Gebärde des Abscheus. „Das fällt mir nicht ein!"

„Es ist auch nicht nötig. Die Fische verkaufst du. Nur müssen wir uns beeilen, daß vor Tagesanbruch alles ohne Lärm beendet ist, denn schießen dürfen wir nicht."

Nun folgte eine lange Beratung, wie man uns am besten überfallen und erwürgen oder erschlagen könnte. Endlich einigten unsre Feinde sich dahin, mittels einer Leiter von außen den Turm zu ersteigen, den Deckel der Treppenöffnung aufzuheben und dann behutsam die Treppe bis ins unterste Geschoß, wo wir schlafen würden, hinabzusteigen.

„Die Schufte sind vielleicht wachsam", warf jetzt Barud el Amasat ein.

„Das glaube ich nicht", erwiderte der Aga. „Wozu sollten sie wachen? Sie verriegeln die Tür und die Fenster, und da sie jedenfalls nicht vermuten, daß jemand von oben in den Turm steigt, werden sie sich ganz sicher fühlen. Übrigens können wir uns ja vorher überzeugen, ob sie schlafen."

„In welcher Weise?" erkundigte Manach el Barscha sich.

„Dadurch, daß wir an den Läden horchen", erklärte Murad Habulam. „Ich bin fest überzeugt, daß sie schlafen werden; im Dunkeln bleibt man nicht leicht wach."

„Du wirst ihnen doch eine Lampe gegeben haben?" forschte Manach.

„Ja, aber mit so wenig Öl, daß sie schon vor Mitternacht verlöschen muß."

Der alte Halunke ahnte nicht, daß wir durch Janik mit Öl versehen worden waren.

„Knarren die Treppenstufen nicht?" erkundigte sich Barud el Amasat.

„Nein, sie sind von Stein. Einige mögen wohl ein wenig locker sein, aber Geräusch verursachen sie sicher nicht."

„Es wäre eine dumme Geschichte, wenn wir samt den Stufen mit lautem Gepolter die Treppe hinabstürzen würden."

„Das haben wir nicht zu befürchten. Übrigens nehmen wir uns eine Laterne mit, um die Stufen zu beleuchten, bevor wir sie betreten." – „Damit die Schurken uns bemerken, nicht?"

„Nein. Es sind mehrere Stockwerke, da kann der Lichtschein nicht aus dem einen ins andre fallen. Bevor wir das unterste Geschoß erreichen, lassen wir die Laterne stehen und holen sie erst dann, wenn die Fremden tot sind."

„So bin ich befriedigt. Trotzdem ist die Sache nicht leicht. Wir müssen unser Werk völlig geräuschlos im Finstern tun. Das ist schwer!"

„Nun, mir ist nicht bange", erläuterte Murad seinen Plan. „Wir müssen uns nur genau verständigen und die Rollen verteilen, damit jeder weiß, was er tun soll. Dann wird alles schnell und in Ruhe und Ordnung geschehen."

„Was meinst du mit den Rollen?"

„Ich meine, daß jeder von uns gesagt bekommt, wen er packen soll, damit wir uns nicht im Weg sind. Auf diesen Deutschen müssen wir allerdings zwei Männer rechnen."

„Das tun wir", sagte Sandar. „Mein Bruder und ich nehmen ihn auf uns."

„Gut!" stimmte der Aga bei. „Nun suchen wir die Kräftigsten von uns aus. Wir brauchen für jeden eine Person. Nach den Aladschy ist jedenfalls Hajdar am stärksten. Er mag also den auf sich nehmen, den sie Osko nennen."

„Nein", widersprach Barud el Amasat. „Diesen Osko fordere ich für mich allein. Ich bin es, den er verfolgt, an mir will er sich rächen und dafür soll er unter meinen Fäusten ersticken."

„An dir will er sich rächen? Warum?"

„Weil ich vor einiger Zeit seine Tochter entführt und als Sklavin verkauft habe. An wen, geht euch nichts an."

„Den Spaß läßt sich freilich nicht jeder Vater gefallen!"

„Osko ist mir auch seit jener Zeit stets auf den Fersen gewesen. Er ist ein Montenegriner. Früher waren wir sehr gute Freunde."

„So hat er dich beleidigt, und du rächtest dich dafür, indem du seine Tochter stahlst?"

„Er hat mir nichts zuleid getan. Seine Tochter Senitza war eine große Schönheit. Der Anführer einer mit uns befreundeten Verbrüderung hatte sie gesehen und verlangte sie zum Weib. Sie wies ihn ab. Da wendete er sich an mich und bot mir eine hohe Summe. Nun, was hättet ihr an meiner Stelle getan?"

„Das Geld verdient", lachte Murad Habulam.

„Ganz recht! Ich raubte sie, was mir leicht fiel, weil sie mir als dem Freund ihres Vaters vertraute, und überlieferte sie dem Fremden. Dieser nahm sie mit sich nach Ägypten, wo sie ihm bald wieder entführt wurde." – „Von wem?"

„Das werdet ihr nicht erraten. Von dem, der eben alles und wieder alles verschuldet hat, nämlich von dem Schurken, der sich Kara Ben Nemsi Effendi nennt." – „Von diesem Alaman?" – „Ja."

„Allah verdamme ihn!"

„Hoffentlich wird dein Wunsch noch heute erfüllt! Diese Senitza liebte nämlich den Sohn eines steinreichen Großhändlers in Stambul.

Er heißt Isla und traf in Ägypten mit dem Deutschen zusammen. Dieser hat Senitza entdeckt und entführt und sie dem Isla übergeben, der mit ihr nach Stambul reiste und sie zum Weib nahm. Ich möchte nur wissen, wie der Alaman sie hat ausspüren können."

„Eben infolge seines bösen Blicks", meinte der Aga. „Er sieht und entdeckt alles. Hat sich denn der Mann, dem du Senitza verkauftest und dem sie wieder entführt wurde, nicht gerächt?"

„Er wollte es, kam aber nicht dazu, denn der Teufel beschützte den Alaman. Ja, einem seiner Begleiter gelang es sogar später, meinen Freund zu ermorden. Und nun sind sie mit Osko hinter mir her. Der alte Montenegriner hat nun keinen heißern Wunsch, als sich an mir zu rächen." – „Das soll ihm vergehen!"

„Das meine ich auch, und darum nehme ich den Alten auf mich. Hajdar mag sich jenen aussuchen, den sie Omar nennen."

Der Miridit war bisher – die Arme über der Brust gekreuzt haltend – bewegungslos und still auf seinem Platz gehockt. Jetzt aber machte er eine abwehrende Handbewegung und sagte ruhig: „Mich geht dieser Omar heute gar nichts an."

„Nicht?" staunte der Aga. „So hast du dir wohl einen andern ausersehen? Vielleicht den Hadschi Halef? Ich habe dich für mutiger gehalten, als du dich jetzt zeigst."

„Vielleicht wirst du sagen, ich besitze gar keinen Mut, wenn ich euch jetzt erkläre, daß ich keinen einzigen von diesen Leuten auf mich nehmen werde."

Diese Erklärung des Miriditen befremdete alle höchlichst.

„Willst du damit sagen, daß du dich überhaupt nicht gegen unsre Feinde beteiligen willst?" fragte Murad Aga hastig.

„Ja, das habe ich gemeint."

„Das wäre eine Treulosigkeit gegen uns, und darum hoffe ich, daß du nur scherzt." – „Ich habe völlig im Ernst gesprochen."

Es entstand eine Pause, während der alle Blicke forschend auf Hajdars starres Angesicht gerichtet waren. Dann hob Barud el Amasat an: „Wenn du das wirklich so meinst, wäre es besser, wir hätten dich gar nicht kennengelernt. Wer nicht mit uns ist, der ist wider uns. Wir müßten dich, wenn du bei deinem Vorhaben bleibst, als unsern Feind betrachten."

„Ich bin nicht euer Feind", entgegnete der Miridit. „Ich werde euch in eurem Vorhaben nicht stören, aber auch nicht beistehen."

„Heute früh sprachst du anders."

„Seit dieser Zeit hat sich meine Ansicht geändert."

„Dann betrachtest du diese Leute nicht mehr als unsre gemeinsamen Feinde?"

„O doch, denn sie haben meinen Bruder getötet. Aber es ist zwischen ihnen und mir ein Mütareke[1] abgeschlossen worden."

[1] Waffenstillstand

„Ein Mütareke! Bist du toll! Wie stimmt das mit den Worten zusammen, die du uns vorhin bei deiner Ankunft sagtest?"

„Ich glaube nicht, daß ein Widerspruch vorhanden ist."

„Ein sehr großer sogar. Du trenntest dich am Morgen mit der festen Absicht von uns, die Fremden oder wenigstens diesen Kara Ben Nemsi zu töten. Wir waren daher enttäuscht, als du vorhin kamst, um uns zu melden, daß es dir nicht gelungen sei, deinen Plan auszuführen. Nun teilst du uns sogar mit, du hättest mit ihnen einen Waffenstillstand abgeschlossen. Wir mußten glauben, sie seien dir entgangen. Nach deiner jetzigen Rede aber hast du auch mit ihnen gesprochen!" – „Das tat ich allerdings." – „Und du hast wirklich einen Ssulhname[1] abgeschlossen?" – „Nur einen einstweiligen."

Je ruhiger Hajdar antwortete, desto aufgeregter wurde Barud el Amasat. Dieser erhob sich von seinem Sitz, trat auf Hajdar zu und herrschte ihn an: „Das war dir nicht erlaubt!"

„Warum nicht? Wer sollte etwas dagegen haben?"

„Wir, natürlich wir! Du bist unser Verbündeter und hast kein Recht und auch keine Erlaubnis, so etwas ohne unsre Zustimmung zu tun. Dein Vertrag ist null und nichtig, da er ohne und gegen uns abgeschlossen wurde. Das laß dir gesagt sein!"

Die Brauen des Miriditen zogen sich zusammen. Sein Blick funkelte, doch beherrschte er sich noch und entgegnete so ruhig wie zuvor: „So hältst du dich wohl für jemand, der mir gebieten darf?"

„Jawohl, wir sind Verbündete, und keiner von uns darf etwas gegen den Willen der andern tun. Darum muß ich dir sagen, daß du sehr unüberlegt und leichtsinnig gehandelt hast!"

„Scheïtan!" rief Hajdar jetzt zornig. „Das wagst du mir zu bieten, du, den ich gar nicht kenne, von dem ich nicht einmal weiß, wer er ist, woher er kommt und an welchem Ort er den Eingang zur Hölle finden wird? Sag mir noch eine einzige solche Beleidigung, so schleudert dich meine Kugel in die Tiefe, in der der Iblíß[2] wohnt. Ich bin ein Miridit, ein Angehöriger des berühmtesten und tapfersten Stammes der Arnauten, und lasse mich nicht von dir beleidigen. Indem du mir mit solchen Worten gegenübertrittst, hast du dich an den Grabesrand gestellt. Ein kleiner Griff von mir, und du stürzt hinab!"

„Oho! Auch ich bin bewaffnet!" zischte Barud el Amasat und legte die Hand an den Griff der Pistole.

„Halt!" rief der Mübarek dazwischen. „Sollen Freunde sich in Uneinigkeit verzehren? Barud el Amasat, es ist ganz gut, daß du für unsre Sache eiferst, aber du darfst es nicht in beleidigenden Worten tun. Setz dich wieder! Hajdar wird uns sagen, in welcher Weise er mit diesen Menschen einen Waffenstillstand abgeschlossen hat."

Barud setzte sich mißmutig nieder, und der Miridit erklärte: „Ich habe dem Alaman meinen Tschakan gegeben."

[1] Friedensvertrag [2] Eigenname des Teufels bei den Mohammedanern

„Allah! Das ist ein heiliger Brauch, bei dem die Vereinbarung niemals rückgängig gemacht werden kann. Für welche Zeit hat er die Waffe erhalten?" – „Bis er sie mir freiwillig zurückgibt."

„Das ist so gut wie für ewige Zeiten!"

„Wenn es ihm so beliebt, kann ich nichts dagegen haben."

„Ich will dich nicht tadeln, denn ich kenne deine Gründe noch nicht. Mit einem Mann, gegen den man eine Blutrache hat, schließt man nicht ohne sehr triftige Veranlassung einen solchen Frieden. Du mußt also diesem Giaur, den Allah verdammen möge, sehr viel verdanken."

„Ich verdanke ihm alles, nämlich mein Leben. Es lag in seiner Hand, und doch hat er es mir nicht genommen."

„Erzähle uns, wie sich das zugetragen hat!"

Der Miridit lieferte einen Bericht seines verunglückten Überfalls und erzählte die Sache so wahrheitsgetreu, daß mein Verhalten in das günstigste Licht gestellt wurde. Er schloß mit der Bemerkung: „Ihr seht also, daß ich nicht leichtsinnig gehandelt habe. ‚Kerem ßilahdan daha kuwwetli dir[1].' Ich habe bisher dieses Sprichwort für unwahr gehalten; jetzt bin ich gleicher Meinung. Mein Bruder war selbst schuld an seinem Tod. Wenn ich ihn trotzdem zu rächen beabsichtigte, stand ich als Bluträcher dem Alaman so feindlich gegenüber, daß er, um sein Leben zu retten, mir unbedingt das meinige nehmen mußte. Er hat das nicht getan. Ich war in seine Hand gegeben, und trotzdem rührte er mich nicht an! ‚Kanyn bedeli kan'[2], lautet das Gesetz der Rache; aber der Koran gebietet: ‚Schonung gegen Schonung!' Wem muß ich gehorchen, dem Koran des Propheten oder der Satzung sündiger Menschen? Steht nicht in den heiligen Büchern zu lesen: ‚Dankbarkeit führt zum Himmel'? Der Effendi hat mir die größtmögliche Wohltat erwiesen. Wollte ich ihm dafür nach dem Leben trachten, würde ich für immer Allahs Zorn auf mich laden. Darum habe ich ihm meinen Tschakan gegeben. Wenn daher meine Hand nicht gegen ihn ist, so braucht ihr doch nicht zu denken, ich würde nun gegen euch feindselig handeln. Tut, was ihr wollt! Ich hindere euch nicht daran; aber verlangt nicht von mir, daß ich mich an der Ermordung meines Wohltäters beteiligen soll!"

Hajdar hatte ernst und mit großem Nachdruck gesprochen. Seine Worte erreichten so ziemlich die beabsichtigte Wirkung. Die andern blickten sich eine Weile stumm an. Sie konnten ihm nicht unrecht geben, und doch war ihnen die Schonung, die er gegen uns üben wollte, höchst unangenehm.

„Scheïtan bu Alamanisi deri-ile ßatchile jut – der Teufel verschlinge diesen Deutschen mit Haut und Haar!" zeterte endlich der Mübarek. „Es ist, als müsse diesem Menschen alles gelingen und zum Guten ausschlagen. Ich hatte mich auf dich verlassen. Ich will zugeben, daß du einen kleinen Grund gehabt hast, dich von deinem guten Herzen fortreißen zu lassen; aber du darfst nicht zu weit gehen. Wenn der

[1] Der Edelmut ist stärker als die Waffe [2] Blut um Blut

Giaur dir das Leben geschenkt hat, so begreife ich, daß du dich jetzt scheust, ihm das seinige zu nehmen. Aber warum willst du da auch die andern schonen? Ihnen verdankst du nichts. Den Alaman haben die Aladschy übernommen. Du sollst dich über Omar hermachen, und ich sehe keinen Grund, warum du das nicht tun willst."

„Ich habe Grund genug. Was der Effendi tut, das tut er nicht allein, sondern in Übereinstimmung mit seinen Begleitern. Meine Dankbarkeit gilt nicht ihm allein, sondern auch den andern. Und selbst wenn ich nur ihm verpflichtet wäre, dürfte ich mich nicht an einem seiner Begleiter vergreifen, da ich ihm dadurch Schmerz bereiten würde. So gebietet es unser alter Brauch. Ich bin gekommen, um euch zu sagen, daß ihr in dieser Angelegenheit von mir absehen sollt. Ich habe mir vorgenommen, mich nicht zu beteiligen, und werde diesem Vorsatz unbedingt treu bleiben."

„Bedenke die Folgen!" – „Ich habe nichts zu bedenken."

„O doch! Ist es dir denn gleichgültig, unsre Freundschaft zu verlieren?" – „Soll das eine Drohung sein? Dann wäre es besser, du hättest sie nicht ausgesprochen. Ich habe dem Deutschen meinen Tschakan, also mein Namuß üserine verilen ßös[1], gegeben und werde es halten! Wer mich da hindern will, hat es mit mir zu tun! Wollt ihr eure Freundschaft in Feindschaft umwandeln, so tut das in Allahs Namen, aber glaubt nicht, daß ich mich vor euch fürchte. Ich will und werde mich vollständig teilnahmslos verhalten, aber nur solange, als ihr mich in Ruhe laßt. Das ist alles, was ich sagen will. Ich bin fertig und kann nun gehen."

Hajdar bückte sich und entfernte die Bündel, die den Eingang bildeten. Die andern sahen ein, daß er sich nicht zurückhalten lasse; darum sagte der Mübarek: „Wenn du wirklich gehen willst, so schwöre uns vorher beim Bart des Propheten, daß du dich der Fremden nicht annehmen wirst!"

Der Miridit antwortete mit einer zornigen Bewegung.

„Dieses Verlangen ist eine Beleidigung! Ich habe euch mein Wort gegeben, und ihr müßt daran glauben. Bist du etwa nicht gewohnt, deines zu halten? Dennoch will ich den Schwur ablegen, weil ich nicht im Unfrieden von euch scheiden will. Bist du nun zufrieden?"

„Ja. Bedenke wohl, welcher Strafe du verfallen würdest, wenn es dir einfiele, uns zu täuschen! Wir lassen nicht mit uns scherzen!"

Das war in einem Ton gesprochen, der den Stolz des Miriditen herausforderte. Er trat hart an den Alten heran und brach los: „Du wagst es, mir das zu sagen, dessen ganzes Wesen und Handeln eine einzige große Lüge ist? Wer bist du? Der alte Mübarek, der Heilige! Ist das nicht eine Lüge? Du warst auch Busra, der Krüppel. War das nicht eine Täuschung? Woher bist du, und wie lautet dein wirklicher Name? Niemand weiß es und niemand kann es sagen. Du bist in das Land wie eine Krankheit gekommen, wie eine Weba[2], vor der Allah alle seine

[1] Ehrenwort [2] Pest

Gläubigen beschützen möge. Du hast dich in dem verfallenen Gemäuer der Ruine festgesetzt wie ein Schukran, wie ein Bendsch[1], der den ganzen Umkreis vergiftet hat. Ich selbst bin nur ein sündhafter Mensch, aber mit dir mag ich mich nicht vergleichen, und noch viel weniger lasse ich mich von dir beleidigen. Wenn du meinst, eine Macht zu besitzen, die man fürchten muß, so überlasse ich es schwachen Menschen, diese Furcht zu hegen. Es kostet uns nur ein Wort, so bist du verloren. Ich werde dieses Wort nie aussprechen, außer du zwingst mich dazu. Vergiß das nicht! Und nun gute Nacht!"

Hajdar entfernte die Bündel und kroch hinaus. Auf einen Wink Murad Habulams folgte Humun ihm vorsichtig nach. Als dieser nach kurzer Zeit wiederkehrte, meldete er, der Miridit habe sich wirklich entfernt.

„Dem hat Allah den Verstand genommen!" murrte Barud el Amasat. „Mit ihm ist nicht mehr zu rechnen."

„Nein, nun nicht mehr", stimmte der Mübarek bei. „Aber er hat mir nicht umsonst gedroht. Ich werde dafür sorgen, daß er uns nicht zu schaden vermag."

„Willst du ihn töten?" fragte Manach el Barscha.

„Ich weiß noch nicht, was ich tun werde! Aber wir haben wieder deutlich ein Beispiel, wie notwendig es ist, diesen Effendi mit seinen Gefährten aus der Welt zu schaffen. Jetzt fragt es sich, wer von den andern Omar töten soll."

„Den nehme ich auf mich", sagte Suef, der angebliche Schneider.

„Gut!" erwiderte der Mübarek. „Nun bleibt noch der kleine Hadschi übrig. Leider kann ich dabei nicht helfen, weil ich verwundet bin."

„Gebt ihn in meine Hand", meinte Manach el Barscha. „Es soll mir eine Wonne sein, ihm das Lebenslicht auszulöschen. Er ist klein und scheinbar schwach, aber man darf ihn nicht unterschätzen. Dieser Zwerg hat den Mut eines Panthers und ist gewandt wie ein Atmadscha[2]. Auch haben wir gehört, daß er bedeutende Körperkraft besitzt. Ihr dürft es mir also nicht vielleicht als Mangel an Mut auslegen, wenn ich mir ihn auswähle. Und was die Zeit betrifft, wann wir den Streich ausführen, so schlage ich vor, uns nicht für eine bestimmte Stunde zu entscheiden. Wir werden öfters lauschen, und sobald wir bemerken, daß unsre Verfolger sich niedergelegt haben, gehen wir ans Werk."

„Das ist auch meine Meinung", erklärte Murad Habulam. „Ich muß die Vorbereitungen treffen und werde mich jetzt entfernen. Humun geht mit mir. Ich werde ihn aber von Zeit zu Zeit senden, um nachzufragen, ob wir beginnen können."

Der Aga erhob sich.

„Warte noch einen Augenblick!" bat der Mübarek. „Ich möchte dich noch um einiges Nebensächliches fragen."

Das veranlaßte meinen Rückzug. Nach der Entfernung des Haus-

[1] Arabische Namen für Schierling und Bilsenkraut [2] Sperber

herrn wäre es mir vielleicht schwer geworden, die Feime zu verlassen. Es war anzunehmen, daß die andern sich schweigsam verhalten würden, und in diesem Fall mußten sie das Stroh rascheln hören. Jetzt aber ertönten die Stimmen der Sprechenden so laut, daß niemand das Geräusch meines vorsichtigen Rückkriechens vernehmen konnte. Es gelang. Wie nun zum Turm kommen? Es war zwar nicht weit, aber ich hatte nichts, worauf ich mich stützen konnte. Da wurde die Tür geöffnet, und Omar steckte den Kopf heraus, was er alle zwei bis drei Minuten getan hatte. Er bemerkte mich, eilte herbei, nahm mich auf den Rücken und trug mich in den Turm, wo er mich auf den Teppich setzte. Nun erzählte ich, was ich gesehen und gehört hatte. Von meinen Zuhörern war Halef am grimmigsten gestimmt.

„Sihdi", zürnte er, „ich möchte die Schurken im Schober aufsuchen und jedem eine Kugel durch den Kopf jagen. Dann hätten wir vor ihnen Ruhe und könnten unsern Weg in Frieden fortsetzen." – „Willst du ein Mörder sein?"

„Ein Mörder? Wo denkst du hin! Diese Halunken sind Raubtiere, und wie ich einen stinkenden Schakal oder eine Hyäne erschlage, ohne mir darüber Vorwürfe zu machen, so kann ich auch diese Halunken unschädlich machen. Das ist kein Verbrechen."

„In meinen Augen doch. Wenn ich mich eines Feindes in andrer Weise erwehren kann, so ist es strafbar, ihn zu töten. Mit List erreicht man oft mehr als mit Gewalt."

„Wie willst du das anfangen?"

„Ich lasse unsre Gegner auf den Turm steigen und sorge dafür, daß sie nicht wieder herabkönnen."

„Dieser Gedanke ist nicht übel. Aber wenn sie hinaufsteigen können, so wird es ihnen möglich sein, auf dem gleichen Weg wieder herabzukommen."

„Auch wenn wir ihnen die Leiter wegnehmen, sobald sie oben sind?" – „Hm! Dann kommen sie die Treppe herunter."

„Diesen Weg können wir ihnen verschließen. Wir brauchen nur einen Hammer und große Nägel, um den Deckel am Fußboden festzunageln."

Janik erbot sich, das Gewünschte nebst einer großen eisernen Klammer herbeizuschaffen.

„Das ist gut", fuhr ich fort. „Diese Klammer wird unsern Zweck am sichersten erfüllen. Wir befestigen den Deckel so über der obersten Treppe, daß er von außen nicht emporgezogen werden kann. Dann können die Leute die Treppe nicht herab, und da wir ihnen die Leiter wegnehmen, müssen sie, bis der Tag anbricht, im Regenwetter oben stehenbleiben. Das wird ihre Unternehmungslust wohl ein wenig abkühlen."

„Sihdi", meinte Halef, „dein Plan versöhnt mich mit deiner sonstigen Gutmütigkeit. Es ist doch ein recht hübscher Gedanke, diese Halunken da oben zu wissen, wo sie während der ganzen Nacht stehen müssen. Setzen können sie sich ja nicht, weil es von allen Seiten hereinregnen kann. Es schwimmt also sicher viel Wasser auf dem Boden. Dieser oberste Kat[1] ist wie eine Laterne gebaut, in der kein Glas ist. Er hat nur zur Aussicht gedient, und der Regen findet ungehinderten Eingang. Da nun die Tür, die auf den Söller geführt hat, zugemauert worden ist und auch der Deckel wasserdicht schließt, so kann das Regenwasser vielleicht nicht ablaufen."

„O doch", fiel Janik ein. „Es gibt ein kleines Loch, das durch die Mauer führt." – „Können wir das nicht verstopfen?"

„Sehr leicht. Es ist genug Istopa[2] da."

„Prächtig! So wird es fest verstopft. Ah, diese Mörder sollen oben im Wasser stehen und sich die Gicht, den Rheumatismus, das Zipperlein und alle zehntausend Arten von Erkältungen holen. Ich wollte, sie müßten bis unter die Arme im Wasser stehen und –"

Halef sprang auf und ging schnell hin und her. Er hatte einen Gedanken. Dann blieb er vor dem Knecht stehen, legte ihm die Hand auf die Schulter und sagte: „Janik, du bester und treuester der Freunde! Ich liebe dich, aber ich würde dich noch hundertmal mehr lieben, wenn du hättest, was ich brauche."

„Nun, was ist das?" fragte der Angeredete.

„Ich bedarf eines Gegenstandes, der hier bei euch jedenfalls nicht vorhanden ist. Nicht wahr, bei euch gibt es keine Tulumba[3]."

„Eine große nicht, aber eine Bostan ßyringaßy[4], die auf zwei Rädern läuft."

„Mann! Freund! Bruder! Was für ein prächtiger Mensch bist du! Ich hätte es nicht für möglich gehalten, daß ihr eine Spritze habt!"

„Der Aga hat sie im vorigen Jahr aus Üsküb kommen lassen, weil ihm immer die Feime angezündet wurde. Sie steht zum Gebrauch bereit im Garten." – „Wieviel Wasser faßt sie denn?"

„Etwas mehr, als was in eine große Kurna[5] geht."

„Das ist gut; aber was nützt mir die herrliche Bostan ßyringaßy, wenn die Hauptsache dazu fehlt." – „Was meinst du denn?"

„Einen Kyrba[6], einen möglichst langen Kyrba. Aber ein solcher ist wohl nicht da?"

Der kleine Hadschi war ganz begeistert. Er sprach seine Fragen so angelegentlich aus, als handle es sich um das höchste Erdenglück.

„Oh, einen Kyrba haben wir, nicht etwa zur Aufbewahrung des Wassers während der Reise, sondern einen Ssu boroßu[7], wie er beim Löschen des Feuers gebraucht wird. Nur fragt es sich, wie lang er sein soll."

„So lang, daß er bis auf die Zinne des Turms reicht."

„So lang ist er, vielleicht noch ein wenig länger."

„Janik, ich muß dich umarmen! Komm an mein Herz; du bist die Freude meines Daseins, die Wonne meines Lebens und das Glück

[1] Stockwerk [2] Werg [3] Pumpe, Feuerspritze [4] Gartenspritze [5] Badewanne
[6] Schlauch [7] Wasserbringer

meiner Tage! Also eine Spritze ist vorhanden und auch ein Schlauch. Das ist zum Entzücken! Ein Schlauch, so lang, wie ich ihn brauche! Wer hätte geglaubt, diesen Gegenstand hier in Kilisseli zu finden!"

„Das ist leicht begreiflich. Ohne diesen Schlauch würde die Spritze uns nicht viel helfen, da wir das Wasser weit schleppen müßten."

„Meinst du, vom Fischteich draußen herein?" – „Nein, das wäre zu weit. Wir haben gleich hinter dem Turm an dessen Mauer ein großes Hawus[1], das stets gefüllt ist. Dahin kommt die Spritze, und den Schlauch führt man natürlich dorthin, wo es brennt."

„Ein Hawus, aus dem man die Spritze füllen kann! Ist es tief? Ist es groß? Ist viel Wasser darinnen?"

„Ich weiß nicht, wozu du das Wasser brauchst; aber ich glaube, daß es für dein Vorhaben genug sein wird."

„Glaubst du? Das ist wirklich herrlich! Deine Worte sind wie die Tautropfen, die auf die verschmachtende Flur fallen. Deine Rede ist mehr als hundert Piaster wert, und wenn ich einst ein Bin kere bin ßahibi[2] geworden bin, sollst du sogar tausend bekommen. Du weißt also nicht, wozu ich das Wasser brauche?" – „Nein."

„Und ahnst es auch nicht?" – „Nein."

„So schütze Allah dein Gehirn, das einer ausgetrockneten Zitrone gleicht. Merke auf, der Effendi wird sofort erraten haben, was ich beabsichtige. Nicht wahr, Sihdi?" Da diese Frage an mich gerichtet war, so schüttelte ich zustimmend den Kopf.

„Und was sagst du dazu?"

Halefs Augen leuchteten vor innerer Lust. Der Gedanke erfüllte ihn mit Entzücken, unsern Feinden einen Streich spielen zu können. Darum war er ziemlich enttäuscht, als ich erwiderte: „Es ist ein Tschodschukluk[3], weiter nichts."

„Sihdi, das darfst du nicht sagen. Die Schurken besteigen den Turm, um uns zu töten. Du willst dafür sorgen, daß sie nicht herabkönnen und während der ganzen Nacht oben bleiben müssen. Nun gut, so will ich das Meinige hinzufügen, daß sie sich da oben nicht übermäßig wohl fühlen sollen. Wir pumpen ihnen das obere Turmgemach voll Wasser. Dieses Gemach ist zwar rundum offen, aber die Wand reicht einem Mann bis an die Brust, und so hoch sollen sie im Wasser stehen. Oder fühlst du Mitleid mit ihnen? Rührt es dich, daß diese Mörder sich vielleicht erkälten und einen kleinen Disch aghryßy[4] bekommen können?"

„Nein, das nicht. Es ist ihnen zu gönnen, daß sie die Nacht möglichst unbequem zubringen, aber ich möchte dein Vorhaben doch nicht billigen." – „Aber Strafe muß sein!"

„Ganz recht. Doch kannst du uns dadurch in Schaden bringen."

„Nein, Sihdi. Wir treffen unsre Vorbereitungen so, daß kein Mensch etwas davon bemerken kann. Was sagt denn ihr dazu, Osko, Omar?"

[1] Wasserloch [2] Millionär [3] Kinderei [4] Zahnschmerz

Die beiden Genannten waren mit ihm einverstanden. Alle drei stürmten nun mit Bitten auf mich ein, bis ich wohl oder übel ja sagte.

Janik ging und kehrte nach einer Weile mit dem radförmig aufgewundenen Schlauch nebst einer Leine zurück. Die andern stiegen mit ihm in den Turm hinauf, und bald hörte ich trotz des gegen die Läden prasselnden Regens laute Hammerschläge. Janik hatte den Hammer und die Klammer im Gürtel stecken gehabt, und nachdem sie den Schlauch angebunden hatten, schlugen sie den Treppendeckel so fest, daß niemand aus dem obern Raum herabkommen konnte.

Als sie zurückkehrten, meinte Halef befriedigt: „Das haben wir gut gemacht, Sihdi. Du selbst hättest es nicht besser machen können." – „Nun, wie habt ihr den Schlauch befestigt?"

„So, daß er außen am Turm herabhängt und dann unten an die Spritze geschraubt werden kann."

„Und wenn die Feinde die Leiter anlegen, sehen sie ihn."

„Janik sagt, daß sie die Leiter jedenfalls an der entgegengesetzten Seite anlegen werden, wo ihnen keine Bäume hinderlich sind. Das Mundstück des Schlauchs führt in das Gemach, so daß das Wasser innen an der Wand ohne Geräusch herabläuft. Die Mörder müßten in der Dunkelheit sehr suchen, um es zu finden. Auch in den andern Stuben sind alle Läden verriegelt, und ich wünsche nur, daß die Badegäste bald kommen."

„Das wird noch längere Zeit dauern, da Murad Habulam davon sprach, daß er uns ein gutes Abendessen senden werde."

„Soll ich es holen?" fragte Janik.

„Ja, tu das. Je eher wir essen, desto weniger lang brauchen wir zu warten. Aber stelle dich, als hättest du wirklich von der Eierspeise gegessen und fühltest Schmerzen. Sieh auch zu, daß du mit Anka reden kannst! Vielleicht wird sie dir etwas mitteilen."

Janik ging, und wir warteten still auf seine Rückkehr, da wir nichts Wesentliches mehr zu besprechen hatten. Halef kauerte auf seiner Decke, rieb sich zeitweilig mit leisem Lachen die Hände und stieß dabei unverständliche Rufe aus. Seine Gedanken waren ausschließlich mit der Einwässerung unsrer Feinde beschäftigt.

Als Janik zurückkam, war er nicht allein. Er brachte unser Nachtmahl und war von Humun begleitet worden, da er nicht alles tragen konnte. Der Diener trat aber nicht ein, sondern blieb draußen stehen, bis Janik ihm seine Last abgenommen hatte, und entfernte sich dann eiligst.

Das Essen war ausgezeichnet. Wir hatten eine tüchtige Schüssel Balyk tschorbaßü[1], wie sie in Prag oder Wien nicht besser auf den Tisch gebracht wird. Da es keine Löffel gab, erhielten wir Tassen, mit denen wir die Suppe schöpften und zum Mund führten. Dann kam ein riesiger Iblig dolmaß[2], mit einem Teig von Mehl, Feigen und zerstoßenen Nüssen gefüllt. Nachher ein Oghlak kebabi[3], der nicht so übel

[1] Fischsuppe [2] Gefüllter Kapaun [3] Gebratenes Zicklein

war, obgleich man oft einem unbegründeten Vorurteil gegen Ziegenfleisch begegnet. Dazu gab es fetten Pilaw mit Rosinen und weichgedämpften Mandelkernen. Den Nachtisch bildeten Früchte und Zukkerwaren, die wir nicht berührten. Auch vom übrigen blieb weit über die Hälfte übrig. Wir hätten nichts angerührt, aber Anka ließ uns sagen, wir könnten ohne Sorge essen, da sie die Speisen allein zubereitet habe und während des Kochens niemand zu ihr in die Küche gekommen sei.

„Ist der Aga in seiner Wohnung?" fragte ich Janik.

„Ja. Er sitzt und raucht und starrt vor sich hin. Er ließ mich kommen und fragte mich, was mir fehle, denn ich machte ein jämmerliches Gesicht. Ich antwortete ihm, daß ich eine Aiwa[1] gegessen hätte, die wohl unreif gewesen sei und mir nun großes Leibweh verursache."

„Das war sehr klug von dir. Jetzt ist er vielleicht der Meinung, daß du von seiner Giftmischerei nichts ahnst, und wird es darum nicht für nötig halten, sich vor dir zu verstellen."

„Das ist richtig, Effendi. Verstellt hat Murad Habulam Aga sich freilich nicht. Er zeigte mir offen die Wut, die er gegen euch hegt, und wollte alles wissen, was ihr tut und sagt. Ich erzählte ihm, daß du Schmerzen im Fuß hättest und nicht gehen könntest. Eure Ermüdung sei so groß, daß ihr baldigst zu schlafen wünschtet. Darauf gebot er mir, euch gleich nach dem Essen das Lager zu bereiten. Dann sollte ich sofort schlafen gehen. Je eher ihr euch niederlegt, desto zeitiger würdet ihr aufstehen, meinte er, und dann müsse ich ausgeschlafen sein, um euch bedienen zu können."

„Sehr klug von ihm! Wo schläfst du gewöhnlich?"

„Mit Humun und den andern Dienstleuten."

„Das ist unangenehm! Da kannst du dich nicht unbemerkt entfernen, und wir brauchen dich doch."

„Oh, was das betrifft, Effendi, kannst du ohne Sorge sein. Keiner will von heute an mehr mit mir schlafen, und Humun hat mir auf Befehl des Aga ein Lager unter dem Dach angewiesen. Aber wenn du wünschst, so tu ich, als wollte ich schlafen gehen, werde aber hierher in den Turm kommen. Ihr habt dann verriegelt, und ich klopfe an."

„Aber nicht wie gewöhnlich mit den Fingerspitzen. Das könnte auch ein andrer tun. Klopfe hier an den Laden, der nach hinten führt, und zwar mit der Faust erst einmal, dann zwei- und nachher dreimal. So wissen wir, daß du es bist, und werden öffnen. Teile dieses Zeichen auch deiner Anka mit! Man weiß nicht, was während deiner Abwesenheit bei Murad Habulam geschehen kann. Sie mag aufpassen und uns nötigenfalls Botschaft bringen."

Janik schaffte das Speisegeschirr fort und brachte uns noch einige Decken für das Lager. Nach seinem abermaligen Weggang löschten wir das Licht aus. Die Läden und die Tür waren zwar verriegelt, aber

[1] Quitte

sie hatten so viele Spalten, daß man von außen leicht sehen konnte, daß wir kein Licht mehr hatten.

Etwa zwei Stunden später kehrte Janik zurück. Er gab das verabredete Zeichen und wir ließen ihn ein.

„Ich komme so spät", flüsterte er, „weil mir der Gedanke kam, den Aga zu belauschen. Alle Leute mußten schlafen gehen; dann schlich er mit Humun zur Feime. Beide sind soeben hineingekrochen."

„Nun wissen wir, woran wir sind. Man wird glauben, daß wir schlafen, und wir können nun die Besteigung des Turms baldigst erwarten." – „Das müssen wir sehen", sagte Halef und stieg mit den andern rasch die Treppe hinauf.

Es regnete noch immer, ja, es klatschte so laut hernieder, daß man die Schritte der draußen Gehenden nicht hören konnte.

Ich saß nun allein im untern Gemach. Nach einiger Zeit kamen die vier Männer zu mir herab, und Halef meldete: „Sihdi, die Feinde sind oben. Soeben steigt der letzte empor; es waren sieben Personen."

„Neun waren in der Feime. Der Miridit ist fort und der Mübarek wird wegen seiner Verwundung zurückgeblieben sein."

„So stimmt es. Nun werden wir die Leiter entfernen und die Gartenspritze holen."

„Nehmt Decken über, sonst werdet ihr bis auf die Haut naß."

Sie taten das in aller Eile und schoben dann den Riegel von der Tür zurück und gingen hinaus. Ich richtete mich an der Wand empor und öffnete den nach hinten gehenden Laden. Es war draußen dunkel, aber trotz der Finsternis und des dicken Regens bemerkte ich doch bald die vier Männer, die sich in der Nähe des Ladens zu schaffen machten. Dann vernahm ich das taktmäßige Kreischen des Hebels an der Spitze. Sie hatten den Schlauch angeschraubt und pumpten aus allen Kräften Wasser hinauf. Das Wasserloch war vor meinem Fenster. Von Zeit zu Zeit ließ sich Halefs leise befehlende Stimme hören. Der kleine Hadschi war trotz des Regengusses in der vorzüglichsten Stimmung.

Oben blieb alles still. Wahrscheinlich konnten die Verbracher auf den Turm sich nicht erklären, woher das Wasser kam, hüteten sich aber, ihre Gegenwart zu verraten. Jedenfalls gaben sie sich große Mühe, den Deckel über der Treppe zu öffnen. Wenn ihnen das gelang, kamen sie herab, und deshalb machte ich mich bereit, sie mit dem Revolver zu empfangen. Aber so scharf ich auch zur Treppe lauschte – es ließ sich nichts hören. Halef hatte den Deckel also gut befestigt.

Eine ziemliche Weile verging, wohl über eine Stunde, dann kehrten die vier zu mir zurück.

„Sihdi, wir sind fertig!" meldete der Hadschi mit größer Befriedigung. „Wir haben aus Leibeskräften gepumpt. Jetzt sind wir pudelnaß. Erlaubst du uns, die Lampe anzubrennen?"

„Ja, es ist besser, wenn wir Licht haben."

Er goß Öl zu und zündete die Lampe an. Dann stiegen sie bis in den Raum hinauf, über dem unsre Gegner im Wasser standen. Dort öffneten sie einen Laden, und dann hörte ich Halefs Stimme: „Allah sellamet wer, effendilerim – Allah grüße euch, meine Herren! Wollt ihr bei dieser drückenden Tageshitze ein wenig frische Luft schnappen? Unser Effendi läßt euch fragen, ob er euch sein Dürbün[1] heraufschikken soll, damit ihr den Regen besser erkennen könnt."

Ich hörte keine Antwort. Die Verspotteten schienen sich still zu verhalten.

„Warum badet ihr eigentlich des Nachts so hoch oben?" fuhr Halef fort. „Ist das hierzulande Sitte? Es sollte mich schmerzen, wenn das Wasser nicht die nötige Wärme hätte. Aber man soll niemand im Bad belauschen, darum werden wir uns höflich zurückziehen. Hoffentlich seid ihr bis Tagesanbruch fertig! Dann werde ich, euer untertänigster Diener, mir erlauben, mich nach eurem hohen Befinden zu erkundigen."

Er kam mit den andern herab und lachte mir zu: „Sihdi, sie sind prächtig in die Falle gegangen und keiner wagt es, ein Wort zu sprechen. Es war mir, als hörte ich ihre Zähne klappern. Jetzt könnten wir gemütlich schlafen, denn stören kann uns niemand."

„Ja, schlaft ruhig", sagte Janik. „Ihr seid vom Reiten ermüdet, ich aber bin noch munter. Ich werde wachen und euch sofort wecken, wenn es nötig ist. Aber wir haben nichts zu befürchten. Die Männer können nicht herunter. Höchstens wäre es möglich, daß das Wasser durch die Decke dränge und zu uns herabkäme. Aber auch das wäre ohne Gefahr."

Er hatte recht, und da wir uns auf ihn verlassen konnten, so legten wir uns zum Schlafen nieder.

15. Der „Festtag der Prügel"

Obwohl ich ermüdet war und der Ruhe bedurfte, wollte lange kein Schlaf über meine Augen kommen. Ich hörte das öftere leise Kichern meines Hadschi, der sich über das Gelingen seines Streichs freute, und darum auch keine Ruhe fand. Ich vernahm das eintönige, unausgesetzte Geräusch des Regens, das mich endlich doch einschläferte. Bald aber wurde ich durch lautes Klopfen wieder geweckt. Man pochte an die Tür, und zwar so, wie ich es Janik vorgeschrieben hatte. Ich richtete mich auf, denn ich nahm an, es sei Anka, die uns wohl eine Meldung machen wollte. Janik öffnete, und meine Vermutung bestätigte sich: das Mädchen trat ein. Halef, Osko und Omar waren auch gleich munter.

„Verzeihung, daß ich störe, Effendi", sagte unsre hübsche Verbündete. „Ich bringe euch eine Botschaft. Janik hat mir von eurem Plan erzählt: ihr wolltet die Leute da oben ins Wasser stellen. Ist euch das gelungen?"

[1] Fernrohr

„Ja. Sie sind noch oben." – „Und ich glaube, daß sie fort sind."

„Ah! Wie wäre ihnen das Herabkommen möglich gewesen?"

„Das weiß ich nicht, aber ich habe allen Grund zu der Annahme, daß sie jetzt vorn im Schloß sind."

„Das wäre freilich überraschend. Erzähle!"

„Janik hat mich aufgefordert, aufmerksam zu sein. Der Aga schickte mich zeitig zur Ruhe, aber ich blieb wach und blickte durch das Fenster. Ich sah meinen Herrn mit Humun in den Garten schleichen. Damit ich ihn bei seiner Rückkehr hören könne, ging ich ins Erdgeschoß und legte mich hinter die Tür eines dortigen Raumes, an der er vorüber mußte und die ich ein wenig offen ließ. Trotz der Mühe, die ich mir gab, wach zu bleiben, schlief ich ein. Ich weiß nicht, wieviel Zeit vergangen war, als ich durch ein Geräusch geweckt wurde. Zwei Männer kamen aus dem Hof und gingen an meiner Tür vorbei. Der eine sprach und ich erkannte Murad Habulam Aga an der Stimme. Er fluchte, wie ich es von ihm noch nie vernommen hatte. Ich hörte, daß in der Küche ein großes Feuer gemacht und Kleider von ihm herbeigeschafft werden sollten. Ich glaube, daß er mit Humun gesprochen hat. In der Küche gab es bald großen Lärm. Ich hörte zornige Stimmen und das laute Knistern und Prasseln des brennenden Holzes. Was dort geschieht, weiß ich nicht, aber ich bin hierhergelaufen, um euch zu sagen, was ich beobachtet habe."

„Das ist sehr brav von dir. Die Leute müssen auf irgendeine Weise entkommen sein. Halef, wohin habt ihr die Leiter geschafft?"

„Wir haben sie nicht fortgetragen, sondern auf die Erde niedergelegt. Die Badegäste können doch nicht vom Turm heruntergegriffen haben, um die Leiter aufzurichten."

„Das ist wahr, aber es können sich einige von ihnen am Schlauch herabgelassen und die Leiter wieder angelehnt haben."

„Hascha – Gott behüte! Sehen wir gleich nach!"

Er eilte hinaus. Osko und Omar folgten ihm. Als sie nach wenigen Minuten zurückkamen, machte Halef ein sehr verdrießliches Gesicht und brummte: „Ja, Sihdi, sie sind fort. Ich bin hinaufgestiegen." – „So lehnt die Leiter am Turm?"

„Leider ist es so! Auf der andern Seite liegt der Schlauch auf der Erde."

„Also genau, wie ich es vermutete. Die Verbrecher haben den Schlauch entdeckt. Einige ließen sich daran herab, worauf er oben losgebunden und herabgeworfen wurde. Dann legten sie die Leiter an. Die andern stiegen herab und gingen nun in die Küche, um sich zu erwärmen und ihre nassen Kleider zu trocknen."

„Ich wollte, sie säßen in der Hölle, wo sie viel schneller trocknen würden als in der Küche!" zürnte Halef. „Was werden wir nun tun, Sihdi?"

„Hm! Das will überlegt sein. Ich denke, daß wir – –"

Ich wurde unterbrochen. Wir hatten die Tür nicht verriegelt und sie klaffte ein wenig, so daß der Schein des Lichtes hinausfiel. Jetzt wurde sie weiter aufgestoßen, und die Stimme Murad Habulams ließ sich hören: „Anka, Scheïtan kysi[1]! Wer hat dir erlaubt, hierherzugehen?" Das Mädchen zuckte erschrocken zusammen.

„Sofort kommst du heraus!" befahl der draußen Stehende. „Und Janik, du Hundesohn, bist auch da drin! Was habt ihr in den Garten zu schleichen! Heraus mit euch! Die Peitsche wird euch lehren, was Gehorsam heißt!" – „Murad Aga", entgegnete ich, „willst du nicht die Güte haben und hereinkommen?"

„Ich danke! Ich mag mich nicht von deinem bösen Blick verderben lassen. Wenn ich gewußt hätte, welch ein Verführer der Dienstboten du bist, wäre mein Haus dir verschlossen geblieben."

„Darüber werden wir ausführlicher sprechen. Komm nur herein!"

„Fällt mir nicht ein! Schicke mir mein Gesinde heraus! Dieses hinterlistige Gezücht hat nichts bei dir zu schaffen!"

„Hole sie dir!" Der Aga antwortete nicht, aber ich hörte leise Stimmen. Er war also nicht allein.

„Wenn er nicht kommt, werde ich ihn holen", sagte der Hadschi und trat an die halboffne Tür. Da hörte ich das Knacken eines Gewehrhahns, und eine Stimme rief: „Zurück, Hundesohn, sonst erschieße ich dich!"

Halef warf die Tür zu. „Hast du gehört, Sihdi?" fragte er mehr erstaunt als erschrocken.

„Sehr deutlich", erwiderte ich. „Das war Barud el Amasats Stimme."

„Ich glaube es auch. Es standen zwei Männer drüben an der Feime und schlugen die Gewehre auf mich an. Der meuchlerische Überfall ist den Männern des Schut nicht geglückt, nun versuchen sie es mit dem offnen Angriff."

„Das möchte ich bezweifeln. Sie werden es nicht wagen, uns hier niederzuschießen. Das würde ja offenbar werden! Wäre es ihr Ernst, dann hätten sie nicht bloß gedroht, sondern ohne Warnung geschossen."

„Meinst du? Aber warum stellen die zwei sich dahin?"

„Das errate ich. Sie wollen sich aus dem Staub machen. Man hat die Abwesenheit von Janik und Anka bemerkt und Verdacht gefaßt. Man hat sie gesucht und bei uns gefunden. Jetzt wissen die Mordbuben, daß Flucht das beste für sie ist, und damit wir sie nicht hindern, halten uns diese beiden hier in Schach, während die andern sich zur schnellen Abreise vorbereiten." – „Ich stimme dir völlig bei, Sihdi. Aber wollen wir das ruhig dulden?"

Ich nahm den Stutzen, stand auf und tastete mich an der Wand entlang bis an den Laden neben der Tür. Omar mußte die Lampe auslöschen, damit man mich von draußen nicht leicht sehen konnte.

[1] Teufelstochter

Ich zog den Laden leise auf und sah hinaus. Es hatte zu Regnen aufgehört, und der Tag begann zu grauen. Wenige Schritte vom Turm entfernt lehnten drüben zwei Gestalten. Die eine hatte den Kolben des Gewehrs auf die Erde gestemmt, die andre hielt die Flinte im rechten Arm empor. Da dieser Mann mir sein rechtes Profil zukehrte, stieg der Lauf der Waffe hart an seiner Wange auf. Beide schienen angelegentlich miteinander zu sprechen.

Ich konnte den Stutzen auf die untere Kante der Fensteröffnung legen und war trotz der noch herrschenden Dunkelheit meines Schusses sicher. Nun zielte ich auf den Lauf der Flinte und drückte ab. Fast gleichzeitig mit dem Schuß erklang ein Schmerzensschrei. Meine Kugel hatte getroffen und dem Mann den Lauf ans Gesicht geschlagen und ihm das Gewehr aus der Hand geprellt.

„Ej müssibet, ej hainlik – o Unglück, o Hinterlist!“ schrie er. Ich erkannte ihn an der Stimme. Es war Barud el Amasat.

„Fort, fort!“ rief Manach el Barscha. „Dieser Schuß weckt alle Bewohner des Schlosses auf.“

Er hob Baruds Gewehr auf, ergriff diesen am Arm und zog ihn mit sich fort. Im nächsten Augenblick waren sie verschwunden.

Aus den Worten Manachs war zu schließen, daß sie nicht beabsichtigt hatten, zu schießen. Es lag ihnen daran, daß ihre Gegenwart von den Leuten des Aga nicht bemerkt würde.

Ich wandte mich an meine Gefährten.

„Nehmt eure Waffen und eilt in den Stall! Es ist leicht möglich, daß die Banditen unsre Pferde mitnehmen wollen.“

Alle rannten zur Tür hinaus. Ich setzte mich ihr gegenüber nieder und behielt den Stutzen in der Hand, um auf alles vorbereitet zu sein.

Auch Anka hatte sich entfernt. Sie kehrte nach einiger Zeit mit Janik und Omar zurück, der mir meldete, daß Osko und Halef im Stall geblieben seien, um die Pferde zu bewachen. Es schien, daß es niemand nach ihnen gelüstet habe. Überhaupt hatten sie keinen Menschen gesehen. Das beruhigte mich.

Jetzt galt es zu erfahren, wo die Bäume seien, unter denen die Pferde unsrer Feinde standen, doch weder Anka noch Janik wußten es.

„Ich bin überzeugt, Humun weiß es“, fügte der Jüngling hinzu, „aber er wird es dir nicht sagen.“

„Oh, ich habe ein sehr gutes Mittel“, erwiderte ich, „eine Zange, mit deren Hilfe ich alles, was ich will, aus ihm herausziehen werde.“

„So kannst du weit mehr als andre. Er wird seinen Herrn und dessen Verbündete niemals verraten.“

„Du sollst dabei sein, um dich zu überzeugen, wie offenherzig er gegen mich sein wird. Kennst du den Schneider Afrit genauer?“

„Nein. Zwar weiß ich, daß er eigentlich Suef heißt, aber weitere Auskunft kann ich dir leider nicht geben. Er ist sehr oft bei Murad Habulam Aga, und ich habe ihn stark im Verdacht, daß er keine ehrlichen Dinge mit ihm verhandelt. Darum bin ich ihm stets aus dem

Weg gegangen. Es ist besser, wenn man mit solchen Menschen gar nicht in Berührung kommt. Am liebsten möchte ich fort von hier."

Mir kam ein Gedanke. „Höre, ich weiß von Anka, daß ihr in der Nähe von Üsküb wohnt. Kennst du vielleicht Weitscha, das hinter Kalkandelen liegt?" – „Sehr gut! Ich war wiederholt dort."

„Ist dir auch ein Karanorman-Han bekannt?" – „Du meinst die alte Ruine, die früher eine Karawanserei gewesen ist?"

Diese Angabe stimmte mit der Auskunft überein, die Suef mir gestern gegeben hatte. Er hatte also in dieser Beziehung die Wahrheit gesagt.

„Gewiß", gab ich zur Antwort. „Unser Weg führt uns vermutlich in dieser Richtung. Ich suche einen großen Verbrecher, der wahrscheinlich ein Freund und Vertrauter Murad Habulams ist."

„Wie, mit solchen Leuten hegt mein Aga Freundschaft?"

„Ja. Die Männer, die heut bei ihm waren und uns nach dem Leben trachteten, sind gleichfalls Mörder und Räuber. Und was der Aga ist, kannst du ja daraus ersehen, daß er uns vergiften wollte."

„Das ist wahr, Effendi, ich bleibe nicht da! Ich gehe aus diesem Haus und begleite dich nach Weitscha, wenn du es erlaubst."

„Genau das wollte ich dir vorschlagen. Ursprünglich sollte Suef uns dorthin führen, aber seine Begleitung kommt nach dem Vorgefallenen nicht mehr in Betracht. Dein und Ankas Schaden soll es nicht sein, denn ich vermute, daß auch sie nicht mehr bei ihrem bisherigen Herrn bleiben will."

„Natürlich nicht", erwiderte Janik eifrig. „Die Zeit unsres Glücks wird zwar dadurch hinausgeschoben, wenn sie längere Zeit ohne Lohn und Verdienst bleiben soll – –"

„Nun, was das betrifft, so mußt du ja von mir deinen Lohn erhalten und Anka ebenso. Ihr beide habt uns das Leben gerettet. Wärt ihr nicht gewesen, dann lebten wir nicht mehr. Also habt ihr einen Lohn von uns zu fordern, der eurer Tat und unserm Vermögen entspricht."

„Das ist wahr!" rief es von der Tür her. „Wir werden uns nicht nachsagen lassen, wir seien undankbar, Sihdi." Es war Halef, der so sprach. Er war aus dem Stall gekommen und hatte den letzten Teil unsres Gesprächs gehört. Er fuhr fort: „Wir sind leider nicht reich, aber es ist uns doch vielleicht möglich, etwas zu eurem Glück beizutragen. Wenn ihr eure jetzige Stellung unsertwegen aufgebt, so müssen wir dafür sorge, daß ihr nicht wieder in einen Dienst gehen braucht. Ich frage dich also, Janik, mit der ganzen Würde meiner Seele, ob du diese Anka hier zum Weibe wünschst?" – „Ja, ja!" lachte Janik vergnügt. „Und wann?" – „Möglichst bald."

„Und du, Blume von Kilisseli und Retterin unsres Lebens, soll dieser Diener Janik dein Mann werden, dem du stets gehorchen mußt, solang er nämlich verständig ist und keine Albernheiten von dir fordert?"

„Ja, er soll mein Mann sein", sagte das Mädchen errötend.

„Nun, dann soll unser Segen aus diesem Beutel des Glücks und der Dankbarkeit auf euch niederträufeln. Ich bin der glorreiche Kassier unsrer Gesellschaft. Es war ein Geld des Unglücks, aber wir nahmen uns vor, es in Münzen des Glücks zu verwandeln, und jetzt haben wir die Gelegenheit dazu."

Halef zog seinen langen Beutel hervor, der das Geld enthielt, dessen Besitz wir dem Kampf bei der Derekulibe verdankten, und öffnete ihn. „Erlaubst du, Sihdi?" fragte er mich.

„Gern!" lächelte ich, neugierig, wieviel er den beiden geben werde.

„So haltet eure Hände zusammen, um damit den Regen des Glücks aufzufangen."

Janik war gar nicht langsam. Er hielt seine beiden Hände mit den Kleinfingerseiten zusammen und streckte sie dem Hadschi entgegen. Als Anka das sah, tat sie ebenso. Die offnen Hände hatten eine hohle, schüsselförmige Form und konnten einen hübschen Betrag aufnehmen. Halef langte in den Beutel und begann dabei zu zählen. Er legte abwechselnd immer je ein Goldstück in Ankas und Janiks Hand und zählte dabei: „Bir, iki, ütsch, dört, besch, alti, jedi, ßekis, dokus, on –", also bis zehn.

Er hatte lauter goldne türkische Pfundstücke aufgezählt, eins zu hundert Piaster, also jeder der beiden Personen tausend Piaster oder 180 bis 190 Mark in deutschem Geld, für diese Leute eine bedeutende Summe. Dann fragte er die beiden freudig Erstaunten: „Wißt ihr auch, was Aktscha fark[1] ist?" – „Nein", gestand Janik.

„Aktscha fark ist der Betrag, um den Gold mehr wert ist als Silber. Das ist jetzt acht auf das Hundert. Wenn ihr euch ein solches Goldstück wechseln laßt, müßt ihr für hundert Piaster Gold hundertacht Piaster in Silberstücken bekommen. Merkt euch das, denn das sind zweimal achtzig Piaster für euch beide."

Diese geschäftliche Erklärung war nicht überflüssig. Hundertsechzig Piaster waren für das Paar eine nicht unbedeutende Summe. Aber sie hörten nur halb auf seine Worte. Ihr ganzes Denken und Empfinden sprach aus den Blicken, die freudestrahlend auf die Goldfüchse gerichtet waren.

„Hadschi Halef Omar", rief Janik endlich, „treibst du Scherz mit uns?"

„Es ist mein völliger Ernst", erwiderte Halef. „Tut mit eurem Eigentum, wie ich es mit meinem Geld mache. Paßt auf!"

Er drehte den Beutel zusammen und schob ihn schmunzelnd in den Gürtel. Sie aber zögerten, seiner Aufforderung Folge zu leisten.

„Und doch muß ich erst den Effendi fragen!" rief Anka. „Das ist so viel Geld! Wir brauchen nicht soviel, denn wir haben ja unsre Ersparnisse. Was sollt ihr für euch behalten, wenn ihr uns ein Vermögen schenkt?"

„Kümmere dich nicht um uns", lachte der kleine Hadschi. „Wir

[1] Agio

wissen schon, wie man es anfangen muß, um ohne Geld zu leben. Wir reiten auf dem Mihmanlyky jolu[1]. Und selbst unsre größten Feinde müssen uns Tribut zollen. Oder meint ihr vielleicht, daß wir Murad Habulam, eurem Aga, auch nur einen Piaster für das schenken, was wir bei ihm genossen haben? Fällt uns nicht ein! Hoffentlich erlaubt mir mein Sihdi, ihn mit einer andern Münze zu bezahlen, mit einer Münze, die sowohl geprägt als auch geschlagen wird. Ihr seht, wir brauchen kein Geld. Ihr könnt diese wenigen Goldstücke also nehmen, ohne zu denken, daß wir nun darben werden. Übrigens haben wir uns seit kurzer Zeit die löbliche Gewohnheit angeeignet, jedem Spitzbuben, der uns in die Hände läuft, das abzunehmen, was er gestohlen hat, um es an ehrliche Leute zu verschenken. Vielleicht treffen wir bald wieder einige solche Verbrecher! Dann sitzen wir wieder wie der Kusch im Pirindsch demeti[2] und preisen Allah für die Güte, mit der das Reich des Padischah regiert wird."

Um den Dankesergüssen der beiden Glücklichen ein Ende zu machen, gebot ich Halef und Janik, unsre Sachen zu nehmen und in den Stall zu gehen, um dort unsre Pferde zu satteln.

„Willst du abreisen, Effendi?" fragte Janik betroffen.

„Später. Ich möchte nur haben, daß die Pferde für alle Fälle bereitstehen. Dich und Anka nehmen wir mit."

„Murad Habulam Aga wird es nicht erlauben!"

„Ich sorge dafür, daß er seine Erlaubnis gibt."

„Dann würden wir dir doppelt dankbar sein. Du bist hierhergekommen, wie wenn du – –"

„Still! Ich weiß, was du sagen willst, und daß du ein guter, dankbarer Mensch bist; damit wollen wir uns für jetzt begnügen."

Sie gingen fort, und ich setzte mich in den „Räderstuhl" und ließ mich von Omar nachfahren.

Das erste dunkle Grau der Dämmerung war indessen lichter geworden. Man konnte schon eine ziemliche Strecke weit sehen. Der Regen hatte aufgehört, und das Aussehen des Himmels ließ gutes Wetter erwarten.

Um in den Stall zu kommen, mußten wir an einem schuppenähnlichen, offnen Bau vorüber. Das Dach wurde von einer Hinterwand und vorn von hölzernen Säulen getragen, so daß man alles darin Befindliche sehen konnte. Ich erblickte einen Wagen, nicht von der schwerfälligen Art, die Araba genannt und meist von Ochsen gezogen wird, sondern von leichterem und gefälligerem Bau, in jenen Gegenden mit dem namen Kotschu oder Hintof bezeichnet. Daneben hing ein türkisches At takym[3] an der Wand, das freilich einem feinen deutschen Geschirr so ähnlich war wie der Wollkopf eines fetten, schwarzen Haremwächters der Haartracht eines französischen Ballettmeisters. Diese beiden Gegenstände paßten zu meinem Vorhaben, zumal im Stall neben

[1] Pfad der Gastfreundschaft [2] Vogel im Reisbüschel [3] Pferdegeschirr

andern Pferden ein junger, munterer Gaul stand, dem das Geschirr auf den Leib zu passen schien. Ich beaufsichtigte das Tränken und Satteln unsrer Pferde und gebot dann, mich zu Murad Habulam zu schaffen.

„Sollen auch wir mitgehen, Anka und ich?“ fragte der junge Bulgare.

„Jawohl.“ – „Aber da wird es uns schlecht ergehen.“

„Ihr sollt keine Sorge haben. Ihr werdet stets hinter mir stehen und diesen Platz nicht ohne meine Erlaubnis verlassen?“

Als wir aus dem Stall kamen, sahen wir in der Nähe einen Mann an der Wand lehnen, der uns zu beobachten schien.

„Wer ist das?“ fragte ich Janik.

„Hamsi, einer der Knechte, die wahrscheinlich draußen bei den Pferden eurer Feinde gewacht haben. Willst du ihn fragen, wo die Bäume zu suchen sind?“

„Er würde es mir wohl nicht sagen.“

„Sicher nicht.“

„So will ich lieber meine Worte sparen, denn Humun wird mir gewiß Auskunft erteilen.“

Als wir den Flur erreichten, sah ich den Diener an der Wand lehnen. Er stand so, daß er durch die Tür zum Stall blicken konnte. Also hatte auch er uns seine Aufmerksamkeit geschenkt.

„Was wollt ihr hier?“ schnauzte er uns an.

„Ich wünsche mit Murad Habulam, deinem Aga, zu sprechen“, antwortete ich.

Er hütete sich, den Blick gerade auf mich zu richten, denn er fürchtete sich vor meinem Auge und gab seinen Fingern die Lage, die gegen den bösen Blick helfen soll.

„Das geht nicht“, erklärte er. „Der Aga schläft.“

„So ersuche ich dich, ihn zu wecken.“

„Ich darf nicht.“

„Aber ich wünsche es!“

„Deine Wünsche gehen mich nichts an.“

„Nun, dann befehle ich es!“ sagte ich mit größerem Nachdruck.

„Du hast mir nichts zu befehlen.“

„Halef, die Peitsche!“

Kaum waren die drei Worte aus meinem Mund, so knallte die Nilpferdhaut-Kurbatsch schon auf den Rücken des feindseligen Menschen nieder, und zwar mit solcher Gewalt, daß der Getroffene sich sofort zu Boden krümmte. Dabei rief Halef: „Wer hat dir nichts zu befehlen, du Grobian? Ich sage dir, daß das ganze Reich des Sultans und alle Länder der Erde meinem Effendi gehorchen müssen, wenn ich bei ihm bin, ich, der ich ein brüllender Löwe bin gegen dich, du niesender Regenwurm!“

Humun wollte sich gegen die Hiebe sträuben, aber sie fielen so schnell und dicht, daß er sie ruhig hinnehmen mußte. Doch stieß er ein Gebrüll aus, das durch alle Räume des Schlosses drang. Endlich ließ

Halef von ihm ab, hielt aber die Peitsche hoch erhoben, als er fragte: „Willst du nun den Ichtijar dschanavar[1] vom Lager holen?“

„Anzeigen werde ich dich! Geschunden wirst du werden! Geschunden bei lebendigem Leib!“ brüllte der Gezüchtigte und rannte davon.

„Effendi, das wird eine böse Sache!“ warnte Janik.

„Wir fürchten uns nicht“, erwiderte ich. „Heute ist ein großer Feiertag, der Dajakün jortu günü[2] genannt wird. Wir werden ihn in größter Andacht begehen.“

„Von einem solchen Feiertag habe ich noch niemals gehört.“

„So wirst du ihn heute kennenlernen“, jubelte Halef. „Sihdi, du hast jetzt ein großes, herrliches Wort gesprochen. Über dich wird Freude sein unter den Gläubigen und Wonne unter den Seligen der letzten drei Himmel. Endlich willst du zeigen, daß du die Krone der Helden und die Zierde des männlichen Geschlechtes bist. Meine Muskeln werden zu Schlangen und meine Finger zu Zangen des schneidenden Krebses. Ich werde wüten unter den Räubern und toben unter den Mördern. Es wird ein Heulen geben in Kilisseli und ein Zetern unter den Söhnen des Verbrechens. Die Mütter und Töchter derer, die kein gutes Gewissen haben, werden jammern, und die Tanten und Schwestern der Ungerechten werden sich die Haare ausraufen und die Schleier zerreißen. Die Vergeltung öffnet ihren Rachen und die Gerechtigkeit wetzt ihre Krallen, denn hier steht der Richter mit der Peitsche der Rache in der Hand, der Held des Tages der Prügel, Hadschi Halef Omar Ben Hadschi Abul Abbas Ibn Hadschi Dawuhd al Gossarah!”

Er stand mit erhobenen Händen und begeisterten Zügen da, ganz in der Haltung eines Redners, der sich bewußt ist, an der Lösung einer welterschütternden Aufgabe zu arbeiten.

Humun hatte uns belogen, als er behauptete, sein Herr schlafe. Eben als wir zum Selamnik einbogen, wo Murad Habulam mich bei meiner Ankunft empfangen hatte, kam dieser uns entgegengeeilt und schnaubte mich grimmig an: „Effendi, was fällt euch ein, meinen Diener zu schlagen? Ich habe große Lust, euch alle durchpeitschen zu lassen!“

Er war nicht allein, sondern Humun und der Schneider Suef, der sich Afrit genannt hatte, waren bei ihm, und hinter dieser Gruppe erschienen noch fünf oder sechs Knechte und einige weibliche Dienstboten.

Ziemlich unbegreiflich erschien mir Suefs Anwesenheit. Ich hatte nicht erwartet, ihn noch hier zu treffen, sondern geglaubt, er hätte mit seinen übrigen Spießgesellen das Weite gesucht. Was wollte er noch hier? Gedachte er die Rolle des Schneiders auch weiterhin bei uns zu spielen? Oder wollte er jetzt die Maske fallen lassen, in der Meinung, das ruhig wagen zu dürfen, weil wir ihm nichts beweisen konnten und weil er sich auf unsre Schonung und Nachsicht verließ? Na warte, mein Bürschchen, wenn du an die Reihe kommst!

[1] Altes Scheusal [2] Festtag der Prügel

Ich antwortete Murad Habulam nicht, sondern gab Omar einen Wink, mich ruhig weiterzuschieben. Der Grimm des Türken schien durch mein Schweigen zu wachsen, denn der wütende Mann erging sich, während er neben uns herlief, in Drohungen, deren Ausführung uns der völligen Vernichtung anheim gegeben hätte. Als wir an der betreffenden Tür anlangten, wollte Halef sie öffnen, aber der Aga stellte sich davor und schrie: „Es darf niemand hinein! Ich verbiete es euch!"

„Du?" fragte Halef. „Du hast uns gar nichts zu verbieten."

„Ich bin die oberste Polizei- und Gerichtsbehörde dieses Ortes!"

„Da kann man ja dem lieben Kilisseli Glück wünschen. Wenn die oberste Gerichtsbehörde raubt und mordet, was werden erst die Untertanen tun! Hebe dich gefälligst hinweg, sonst bekommst du einen Öpisch[1] von meiner Peitsche, aber einen sehr laut schallenden Scheftalay[2]. Verstanden?"

Halef erhob die Peitsche, und da der Aga die Tür nicht freigab, erhielt er einen solchen Hieb, daß er seinen Platz mit einem Sprung verließ, der einem Zirkuskünstler alle Ehre gemacht hätte. Dazu schrie der Hausherr: „Hadschi Halef schlägt mich! Allah hat es gesehen und ihr auch! Fallt über ihn her! Werft ihn nieder! Bindet ihn!"

Diese Aufforderung galt den Knechten, aber weder diese noch Humun oder Suef wagten es, den kleinen Hadschi zu berühren. Dieser blickte sich gar nicht um, sondern öffnete die Tür und trat ein. Wir folgten ihm. Murad Habulam kam hinter uns hergestürzt, und die andern drängten ihm nach. In der Mitte des Zimmer blieb er stehen und brüllte: „Das ist entsetzlich! Ich werde es auf das strengste bestrafen. Ich bin der Oberste des hiesigen Dschesah mehkemeßi[3]."

„Kilisseli ist ein einfaches Dorf, wo es kein solches Gericht gibt", erwiderte ich. – „Aber ich bin der Mollah[4] dieses Ortes!"

„Das glaube ich nicht. Wo hast du denn studiert?"

„Studiert zu haben ist nicht nötig."

„Oho! Wenn du Mollah sein willst, so mußt du zunächst bis zum zwölften Jahr eine Subjahn mektebi[5], dann eine Medresse[6] besucht haben, um den Titel Softa zu erhalten. Besitzest du diesen oder hast du ihn besessen?" – „Das geht dich gar nichts an."

„Es geht mich sehr viel an. Wer über uns zu Gericht sitzen will, muß uns beweisen können, daß er das Recht und die Befähigung dazu hat. Kannst du arabisch sprechen und schreiben?" – „Ja."

„Auch persisch?" – „Ja."

„Und kennst du den Koran vollständig auswendig? Denn das alles wird von einem Softa gefordert."

„Ich kann ihn auswendig."

„So beweise es! Sprich mir einmal die sechsundvierzigste Sure vor, die ‚el Ahkaf' genannt wird."

[1] Kuß [2] Schmatz [3] Strafgericht [4] Richter [5] Elementarschule
[6] Seminar, Hochschule

„Wie beginnt sie?“ fragte der frühere Armenier verlegen.

„Mit den Worten ‚Im Namen des allbarmherzigen Gottes‘, wie jede andre Sure.“ – „Das ist aber nicht der eigentliche Anfang.“

„Nun, dieser lautet: ‚Die Offenbarung dieses Buchs ist von Gott, dem Allmächtigen und Allweisen. Die Himmel und die Erde und was zwischen ihnen ist, haben wir in Wahrheit nur auf bestimmte Zeit geschaffen, aber die Ungläubigen wenden sich weg von der Verwarnung, die ihnen geworden ist.‘ – – Sprich weiter!“

Er fuhr sich hinters Ohr, kratzte sich dort und fragte dann: „Wer gibt dir das Recht, mich auszufragen? Ich bin Softa gewesen, und du mußt es glauben! Hütet die Tür, daß keiner dieser fremden Angeklagten entfliehen kann, und schafft augenblicklich den Kötek aleti[1] herbei!“

Der Aga hatte diesen Befehl an seine Untergebenen gerichtet und fand raschen Gehorsam. Humun und Suef stellten sich zu beiden Seiten neben ihn, und die andern nahmen zwischen uns und der Tür Aufstellung, um uns die Flucht abzuschneiden. Eins der Dienstmädchen lief fort, um den geforderten Gegenstand zu holen.

Jetzt setzte Murad Habulam sich mitten im Zimmer nieder und winkte den beiden neben ihm, das gleiche zu tun.

„Ihr seid die Schahitler und Imdatlar[2]“, sagte er, „und sollt mein Urteil bestätigen.“

Die drei Wichte steckten jetzt so ernste Amtsgesichter auf, daß es mich Mühe kostete, nicht zu lachen.

„Sihdi, wollen wir dazu schweigen?“ fragte Halef mich leise. „Das ist ja eine Schande für uns!“

„Nein, sondern ein Vergnügen. Wir sind schon öfters aus Angeklagten zu Anklägern geworden, und das wird jedenfalls auch heute geschehen.“

„Ruhig!“ rief der Aga mir zu. „Wenn der Verbrecher vor Gericht steht, muß er schweigen. Janik, Anka, was tut ihr dort bei den Übeltätern? Ihr habt euch schwer gegen meine Befehle verfehlt und werdet nachher eure Strafe erleiden. Jetzt aber tretet zurück.“

Es war wirklich zu drollig! Wir hatten alle unsre Waffen bei uns, und dieser alte Sünder bildete sich ein, daß wir seinen Urteilsspruch wirklich beachten würden. Janik blieb mit Anka hinter mir stehen; darum wiederholte Murad Habulam seinen Befehl in noch strengerem Ton.

„Verzeihe!“ sagte ich. „Diese beiden Leute stehen seit heut in meinen Diensten.“ – „Davon weiß ich nichts.“

„Ich habe es dir jetzt gesagt, also weißt du es nun.“

„Ich verstehe dich, du hast mir die Leute abspenstig gemacht; aber das dulde ich nicht und werde sie außerdem bestrafen.“

„Darüber sprechen wir später“, erwiderte ich ruhig. „Du siehst, die Gerichtsverhandlung kann beginnen.“

[1] Prügelgerät [2] Zeugen und Beisitzer

Ich deutete auf die eben zurückkehrende Magd, die das „Prügelgerät“ brachte und vor den Alten hinstellte.

Man muß sich unter dieser Vorrichtung eine lange, schmale, ursprünglich vierbeinige Holzbank denken, aus der an einem Ende die zwei Beine entfernt wurden, so daß sie nur noch zwei eng nebeneinander befindliche Beine an der andern schmalen Seite hat. Diese Bank wird verkehrt auf die Erde gelegt, damit die Beine in die Höhe stehen. Der Übeltäter muß sich mit dem Bauch auf das Brett legen, wodurch seine Beine an den beiden Beinen der Bank aufwärts gerichtet sind. So wird er festgeschnallt und empfängt die ihm verordneten Hiebe auf die nackten, waaagrecht liegenden Fußsohlen.

Murad Habulam betrachtete die Bank mit einem beinahe zärtlichen Blick. Dann richtete er seine Augen bezeichnend auf uns und rief einem der hinter uns stehenden Knechte zu: „Bejaz, du bist der stärkste. Komm her! Du magst die Idschra[1] übernehmen.“

Der Knecht, ein langer, starker Mann, ging zur Prügelbank und liebäugelte mit den Stöcken, die die Magd mitgebracht und neben die Bank gelegt hatte. Murad Habulam richtete seinen Oberleib stolz auf, räusperte sich und begann, zu mir gewendet:

„Dein Name ist Kara Ben Nemsi?“

„So werde ich hier genannt“, antwortete ich.

„Du bist der Herr und Gebieter dieses Hadschi Halef Omar, der neben dir steht?“

„Nicht sein Gebieter, sondern sein Freund.“

„Das ist gleich. Gestehst du, daß er mich geschlagen hat?“

„Ja.“ – „Und auch Humun, meinen Diener?“ – „Ja.“

„Da du selbst es eingestehst, brauche ich Hadschi Halef nicht zu fragen. Weißt du, wieviel Hiebe er Humun gegeben hat?“

„Ich habe sie nicht gezählt.“

„Es waren wenigstens zwanzig“, rief Humun.

„Gut. Ich habe zwar nur einen einzigen erhalten, aber –“

„Leider!“ fiel Halef ihm in die Rede. „Ich wollte, du hättest doppelt so viel erhalten wie Humun!“

„Schweig!“ donnerte der Aga ihn an. „Du darfst nur sprechen, wenn ich dich frage. Übrigens, danke Allah, daß er dich abgehalten hat, mich öfter zu schlagen. Ich bin der Herr und Gebieter hier, und jeder Hieb, den ich bekomme, gilt für dreißig. Das macht mit den zwanzig, die du Humun gegeben hast, fünfzig, die du jetzt auf die Fußsohlen empfangen wirst. Tritt herzu und zieh deine Schuhe aus!“

Bejaz, der Knecht, machte sich mit den Stricken zu schaffen, mit denen Halef angebunden werden sollte. Ich sah meine Gefährten an. Sie machten wirklich prächtige Gesichter.

„Nun, schnell!“ gebot Murad Habulam. Und da Halef nicht gehorchte, befahl er Bejaz: „Gehe hin und hole ihn!“

Der Knecht trat auf Halef zu. Dieser zog eine seiner Pistolen aus

[1] Ausführung des Urteils

dem Gürtel, hielt sie ihm entgegen und knackte mit dem Daumen beide Hähne auf. Da sprang Bejaz zur Seite und schrie seinem Herrn erschrocken zu: „O Allah! Dieser Mensch schießt! Hole ihn dir selber!" – „Feigling!" höhnte Murad Habulam. „Du bist ein Riese und fürchtest dich vor diesem Zwerg?" – „Nicht vor ihm, sondern vor seiner Pistole." – „Er darf nicht schießen. Auf, ihr Leute! Faßt ihn und bringt ihn her!"

Die Knechte warfen einander bedenkliche Blicke zu. Sie fürchteten sich vor dem Hadschi. Nur einer zeigte, daß er Mut habe, der Schneider Suef. Er zog auch eine Pistole aus dem Gürteltuch, während wir vorher eine solche Waffe nicht bei ihm bemerkt hatten, trat näher und sagte zu dem Knecht: „Bejaz, tu deine Pflicht! Sobald er seine Pistole erhebt, schieße ich ihm eine Kugel durch den Kopf!"

Gestern schien dieser Mensch das friedfertigste und harmloseste Schneiderlein zu sein, und jetzt trug sein Gesicht den Ausdruck eines Hasses und einer Entschlossenheit, der andern Leuten, als wir waren, hätte Angst machen können.

„Du, Schneider, willst schießen?" lachte Halef.

„Schweig! Ich bin kein Schneider! Was habt ihr Fremde bei uns zu suchen? Was gehen euch unsre Angelegenheiten an? Ihr wollt uns hindern zu handeln, wie es uns gefällt, und seid doch so unsäglich dumm, mich für einen Schneider zu halten! Wenn du – –"

„Wer ist unsäglich dumm?" wurde er von Halef unterbrochen. „Hat denn dein Spatzengehirn noch immer nicht begriffen, daß wir schon gestern auf dem Ritt nach Jersselü klar darüber waren, daß du der Spion Suef bist, mit dem mein Sihdi nur so spielte wie die Katze mit der Maus? Und solchen Schwachköpfen muß der Schut seine Sicherheit und sein teures Leben anvertrauen! Armer Schut, wie tust du mir leid!"

Diese im Ton größten Mitleids gesprochenen Worte brachten Suef um alle Selbstbeherrschung. Im höchsten Grimm rief er aus:

„Du sollst die ‚Maus' sofort kennenlernen! Wenn du dich nicht augenblicklich zur Bank verfügst und dort deine Schuhe ausziehst, so werde ich uns Gehorsam zu verschaffen wissen!"

Das war im Ernst gesprochen. Halef blinzelte den Spion von der Seite an, nahm die Pistole in die linke Hand, woraus ich erriet, was folgen würde, und fragte im freundlichsten Ton: „Wie willst du denn das anfangen?" – „So – auf diese Weise!"

Suef streckte den Arm aus, um den Hadschi an der Brust zu fassen. Halef aber holte blitzschnell aus und gab ihm eine so gewaltige Ohrfeige, daß dem Getroffenen die Pistole entfiel und er selbst in einem weiten Bogen zur Erde flog. Ehe er Zeit fand sich aufzurichten, kniete Halef, der seine Waffe schnell in den Gürtel zurückgeschoben hatte, auf ihm und beohrfeigte ihn mit beiden Händen und mit solcher Geschwindigkeit, daß Suef gar nicht dazu kam, ein Glied zu seiner Verteidigung zu rühren.

Murad Habulam war von seinem Sitz aufgefahren und brüllte vor Wut. Humun gebärdete sich wie ein Rasender, wagte es aber nicht, Suef zu Hilfe zu kommen. Die Knechte und Mägde zeterten mit, ohne sich jedoch vom Platz zu rühren. Es gab einen wahren Höllenlärm, bis Halef von seinem Gegner abließ und sich erhob.

Suef huschte zur Stelle, hin, wo die ihm entfallene Pistole lag. Der Hadschi aber war schneller und schleuderte die Waffe mit dem Fuß fort, so daß sie an meinem Stuhl anprallte und da liegenblieb. Suef sprang herbei und wollte sie aufraffen, kam dabei aber in den Bereich meiner Arme. Als er sich bückte, legte ich ihm die Hand um das Genick und zog ihn empor. Mein Griff hatte zur Folge, daß er die Arme schlaff herabhängen ließ und ängstlich nach Luft schnappte. Osko hob die Pistole auf und steckte sie zu sich. Ich gab dem Spion mit der Linken einen Klaps auf den Kopf und setzte ihn zu meinen Füßen auf den Boden nieder.

„Hier bleibst du sitzen, ohne dich zu rühren", befahl ich ihm. „Sobald du Miene machst, ohne meine Erlaubnis aufzustehen, drücke ich dir deinen Schwachkopf wie ein Ei zusammen."

Der Zwerg ließ Kopf und Arme sinken und bewegte sich nicht. Die andern tobten noch immer.

„Nimm die Peitsche, Halef, und schaffe Ruhe!"

Kaum hatte ich diese Worte gesagt, da sauste die Peitsche des Kleinen auch schon auf Murad Habulams Rücken nieder. Der Alte war sofort still, auch Humun schwieg, und die andern folgten augenblicklich seinem Beispiel.

„Setz dich nieder!" herrschte ich unserm Richter zu, und er gehorchte sofort. – „Weg da von der Tür!" gebot ich dem Gesinde. „Stellt euch in jene Ecke! Dort bleibt ihr, bis ich euch erlaube, sie zu verlassen!" Man beeilte sich, diesem Befehl nachzukommen. Wir waren nun rückenfrei und konnten alles und alle genau überblicken.

Es war dem Aga anzusehen, daß er nicht wußte, was er sagen und wie er sich verhalten solle. Sein Blick flog zornig von einem zum andern. Er hatte die Hände geballt und den Mund zusammengepreßt. Endlich öffnete er ihn, um seinen Zornesausbruch auf mich zu richten.

„Schweig, sonst bekommst du abermals die Peitsche!" rief ich ihm zu. „Jetzt rede ich! Glaubst du vielleicht, daß wir dich hier aufgesucht haben, um uns die Fußsohlen wundschlagen zu lassen? Denkst du, daß wir Leute sind, über die du zu Gericht sitzen kannst. Wir werden nun euer Urteil verkünden und es auch vollziehen. Du hast das ‚Prügelgerät' herbeiholen lassen, und wir werden uns seiner bedienen."

„Was fällt dir ein!" entgegnete er. „Willst du mir hier in meinem eignen Haus –"

„Ruhig!" unterbrach ich ihn. „Wenn ich spreche, hast du zu schweigen. Dein Haus ist eine Mördergrube, und du denkst, daß –"

Auch ich wurde unterbrochen. Osko stieß einen Schrei aus und warf sich auf den angeblichen Schneider. Aber auch ich hatte, obwohl meine

Augen auf Murad Habulam gerichtet gewesen waren, die Bewegung Suefs bemerkt. Dieser Zwerg war wirklich höchst gefährlich! Er war der einzige, der es gewagt hatte, zur Waffe zu greifen. Jetzt mochte er denken, daß ich nicht auf ihn achtete. Er war mit der rechten Hand in die Innenseite seiner Jacke gefahren und hatte ein Messer hervorgezogen. Indem er sich dann blitzschnell zu mir emporbäumte, wollte er mir die blank geschliffene Klinge in die Brust stoßen; aber es gelang ihm nicht. Osko ergriff ihn noch im rechten Augenblick bei der bewaffneten Hand, und auch ich hatte ihn schon bei der Kehle gefaßt. Halef sprang herbei und nahm dem abermals Überwältigten das Messer aus der Hand.

„Durchsuche seinen Gürtel und seine Taschen, während wir ihn halten!" gebot ich.

Er tat es und brachte ein altes Doppelterzerol, das geladen war, verschiedene Kleinigkeiten und einen wohlgefüllten Geldbeutel hervor, den er öffnete und mir hinhielt, wobei er fragte: „Siehst du die Goldstücke? Und dieser Zwerg gab sich für einen armen Menschen aus, der sich kümmerlich von Dorf zu Dorf schneidert! Dieses Geld ist geraubt oder gestohlen. Was tun wir damit?"

„Steck es ihm wieder in die Tasche! Es gehört nicht uns, und wir können nicht nachweisen, daß es gestohlenes Gut ist. Die Waffe aber nehmen wir ihm, damit er kein Unheil damit anrichten kann."

Ich setzte den Wicht wieder zu Boden. Er knirschte mit den Zähnen. Ich mußte ihn für uns unschädlich machen, und um das zu erreichen, brauchte ich nicht Gleiches mit Gleichem, Mord mit Mord zu vergelten. Eine empfindliche Strafe aber mußte er haben, eine Strafe, die es ihm zugleich erschwerte, sich weiter um uns zu kümmern.

„Halef, Osko, Omar, schnallt ihn dort auf die Bank!" befahl ich nun. In weniger als einer Minute war Suef in der Weise, wie es die Bastonade erfordert, an die Bank gebunden.

„Siehst du ein, daß dein Haus wirklich eine Mördergrube ist, wie dir vorhin gesagt wurde?" herrschte Halef den Aga an. „Jetzt aber ist unsre Geduld zu Ende. Jetzt sollt ihr erfahren, was es heißt, uns ermorden zu wollen." – „Davon weiß ich nichts", behauptete der Alte. – „Schweig! Du wirst nachher an die Reihe kommen. Wir beginnen jetzt mit dem Elenden da. Er hat uns in dieses Haus des Mordes geführt. Er hat gewußt, daß wir ermordet werden sollten. Suef hat jetzt nach dir gestochen. Sihdi! Bestimme, was mit ihm geschehen soll! Meinst du nicht, daß er den Tod verdient hat?"

„Ja, er hat den Tod verdient. Aber wir wollen ihm das Leben lassen. Es ist ja möglich, daß er ein andrer Mensch wird. Als Anregung zur Besserung mag er die Bastonade bekommen, die dir zugesprochen war." – „Wieviel Hiebe?"

„Fünfzig. Soviel habe ich Suef gestern versprochen. Er hat es selbst gehört und sie als eine außerordentliche Milde und Gnade bezeichnet."

„Da war aber die Peitsche gemeint."

„Hältst du die Bastonade für weniger schlimm?" – „Darüber kann ich kein Urteil abgeben", lachte der kleine Hadschi. „Bis jetzt habe ich weder die eine noch die andre zu schmecken bekommen."

„Gut, so wollen wir es bei den Fünfzig lassen." – „Wer soll sie ihm geben?" – „Du hast dich ja darauf gefreut, Halef."

Obwohl er sich unter Umständen gern der Peitsche bediente, erwartete ich doch, daß er diesen Auftrag zurückweisen werde. Ich hatte mich in meinem braven Gefährten nicht getäuscht, denn er sagte mit einer stolzen, wegwerfenden Handbewegung: „Ich danke dir, Sihdi! Wo es gilt, uns mit der Peitsche Achtung zu verschaffen, da bin ich gern bereit, aber ein Saptije mag ich nicht sein. Die Peitsche ist das Zeichen der Herrschaft; sie schwinge ich, aber nicht den Stock. Einen Rechtsspruch zu vollziehen, ist das Amt des Henkers. Ich aber bin kein solcher!"

„Du hast recht. Bestimme du selbst, wer es tun soll."

„Das werde ich gerne tun. Es ist so lieblich anzusehen, wenn Freunde sich Ehren erweisen. Humun ist der Verbündete des Spions. Er mag ihm die fünfzig Hiebe als Zeichen seiner Achtung und Bruderliebe verabreichen."

Das war eine Bestimmung, die meinen vollen Beifall hatte. Ich gab das durch einen Wink zu erkennen, worauf Halef sich an Humun wendete: „Hast du gehört, was gesprochen wurde? Tritt also her und spende deinem Freund die Wohltat der Gerechtigkeit!"

„Das tu ich nicht!" weigerte der Diener sich.

„Das kann nicht dein Ernst sein. Ich rate dir, an dich selbst zu denken. Die fünfzig werden ausgeteilt. Wenn du sie ihm nicht gibst, so bekommst du sie selbst. Das verspreche ich dir beim Bart meines Vaters. Also vorwärts! Zaudre nicht, sonst helfe ich nach!"

Humun erkannte, daß er nicht auszuweichen vermöge. Er trat an die Bank und nahm einen der Stöcke auf. Dabei war es ihm leicht anzusehen, daß er seines Amtes nicht sehr kräftig walten werde. Darum warnte Halef ihn: „Aber ich sage dir: bei jedem Hieb, der mir zu schwach erscheint, bekommst du selbst die Peitsche. Nimm dich also wohl zusammen! Osko, laß dir die Peitsche des Effendi geben und stelle dich an die andre Seite dieses gutherzigen Mannes! Sobald ich ihn meine Kurbatsch fühlen lasse, tust du es auch. Das wird ihn ermuntern, sich unsre Zufriedenheit zu erwerben. Omar mag zählen."

Für Humun war die Lage höchst peinlich. Er hätte seinen Kumpan gern geschont, aber rechts neben ihm stand Halef und links Osko mit der Peitsche in der Hand. Er war also selbst bedroht und sah ein, daß er gehorchen müsse. Jedenfalls war es nicht das erstemal, daß er die Bastonade ausführte; das ersah man aus der Weise, wie er den Stock leicht auf die Stelle legte, die er treffen wollte.

Suef sagte kein Wort. Bewegen konnte er sich nicht, aber wenn die Blicke, die er auf uns warf, Messerklingen gewesen wären, so hätte er uns durch und durch gestochen. Murad Habulam wandte kein Auge von dem Auftritt. Seine Lippen bebten. Jeden Augenblick schien es, als wollte er sprechen, aber er bezwang sich. Doch als Humun zum ersten Hieb ausholte, vermochte er nicht länger zu schweigen und rief: „Halt ein! Ich befehle es!"

„Kein Wort!" fertigte ich ihn ab. „Ich will gnädiger mit euch verfahren, als ihr es mit uns vorhattet. Wenn du aber noch ein Wort ohne meine Erlaubnis sprichst, so führe ich dich nach Üsküb und übergebe dich dem Richter. Wir können beweisen, daß du uns nach dem Leben getrachtet hast, und wenn du meinst, daß die Richter dieses Landes dich nach unsrer Abreise laufen lassen werden, so mache ich dich darauf aufmerksam, daß sich in Üsküb mehrere Onßular[1] des Abendlandes befinden, die die Macht haben, die strengste Strafe für dich zu erwirken. Bist du klug, so schweige!"

Murad fiel in sich zusammen. Er kannte die Macht der erwähnten Beamten und fürchtete sie; darum sagte er von nun an kein Wort mehr.

Der Verräter erhielt seine fünfzig Hiebe. Er biß die Zähne zusammen und gab keinen Laut von sich, das Knirschen seines Gebisses abgerechnet. Ich hatte gleich beim ersten Schlag die Augen geschlossen. Es ist kein Vergnügen, einem solchen Strafvollzug beizuwohnen, aber ich bildete mir ein, es der Gerechtigkeit, der Rücksicht auf uns und auf unsre Mitmenschen schuldig zu sein, hier keine Gnade zu üben.

Wie erwähnt hatte Suef keinen Laut hören lassen, als aber der letzte Hieb gefallen war, schrie er: „Raki, raki tabanlar üserine dökyn, tschapuk, tschapuk – gießt Raki, Raki auf die Sohlen, schnell, schnell!"

Jetzt wagte Murad Habulam zu sprechen. Er befahl Anka, Raki zu holen. Sie brachte eine volle Flasche. Humun ergriff diese und steckte zunächst dem Gezüchtigten den Flaschenhals in den Mund. Suef tat einige Züge, und dann wurde ihm die scharfe Flüssigkeit in die Wunden gegossen. Er ließ nur ein schmerzliches Zischen hören. Dieser Mensch mußte Nerven von Eisendraht besitzen. Oder hatte er die Bastonade schon früher so oft erhalten, daß seine Natur an deren Genuß gewöhnt war? Er wurde losgebunden und kroch zu Murad Habulam. Dort zog er die Füße an sich und steckte den Kopf zwischen die Knie, uns verächtlich den Rücken zukehrend.

„Sihdi, der ist abgefertigt", meldete Halef. „Wer kommt nun an die Reihe?" – „Humun", erwiderte ich kurz. – „Wieviel?"

„Zwanzig!" – „Von wem?" – „Das zu bestimmen, überlasse ich dir." – „Murad Habulam Aga!"

Der Hadschi machte seine Sache vortrefflich. Dadurch, daß einer der Verbrecher den andern schlagen mußte, säte er Haß und Rache unter sie. Der Aga weigerte sich: „Humun ist stets ein treuer Diener gewesen. Wie kann ich ihn schlagen?"

„Eben weil er dir treu gedient hat, sollst du ihm diesen handgreiflichen Beweis deiner Zufriedenheit geben", erwiderte Halef.

[1] Konsuln

„Ich lasse mich nicht zwingen!"

„Wenn der Aga seinem Diener die zwanzig nicht geben will", entschied ich, „so bekommt er selbst vierzig."

Das wirkte. Der Diener sträubte sich, als er auf die Bank gebunden wurde, aber es nützte ihm nichts. Sein Herr griff zögernd zu dem Stock, doch die beiden Peitschen stärkten seinen Arm, so daß die Streiche ihr volles Gewicht bekamen. Humun ertrug die Züchtigung nicht so männlich wie Suef. Er schrie bei jedem Hieb. Aber ich bemerkte, daß die Dienstboten einander befriedigt zuwinkten und mich mit fast dankbaren Augen anschauten. Er war der Lieblingsdiener des Aga und mochte die andern wohl gequält haben. Auch er ließ sich Branntwein in die Wunden träufeln und schlich dann in die nächste Ecke, wo er sich eng zusammenkauerte.

„Und wer kommt nun?" erkundigte Halef sich.

„Murad Habulam Aga", lautete meine Antwort.

Der Genannte stand noch mit dem Stock in der Hand neben der Bank. Er sprang vor Schreck zurück und schrie: „Was? Wie? Auch ich soll die Bastonade erhalten?"

„Gewiß!" betonte ich, obwohl ich andres mit ihm vorhatte.

„Dazu hat kein Mensch ein Recht!"

„Du irrst. Ich bin es, der dieses Recht hat. Ich weiß alles! Hast du nicht dein Haus dazu geöffnet, damit wir hier ermordet werden sollten?" – „Das ist eine große Lüge!"

„Ist nicht dein Bruder Manach el Barscha, der das Amt eines Steuereinnehmers in Üsküb bekleidete, dann aber abgesetzt wurde, gestern bei dir gewesen und hat dir unsre Ankunft und auch die seiner Gefährten gemeldet?"

„Das mußt du geträumt haben. Ich habe keinen Bruder!"

„So habe ich wohl auch geträumt, daß du mit ihm besprochen hast, wir sollten im Turm der alten Mutter wohnen und dein Diener Humun sollte dort den Geist spielen?"

„Effendi, du erzählst mir da lauter unbekannte Dinge!"

„Aber Humun kennt diese Dinge, wie ich an dem erstaunten Blick sehe, den er mir soeben zuwirft. Er wundert sich darüber, daß ich dieses Geheimnis kenne. Der Plan mit dem Gespenst war nicht ausführbar, und so seid ihr auf den Gedanken gekommen, den Turm zu besteigen und uns zu ermorden."

„Allah, Allah! Bist du bei Sinnen?"

„Die beiden Aladschy sollten mich töten; Barud el Amasat wollte Osko ermorden, weil wegen der Entführung von Senitza eine Rache zwischen ihnen schwebt. Dein Bruder Manach el Barscha nahm Halef auf sich, und Suef erklärte sich bereit, Omar umzubringen. Der Miridit trat zurück, weil er mit mir Friede geschlossen und mir seinen Tschakan gegeben hatte, den du hier in meinem Gürtel siehst."

„Allah akbar! Er weiß alles! Sein böser Blick hat es ihm gesagt!" murmelte Humun erschrocken.

„Nein, nein, er weiß gar nichts!“ rief Murad Habulam. „Ich kenne keinen von allen den Männern, deren Namen du soeben genannt hast, Effendi.“

„Sie waren mit dir oben auf dem Turm, und vorher wart ihr alle neun Männer im Innern der hohlen Feime, die in der Nähe des Turms steht.“ – „Bei mir gibt es keine hohle Feime!“

„So will ich sie dir zeigen und dir sagen, daß ich selbst zwischen die Getreidebüschel gekrochen bin und euch gesehen und belauscht habe. Ich habe jedes Wort gehört, jedes Wort!“

Er fuhr zurück und starrte mich erschrocken an.

„Hat der Miridit nicht mit dem Mübarek gezankt, bevor er fortging?“ – „Ich – ich – ich weiß von nichts“, stammelte er.

„Nun, so wollen wir diesen Suef fragen, vielleicht weiß er es. Und wenn er nicht antwortet, so werden ihm weitere Hiebe die Zunge lösen.“

Da drehte der Spion sich zu mir um, fletschte die Zähne wie ein wildes Tier, schoß einen wütenden Blick auf mich und zischte: „Hundesohn! Was mache ich mir aus dir und aus der Bastonade? Hast du mich etwa wimmern hören? Meinst du, daß ich mich so vor dir fürchte, daß ich nur durch Prügel gezwungen werden kann, dir die Wahrheit zu sagen?“ – „So sage sie, wenn du wirklich Mut hast!“ – „Ja, ich habe Mut. Es ist genau so, wie du sagst: wir haben dich töten wollen! Es ist uns nicht gelungen; aber – bei Allah – du wirst nicht weit kommen, so werden eure Leichen von den Krähen gefressen werden!“

„Er redet irre!“ schrie Murad Habulam. „Der Schmerz der Bastonade hat ihm den Verstand genommen!“

„Feigling!“ knirschte Suef.

„Sihdi, frag doch auch Humun“, sagte Halef. „Wenn er nicht sprechen will, geben wir ihm noch zwanzig auf die Sohlen.“

Er trat zu dem Diener und faßte ihn am Arm.

„Laß mich, du Hadschi des Teufels! Ich gestehe alles, alles!“ zeterte Humun. – „Ist es so, wie mein Sihdi sagte?“ – „Ja, ja, ganz genau!“ – „Auch er ist vor Schmerzen irrsinnig geworden!“ rief Murad Habulam.

„Nun“, entschied ich, „dann will ich dir zwei weitere Zeugen bringen. Janik, sag der Wahrheit gemäß, ob dein Aga unschuldig ist?“

„Er wollte euch ermorden“, erklärte der Knecht.

„Schurke!“ heulte der Aga. „Du erwartest von mir Strafe für deinen Ungehorsam. Darum willst du dich rächen!“

„Anka“, fuhr ich fort, „sahst du nicht, daß dein Herr Rattenpulver in die Eierspeise gab?“

„Ja“, antwortete sie, „ich habe es ganz genau gesehen.“

„O Allah, welche Lüge! Effendi, ich schwöre beim Propheten und bei allen Kalifen, daß ich völlig unschuldig bin!“

„Du hast jetzt einen gräßlichen Meineid geschworen, der dich –“

Ich wurde unterbrochen. Daß der zum Islam übergetretene Armenier den Namen des Propheten und das Andenken des Kalifen durch einen solchen falschen Schwur entweihte, empörte die anwesenden Mohammedaner auf das höchste. Halef griff zu seiner Peitsche. Durch den Raum lief ein zorniges Murmeln. Humun hatte sich auf seine wunden Füße erhoben, wankte herbei, spuckte seinem Herrn ins Gesicht und schrie: „Tuh – pfui! Sei verflucht in alle Ewigkeit! Deine Feigheit bringt dich in die Dschehenna! Ich habe einem Herrn gedient, den Allah in die tiefste Tiefe der Verdammnis versenken wird. Ich verlasse dich. Vorher aber rechnen wir ab!"

Und da stand auch Suef schon vor dem Aga, spuckte ihn gleichfalls an und rief: „Schande über dich und über die Tage deines Alters! Deine Seele ist verloren und dein Gedächtnis ausgerottet bei allen Rechtgläubigen! Ich habe keinen Teil mehr an dir!"

Beide wankten wieder an ihre Plätze zurück. Einen Mord nahmen sie mit Leichtigkeit auf ihr Gewissen, aber eine Lästerung des Propheten und seiner Nachfolger empörte ihr ganzes Wesen.

Murad Habulam stand da, als hätte ihn der Schlag gerührt. Er hielt beide Hände an die Stirn. Dann warf er plötzlich die Arme in die Luft und jammerte: „Allah, Allah, ich habe gefehlt! Aber ich mache den Fehler wieder gut. Ich gestehe ein, daß ihr ermordet werden solltet und ich Gift in die Speise getan habe!"

„La ilaha ill' Allah, we Mohammed rassul Ullah!" ertönte es rundum.

Und Halef trat zu ihm, legte ihm die Hand schwer auf die Schulter und sagte: „Das ist dein Glück, daß du den Schwur widerrufst! Mein Effendi hätte es mir nicht erlaubt, aber ich schwöre dir beim Bart des Propheten, daß die Sonne deines Lebens untergegangen wäre, bevor ich dies Haus verlassen hätte! Also bist du deiner Schuld geständig?" – „Ja." – „So magst du auch die Strafe erleiden, die wir dir auferlegen. Sihdi, wieviel Streiche soll er empfangen?" fragte Halef. – „Hundert!" entschied ich.

„Hundert!" kreischte der Alte. „Das überlebe ich nicht!"

„Das ist deine Sache! Du bekommst hundert Streiche auf die Sohlen!"

Der Aga brach fast zusammen. Ich sah seine Knie schlottern. Er war ein großer Bösewicht und ein noch größerer Feigling.

„Sei barmherzig!" wimmerte er. „Allah wird es dir vergelten!"

„Nein, Allah würde mir zürnen, wenn ich in solcher Weise gegen seine Gesetze handelte. Und was würden Suef und Humun sagen, wenn ich dir die Strafe schenkte, während sie die ihrigen erdulden mußten!" – „Zur Bastonade mit ihm!" rief Suef.

„Er bekomme die hundert!" stimmte Humun ein.

„Du hörst es!" meinte Halef. „Allah will es, und wir wollen es auch. Komm also her und lege die Länge deiner Glieder auf die Bank, damit wir dich anbinden."

Er faßte Murad beim Arm, um ihn niederzuziehen. Der schreckliche

Alte krümmte sich wie ein Wurm und wimmerte wie ein Kind. Ich winkte Osko und Omar. Sie faßten mit an und drückten ihn auf die Bank. Trotz seines Sträubens wurde er festgebunden. Seine nackten, knöchernen Füße krümmten sich, als fühlten sie jetzt schon die zu erwartenden Schmerzen.

„Wer nimmt den Stock?“ fragte Halef. – „Du selbst“, bestimmte ich.

Er wollte widersprechen, aber ich winkte ihm Schweigen zu, und er verstand mich.

„Freue dich, Murad Habulam Aga“, sagte der Hadschi, zum Stock greifend; „freue dich, daß ich es bin, der dir die Wohltat der Strafe reicht. Die hundert werden so sein, als wären es tausend. Das wird einen großen Teil deiner Sünden von deiner Seele nehmen.“ – „Barmherzigkeit! Gnade!“ flehte der Aga. „Ich will die Streiche bezahlen.“ – „Bezahlen?“ lachte Halef. „Du scherzt! Der Geiz ist dein Großvater, und die Habsucht ist die Mutter deiner Vorfahren.“ – „Nein, nein! Ich bin nicht geizig; ich bezahle alles, alles!“ – „Das wird unser Effendi nicht erlauben; aber ich möchte doch gern wissen, wieviel du geben würdest, um den Hieben zu entgehen.“ – „Ich gebe euch gern für jeden Hieb einen ganzen Piaster.“ – „Also hundert Piaster? Bist du verrückt? Uns macht es für zehntausend Piaster Vergnügen und dir für zwanzigtausend Piaster Schmerzen, wenn du die Bastonade bekommst. Das sind zusammen dreißigtausend! Und bietest uns nur hundert! Schäme dich!“ – „Ich gebe zweihundert!“

„Schweig! Ich habe keine Zeit, die Worte deines Geizes anzuhören. Ich muß beginnen.“

Halef stellte sich vor die Füße des Alten, tat, als zielte er mit dem Stock auf die zu treffende Stelle und holte scheinbar zum Schlag aus.

„Allah 'schkyna, döjme – um Gottes willen, schlage nicht!“ stöhnte Murad Habulam. „Ich gebe mehr! Ich gebe viel, viel mehr!“

Gewiß war das Schauspiel, ja die ganze Prügelei kein erhebender Vorgang, und ich gestehe auch, daß ich ihm mit Ekel beiwohnte. Aber ich möchte die Leser doch bitten, nicht vielleicht von Unchristlichkeit oder gar von Roheit zu sprechen. Zugegeben, daß die Handlung nicht würdig genannt werden konnte; doch hatte sie ihre volle Berechtigung.

Wir befanden uns nicht in einem kultivierten Land und hatten es mit Menschen zu tun, die die beklagenswerten Zustände Halbasiens gewohnt waren. Vor allen Dingen ist zu bedenken, daß diese Leute Mitglieder einer weitverbreiteten und höchst gefährlichen Verbrecherbande waren, deren Vorhandensein nur auf der Verderbnis der dortigen Zustände fußte. In Konstantinopel und von dort bis hierher nach Kilisseli hatten wir es mit Menschen zu tun gehabt, denen weder Eigentum noch Leben ihrer Mitmenschen heilig war. Wir waren in fortgesetzter Todesgefahr gewesen, und noch jetzt schwebte in jedem Augenblick das Verderben drohend über uns. Man hatte uns in wohlüberlegter und abgefeimter Weise in dieses Haus gelockt, um uns zu ermorden. Man hatte uns vergiften und – als das nicht gelungen war – erwürgen und erstechen wollen. War es ein Wunder, daß sich unser, die wir uns zu jeder Minute des Tags und der Nacht in steter Bereitschaft befanden, eine bedeutende Erbitterung bemächtigt hatte? Nach den gegebenen Umständen mußten wir auf die Hilfe der Behörden verzichten. Wir waren auf uns selbst angewiesen. Welche Strafe deckte sich mit den gegen uns gerichteten Anschlägen? War es etwa grausam oder gar blutdürstig, diesen gott- und gewissenlosen Schurken, die in unsrer Hand waren, einige Hiebe geben zu lassen? Gewiß nicht! Ich bin vielmehr der Überzeugung, daß wir nur allzu mild und nachsichtig handelten.

Daß Murad Habulam jetzt einige Minuten der Qual bereitet wurden, wer will uns deshalb verdammen? Ich verfolgte dabei einen Zweck. Mag man von Nötigung, von Erpressung oder von anderm reden, mag man immerhin sagen, daß ich nach dem heimatlichen Gesetzbuch strafbar gewesen sei: wir befanden uns eben nicht in Deutschland. Wir mußten mit den gegebenen Verhältnissen rechnen, und ich kann mir bis heute wegen meines damaligen Verhaltens keine Vorwürfe machen.

„Mehr willst du geben?" fragte Halef. „Wieviel denn?"

„Ich zahle dreihundert –", und da der Hadschi abermals ausholte, fügte der Aga schnell hinzu – „vierhundert, fünfhundert Piaster! Ich habe nicht mehr als fünfhundert."

„Nun", meinte der kleine Hadschi, „wenn du nicht mehr hast, so mußt du eben unsre Gabe hinnehmen. Wir sind freilich reicher als du. Wir haben so viel Hiebe übrig, daß wir ganz Kilisseli damit beschenken könnten. Um dir das zu beweisen, werden wir großmütig sein und dir noch fünfzig zulegen, so daß du hundertfünfzig erhalten wirst. Ich hoffe, daß dein dankbares Herz unsre Freigebigkeit anerkennen wird." – „Nein, nein, ich mag nicht hundertfünfzig! Ich will ja nicht einmal hundert!"

„Sie sind dir aber zugesprochen, und da du als armer Mann nur fünfhundert Piaster übrig hast, ist an unserm Urteil nichts zu ändern. Omar, komm her und zähle wieder! Ich will endlich beginnen."

Er holte aus und gab dem Aga den ersten Hieb auf den rechten Fuß.

„Allah kerîm!" schrie der Alte gellend. „Ich bezahle sechshundert Piaster!" – „Zwei!" zählte Omar.

Der Hieb fiel auf den linken Fuß.

„Halt ein, halt ein! Ich gebe achthundert, neunhundert, tausend Piaster."

Halef warf mir einen fragenden Blick zu, und als ich winkte, senkte er den schon wieder erhobenen Stock und sagte: „Tausend? – Sihdi, wie lautet dein Befehl?"

„Das wird auf Murad Habulam ankommen", entgegnete ich. „Es fragt sich, ob er die tausend Piaster bar hat?"

„Ich habe sie! Sie liegen da!" erklärte der Hausherr.

„So können wir uns die Sache überlegen." – „Was gibt es zu überlegen? Ihr bekommt das Geld und könnt davon dann in Freuden leben." – „Du irrst. Wenn ich überhaupt die Gnade walten lasse, dir die Strafe gegen diese geringe Summe zu erlassen, so sind die tausend Piaster für die Armen bestimmt."

„Tut damit, was ihr wollt; nur laßt mich los!"

„Um der Leute willen, für die das Geld bestimmt ist, würde ich mich vielleicht bereit finden lassen, vorausgesetzt, daß du noch auf eine andre Bedingung eingehst." – „Noch eine Bedingung? O Allah, Allah, Allah! Wollt ihr noch mehr Geld haben?"

„Nein. Ich verlange nur, daß du Janik und Anka sofort aus deinem Dienst entläßt." – „Gern, gern! – Sie mögen laufen!"

„Du wirst ihnen sofort ihren Lohn ohne allen Abzug auszahlen!"

„Ja, sie sollen alles erhalten."

„Schön! Sie werden dein Haus gleich mit mir verlassen. Zu Fuß ist es für sie bis in die Gegend von Üsküb zu weit. Sie werden zudem mit ihren Sachen belastet sein. Darum wünsche ich, daß sie mit dem Wagen fahren, der unten im Schuppen steht." – „Wai! Das fällt mir nicht ein!" – „Ganz nach deinem Belieben. Halef, fahre fort! Es kommt der dritte Hieb."

„Halt, halt!" kreischte der Aga, als er sah, daß der Kleine ausholte. „Es ist doch unmöglich, ihnen den Wagen zu geben! Sie würden ihn mir nicht zurückgeben." – „Janik und Anka sind ehrliche Leute. Übrigens kannst du sie ja durch die Behörde zur Rückgabe zwingen lassen."

Murad Habulam sträubte sich zwar noch eine Weile, endlich willigte er ein, daß Janik und Anka auf seinem Wagen und mit seinem Pferd bis Üsküb fahren dürften, wo sie das Gefährt der Frau des Aga übergeben sollten.

„Jetzt aber sind wir doch wohl fertig?" fragte er mit einem tiefen Seufzer. – „Noch nicht. Du wirst mir auch ein schriftliches Geständnis dessen, was du mit uns vorhattest, unterzeichnen."

„Was willst du mit dieser Schrift tun?"

„Ich übergebe sie Janik. Sobald du dich ihm feindlich zeigst, wird er sie dem Richter überreichen." – „Das ist mir zu gefährlich!"

„Halef, nimm den Stock!"

„Warte noch!" zeterte der Alte. „Du mußt doch bedenken, daß Janik sich dieser Schrift gegen mich bedienen kann, auch wenn ich gar nichts gegen ihn unternehme!"

„Und du mußt bedenken", entgegnete ich, „daß die Urkunde eigentlich keine Steigerung der Gefahr für dich enthält. Alle deine Dienstboten, die hier stehen, haben euer Geständnis vernommen. Sie wissen, was geschehen ist, und bald werden alle Bewohner dieser Gegend erfahren, daß wir ermordet werden sollten und daß du ein Giftmischer bist. Du wirst von den Leuten verachtet und gemieden werden. Eben dieser Umstand hat mich zu einem milden Verfahren veranlaßt. Du wirst bestraft sein, ohne daß ich Vergeltung übe. Diese Strafe kann durch die Schrift, um die es sich handelt, weder beschleunigt noch erhöht werden. Also besinne dich nicht lang, ich habe keine Zeit."

Halef gab dieser Aufforderung Nachdruck, indem er die Sohle des Aga mit dem Stock berührte, als wolle er zielen. Das wirkte.

„Du sollst die Schrift haben", erklärte Murad Habulam. „Bindet mich los!"

Das geschah, und er wurde nun in Begleitung Halefs und Omars fortgeschickt, um das Geld und die Schreibsachen zu holen.

Er humpelte langsam hinaus, und seine zwei Wächter gingen mit. Die an der Hinterwand stehenden Knechte und Mägde flüsterten miteinander. Dann kam einer der Männer herbei und sagte: „Effendi, auch wir wollen nicht mehr bei Murad Habulam Aga bleiben. Er aber wird es freiwillig nicht zugeben, und so möchten wir dich ersuchen, ihn dazu zu zwingen."

„Das kann ich nicht."

„Du hast es doch für Janik und Anka getan!"

„Ihnen war ich Dank schuldig, denn sie haben uns das Leben gerettet. Ihr aber seid mit den Mördern in gutem Einvernehmen gewesen." – „Das ist nicht wahr, Effendi!"

„Habt ihr nicht ihre Pferde bewacht?"

„Ja. Wir haben den Abend und die ganze Nacht im strömenden Regen gestanden und erwarteten eine Belohnung. Als diese Leute aufbrachen, waren sie aber sehr zornig und haben unsre Dienste mit Schlägen belohnt." – „Wann sind sie fortgeritten?"

„Als der Morgen kaum noch graute." – „Welche Richtung schlugen sie ein?" – „Sie ritten zur Üsküber Straße."

„Wo standen ihre Pferde?" – „Außerhalb des Dorfs, bei den Aiw aghadschlary[1]." – „Wenn du mich hinführst, werde ich versuchen, eure Entlassung zu erreichen." – „Effendi, ich führe dich gern."

Jetzt kehrte Murad Habulam mit seinen beiden Wächtern zurück. Omar trug Papier, Feder und Tinte. Halef trat mit einem Beutel auf mich zu und sagte: „Hier sind die tausend Piaster, Sihdi. Ich habe sie nachgezählt."

Ich steckte den Beutel ein.

Der Hausherr war zu Janik und Anka gehinkt. Er gab ihnen ihr Geld und fuhr sie grimmig an: „Hebt euch von dannen und gebt den Wagen ehrlich in Üsküb ab! Ich aber werde täglich beten, daß Allah eure Ehe mit Unglück und Zwietracht schlagen möge!"

Diese Worte erregten Janiks Zorn. Er steckte sein Geld ein und antwortete: „Du beleidigst uns und bist ein Bösewicht, wie es wohl keinen zweiten gibt. Diesmal bist du dem Henker entschlüpft, weil der Effendi ein Christ ist und Gnade walten ließ. Aber es wird bald die Stunde kommen, in der eure ganze Räuberbande der verdienten Strafe

[1] Quittenbäume

verfallen wird. Eure Stunden sind gezählt, denn euer Anführer wird der Tapferkeit des Effendi erliegen."

„Er mag ihn suchen!" höhnte der Aga.

„Oh, er wird den Hauptmann dieser Bande finden, denn er weiß ja, wo er steckt!"

„Ah, weiß er das wirklich?"

„Glaubst du, es sei uns nicht bekannt? Ich werde selbst zum Karanorman-Han mitgehen, um dem Effendi beizustehen."

Da war das Wort heraus! Ich hatte dem Unvorsichtigen gewinkt – er sah es nicht. Ich wollte ihn unterbrechen, aber er sprach in seinem Eifer so schnell, daß ich meine Absicht nicht erreichte.

Murad Habulam horchte auf. Sein Gesicht nahm den Ausdruck der Spannung an. „Kara-nor-man-Han!" rief er, wobei er die beiden Silben ‚norman' besonders betonte. „Was für ein Ort ist das?"

„Ein Ort bei Weitscha, wo euer Anführer sich aufhält."

„Kara-norman-Han!" lachte der Alte höhnisch. „Ah, das ist sehr gut! Was sagst du dazu, Suef?"

Der angebliche Schneider hatte sich umgedreht, als er den Namen hörte, und Janik forschend ins Gesicht gesehen. Auf die Frage Murad Habulams lachte auch er laut auf und antwortete: „Ja, das ist herrlich! Sie mögen hingehen und ihn suchen. Ich möchte dabei sein, um zu sehen, was für Gesichter sie schneiden, wenn sie den Anführer dort finden."

Dieses Verhalten überraschte mich, wie mich gestern schon das Benehmen Suefs bei der gleichen Sache stutzig gemacht hatte. Ich hatte erwartet, daß die Banditen erschrecken würden, und nun höhnten sie. Es war ihnen anzusehen und anzuhören, daß sie sich nicht verstellten. In diesem Augenblick wußte ich mit Sicherheit, daß sich ihr Anführer nicht im Karanorman-Han befand.

Doch dieser Gedanke konnte jetzt nicht weiterverfolgt werden. Ich mußte es schreiben. Das tat ich in morgenländischer Weise auf dem Knie. Die andern waren still, um mich nicht irrezumachen.

Murad Habulam hatte sich neben Suef gesetzt. Beide flüsterten miteinander, und ich bemerkte, wenn ich zuweilen halb aufblickte, daß sie mit schadenfrohem Ausdruck auf uns sahen. Endlich kicherten sie gar miteinander. Diese Frechheit ärgerte mich.

„Geh hinab und spann das Pferd an den Wagen", gebot ich Janik. „Ladet eure Sachen auf! Wir werden in kurzer Zeit aufbrechen."

„Soll ich unsre Pferde vorführen?" fragte Halef.

„Noch nicht. Aber geh noch einmal zum Turm. Ich habe bemerkt, daß dort von der vergifteten Eierspeise noch Brocken liegen, die wir den Spatzen vorwarfen. Sammle sie behutsam, vielleicht brauchen wir sie noch."

Der kleine scharfsinnige Hadschi beeilte sich, mir sofort zu bemerken: „Ich habe auch noch die Tüte mit dem Rattengift bei mir, die wir Murad Habulam abnahmen."

„Das ist sehr gut. Der Aga scheint sich über uns lustig zu machen. Ich werde dafür sorgen, daß er ernst wird."

Halef, Janik und Anka entfernten sich. Der Hadschi kehrte zurück, als ich die Schreiberei beendet hatte, und brachte eine Sammlung größerer Brocken, die zu einer chemischen Untersuchung ausreichten.

„Effendi, was willst du mit diesen Dingen tun?" fragte Murad Habulam besorgt.

„Ich werde sie in Üsküb dem Apotheker der Polizei vorlegen und feststellen lassen, daß vom Inhalt der Gifttüte in die Eierspeise gegeben wurde." – „Das hat doch keinen Zweck?"

„Einen bedeutenden sogar; ich will deiner Lustigkeit einen Dämpfer aufsetzen!" – „Wir haben nicht gelacht!"

„Lüge nicht! Du machst die Sache damit nur schlimmer."

„Wir mußten über den Karanorman-Han lachen, Effendi."

„Ist das denn so lächerlich?" – „Nein. Aber Janik sprach von einem Anführer, von dem wir nicht das mindeste wissen, und der Karanorman-Han kümmert uns noch weniger."

„So? Ihr wißt wirklich nichts vom Schut?"

„Nein", entgegnete er, obgleich ich wohl bemerkte, daß er erschrak, als ich diesen Namen nannte. „Ich kenne weder ihn, noch den Ort, von dem ihr redet."

„Kennst du auch keinen Ort, der ähnlich heißt?"

Ich blickte ihn scharf an. Er schluckte und schluckte, senkte den Blick zu Boden und stammelte: „Nein, ich kenne keinen."

„Sieh, ich merke es dir wieder an, daß du lügst. Du kannst dich nicht so gut verstellen, wie es nötig wäre, um mich zu täuschen. Wir wollen doch sehen!"

Ich zog meine Brieftasche hervor. In einem Fach steckte der Zettel, den Hamd el Amasat an seinen Bruder Barud geschrieben hatte und der in meine Hände gefallen war. Ich nahm ihn heraus und betrachtete ihn auf das genaueste.

Daraufhin, daß das Wort Karanorman-Han undeutlich geschrieben sein könne, hatte ich ihn noch nicht angesehen, und darum hatte ich stets geglaubt, es richtig gelesen zu haben. Kaum war mein Blick jetzt auf die betreffenden Silben gefallen, so wußte ich, woran ich war.

Die arabische Schrift hat nämlich keine Buchstaben für die Vokale; diese werden vielmehr durch die sogenannten Hareket[1] bezeichnet. Das sind Striche oder Häkchen, die über oder unter den betreffenden Konsonanten gesetzt werden. So bedeutet zum Beispiel ein kleiner Strich (-), der Üstün oder Eßre genannt wird, *a* oder *e*, wenn er über dem Buchstaben steht. Steht er aber darunter, so gilt er für *y* oder *i*. Das sogenannte Ötürü, ein Häkchen in folgender Gestalt ', steht über dem Buchstaben und bedeutet *o* und *ü* oder *ö* und *ü*. Es kann also, zumal bei undeutlicher Schrift, leicht eine Verwechslung vorkommen. Das war auch bei mir beim Lesen des Zettels geschehen.

[1] Lesebogen

Ich hatte nämlich eine kleine schwarze Stelle im Papier für ein Ötürü gehalten und einen Strich unter dem Buchstaben ganz übersehen, weil er beim Schreiben so winzig ausgefallen war, daß er kaum bemerkt werden konnte. Es war also nicht *o*, sondern *i* zu lesen, nämlich „nir" in der dritten Silbe des Wortes.

Außerdem hatte der Schreiber den Anfangsbuchstaben der vierten Silbe so undeutlich gesetzt, daß die Richtung der Schleife nicht genau zu bestimmen war. Aus diesem Grunde hatte ich *m* für *w* gelesen. Es mußten diese beiden Silben also „nirwan" anstatt „norman" lauten, und der Name hieß folglich Karanirwan-Han.

Ob dieser Ort nun in der Nähe von Weitscha lag, wie der tote Gefängniswärter geglaubt hatte, war nicht von Wichtigkeit. Ich konnte mir nämlich denken, daß der Schut nicht allen seinen Anhängern, sondern nur seinen nächsten Vertrauten seinen wahren Wohnsitz verriet. Jedenfalls war Karanirwan-Han die richtige Lesart. Darüber gab es für mich nun keinen Zweifel mehr.

Als ich vom Zettel aufblickte, bemerkte ich zu meiner Überraschung, daß Murad Habulam seine Augen mit gierigem Blick auf ihn gerichtet hielt.

„Was hast du da, Effendi?" – „Einen Zettel, wie du siehst."

„Was steht darauf?" – „Eben der Name Karanorman-Han."

„Laß mich ihn betrachten, Effendi!"

Kannte dieser Verbündete des Schut vielleicht auch Hamd el Amasat? Es schien mir geraten zu sein, Murad den Zettel zu geben. Wenn ich ihn dabei scharf beobachtete, wurde es vielleicht möglich, aus seinem Verhalten Schlüsse zu ziehen.

„Hier hast du ihn", sagte ich. „Aber verliere ihn nicht; ich brauche ihn noch."

Der Aga nahm das Papierstückchen und betrachtete es. Ich sah, daß er erbleichte. Zugleich hörte ich ein leises, aber bezeichnendes Räuspern Halefs. Er wollte meine Aufmerksamkeit auf sich lenken. Ich blickte ihn schnell an, und er winkte mit den Augenlidern fast unmerklich zu Suef hin. Als ich verstohlen hinübersah, bemerkte ich, daß der Verräter sich halb auf das Knie erhoben hatte und den Hals ausstreckte. Seine Augen waren auf Murad Habulam gerichtet, und sein Gesicht zeigte den Ausdruck größter Spannung, sich nichts von dem entgehen zu lassen, was nun vorging.

Mittlerweile hatte der Hausherr den Zettel aufmerksam betrachtet. Er wiegte den Kopf und meinte: „Wer soll das lesen können? Ich nicht! Das ist ja gar keine Sprache." – „O doch!" entgegnete ich. – „Ja, Silben sind da, aber sie geben doch keine Worte!"

„Man muß sie anders lesen, dann kommt ein deutlicher Satz zum Vorschein."

„Kannst du das? Dann tu es doch!"

„Dieser Zettel scheint deine Wißbegierde zu erregen?"

„Ich denke, diese Zeilen können gar nicht gelesen werden, und du behauptest doch das Gegenteil. Stelle die Silben richtig zusammen und lies sie mir vor!"

Den Blick verstohlen, aber scharf auf ihn und Suef richtend, erklärte ich: „Die Worte lauten richtig gelesen: ‚In pripa veste la karanorman han ali sa panajir melnikde.' Verstehst du das?"

„Nur einige Worte."

Ich hatte deutlich gesehen, daß es blitzschnell über Murads Gesicht zuckte. Suef war wie erschrocken in seine vorige kauernde Stellung zurückgesunken. Ich wußte nun, woran ich war, und bemerkte: „Es ist ein Gemisch von Türkisch, Serbisch und Rumänisch."

„Aber zu welchem Zweck? Warum hat der Schreiber sich nicht einer einzigen Sprache bedient?"

„Weil der Inhalt des Zettels nicht für jedermann bestimmt ist. Der Schut und seine Vertrauten bedienen sich untereinander einer Geheimschrift. Sie entnehmen die Worte den drei genannten Sprachen und setzen die Silben zwar nach einer bestimmten Regel, aber doch scheinbar wirr durcheinander, daß ein Uneingeweihter sie nicht lesen kann."

„Aber du hast die Nachricht doch lesen können!" erklärte Murad Habulam. – „Allerdings."

„So bist du ein Verbündeter des Schut?"

„Du vergißt, daß ich ein Abendländer bin", lachte ich.

„Du willst sagen, daß ihr klüger seid als wir?"

„Ja. Für euch ist diese Geheimschrift hinreichend; für uns aber ist sie, weil so tölpelhaft ersonnen, sehr leicht zu enträtseln."

„Aber wie lautet denn eigentlich der Inhalt dieser mir unverständlichen Worte?"

„Er lautet: Sehr eilig Nachricht nach Karanorman-Han, aber nach dem Jahrmarkt in Melnik."

„So ist es zu lesen!" meinte der Aga im Ton kindischer Verwunderung. „Ist dieser Zettel für dich so wichtig, daß du mich bittest, ihn nicht zu verlieren?"

„Ja, denn ich suche den Schut und hoffe, ihn mit Hilfe des Zettels zu finden."

„So warst du auf dem Jahrmarkt in Melnik und willst nun zum Karanorman-Han?"

Ich bejahte bereitwillig und so unbefangen, als ließe ich mich gern ausfragen. Er wurde getäuscht und erkundigte sich weiter: „Wer hat diesen Zettel geschrieben?"

„Ein Bekannter von dir, nämlich Hamd el Amasat. Er ist der Bruder von Barud el Amasat, der diese Nacht hier bei dir war."

„Trotzdem habe ich noch nie etwas von Hamd el Amasat gehört. Wo ist er denn?"

„Er war im Geschäft des Kaufmanns Galingré in Skutari. Jetzt aber ist er von diesem fort, um zum Schut zu gehen, bei dem er mit seinem Bruder Barud zusammentreffen will."

„Woher weißt du das?“ – „Der Zettel sagt es mir.“

„Effendi, du bist ein kluger Kopf. Was du mir vom bösen Blick erzählt hast, war nur darauf berechnet, mich zu täuschen. Du besitzt den bösen Blick gar nicht. Alles hat dein Scharfsinn dir gesagt; das weiß ich jetzt genau. Vermutlich wirst du auch noch den Karanorman-Han finden, den du suchst.“

„Ich habe ihn schon gefunden. Aber ich reite jetzt gar nicht mehr zum Karanorman-Han.“ – „Wohin denn, Effendi?“

„Ich verwandle das *o* in ein *i* und das *m* in ein *w* und reite also zum Karanirwan-Han.“

Ich sagte das langsam und mit besondrer Betonung. Da ich dabei den Aga scharf anblickte, sah ich, daß er die Farbe wechselte und sich wie erschrocken mit der Hand an den Kopf fuhr.

„Scheïtan!“ erklang es leise von Suef her.

Dieser Zuruf bewies mir, daß ich auf der richtigen Spur war.

„Gibt es denn einen Ort, der diesen Namen führt?“ fragte Murad Habulam mit gepreßter Stimme.

„Nirwan ist ein persisches Wort; also sollte man diesen Ort wohl eigentlich in der Nähe der persischen Grenze suchen. Aber weißt du, was Ilm-i ischtikak[1] ist?“ – „Nein, Effendi.“

„So kann ich dir auch nicht erklären, warum ich aus der Zusammensetzung dieses Wortes vermute, daß der Ort den Namen von seinem Besitzer erhalten hat.“ – „Vielleicht verstehe ich es doch!“

„Schwerlich. Der Mann ist ein Nirwani, ein Mann aus der persischen Stadt Nirwan. Er hat schwarzes Barthaar und wurde darum Kara, der Schwarze, genannt. Sein hiesiger Name lautet also Karanirwan. Er baute ein Einkehrhaus, einen Han, und es ist also sehr leicht zu begreifen, daß dieses Haus nach seinem Besitzer Karanirwan-Han genannt wurde und noch heute so genannt wird.“

„Scheïtan!“ hauchte es abermals von Suef her.

Murad Habulam wischte sich den Schweiß von der Stirn und meinte: „Es ist wunderbar, wie du dir aus einem Namen gleich eine ganze Geschichte machen kannst! Ich befürchte nur, daß du dich täuschst.“

„Und ich möchte darauf schwören, daß dieser Han nicht in einer Stadt oder in einem Dorf liegt.“ – „Warum?“

„Weil in diesem Fall diese Stadt oder dieses Dorf auf dem Zettel genannt wäre. Das Haus liegt gewiß an einem einsamen Ort.“

„Wenn es so einsam liegt, wirst du es niemals finden. Du bist ein Fremder und hast wohl auch keine Zeit, so lange hier zu verweilen, als nötig wäre, um so umfassende Nachforschungen anstellen zu können.“

„Du irrst! Ich hoffe, den Han sehr leicht zu finden. Kennst du im weiten Umkreis von Kilisseli einen Perser?“ – „Nein.“

[1] Etymologie, Wortforschung, Wortbildungslehre

„Das glaube ich dir gern. Hier sind die Perser so selten, daß, wenn es irgendwo einen gibt, jedermann von ihm gehört hat, zumal die Perser Schiiten sind und die religiösen Gewohnheiten dieses Mannes ihn weithin bekannt machen müssen. Ich brauche mich also während unsres Ritts nur nach einem Perser zu erkundigen."

„Aber er kann sehr weit aus deiner Richtung wohnen, so daß die Leute, die du triffst, nichts von ihm wissen."

„Der Gesuchte wohnt aber gewiß in dieser Richtung."

„Wie willst du das wissen?"

„Der Zettel sagt es mir. Oder glaubst du, daß Barud el Amasat große und unnütze Umwege machen wird, um zu seinem Bruder zu kommen?"

„Nein, das wird er nicht."

„Er wird also die kürzeste Linie verfolgen?"

„Gewiß, Effendi."

„Nun, so brauche ich nur wie bisher seiner Spur zu folgen. Sie wird mich bis zum Karanirwan-Han, zu seinem Bruder und wohl auch zum Schut führen. Glaubst du nicht auch?"

„Scheïtan!" erklang es nun zum drittenmal leise von Suef her. Ich tat aber, als hätte ich es nicht gehört. Dieser abermalige Stoßseufzer war mir wiederum ein Beweis, daß ich mich nicht irrte.

„Effendi", meinte der Aga, „was du sagst, klingt ganz gut, und ich wünsche auch, daß du das Richtige getroffen hast, aber ich glaube es nicht. Sprechen wir lieber von etwas anderm! Willst du das Gift und die Brocken wirklich nach Üsküb mitnehmen? Ich habe ja meine Strafe bezahlt und auch zwei Streiche bekommen, die mich entsetzlich schmerzen. Dabei könntest du es bewenden lassen."

„Du hast deine Strafe bezahlt, uns aber später ausgelacht. Jetzt wirst du einsehen, daß euer Hohnlächeln unnütz war. Ich werde den Han ohne euch finden. Aber daß ihr es gewagt habt, euch über uns lustig zu machen, muß bestraft werden. Ich bin nicht der Mann, der mit sich Komödie spielen läßt. Ich gebe in Üsküb das Gift und die Brocken der Polizei."

„Ich will den Armen noch hundert Piaster geben, Effendi."

„Und wenn du mir tausend bietest, weise ich sie zurück."

„Ich bitte dich, nachzudenken, ob es wirklich nichts gibt, was dich veranlassen könnte, von deinem Vorhaben abzusehen."

„Hm!" brummte ich nachdenklich.

Das gab dem Alten Hoffnung. Er sah, daß ich mich wenigstens noch besann.

„Denke nach!" wiederholte er dringlicher.

„Vielleicht – ja – vielleicht ließe sich ein Ausgleich finden. Sag mir vorher, ob es hier in dieser Gegend schwer ist, Dienstleute zu bekommen?"

„Leute, die in einen Dienst treten wollen, gibt es genug", antwortete er rasch.

„So fällt es dir wohl auch nicht schwer, Knechte und Mägde zu bekommen?“ – „Gar nicht. Ich brauche nur zu wollen.“

„Nun, so wolle einmal!“ – „Wie meinst du das?“

„Sieh dort die Leute! Sie wünschen, von dir entlassen zu werden.“

Das hatte der Aga nicht erwartet. Er drehte sich um und warf den Knechten und Mägden einen drohenden Blick zu. Dann fragte er mich: „Woher weißt du das?“

„Deine Leute haben es mir gesagt.“

„Allah! Ich werde ihnen die Peitsche geben lassen!“

„Das wirst du nicht tun. Hast du sie nicht selbst geschmeckt? Ich ermahne dich, in dich zu gehen und einen andern Wandel zu beginnen. Warum willst du diese Leute nicht entlassen?“

„Weil es mir nicht gefällt.“

„Nun, so lasse es dir desto besser gefallen, daß ich das Gift mitnehme nach Üsküb. Halef, sind die Pferde bereit?“

„Ja, Sihdi“, erwiderte der Gefragte. „Wir brauchen sie nur vorzuführen. Janik wird auch schon angespannt haben.“

„So wollen wir aufbrechen. Fahrt mich hinaus vor das Tor!“

„Halt!“ rief Murad Habulam. „Was für ein jähzorniger Mensch bist du doch, Effendi!“

„So mach es kurz“, erwiderte ich. „Gib deinen Leuten den Lohn und sie mögen gehen!“

„Ich täte es, aber ich kann doch nicht ohne passende Dienstboten sein!“ – „So nimm einstweilen Taglöhner an. Ich habe keine Zeit, noch lange zu verhandeln. Hier ist die Schrift, die ich verfaßt habe. Lies sie durch und unterschreibe sie dann.“

Er nahm das Papier entgegen und setzte sich nieder, um es bedächtig durchzulesen. Der Inhalt behagte ihm nicht. Es gab noch manches Für und Gegen, aber ich gestattete keine Änderung, und endlich unterschrieb er doch. Halef trug das Geständnis hinaus, um es Janik zu geben.

„Und nun, wie steht es mit den Leuten?“ fragte ich.

Der Aga antwortete nicht sofort. Da rief Suef ihm zornig zu: „Laß sie doch zum Scheïtan gehen! Du kannst andre bekommen, die nicht wissen, was gestern und heute geschehen ist. Jage sie fort! Und je weiter sie gehen, desto besser ist es!“

Das gab den Ausschlag. Murad Habulam ging und holte das Geld, und ich blieb, bis die Löhne ausgezahlt waren. Dann gab ich ihm das Gift und die Brocken und ließ die Pferde vorführen.

Man kann sich denken, daß es zu keinem zärtlichen Abschied zwischen uns und unserm Gastgeber kam. Er entschuldigte sich, daß er mich nicht bis vor die Tür begleiten könne, da seine Füße wund seien.

„Du hast erfahren“, mahnte ich ernst, „daß Allah es vermag, selbst die größte Lüge zur Wahrheit zu machen. Als wir gestern kamen, sagtest du, daß du nicht gehen könntest – das war eine Lüge. Heute ist sie zur Wahrheit geworden. Was nun deine Gastfreundschaft betrifft, so habe ich dir nicht zu danken. Suef sollte mich in einen Han bringen. Er hat mich getäuscht und mich zu dir geführt. Im Han würde ich bezahlen, dir aber biete ich nichts an. Alles in allem genommen, sind wir heute quitt, und ich hoffe, daß nicht etwa eine neue Rechnung aufläuft."

„Aber wir sind noch nicht quitt!" rief Suef mir grimmig zu. „Du wirst mir die heutige Rechnung zahlen!"

„Sehr gern! Jedenfalls wieder in Hieben!"

„O nein! Das nächste Mal werden Kugeln ausgeteilt!"

„Das wird sich später zeigen. Ich weiß genau, daß du wenige Minuten nach mir auch dieses Haus verlassen wirst –"

„Kann ich denn gehen?"

„Nein, du wirst reiten!"

„Du bist allwissend!" höhnte der Verräter. „Wenn du wirlich so klug bist, so sag mir doch, wohin ich reiten werde."

„Den andern nach."

„Wozu?"

„Um ihnen zu melden, daß ich Karanirwan suche. Grüße sie von mir uns sag ihnen, daß sie beim nächsten Mal nicht im Wasser, sondern vielleicht im Blut stehen werden, aber freilich in ihrem eignen."

Osko schob mich im Räderstuhl hinaus. Draußen standen die Pferde, und wir stiegen auf. Auch der Wagen mit Janik und Anka stand vor der Tür. Ihre wenigen Sachen hatten sie hinter sich liegen, und ihre Gesichter glänzten vor Freude.

„Wir reiten erst zu dem Platz, wo die Pferde unserer Feinde waren und kommen euch dann nach", rief ich ihnen zu.

Der Knecht, der uns führen wollte, stand bereit. Wir kamen gar nicht ins Dorf, und in fünf Minuten hatte er uns an die Stelle gebracht und nahm dann Abschied. Ich fragte ihn noch, um die Hauptsache nicht zu vergessen, wieviel Männer von da fortgeritten seien. Es waren fünf, aber nur Manach el Barscha, den Bruder Habulams, kannte er. Ich ließ mir die vier andern beschreiben: Barud el Amasat, der Mübarek und die beiden Aladschy waren es gewesen. Der verwundete Mübarek hatte stramm im Sattel gesessen: der Alte mußte eine Nilpferdnatur besitzen.

Wegen meines Fußes wollte ich nicht selbst absteigen und beauftragte also meine Gefährten, die zahlreichen Hufspuren zu untersuchen.

„Wozu soll das nützen?" fragte Osko.

„Um die Pferde wieder zu erkennen. Vielleicht kommen wir in die unangenehme Lage, nicht genau zu wissen, wen wir vor uns haben. In diesem Fall wäre es von großem Vorteil, wenn eins der Pferde irgendeine Eigentümlichkeit am Huf hätte, die sich der Spur eindrückt. Wir würden das Pferd dann später an der Hufspur erkennen."

Wir hielten auf einem Rasenplatz. Im Schatten mehrerer riesiger Platanen standen zahlreiche Sträucher und Bäumchen von Quitten, zwischen denen der Boden zertreten war. Spuren gab es also genug, aber keine einzige, die etwas so Besonderes gehabt hätte, um sie später unter andern herauszufinden. Wir brachen also unverrichteter Dinge wieder auf. Der Regen hatte den Boden so tief erweicht, daß es leicht war, den Spuren zu folgen. Sie führten zur Straße, auf der man über Guriler und Karadschinova nach Üsküb kommt. Selbst auf dieser Straße war die Fährte deutlich zu erkennen, da der Schlamm hoch lag, und es keinen Verkehr gegeben hatte.

16. In Wassersnot

Bald erreichten wir den Wagen des glücklichen Paares und nun, da keiner der Bewohner des Schlosses es sehen konnte, gab ich dem erstaunten Janik die tausend Piaster seines bisherigen Dienstherrn als Hochzeitsgeschenk. Der Brave sträubte sich, auch dieses Geschenk noch zu nehmen, aber er mußte es endlich doch zu sich stecken. Beide flossen in Dankesworten über. Wir hatten zwei Menschen glücklich gemacht, und das wog die Widerwärtigkeiten der letzten Vorfälle reichlich auf.

Der Schmutz der Straße war so dick, daß wir nur langsam reiten konnten. Wo es irgendwo ein Wässerlein gab, da war es über die Ufer getreten. Glücklicherweise lachte über uns ein freundlicher Himmel.

Halef lenkte sein Pferd auf meine Seite und begann: „Du willst unsre Gegner überholen, Sihdi. Wird uns das gelingen?"

„Nein, denn ich bin entschlossen, es nicht zu tun. Solang ich glaubte, daß das Ziel Karanorman bei Weitscha sei, mußte ich es vorteilhaft für uns halten, dort früher als unsre Feinde anzukommen. Seit es sich aber herausstellte, daß ich mich irrte, ist uns unser Ziel völlig unbekannt, und wir müssen ihren Spuren folgen wie bisher. Ich glaube aber, daß es mir bald gelingen wird, zu erfahren, wo der Karanirwan-Han liegt."

„Jedenfalls hinter Üsküb. Meinst du nicht?"

„Ja, denn sonst müßte er zwischen hier und der Stadt liegen, und das halte ich für ganz unwahrscheinlich."

„Ist Üsküb groß?"

„Ich schätze, daß es nicht viel unter dreißigtausend Einwohner hat."

„Da werden wir die Spuren der Verfolger verlieren."

„Stambul ist noch viel größer, und haben wir dort nicht gefunden, was wir suchten? Ich vermute übrigens, daß wir Üsküb nicht betreten werden, weil unsre fünf Lieblinge die Stadt meiden werden. Du mußt bedenken, Halef, daß Manach el Barscha dort Steuereinnehmer war. Man hat ihn aus dem Amt gejagt, und er wird es scheuen, sich in dieser Stadt blicken zu lassen. Wahrscheinlich reiten sie in einem weiten Bogen um Üsküb, um jenseits wieder auf die Straße nach Kalkandelen einzulenken. Wenn ich richtig ahne, so ist der Karanirwan-Han hinter diesem Ort in den einsamen Tälern des Schar Dagh zu suchen."

Wir hatten jetzt die Kriva Rjeka erreicht, deren angeschwollene Fluten weit über die Ufer schäumten. Wenn die Nebenflüsse des Wardar solche Wassermassen aus den Bergen brachten, mußte der Hauptstrom stark angeschwollen sein. Es war nicht ungefährlich, über die alte Brücke zu kommen, die beinahe überspült wurde und deren Pfeiler unter der Gewalt der andrängenden Wogen zu wanken schienen. Das Wasser stand an ihren beiden Ausgängen über einen halben Meter hoch auf der Straße. Das gestrige Gewitter schien sich über dem Gebiet des Schar Dagh und der Kurbetschka Planina entladen zu haben. Wir ritten jetzt mitten durch die wegen ihrer Fruchtbarkeit berühmten Ebene von Mustafa und erreichten nach einer halben Stunde das Dorf Guriler, das am rechten Nebenarm der Kriva Rjeka liegt. Auch dieser Fluß war über die Ufer getreten und schien ziemliches Unheil angerichtet zu haben. Die Bewohner standen außerhalb ihrer Häuser im Wasser und arbeiteten mit aller Anstrengung daran, um dieses einzudämmen.

Um nach Üsküb zu kommen, hätten wir unsre bisherige Richtung bis Karadschinova einhalten müssen. Die Straße führte in beinahe grader Linie weiter. Hier, wo so viele Leute gegangen, waren die Spuren verwischt, die wir suchten. Sie konnten erst wieder jenseits des Dorfes zum Vorschein kommen.

Als wir es im Rücken hatten, war von der Fährte nichts zu bemerken. Meines Wissens gab es keine zweite Straße, die von hier irgendwohin abzweigte. Sollten die Gesuchten sich vielleicht noch in dem Dorf befinden? Es gab einen kleinen Han dort. Wir hatten das Haus gesehen, waren aber daran vorübergeritten. Es blieb mir nichts andres übrig, als zurückzureiten und mich zu erkundigen. Der Han stand so nah am Wasser, daß es beinah die Tür erreichte. Ein Mann war davor beschäftigt, einen Damm zu errichten. Als ich ihn grüßte, dankte er mir kaum und warf mir nur einen unfreundlichen Blick zu.

„Da ist ein schlimmer Gast bei euch eingekehrt", sagte ich und deutete auf das Wasser.

„Oh, es gibt noch schlimmere Gäste", entgegnete er anzüglich.

„Was kann schlimmer sein als Feuers- und Wassersnot?"

„Die Menschen!"

„Bist du der Handschi?"

„Ja. Willst du vielleicht bei mir einkehren? Ich habe euch vorüberkommen sehen. Warum kehrst du zurück? Reite getrost weiter!"

Er stützte sich auf seine Hacke und betrachtete mich mißtrauisch von der Seite her. Der Mann hatte ein ehrliches Gesicht und sah nicht wie ein Menschenfeind aus. Sein zurückweisendes Verhalten mußte einen besonderen Grund haben, den ich ahnte. Darum erklärte ich: „Deine Seele scheint gegen mich eingenommen zu sein. Womit habe ich die Unhöflichkeit verdient, mit der du mir antwortest?"

„Nesaket adamyn sineti dir[1], das ist wahr. Aber es gibt Leute, denen gegenüber dieses Sprichwort nicht am Platz ist."

„Zählst du mich zu diesen Leuten?" – „Ja."

„Du befindest dich in einem großen Irrtum. Man hat mich bei dir verleumdet."

„Gib dir keine Mühe! Ich kenne dich", behauptete der Handschi mit einer verächtlichen Handbewegung. „Wenn du klug bist, so verläßt du das Dorf. Du bist nicht in einem abgelegenen Ort, wo man dich und die Deinen fürchten muß, weil man nicht auf Hilfe rechnen kann. Da, schau den Mann an! Du siehst, daß sich Männer des Padischah bei mir befinden."

Unter die Tür war ein militärisch gekleideter Mann getreten. Die Ähnlichkeit der beiden ließ erraten, daß sie Brüder waren. Auch er sah mich unfreundlich an.

„Was gibt es? Was will dieser Fremde?" fragte er den Wirt.

„Ich weiß es nicht", erwiderte dieser, „und mag es auch nicht wissen. Ich habe ihm schon gesagt, daß er weiterreiten soll."

„Das werde ich auch tun", erklärte ich. „Aber ich muß eine Erkundigung einziehen und hoffe, daß ihr mir eine höfliche Frage beantworten werdet."

„Das werden wir tun, wenn man deine Frage beantworten kann", meinte der Soldat. „Ich bin Hekim askeri[2] in Üsküb und bin jetzt hier bei meinem Bruder zu Besuch. Das will ich dir sagen, bevor du fragst."

Jetzt war mir alles klar. Darum erkundigte ich mich: „Es sind heute morgen fünf Reiter bei euch eingekehrt?"

Der Arzt bejahte.

„Einer war verwundet, und du hast ihn verbunden?"

„So ist es. Weißt du vielleicht, wer ihn verwundet hat?"

„Ich selbst."

„Dann ist es richtig, was diese Leute uns erzählt haben."

„Was haben sie denn erzählt?"

„Du wirst es viel besser wissen als wir. Wenn du weiter nichts zu fragen hast, so sind wir mit dir fertig."

Er wendete sich ab.

„Halt, warte noch!" sagte ich. „Ich kann mir allerdings denken, daß man euch belogen hat, aber in welcher Weise es geschah, weiß ich nicht. Da du Arzt im Dienste des Sultans bist, wirst du lesen können. Sieh dir dieses Papier an!"

Ich zog meinen Ferman heraus und überreichte ihn dem Hekim. Kaum war sein Blick auf das Siegel gefallen, so machte er eine tiefe Verneigung und entgegnete erstaunt: „Das ist ja das Siegel des Großwesirs! Eine solche Urkunde wird nur mit der besonderen Erlaubnis des Padischah ausgefertigt."

„Allerdings! Und ich freue mich, daß du das so genau weißt."

„Und du bist der rechtmäßige Besitzer dieses Fermans?"

[1] Höflichkeit ist eine Zierde des Menschen [2] Militärarzt

„Ja. Überzeuge dich, indem du die Beschreibung mit meiner Person vergleichst."

Er tat es, wiegte den Kopf und sagte zu seinem Bruder: „Wir haben diesem Effendi unrecht getan. Er ist nicht das, wofür man ihn ausgegeben hat. – Hier hat du deinen Ferman zurück. Wir sind belogen worden, denn man hat uns erzählt, ihr wäret Räuber."

„So etwas Ähnliches habe ich vermutet. Aber die Leute, die bei euch einkehrten, sind Räuber. Hast du vielleicht von den beiden Aladschy gehört?"

„Ja, es sind zwei Wegelagerer, die das Gebiet von den Kerubi- und Bastrikbergen bis zur Dovanitza Planina unsicher machen. Man hat sich vergebens Mühe gegeben, sie zu fangen. Warum fragst du mich nach diesen Räubern?"

„Weil sie hier waren. Hast du nicht die Pferde der fünf Reiter betrachtet?"

„Ja. Es waren zwei Schecken dabei, zwei prachtvolle Pferde, die – Allah! Was fällt mir da ein! Die beiden Räuber reiten scheckige Pferde, weshalb sie eben Aladschy genannt werden."

„Nun, was folgt daraus?" – „Daß sie vorhin hier einkehrten!"

„Richtig! Ihr habt die beiden Aladschy bei euch aufgenommen, und die drei andern sind ähnliche Schurken."

„Das hätte ich nicht gedacht! Sie sind selbst Räuber, und dich haben sie schlecht gemacht. Sie gaben euch für Daghlar tschapkynlary[1] aus und erzählten, sie seien mit euch im Han von Kilisseli zusammengetroffen. Infolge eines Zanks hättet ihr ihnen aufgelauert und auf sie geschossen. Ich habe den Alten, der von zwei Kugeln in den Arm getroffen worden ist, verbunden."

In Kürze berichtete ich dem Militärarzt den Vorfall und erfuhr dann von ihm, die fünf Banditen seien nach Üsküb aufgebrochen.

„Aber ich sehe ihre Spuren nicht auf der Straße", bemerkte ich.

„Sie schlugen den Weg ein, der nach Rumelia führt", lautete die Antwort. „Sie meinten, es sei auf der Straße infolge des Regens zu schmutzig. Nach Rumelia können sie immer auf Grasflächen reiten." – „Aber sie machen einen Umweg, der für einen Verwundeten bedeutend ist. Ich sage dir, sie wollen nicht nach Üsküb reiten. Dort würden sie Gefahr laufen, festgenommen zu werden. Darum haben sie euch belogen, damit ihr uns nicht verraten sollt, wohin sie geritten sind. Ist der Weg nach Rumelia schwer zu finden?"

„Durchaus nicht. Er biegt gleich hinter der Brücke rechts ab. Du wirst den Spuren der fünf Reiter leicht folgen können, denn der Boden ist weich."

Nun verabschiedete ich mich und kehrte zu meinen wartenden Gefährten zurück.

„Unsre Gegner wollen nicht nach Üsküb; sie sind nach Rumelia geritten."

[1] Leute in den Bergen, Raubgesindel

„Nach Rumelia?“ fragte Janik. „So haben sie die Straße verlassen. Willst du ihnen folgen, Effendi?“

„Ja; wir werden uns also hier trennen müssen.“

„Aber wir haben doch ausgemacht, daß ich euch begleiten soll?“

„Das hat sich jetzt geändert, nachdem sich herausgestellt hat, daß wir das Ziel unseres Rittes nicht bei Weitscha suchen dürfen. Außerdem müßtest du zuerst deine Anka zu ihren Eltern geleiten, und wir können nicht warten, bis du wieder zu uns zurückkehrst, denn wir haben Eile. Kümmert euch nicht um uns, sondern sorgt dafür, daß ihr glücklich werdet!“

Der Abschied von dem dankbaren Brautpaar war rührend.

Als wir hinter der Brücke abbogen, konnten wir die Spuren der fünf Verfolgten deutlich im grasigen Boden erkennen. Einen gebahnten Weg gab es nicht.

„Was weißt du von Rumelia, Sihdi?“ fragte Halef, der wieder an meiner Seite ritt.

„Nicht viel. Vermutlich liegt dieser Ort an der Straße, die von Köprülü längs des Wardar nach Üsküb führt. Jenseits des Flusses ist die Eisenbahn.“

„Ah! Da könnten wir vielleicht einmal mit der Bahn fahren. Wenn ich zu Hanneh, der Schönsten der Töchter, zurückkehre, würde ich stolz sein, ihr sagen zu können, daß ich auch einmal in einem Wagen gesessen bin, der mit Rauch gezogen wird.“

„Nicht mit Rauch, sondern mit Dampf.“

„Das ist doch gleich?“

„Nein; denn Rauch kannst du sehen, während der Dampf unsichtbar ist.“

„Wenn der Dampf nicht gesehen werden kann, woher weißt du, daß es Dampf gibt?“

„Kannst du Musik sehen?“

„Nein, Sihdi.“

„Also gibt es auch deiner Meinung nach keine Musik. Es ist nicht gut möglich, dir mit wenigen Worten das Wesen und Wirken des Dampfes zu erklären. Um mich zu verstehen, müßtest du auch die notwendigen Vorkenntnisse besitzen.“

„Sihdi, willst du mich beleidigen? Habe ich nicht oft bewiesen, daß ich Vorkenntnisse besitze?“

„Aber keine physikalischen.“

„Welche sind das?“

„Die sich auf die Kräfte und Gesetze der Natur beziehen.“

„Oh, ich kenne alle Kräfte und Gesetze der Natur. Wenn mich einer beleidigt, so ist es doch ein sehr einfaches Naturgesetz, daß er dafür eine Ohrfeige bekommt. Und wenn ich sie ihm dann verabreiche, so ist es meine Naturkraft, mit der ich sie ihm gebe. Oder habe ich vielleicht nicht recht?“

„Du hast oft recht, auch wenn du unrecht hast, mein lieber Halef.

Übrigens tut es mir leid, daß du Hanneh, der Blume der Frauen, nicht erzählen kannst, daß du in einem Wagen der Eisenbahn gefahren bist."

„Warum nicht?"

„Erstens weiß ich nicht, ob die Bahn jetzt schon in Betrieb ist, und zweitens müssen wir unsern Feinden folgen. Die fahren nicht, also ist auch uns dieses Vergnügen versagt."

Der Weg war jetzt leidlich, und so kamen wir ziemlich rasch vorwärts. Nach einer halben Stunde sahen wir das Dorf Rumelia vor uns liegen. Links zog sich die Straße von Köprülü über Kapetanli-Han heran, und rechts führte sie nach Üsküb weiter.

Indem ich meinen Blick längs dieser Straße hingleiten ließ, sah ich einen Reiter, der in gestrecktem Galopp von Kapetanli-Han zu kommen schien. Wer in diesem tiefen Schmutz so scharf ritt, mußte es sehr eilig haben. Ich nahm mein Fernrohr zur Hand. Kaum hatte ich durchgesehen, so hielt ich dem Hadschi das Rohr hin. Er setzte es an und ließ es dann gleich wieder sinken.

„Allah!" rief er aus. „Das ist doch Suef."

Ich hatte also recht, als ich dem angeblichen Schneider Afrit sagte, daß er Kilisseli sofort nach uns verlassen würde.

„Reiten wir Trab", mahnte ich. „Suef will die andern warnen; das darf aber nicht geschehen. Er weiß, wohin sie sind."

„Aber wir können ihm doch nicht zuvorkommen", erwiderte Halef. „Er ist schon zu nah beim Dorf. Aber jenseits von Rumelia können wir ihn einholen."

„Nur, wenn eine Brücke über den Fluß führt. Geschieht das Übersetzen aber mittels Kahn oder Fähre, so gewinnt er einen Vorsprung. Ich werde voranreiten."

Rih schoß mit großer Schnelligkeit vorwärts. Suef hatte uns bisher nicht gesehen. Jetzt aber bemerkte ich, daß er stutzte; dann holte er mit der Peitsche aus und schlug auf sein Pferd ein. Er hatte mich erkannt und wollte mir zuvorkommen. Freilich war er dem Dorf näher als ich, aber sein Gaul konnte es unmöglich mit meinem Araber aufnehmen. Ich ließ einen Pfiff hören und sofort verdoppelte mein Rappe seine Schnelligkeit. In einer Minute erreichte ich die Straße, auf der Suef heranritt, und hielt zwischen ihm und Rumelia. Die Furcht vor mir verbot ihm, an mir vorüberzureiten. Einen Umweg gab es nicht, da links von uns der Wardar mit hochgehenden gelben Fluten dahinschoß. Ich blieb mitten auf der Straße halten und erwartete meine Begleiter. Suef hielt auch an, und zwar ungefähr vierhundert Schritte hinter mir.

„Das hat dein Rih gut gemacht, Sihdi!" lachte Halef, als er herankam. „Man sollte es nicht für möglich halten, daß ein Pferd so schnell sein kann. Aber was tun wir nun? Willst du mit dem Mann dort reden?"

„Kein Wort, wenn ich nicht dazu gezwungen werde."

„Wir haben doch einen großen Fehler begangen."

„Welchen, Halef?“

„Daß wir Suef die Bastonade gegeben haben, denn nun kann er wenigstens noch reiten. Hätten wir ihm die Peitsche nicht auf die Füße, sondern dorthin gegeben, wo der Padischah seinen Thron berührt, wenn er sich daraufsetzt, so könnte er weder gehen noch reiten.“

„Wir hätten dadurch nichts gewonnen, denn Murad Habulam hätte einen andern Boten gesendet. Also vorwärts!“

Wir ritten weiter, und Suef folgte uns langsam. Gewiß war er sehr erbost über unsre Dazwischenkunft.

Rumelia schien größer zu sein als Guriler. Es zog sich von der Straße hin bis an das Ufer des Flusses hinab. Der Wardar bot einen gefährlichen Anblick. Seine schmutzigen Wogen gingen hoch. Sie waren weit über die Ufer getreten und überschwemmten die anliegenden, mit Weiden bestandenen Wiesen. Jenseits des Flusses bemerkten wir den Eisenbahnbau. Wir sahen einen Bauzug langsam daherkommen. Zahlreiche Arbeiter waren mit Hacken und Schaufeln beschäftigt, und in der Nähe des Eisenbahndammes standen lange Bretterhütten, die jedenfalls den Arbeitern zur einstweiligen Wohnung dienten.

Eine Brücke gab es nicht, sondern eine Fähre. Es war das ein breiter, schwerer Prahm, der an Seilen hing, die an den Ufern verankert waren, und wurde von den Fährleuten mittels starker Stangen fortbewegt.

„Was nun?“ fragte Halef, als wir bei den ersten Häusern von Rumelia hielten. „Setzen wir gleich über?“

„Nein“, erwiderte ich. „wir reiten beiseite und warten, was Suef tun wird. Dann folgen wir ihm. Wir wissen nicht, wo seine Kumpane sind. Der Zwerg wird also unfreiwillig unser Führer sein.“ – „Nein, Sihdi. Suef wird klug genug sein, um uns in die Irre zu führen.“

„Und wir werden uns von ihm nicht betrügen lassen. Du mußt bedenken, daß seine Füße ihn entsetzlich schmerzen. Er hat sie zwar in den Bügeln und braucht sie nicht anzustrengen, aber das Reiten verursacht ihm dennoch Qual. Suef wird also sein Ziel baldigst zu erreichen suchen, und wenn er auch beabsichtigt, uns irrezuleiten, so wird er doch nicht allzuweit von seiner Richtung abschweifen. Also reiten wir zur Seite!“

Wir ritten noch ein Stück weiter, so daß Suef in erwünschter Entfernung an uns vorüber und zur Fähre konnte. Da blieben wir halten, doch so, daß ich ihm mein Gesicht zuwandte. Dabei taten wir, als beobachteten wir ihn nicht. Doch konnte er sich denken, es sei Verstellung von uns. Sonderbarerweise ritt Suef nicht zur Fähre. Er drängte sein Pferd vor und wieder zurück und sah aufmerksam hinüber zur Eisenbahn, als würde das dortige Treiben ihn fesseln.

„Der Verräter will nicht“, lachte Halef. „Er ist gescheiter als wir.“

„Wollen sehen. Er tut, als habe er nur Augen für die Bahnarbeit, aber ich bemerke doch, daß er oft seitwärts blickt – hinüber zu jenem weiß getünchten Haus. Dort ist eine Stange neben der Tür, wahrscheinlich zum Anbinden der Pferde. Vielleicht ist dieses Gebäude ein Han, und er hat die Absicht, dort einzukehren. Tun wir deshalb, als wollten wir überfahren."

Wir ritten zur Fähre. Aus Brettern war ein Pfad gelegt, um trockenen Fußes über den überschwemmten Teil des Ufers zu gelangen. Da dieser Pfad nur für Fußgänger bestimmt war, mußten wir ein Stück durch das Wasser reiten, das den Pferden bis an den Leib ging.

Die Überfahrt war eine nicht unbedenkliche Sache, denn der alte Prahm schien halb verfault zu sein. Die Seile, an denen er hing, waren verdächtig, und die Bedienungsmannschaft, aus einem alten Mann und drei halbwüchsigen Jünglingen bestehend, konnte kein großes Vertrauen einflößen. Dazu war der Wogengang hoch. Der Fluß brachte allerlei schwimmende Gegenstände mit, die er von den Ufern losgerissen hatte. Es hatten sich viele Wirbel gebildet, in die man leicht geraten konnte. Kurz und gut, als wir jetzt auf der Fähre standen, war mir ziemlich unheimlich zumute. Der alte Fährmeister saß auf dem Rand und rauchte. Er betrachtete uns aufmerksam und winkte dann seinen drei Gesellen verständnisvoll zu.

Ich hatte mich so gestellt, daß ich Suef im Auge behielt. Kaum standen wir auf dem Prahm, so trabte er auf das weiße Haus zu, stieg ab, band sein Pferd an und humpelte mühsam durch die Tür.

„Halef und Osko, rasch auch hinein! Ihr müßt unbedingt erfahren, was er dort tut und spricht. Laßt ihn nicht aus den Augen!"

Die beiden trieben ihre Pferde hurtig an das Ufer zurück und ritten dem Haus zu. Keine halbe Minute nach Suef gingen auch sie in den Han.

Jetzt wendete ich mich an den Alten: „Was haben vier Reiter für die Überfahrt zu bezahlen?"

„Zwanzig Piaster", antwortete er und hielt mir die Rechte entgegen. Ich gab ihm mit der Peitsche einen gelinden Hieb über die Hand und sagte: „Ich werde dir nichts geben."

„So bleibst du hüben!"

„Nein, du fährst uns über. Du hast den fünffachen Preis verlangt. Das muß bestraft werden. Du wirst uns überfahren und dann drüben für jeden Piaster einen Streich auf die Sohlen erhalten. Blicke hier in diesen Ferman des Großherrn! Da wirst du sehen, daß ich kein Mann bin, der sich betrügen läßt."

Er warf einen Blick auf das Siegel, nahm seine Pfeife aus dem Mund, legte die Hände über der Brust zusammen, verbeugte sich und sagte unterwürfig: „Effendi, was Allah sendet, ist gut. Ich werde euch überfahren und dafür zwanzig Streiche bekommen. Allah segne den Padischah und seine Kindeskinder!"

So ging es da „hinten in der Türkei" zu! Ich aber war kein Türke, zog die zwanzig Piaster hervor, gab sie ihm und lächelte: „Die Hiebe werde ich dir erlassen, denn ich habe Mitleid mit den Tagen deines

Alters. Der Wardar ist angeschwollen und die Überfahrt schwer und gefährlich. Da magst du wohl etwas mehr verlangen als gewöhnlich, nur solltest du deine Forderungen nicht zu hoch steigen lassen."

Der Alte zögerte, das Geld zu nehmen, und starrte mich stumm mit weit offenem Mund an.

„Nun, soll ich das Geld wieder einstecken?" lachte ich ihn an.

Da kam dem Mann die Bewegung zurück. Der Fährmann tat einen Sprung auf mich zu, riß mir das Geld aus der Hand und rief: „Wie? Was? Du zahlst, obwohl du im Schutz des Großherrn und seines obersten Wesirs stehst?"

„Dürfen die Beschützten nicht mild und gerecht sein?"

„O Aga, o Effendi, o Emir, sie sind es gewöhnlich nicht! Aus deinen Augen aber leuchtet die Gnade und aus deinen Worten klingt die Barmherzigkeit eines freundlichen Herzens. Darum segne Allah dich in dir selbst, in deinen Ahnen und Urahnen und auch in deinen Kindern und den Urenkeln deiner letzten Nachkommenschaft! Ja, solche Gnade wird uns nur selten zuteil, obgleich wir ein hartes und noch dazu spärliches Brot essen."

„Aber da drüben sind viele Menschen beschäftigt. Da verdienst du doch viel mehr, als wenn diese Arbeiter nicht anwesend wären."

„Viel weniger verdiene ich, denn diese Leute haben oberhalb meines Prahms mittels eines großen Kahns eine zweite Fähre angelegt. Das macht mir starken Abbruch, meine Pacht aber bleibt gleich."

„Wagen die Leute sich denn auch jetzt während des Hochwassers über den Wardar?"

„Heute haben sie es noch nicht gewagt, denn es ist zu gefährlich. Es wäre die doppelte Zahl der Ruder nötig."

„Aber du hast heute doch schon viele Leute übergesetzt? Waren auch fünf Reiter dabei, von denen zwei auf scheckigen Pferden saßen?"

„Ja, Effendi. Einer schien verwundet zu sein. Sie kamen vom Han da drüben, wo sie für kurze Zeit abgestiegen waren."

Er deutete dabei auf das erwähnte, weißgetünchte Haus.

„Wie lange ist es her, daß du sie sahst?" – „Wohl über zwei Stunden. Besser wäre es, ich hätte sie nicht gesehen!" – „Warum?"

„Weil sie mich betrogen haben. Als wir drüben anlangten und ich mein Fährgeld begehrte, bekam ich Peitschenhiebe anstatt der Bezahlung. Und dabei hatten sie mir vorher einen Auftrag gegeben, den ich aber nicht ausführen werde. Wer mich nicht bezahlt, dem erweise ich auch keine Gefälligkeiten."

„Darf ich erfahren, an wen dieser Auftrag gerichtet war?"

„Sehr gern. An den Mann, der vorhin in eurer Nähe hielt und dann vor der Herberge abgestiegen ist." – „So kennst du ihn?"

„Jeder kennt den Schneider." – „Ist er wirklich ein Schneider?"

„Man sagt es, aber ich weiß keinen hiesigen Einwohner, dem er ein Kleidungsstück angefertigt hätte."

„Hm! Wie lautet der Auftrag?"

„Afrit soll sich beeilen, da man nur bis früh auf ihn warten würde."

„Wo?" Das wußte er nicht und von den fünf Reitern kannte er nur den früheren Steuereinnehmer in Üsküb, der die Leute bis aufs Blut gepeinigt hatte. „Allah segne ihn mit tausend Übeln des Leibes und mit zehntausend Krankheiten der Seele", fügte er hinzu.

Der Fährmann wollte weitersprechen, wendete sich aber jetzt ab, da seine Aufmerksamkeit anderweit in Anspruch genommen wurde. Aus dem Han traten nämlich zwei Männer mit Rudern. Sie gingen an das Wasser und schritten dann stromaufwärts weiter.

„O Allah!" rief der Fährmann. „Sollten diese Unvorsichtigen es wirklich wagen, im Kahn überfahren zu wollen?"

„Wo liegt der Kahn?"

„Dort oben, wo das Weib am Ufer sitzt. Du kannst ihn nicht sehen, weil er hinter dem Weidengebüsch liegt."

Die beiden Männer langten bei der erwähnten Stelle an, wechselten mit der als Christin gekleideten Frau einige Worte und verschwanden dann hinter dem Gesträuch.

„Ja", sagte der Alte, „sie wagen es. Nun, wenn Allah sie beschützt, so mag es ihnen gelingen. Aber allein fahren sie jedenfalls nicht über, und ihr Fahrgast wird ihnen viel Geld zahlen müssen. Das könnte er bei mir billiger haben."

„Das Weib wird es sein, das zahlt."

Ich sagte das, weil ich sah, daß die Frau auch hinter dem Gesträuch verschwand; sie war also in den Kahn gestiegen. Der Alte aber meinte: „Die gibt keinen einzigen Para. Sie gehört zu den Arbeitern da drüben und fährt umsonst. Diese Frau hat schon seit dem frühen Morgen da oben gesessen, aber es wurde eben noch nicht hinübergefahren. Doch was ist das? Sollte dieser Schneider –"

Während der Erklärung des Alten war nämlich Suef aus dem Han getreten und in den Sattel gestiegen. Er hatte uns mit einem Seitenblick gestreift und war dann zum Kahn geritten, wo er abstieg.

„Allah, Allah! Der Schneider will in den Kahn!" rief der Fährmann. „Er mag sich sehr in acht nehmen, daß er nicht zuviel Wasser schlucken muß. Ich weiß, daß er arm ist, und hätte ihn um einen Viertelpiaster oder auch umsonst mitgenommen. Warum kommt er nicht zu mir?"

Ich hielt es für unnötig, den Alten über Suefs Gründe aufzuklären. Er mochte unsre Absicht erraten haben und glaubte wohl, mit dem Kahn eher drüben anzulangen, als wir mit unserm schweren Prahm. Wenn er dann schnell in den Sattel stieg und im Galopp davonritt, konnte er uns aus den Augen kommen. An die Spuren, die er zurücklassen mußte, dachte er nicht.

Inzwischen kamen auch Halef und Osko eiligst herbei.

„Sihdi, der Schurke fährt mit einem Kahn über", meldete der Hadschi. „Er hat dreißig Piaster geboten, wenn man ihn hinüberschaffe." – „Habt ihr noch etwas erfahren?"

„Ja, aber nicht viel. Eben als wir eintraten, sprach Suef mit dem Handschi von den fünf Reitern. Er gab dem Wirt zwar einen Wink zu schweigen, dieser aber war mitten im Satz und beendete ihn, so daß wir es hörten." – „Und was habt ihr gehört?"

„Daß die fünf den Schneider im Treska-Konak erwarten wollen."

„Wo ist dieses Gebäude?"

„Das weiß ich nicht, und wir konnten es auch nicht vom Handschi erfahren, der es offenbar mit dem Schneider hält."

„Weiter wurde nichts gesprochen?"

„Nur über die Fähre-Angelegenheit." – „So, daß ihr es hörtet?"

„Ja. Suef sah uns dabei recht schadenfroh an. Es schien ihm Spaß zu machen, uns ärgern zu können. Am liebsten hätte ich ihm die Peitsche gegeben. Er meint, eher drüben anzukommen als wir."

„Ihr habt ihm nichts gesagt?" – „Kein Wort."

„Das ist gut. Sieh, da zieht er sein Pferd am Zügel hinter sich her – er steigt wirklich in den Kahn, und die Mähre soll hinterher schwimmen. Das wird sie wohl kaum fertigbringen."

„O Sihdi, ich habe den Gaul während unsres gestrigen Ritts beobachtet. Er ist viel besser, als er aussieht. Dieses Pferd hat den Scheïtan im Leib."

„Nun, trotz allem, was geschehen ist, sollte es mir leid tun, wenn es ein Unglück gäbe, besonders um der Frau willen, die mit eingestiegen ist. Fahren wir über, und zwar möglichst schnell. Vorwärts!"

Dieser Ruf galt den Fährleuten. Der Alte hatte eben seine Pfeife ausgeklopft und zog den Beutel hervor, um sie wieder zu stopfen. Trotz meines Befehls fuhr er gemächlich in dieser Arbeit fort.

„Hast du gehört? Leg den Tschibuk weg!" gebot ich ihm. „Es wird auch einmal ohne Rauchen gehen."

„Nein, Effendi", erklärte er behaglich. „Zu meiner Arbeit gehört ein Tschibuk. Davon kann ich nicht abgehen. Das ist zeit meines Lebens so gewesen und wird auch so bleiben, bis zu meiner letzten Überfahrt."

„Aber ich will früher als der Kahn drüben ankommen!"

„Mache dir keine überflüssige Sorge, Effendi! Der Kahn wird wahrscheinlich gar nicht drüben ankommen!"

Der Mann stopfte gemächlich weiter und nahm dann mit der bloßen Hand eine Kohle aus dem Feuerchen, das nur zu dem Zweck, die Pfeife in Brand zu stecken, auf einigen zusammengeschobenen Steinen glimmte. Als er dann einige Züge getan hatte, rief er im Ton eines Generalfeldmarschalls: „Auf! Greift zu, ihr Braven! Wir müssen die Piaster verdienen, die wir bekommen haben."

In diesem Augenblick sahen wir oben den Kahn aus den Weidengebüschen hervorschießen. Vorn saß die Frau, in der Mitte strengten die beiden Ruderer alle ihre Kräfte an, und hinten hockte Suef mit dem Zügel in den Händen. Der Kopf seines Pferdes ragte aus dem Wasser empor. Ein Steuer hatte das Fahrzeug nicht.

Als Suef uns bemerkte, hob er den Arm und machte eine spöttische Gebärde. Wenn die Fahrt so schnell vor sich ging, wie sie begann, war er freilich drüben, bevor wir die Mitte des Wardar erreicht hatten, denn die drei dienstbaren Geister unsres würdigen Fährmeisters schienen keine Gelenke zu haben. Sie machten das Fahrzeug höchst bedächtig von der Kette los, griffen dann zu den Stangen und stocherten mit ihnen im Wasser herum, als wollten sie auf dessen Grund eine Stecknadel entdecken. Leider waren unsre Pferde eine solche Überfahrt nicht gewohnt. Wir mußten also bei ihnen bleiben, um sie zu beruhigen, sonst hätte ich meinen Begleitern geboten, gleichfalls Hand anzulegen.

Halef kam auf das richtige Mittel, den Gang des Fahrzeugs zu beschleunigen. Er zog seine Peitsche aus dem Gürtel, wendete sich an den nächsten Fährknecht und sagte: „Beeile dich mehr!"

Zugleich gab er ihm einen leichten Hieb über den Rücken und kaum war das geschehn, so rief der Alte: „O Allah, o Wehmut, o Verhängnis! Greift zu, ihr Söhne! Schiebt, stoßt, ihr Männer! Arbeitet, arbeitet, ihr Starken! Je eher wir hinüberkommen, desto größer wird das Bakschisch sein, das wir von diesen vier berühmten Scheiks und Emirs bekommen."

Diese zarte Anspielung fuhr den drei Jünglingen so in die Glieder, daß sie sich mächtig anstrengten. Die Geschwindigkeit wurde doppelt so schnell. Wir ließen den Kahn nicht aus den Augen. Um an dem grad gegenüberliegenden Punkt anzukommen, mußten die Ruderer das Fahrzeug aufwärts halten. Im Uferwasser war das nicht schwer gewesen. Je mehr das Boot sich aber der Flußmitte näherte, desto größere Anstrengungen machten die Leute. Und dennoch fiel der Kahn so bedeutend ab, daß er sich uns näherte, anstatt sich von uns zu entfernen. Das schien Suef bedenklich zu machen. Wir sahen aus seinen Gebärden, daß er die beiden Männer zu noch größerer Kraftanstrengung anfeuerte. Auch unsre Leute mußten schwer arbeiten. Die Gewalt des Stroms war so stark, daß die Seile dumpfe Töne von sich gaben. Wenn eines davon riß, waren wir den Fluten überlassen. Der alte Fährmann suchte seinen ganzen Wortschatz hervor, um seine Leute zur Entfaltung aller ihrer Kräfte zu veranlassen.

Was den Kahn betrifft, so hatten die beiden Ruderer einen großen Fehler gemacht. Sie hätten zunächst hüben im ruhigeren Uferwasser aufwärts rudern müssen, bis sie den Punkt erreichten, wo es nur einer leichten richtunggebenden Nachhilfe bedurfte, um sich vom Strom abwärts und hinüber an das jenseitige Ufer treiben zu lassen. Schon war der Kahn um die Hälfte näher gekommen, so daß wir die Gesichter der Insassen deutlich sehen konnten. Der Fährmann verfolgte das schwache Fahrzeug mit sachkundigem Blick.

„Sie kommen nicht hinüber", behauptete er. „Entweder brechen die Ruder oder – – Allah, Allah, sie haben wirklich die Mitte! Beim

Scheïtan, das sind kräftige Leute! Es gelingt ihnen doch noch, denn – o Unheil, o Unglück, o Verderben! Jetzt ist's aus!“

Er hatte recht. Dem einen der Männer war das rechte Ruder aus der Dolle geschnappt und aus der Hand geprellt worden. Der Schmerz hatte ihn veranlaßt, auch das linke Ruder auszulassen, so daß beide vom Wasser fortgerissen wurden. Jetzt konnte nur noch der andre arbeiten, aber seine Kräfte reichten nicht aus.

Drüben am Ufer feierten Hacke und Schaufel. Alle Arbeiter standen am Wasser und beobachteten den Vorgang mit größter Spannung. Auch wir hatten jetzt die Mitte erreicht. Die Macht des Wassers hob unsre Fähre auf einer Seite empor: sie konnte sich leicht füllen, und dann war es auch um uns geschehen. Es waren Augenblicke höchster Gefahr.

Da gingen dem Mann im Kahn die Kräfte aus. Er zog die Ruder ein und legte die Hände in den Schoß. Die Flut erfaßte das Fahrzeug und trieb es grad auf unsern Prahm zu. Es kam in rasender Eile herbeigeschossen. Vom jenseitigen Ufer erscholl der ängstliche Angstruf: „Sora, Frau, halte dich fest!“

Aber da war es auch schon geschehen! Ein lauter Krach – der Kahn prallte mit unserm Prahm zusammen. Ein allgemeiner Entsetzensschrei erscholl. Er war von den an beiden Ufern stehenden Menschen, von den vier Insassen des Kahns und von uns auf der Fähre ausgestoßen worden. Er kam von so vielen Lippen und klang doch wie ein einziger Ausruf des größten Schreckens.

In solchen Augenblicken handeln viele nach einem geheimnisvollen Trieb, der ihnen das Richtige eingibt, obwohl ihre Denkkraft völlig versagt. Blitzschnell tun sie das Richtige und wissen dann später gar nicht zu sagen, warum sie just so und nicht anders gehandelt haben. Andre handeln nach einer klaren, scharfen Überlegung. Man sage mir nicht, daß in einem solchen Augenblick der Gefahr gar keine Zeit für das Fassen eines Entschlusses sei. Es ist geradezu wunderbar, mit welchen Kräften der allgütige Schöpfer den Geist des Menschen ausgestattet hat.

Im Traum zum Beispiel faßt eine einzige Minute die Ereignisse ganzer Tage und noch viel längerer Zeit zusammen. Mir träumte einmal, daß ich eine Prüfung abzulegen habe. Ein ganzer Tag war uns für schriftliche Arbeiten gewährt. Ich war zuerst fertig, wurde entlassen und machte einen mehrstündigen Gang in die Berge. Die mündliche Prüfung erstreckte sich über die nächsten zwei Tage. Am Abend des letzten Tags, kurz vor dem Ende der Prüfung, brach eine Bank zusammen, auf der Zuhörer saßen – und ich erwachte. Mein Schlafgenosse hatte das Fenster zugeworfen. Er sagte mir auf meine Erkundigung, daß ich ihm vor höchstens drei Minuten gesagt habe, er solle mich nicht mehr mit Fragen belästigen, da ich sehr müde sei und gern schlafen wolle. Ich hatte also im Traum innerhalb dreier Minuten drei Prüfungstage mit allen Einzelheiten durchlebt. Ich kannte genau den Inhalt meiner schriftlichen Arbeit, die viele Seiten füllte, und konnte mich auf die meisten Fragen besinnen, die mir vorgelegt worden waren. Ja, ich wußte sogar, welche Personen mir während des geträumten Spaziergangs begegnet waren und worüber ich mich mit ihnen unterhalten hatte. Freilich am nächsten Morgen hatte ich alles gründlich vergessen. Wenn also der Traum dreier Minuten drei volle Tage, also eine Minute des Traums ein körperliches und geistiges Handeln umfaßt, zu dem in wachem Zustand über vierzehnhundert Minuten nötig sein würden, so ist das eine Fähigkeit des Geistes, die ich ihm auch für den wachen Zustand nicht absprechen möchte.

Ich habe mich in Lagen befunden, in denen mein und andrer Leben an einer Sekunde hing, und als diese Zeit vorüber und die Gefahr abgewiesen war, habe ich genau gewußt, daß ich in dieser einen Sekunde die Gefahr vollkommen durchschaut, mir alle Mittel zur Abwehr vergegenwärtigt und das beste und sicherste ausgewählt und auch ausgeführt hatte. Das scheint unbegreiflich, ein Wunder zu sein; aber Tausende von ebenso großen und noch größeren Wundern geschehen im alltäglichen Leben, ohne daß man sich ihrer bewußt wird. Wir sind eben nicht nur von lauter Wundern Gottes umgeben, sondern wir selbst sind sein größtes. Der Gottesleugner mag mir das bestreiten – ich beklage ihn!

Ähnlich war es hier auf dem angeschwollenen Wardar. Die im spitzen Vorderteil des Kahns sitzende Frau klammerte sich, vor Entsetzen schreiend, an den Rand des Fahrzeugs an. Aber der Anprall war so stark, daß sie herausgeschleudert wurde. Sie verschwand in den schmutzig dicken Fluten und – ich mit ihr.

Wie ich vom Pferd heruntergekommen bin, welche Zeit ich brauchte, die Gewehre, den Inhalt meiner Taschen und den Gürtel nebst allem, was darin war, von mir zu werfen, kann ich nicht sagen. Halef behauptete später, ich hätte mich schon vor dem Zusammenstoß aus dem Sattel geschwungen, wohl in der sichern Voraussicht, daß das Weib sich nicht werde halten können. Er wollte vergeblich versucht haben, mich zurückzuhalten, doch weiß ich nichts davon. Mein ganzes Denken ist eben nur auf einen einzigen Punkt gerichtet gewesen. Genau weiß ich nur, daß ich das Weib mit einer Hand packte und mit in die Tiefe zog, um mit ihr unter Boot und Prahm hinwegzukommen, denn die beiden Fahrzeuge konnten uns gefährlich werden.

Als ich wieder emportauchte, sah ich, daß wir eine ziemliche Strecke abwärts gerissen worden waren. Ich hielt die Frau am Ärmel ihrer blautuchenen Suava[1]. Sie war besinnungslos, ein Umstand, der mir nur lieb sein konnte. Ich war jenseits der Strommitte und mußte trachten, das Ufer zu erreichen, ohne im Kampf mit den Wogen meine Kräfte aufzureiben. In solchen Lagen muß man auf dem Rücken schwimmen, obgleich dies den Nachteil hat, daß man nicht vorwärts blicken kann. Es ist aber bequemer und man kann weit mehr tragen. Ich legte mir die

[1] Vorn offene, betreßte Jacke

Frau quer über den Leib, so daß ihr Kopf nicht mit dem Wasser in Berührung kam, und ließ mich von den Fluten treiben.

Da ich den Körper der Verunglückten tragen mußte, kam der meinige tief zu liegen. So hoch ich auch die Beine nahm, es gelang mir nur mit großer Anstrengung, Mund und Nase von Zeit zu Zeit aus dem Wasser zu bringen, um Atem holen zu können. Dabei gab ich mir die größte Mühe, mich dem Ufer zu nähern. Das war gar nicht so leicht, wie es dem Leser scheinen mag. Das Ufer brach die Flut und warf sie in hohen, langen Wellenstrichen bis in die Mitte des Stroms herüber. Ich konnte nur aufwärts und wenig seitlich, aber gar nicht vorwärts sehen und mußte mich doch vor den vielen Gegenständen in acht nehmen, die in den Fluten schwammen oder aus ihnen emporragten.

Die Leute rannten am Ufer in gleicher Richtung mit mir stromabwärts und machten mich durch ihr Schreien irre. Sie konnten kaum so schnell laufen, wie ich schwamm, denn ich schoß mit einer Schnelligkeit vorwärts, die mich zu betäuben drohte. Da galt es, kaltblütig zu bleiben. Wenn ich in den vielen Strudeln und Wirbeln, durch die ich kam, falsch ausstieß, überhaupt nur für kurze Zeit das Selbstvertrauen verlor, so war ich verloren und die Frau mit mir. Im vollständigen Anzug zu schwimmen, ist schon bei ruhigem Wasser eine böse Sache; aber bei dieser Aufregung der Elemente, mit einer solchen Last auf mir und mit den mir vorher so willkommenen, jetzt aber lästigen Gichtstiefeln des Arztes von Radowitsch an den Füßen, das war denn doch noch etwas andres. Wie sich dann herausstellte, war ich gar nicht so lang im Wasser gewesen, aber die Zeit dehnte sich mir doch zu einer kleinen Ewigkeit aus.

Endlich war es mir gelungen, von der mich gewaltig fortreißenden Mitte des Stroms zur Seite und über die an dem eigentlichen Ufer sich bildenden Wirbel hinwegzukommen. Ich befand mich im ruhigen Wasser des überschwemmten Landes, konnte aber zu meinem Erstaunen keinen Grund finden. Das machte mich irre, denn als ich versuchte, Boden zu fassen, fuhr ich tief, tief hinab. Da hörte ich eine Stimme mir zurufen: „Allah ßewerßin! Daha usak, daha usak jüs! Orada tschukurler. Schurada gel! – Um Gottes willen! Schwimm weiter, weiter! Dort sind Gruben. Komm hierher!“

Man hatte beim Aufwerfen des Eisenbahndamms den nebenan liegenden Boden benutzt, wodurch tiefe Gruben entstanden waren, über denen ich jetzt schwamm. Ich konnte den Rufenden nicht sehen, da mir das Wasser über die Augen flutete, aber ich vermutete, daß er auf dem Bahndamm stand, und lenkte diesem zu. Der Damm ragte aus dem Wasser empor, das bis zu ihm reichte.

Als ich dort ankam, langten zehn, zwanzig Hände nach mir und nach dem Weib. Die leblose Gestalt wurde mir abgenommen. Halb kroch ich den Damm hinauf, halb wurde ich gezogen. Erst jetzt fühlte ich, daß meine Kleider zentnerschwer an mir hingen. Lauter Jubel herrschte um mich her, nur zwei Stimmen ergingen sich in Klagen. Die Betreffenden glaubten, die Frau sei tot. Ich aber sagte ihnen, daß sie unmöglich ertrunken sein könne; freilich sei es möglich, daß der Schlag sie getötet habe. Sie wurde stromaufwärts zu den Bretterhütten der Arbeiter getragen.

Jetzt hörte ich nahenden Hufschlag. Meine drei Gefährten kamen im Galopp auf dem Bahndamm herbeigeritten. Halef war der vorderste von ihnen.

„Sihdi, Sihdi!“ rief er schon von weitem. „Bist du tot oder lebst du noch?“

„Ich lebe!“ antwortete ich. „Ich fühle mich sogar pudelwohl.“

„Allah sei Lob, Preis und Dank gesagt!“

Er sprang vom Pferd, warf sich neben mir auf die Erde, ergriff meine beiden Hände und sagte:

„Wie kann man nur in solches Wasser springen? Hast du davon trinken müssen?“

„Ja, und es schmeckte beinahe wie das Bier des Handschi in Dabila.“

„Ich mag es lieber nicht kosten. Allah, Allah, wie bin ich erschrokken, als du im Fluß verschwandest! Ist denn ein Weib es wert, daß man das Leben wagt?“

„Gewiß! Würdest du für Hanneh, die Lieblichste der Töchter und Frauen, nicht dein Leben wagen?“

„Ja, das ist Hanneh! Aber wer war dieses Weib? War es deine Verlobte oder Schwester? Hatte es dich lieb gehabt, und soll es einst deine Frau werden?“

„Die Frau war ein Menschenkind, das sich in Todesnot befand, und ich brauchte mich vor dem Wasser ja nicht zu fürchten.“

„Aber dieser Fluß ist heut ergrimmt. Sieh nur, wie wild er tut, weil ihm sein Opfer entrissen wurde. Ich habe dir Rih mitgebracht, da du nicht gehen kannst. Steig auf! Wir müssen einen Ort aufsuchen, wo du deine Kleider trocknest.“

„Wo sind meine Gewehre und die übrigen Sachen?“

„Ich habe alles. Die Gewehre hängen dort am Sattel.“

„Und wie ist es den andern Insassen des Kahns ergangen?“

„Die beiden Ruderer haben wir auf die Fähre gezogen, aber der Schneider ist ins Wasser gestürzt.“ – „So ist er ertrunken?“

„Nein. Der Scheïtan will noch nichts von ihm wissen. Ich habe ihn mit seiner Mähre schwimmen sehen. Will ihn suchen.“

Er richtete sich wieder auf und spähte nach Suef. Dann deutete er abwärts.

„Dort sind beide, er und sein Pferd.“

Ich schaute in die angegebene Richtung und erblickte weit abwärts von uns den Verräter, der den Schweif seines Pferdes ergriffen hatte und sich vom Tier ziehen ließ. Beide waren dem Ufer nahe. Diese alte Mähre war wirklich ein kostbares Tier.

„Soll ich hinabreiten und ihm eins auf die Nase geben, wenn er aus dem Wasser kommt?" fragte der Hadschi.

„Nein. Suef wird genug Angst ausgestanden haben. Das ist hinreichend für ihn." – „Aber er wird uns entkommen. In deinem Zustand kannst du ihm doch nicht folgen!"

„Laß ihn laufen! Wir holen ihn schon noch ein."

Osko und Omar bezeugten mir auch ihre große Freude über das Gelingen der Wasserreise, die gar nicht auf unsrer Tagesordnung gestanden war. Wir waren von Bahnarbeitern umgeben, die in die Freudenrufe einstimmten und mich aufforderten, in eine der Hütten zu kommen, wo ein Ssoba[1] sei, an dem ich meine Kleider schnell trocknen könne. Das war freilich das Notwendigste für mich. Darum stieg ich auf und ritt zurück, grad in dem Augenblick, als der Schneider das Ufer erreichte. Was er jetzt tat, konnte mir einstweilen gleichgültig sein.

Ich brauchte mein Pferd nicht zu lenken, dafür sorgten die Bahnarbeiter. Sie ergriffen die Zügel, ja sogar auch die Bügel, die andern schritten voran, neben- und auch hinterher, und so wurde ich fast wie im Triumph fortgeschafft – ein etwas nasser Triumph, da mir das Wasser durch die Kleider abwärts sickerte und dann von den „Gichtstiefeln" tropfte. Als ich mich einmal umwandte, sah ich Suef querfeldein galoppieren. Pferd und Reiter schienen also mit heiler Haut davongekommen zu sein.

Halef hatte meinen Blick gesehen. Er machte ein finsteres Gesicht, drohte mit der Faust zum Reiter hin und murrte: „Kem lahananyn ömri usun war; lakin Allah war eder, Allah jok eder – Unkraut hat langes Leben; aber Allah schafft, und Allah vernichtet."

Da, wo der Prahm am rechten Ufer gelandet war, stand der Fährmann mit seinen drei Gesellen. Als er mich kommen sah, erhob er seine Stimme und rief in salbungsvollem Predigerton: „Tausendmal Dank den heiligen Kalifen, zehntausendmal Lob dem Propheten und hunderttausendmal Preis Allah, dem Allmächtigen, die dich beschützt haben im Augenblick der Gefahr. Als ich dich in die Fluten stürzen sah, war mein Herz starr wie Stein, und meine Seele weinte blutige Tränen. Nun ich dich aber wohlerhalten wiedersehe, ist mein Geist voll Jubel und Entzücken, denn du wirst dein Wort halten und uns das Bakschisch geben, das du uns versprochen hast."

Also das war der langen Rede kurzer Sinn. Ich wehrte ab: „Ich weiß von keinem Versprechen."

„So hat das Wasser dich irregemacht. Denke daran, was gesprochen wurde, als dein Begleiter uns mit der Peitsche ermahnte, schneller zu sein."

„Mein Gedächtnis hat nicht gelitten; ich besinne mich auf jedes Wort. Du hast ein Bakschisch verlangt, aber ich habe nichts dazu gesagt."

[1] Ofen

„O Effendi, wie beklage ich dich! Deine Gedanken sind dennoch schwach geworden! Eben, daß du mir nichts entgegnet hast, muß als Einwilligung auf meinen Vorschlag gelten. Wollest du uns das Bakschisch verweigern, so hättest du das deutlich erklären müssen, weil du dies jedoch unterlassen hast, darum müssen wir es erhalten!"

„Und wenn ich es trotzdem verweigere?"

„So sind wir gezwungen, deine Seele zu strafen und dich für einen Mann zu halten, dem sein Versprechen nichts gilt."

Damit aber kam er schlimm an, nicht bei mir, sondern bei den Arbeitern. Daß er auf die Auszahlung eines Bakschisch bestand, das ich ihm nicht versprochen hatte, und dies in Worten tat, die mich beleidigen mußten, ergrimmte die Leute. Er war im Nu ergriffen und zehn, zwanzig Fäuste schlugen auf ihn ein.

„Halt! Laßt ihn los!" überschrie ich den Lärm, den die Leute machten. „Ich will ihm sein Bakschisch geben!"

„Das ist nicht nötig!" rief mir einer zu. „Er erhält es von uns; du siehst es ja."

„Haltet ein, haltet ein!" kreischte der Alte. „Ich mag es nicht!"

Er riß sich los und rannte zu seiner Fähre, wohin seine drei Helden sich schon in Sicherheit gebracht hatten. Dabei entwickelte er eine Schnelligkeit, die ganz das Gegenteil von der Behaglichkeit war, die ich vorher an ihm bemerkt hatte. Er vergaß sogar, daß er sich vorgenommen hatte, nichts ohne seine Pfeife zu tun. Sie war ihm entfallen, und er ließ sie im Stich. Einer der Arbeiter hob sie auf und warf sie ihm lachend auf die Fähre nach. Der Fährmann griff aber einstweilen nicht zum Tschibuk, sondern zur Kette, um den Prahm schleunigst vom Ufer zu lösen. Sobald sich aber ein Wasserstreifen zwischen ihm und uns befand, begann er zu schimpfen und nannte mich einen Knauser und wortbrüchigen Geizhals.

Halef trat ans Ufer, legte seine Flinte an und drohte: „Ssuß, jokßa atarim – schweig, sonst schieße ich!"

Aber der Alte schimpfte fort. Er mochte nicht glauben, daß der Hadschi seine Drohung wahrmachen werde. Der Fährmann hatte die Stange in der Hand, ohne sie zu gebrauchen. Da drückte Halef los. Er hatte auf die Stange gezielt – die Kugel schlug in der Nähe der Hände des Alten in die Stange ein, so daß die Splitter flogen. Da tat der Fährmann einen Schrei, ließ die Stange über Bord ins Wasser fallen und warf sich platt auf den Boden seines Fahrzeugs nieder, weil er wahrscheinlich meinte, in der Lage vor einer zweiten Kugel sicher zu sein.

Von seiten der Arbeiter erscholl ein lautes Gelächter, denn die plötzliche Behendigkeit des Alten kam ihnen ebenso spaßhaft vor wie uns.

Nun erreichten wir die größte der Bauhütten und hielten vor ihrer Tür. Ich stieg ab und wurde in das Innere geführt.

Der Raum war groß. An den Wänden hingen die wenigen Habseligkeiten der Arbeiter. Rund herum waren Bretter als Sitze befestigt, die zugleich als Lagerstätten dienten, und im hintersten Winkel stand ein mächtiger Kachelofen von einer Bauart, wie ich sie noch nie gesehen hatte. Er enthielt vier Kochkessel und sein Herd bot gute Gelegenheit zum Trocknen nasser Kleider.

Kaum war ich eingetreten, als aus einer andern Hütte ein junger, kräftiger Mann herbeikam, der mir zurief: „Effendi, du hattest recht. Sora ist nicht tot, sondern sie lebt; sie atmet bereits. Ich bin nur schnell von ihr fortgelaufen, um dir meinen Dank zu sagen.“ – „Ist sie verwandt mit dir?“

„Sora ist mein Weib. Ich bin der Mubassir[1]. Sie hat die Überfahrt gewagt, weil ich ihr befohlen hatte, bereits am frühen Morgen hier zu sein. Aber du mußt dich umkleiden. Ich werde gleich mein Siafet esbaby[2] holen.“

Er entfernte sich und kehrte in kurzer Zeit mit Hose, Jacke, Weste und einem Paar Pantoffel zurück, mit denen ich in einen kleinen Verschlag ging, um mich umzukleiden. Halef war mir dabei behilflich. Als er mir die nassen Kleidungsstücke vom Leib zog, jammerte er: „Sihdi, nun ist es aus mit der Würde deines Standes und mit der Anmut deiner Gestalt. Dieser schöne Anzug hat dich in Stambul über sechshundert Piaster gekostet, und nun ist ihm durch das Wasser der Glanz seines Aussehens geraubt worden. Sieh, du hast bei der Anstrengung des Schwimmens einen entsetzlichen Riß in das Bein deiner Hose gesprengt. Er muß geschlossen werden, damit die Lieblichkeit deiner Glieder nicht beleidigt werde. Zwirn und Nadel habe ich zwar stets bei mir, aber ob sich hier ein Ütü[3] finden läßt, um dem Anzug seine heitere Form zurückzugeben, das bezweifle ich.“ – „Frag nach! Vielleicht befindet sich unter den Arbeitern ein Schneider.“

Er entfernte sich mit meinen Kleidern, und ich hörte ihn draußen rufen: „Hört ihr Söhne und Enkel der Eisenbahn, ist unter euch ein Schneider?“ – „Hier!“ rief eine Stimme.

„Allah segne dich, mein Freund, daß du in der Zeit deiner Jugend auf den Gedanken gekommen bist, die Stoffe des Webers mit Zwirn zusammenzuheften, so daß die Männer deines Volkes ihre Arme und Beine hineinstecken können! Aber – kannst du auch Risse verschließen?“

„So schön, daß es noch hübscher aussieht als vorher.“

„So bist du ein großer Jine ustaßi[4]. Aber hast du auch ein Bügeleisen bei dir?“ – „Zwei sogar!“

„So überantworte ich dir den Anzug meines Freundes und Gebieters. Du sollst ihn trocknen und ausbügeln, und diesen Riß sollst du

[1] Aufseher [2] Festanzug, Feiertagskleid [3] Bügeleisen [4] Meister der Nähnadel

unsichtbar machen. Wenn du das so tust, daß niemand ihn sehen kann, so wirst du ein Bakschisch erhalten, und die Gläubigen aller Länder werden sich deiner Kunstfertigkeit freuen und deinen Ruhm verbreiten bis an die Grenzen, wo das Weltall ein Ende hat. Nimm hier den Anzug in deine Arme, und der Geist des Propheten erleuchte dich!"

Ich mußte lachen, denn ich stellte mir das ernsthafte Gesicht des Kleinen vor, womit er diesen Wortererguß zum Vorschein brachte. Als er zu mir zurückkehrte, fand er mich mit der Untersuchung meines Gipsverbandes beschäftigt.

„Dem sieht man es auch an, daß er im Wasser gewesen ist", murrte der Kleine. „Ist er aufgeweicht?"

„Nein, aber ich möchte ihn doch entfernen. Es sind zwar nur wenige Tage vergangen, seit er angelegt wurde, doch glaube ich, es wagen zu dürfen."

Wir beseitigten den Verband mit unsern Messern, ohne daß ich dabei den mindesten Schmerz empfand. Das war günstig. Als der Fuß vom Gips befreit war, versuchte ich aufzutreten. Es ging über Erwarten gut. Ich schritt sogar einigemal im Verschlag hin und her, wobei ich ziemlich fest auftrat. Die Verstauchung war wohl geringer, als ich gedacht hatte.

„Nun wirst du diese Stiefel der Gicht nicht wieder anlegen?" fragte der Hadschi und deutete auf die genannte Fußbekleidung, die allerdings durch das Wasser ein trauriges Aussehen angenommen hatte.

„Nein, ich lasse sie hier."

„Jetzt kannst du wieder deine hohen Lederstiefel tragen und wirst ein ganz andres Aussehen haben. In den Gichtstiefeln kamst du mir vor wie ein Ahne des Urgroßvaters, der seine Zähne schon vor der großen Sintflut verloren hat. Soll ich die ledernen holen? Ich habe sie auf mein Pferd geschnallt."

Ich stimmte zu und fand, daß der Fuß in diesen Stiefeln hinreichend Halt bekam. Da ich die meiste Zeit des Tages im Sattel saß, so brauchte ich den Fuß nicht anzustrengen.

Der geliehene Anzug paßte nicht übel, da sein Besitzer von meiner Gestalt war. Er freute sich darüber, als er mich erblickte, und bat uns, in seine Hütte zu kommen, damit sein Weib sich bei mir bedanken könne.

Die Arbeiter saßen beisammen und aßen. Ihr Mittagmahl bestand aus einem dicken Brei von Maismehl, das nur in Wasser aufgequollen war. Damit müssen diese Leute Tag für Tag zufrieden sein.

Die Frau wollte sich in großen Danksagungen ergehen, als wir zu ihr kamen. Ich bat sie aber zu schweigen. Ihr Mann saß dabei und war so glücklich über ihre Rettung, daß ich annehmen mußte, sie hätten sich ungewöhnlich lieb.

„Ich freue mich darüber, daß auch du ein Christ bist", sagte der Mann zu mir.

„Woher weißt du das?" fragte ich ihn.

„Deine beiden Begleiter sagten es mir, während du die Anzüge wechseltest. Ich habe auch gehört, daß du kein Untertan des Großherrn bist, sondern zu dem Volk gehörst, das den großen, siegreichen Krieg gegen die Franzysler geführt hat."

„Bist du aus der hiesigen Gegend?" fragte ich dagegen.

„O nein. Ich heiße Sef[1] und wir stammen fast alle aus dem Gebirge, wo es so viele arme Leute gibt. Die Bewohner dieser Ebene haben keine Lust an der Bahn zu arbeiten. Als es hieß, daß hier bei diesem Bau Brot zu finden sei, machten sich viele Leute meiner Gegend auf, um herbeizuziehen. Und da ich als Mimar[2] gelernt habe, so übernahm ich die Führung und beaufsichtige sie noch heute." – „So hast du eine höhere Schule besucht?"

„Nein. Ich bin der zweite Sohn meines Vaters. Mein ältester Bruder Niko[3] wird das Haus bekommen, und so hatte ich stets Lust, mir selbst eins zu bauen. Da habe ich von selbst lesen und auch schreiben gelernt und bin zu einem Baumeister in Üsküb in die Lehre gegangen. Mein Vater Dschordsche[4] ist Tschoban[5], ungefähr acht Stunden von hier." – „Wo?"

„Es ist kein Dorf, nicht einmal ein kleiner Ort. Es gibt da nur zwei Häuser, die an einer Furt der Treska liegen, und weil unser Nachbar einen Konak[6] gepachtet hat, so wird die kleine Siedlung Treska-Konak genannt."

„Ah, das ist gut. Das ist ausgezeichnet!" rief ich aus.

„Warum?" – „Weil ich diesen Treska-Konak suche."

„Willst du etwa hinreiten? Zu meinem Vater oder zum Konakdschi Dschemal?" – „Zu Dschemal, wie es scheint."

„Wie es scheint? So weißt du es selbst noch nicht gewiß?" fragte er verwundert.

„Nein. Der Mann, der mit deiner Frau im Kahn überfuhr, will dorthin, und ich muß ihm nach. Er sucht dort Leute auf, mit denen auch ich ein Wörtchen reden will."

„Das klingt ja so, als seist du ihnen feindlich gesinnt, Effendi."

„Du hast es erraten. Es sind heute fünf Männer dahin geritten, die eine böse Tat beabsichtigen, und das wollen wir verhüten. Sie müssen mit der Fähre über den Fluß gekommen sein."

„Ah! War vielleicht ein gewisser Manach el Barscha dabei, der Steuereinnehmer in Üsküb gewesen ist?" – „Allerdings."

„So habe ich sie gesehen. Ich stand am Ufer, als sie kamen. Sie hatten einen Streit mit dem Fährmann, dem sie die Peitsche statt des Geldes gaben. Als Manach an mir vorbeiritt, warf er auch mir eine Drohung zu." – „Warum?"

„Weil Manach el Barscha mich haßt. Er nahm die Kopfsteuer der Christen ein und verlangte von mir stets das Zehn- und Zwölffache, und das wollte ich nicht mehr geben. Andern ging es ebenso, und so

[1] Josef [2] Baumeister [3] Nikolaus [4] Georg [5] Schäfer, Hirt
[6] Regierungsgebäude, hier staatliches Unterkunftshaus

traten wir zusammen und zeigten ihn an. Er hatte die Christen um eine große Summe betrogen."

„Welche Strafe hat er erhalten?"

„Keine, Effendi. Manach el Barscha entfloh, und man sagt, daß er den ganzen Inhalt der Steuerkasse mitgenommen habe. Er darf sich in Üsküb nicht mehr sehen lassen. Also diesen Menschen suchst du? Er ist immer mit unserm Konakdschi befreundet gewesen und wird wohl auch jetzt bei ihm eingekehrt sein."

„Kannst du mir den Weg zum Treska-Konak beschreiben?"

„Man muß die Gegend gut kennen, um in grader Richtung hinzukommen. Eine Beschreibung wäre zu verworren. Wenn es dir aber lieb ist, werde ich dir gern einen zuverlässigen Mann mitgeben, der die Gegend ebenso genau kennt wie ich. Er wird es sich zur größten Ehre rechnen, dich zu meinem Vater zu bringen, und da er diesem von deiner guten Tat erzählen wird, so kannst du des herzlichsten Willkomms sicher sein."

Diesen Vorschlag nahm ich mit Freuden an und fragte: „Liegt deine väterliche Wohnung weit vom Konak entfernt?"

„Man hat kaum zwei Minuten zu gehen."

„So werden die Bewohner des Konaks uns also kommen sehen?"

„Wenn du vor ihnen verborgen bleiben willst, so wird mein Schwager Israd euch so führen, daß sie euch nicht erblicken. Übrigens wird es finstre Nacht sein, wenn ihr dort ankommt. Mein Schwager ist jetzt für kurze Zeit bei dem Bau beschäftigt. Wenn er zurückkommt, werde ich ihm meinen Auftrag geben. Jetzt aber bitte ich euch, meine Gäste zu sein. Es ist Mittag, und wir müssen essen. Ich kann euch etwas vorlegen, was ihr im Land der Mohammedaner wohl nur selten bekommen könnt."

Er öffnete einen mit Heu gefüllten Kasten und zog – einen Schinken und mehrere schwarz geräucherte Würste hervor.

„O Allah, Allah! Meinst du wirklich, daß wir das Hinterteil eines Schweins und sein im Rauch gebratenes Blut und Fleisch essen?" rief Halef. „Der Prophet hat uns das verboten, und wir würden eine große Sünde begehen, wenn wir uns mit einem Schwein für immer verunreinigten!"

„Das mutet dir niemand zu, Halef", lächelte ich. „Was aber mich betrifft, so werde ich mit dem größten Vergnügen davon essen."

„Aber es sind ja Dudi wahidler[1] darinnen?"

„Vor denen fürchten wir uns nicht."

„Ich darf eigentlich gar nicht zuschauen, denn schon der Anblick des Schweinefleisches soll uns Entsetzen einflößen. Aber da Osko und Omar nicht anwesend sind, so brauche ich von Omar keine Vorwürfe zu fürchten, wenn ich aus Anhänglichkeit zu dir, Sihdi, hier sitzen bleibe. Wenn du den Schinken in den Mund steckst, werde ich die Augen schließen oder wenigstens zur Seite blicken."

[1] Bandwürmer

Sef legte uns vor: den Schinken, die Würste, Brot, Pfeffer und Salz. Er zog sein Messer aus dem Gürtel, und ich folgte diesem rühmlichen Beispiel. Nachdem er sich ein tüchtiges Stück vom Schinken abgeschnitten hatte, tat ich das gleiche und der Schmaus begann. Nie hat mir ein Schinken besser geschmeckt als damals in Rumelia.

Halef saß seitwärts hinter mir. Ich konnte nicht sehen, ob er mich beobachtete, aber ich kannte den Kleinen und wußte, daß ihm der Gaumen bis in die Zungenspitze ging. Er sah, wie es mir schmeckte, und daß ich mir ein zweites Stück Schinken abschnitt.

„Schmeckt es denn wirklich so ausgezeichnet?" erkundigte er sich nach einer Weile. – „Es gibt nichts Schmackhafteres."

„Allah! Warum hat da der Prophet den Schinken verboten?"

„Weil er niemals ein Stück vom geräucherten Schweinehinterteil gegessen hat. Sonst hätte er den Gläubigen diese Speise empfohlen."

„Sihdi, vielleicht hat er sie wegen der Bandwürmer verboten?"

„Es sind ja gar keine drin; das kann ich dir zusichern."

„Also meinst du, daß man es wagen könnte?" – „Ohne Zagen!"

Ich hörte, daß Halef das Wasser im Mund zusammenlief. Die Sache machte auch Sef Spaß, aber er ließ es sich nicht merken, sondern kaute behaglich weiter, wobei er sich jedoch Mühe gab, ein Gesicht zu schneiden, als wachse seine Begeisterung mit jedem Bissen. Halef stand auf und trat vor die Tür. Ich wußte, daß er nach Osko und Omar sehen wollte. Als er wieder hereinkam, machte er ein befriedigtes Gesicht. Er schien die beiden nicht bemerkt zu haben. Sie standen auf dem Damm, um die Lokomotive anzustaunen, die eben einen Bauzug vorüberschleppte. Sie hatten keine Zeit, sich um uns zu kümmern.

Der kleine Hadschi setzte sich wieder nieder und erklärte: „Sihdi, meinst du nicht, daß der Prophet zuweilen ein ganz klein wenig unrecht hat?" – „Ich weiß es nicht. Aber der Erzengel Gabriel hat ihm doch den ganzen Koran vorgesagt."

„Kann nicht auch der Engel sich irren?"

„Wohl nicht, lieber Halef."

„Oder hat der Prophet den Engel nicht richtig verstanden? Wenn ich genau nachdenke, so scheint es mir, daß Allah die Schweine doch nicht erschaffen hätte, wenn wir sie nicht essen sollten." – „Ich bin ganz deiner Meinung."

Er holte tief Atem. Mein zweites Schinkenstück war verschwunden, und ich griff nun auch, dem Beispiel meines Gastgebers folgend, zur Wurst. Halef mochte einsehen, daß wir fertig sein würden, bevor es ihm gelang, seine Bedenken zu überwinden.

„Sag aufrichtig, Sihdi, schmeckt es denn wirklich so ausgezeichnet, wie ich aus euren Gesichtern schließen muß."

„Noch viel besser, als es in meinem Gesicht geschrieben steht."

„So laß mich wenigstens einmal riechen."

Das war drollig. Ich schnitt ein Stückchen Schinken ab, spießte es auf die Messerspitze und reichte es Halef hin, ohne ihn dabei anzusehen. Auch der Aufseher war so klug und blickte ihn nicht an.

„Ah! Oh! Das ist ja beinahe ein Geruch des Paradieses!" rief der Kleine. „So kräftig, würzig und einladend! Schade, daß der Prophet es verboten hat! Hier hast du dein Messer wieder, Sihdi."

Halef reichte es mir zurück – das Stückchen Fleisch war verschwunden.

„Na, wo ist denn das Schinkenstück?" fragte ich erstaunt.

„Am Messer!" – „Es ist weg."

„So ist es heruntergefallen", erklärte der Kleine.

„Das ist jammerschade – – aber Halef, ich glaube, du kaust!"

Er machte eine pfiffige Miene und erwiderte: „Ich muß ja kauen, da das Stück mir grad in den Mund gefallen ist. Oder meinst du, daß ich es ganz verschlingen soll?" – „Nein. Wie schmeckt es?"

„So ausgezeichnet, daß ich eine Bitte aussprechen möchte."

„Sprich!" – „Erlaubst du, daß ich die Tür verriegle?"

„Glaubst du, wir könnten überfallen werden?"

„Nein. Osko ist auch ein Christ und versteht mich. Omar aber hat die Gesetze des Propheten nicht so tief studiert wie ich. Er könnte in Versuchung fallen, wenn sie jetzt hereinkämen. Das möchte ich verhindern. Omar soll seine Seele nicht mit dem Vorwurf beladen, sich verunreinigt zu haben mit dem Geruch des Fleisches, das in Därme gefüllt und dann geräuchert worden ist."

Er stand auf, verriegelte die Tür, setzte sich wieder zu uns, zog sein Messer und – schnitt sich ein großes Stück vom Schinken herunter, das schnell unter seinem dünnen Schnurrbart – rechts sechs und links sieben Haare – verschwand. Dazu strich er sich mit beiden Händen behaglich den Bauch und sagte: „Du siehst, Sihdi, welch großes Vertrauen ich zu dir habe."

„Zunächst habe ich nur den Hunger gesehen."

„Das ist eine Folge meines Vertrauens. Was mein Sihdi ißt, kann mich nicht um den siebenten Himmel bringen, und ich hoffe von deiner Verschwiegenheit, daß du es nicht weitersagst, daß deine Ansicht bei mir ebenso schwer wiegt wie die Gesetze der heiligen Kalifen." – „Ich habe keine Veranlassung, es auszuposaunen, daß du auch gern etwas Gutes ißt."

„Gut, so werde ich noch ein Stück von diesem Ssudschuk[1] nehmen, da der Schinken so ausgezeichnet war. Sef wird es mir erlauben, denn was die Gastfreundschaft spendet, das gibt Allah hundertfach zurück."

Der Aufseher winkte aufmunternd, und Halef gab sich die größte Mühe, um zu beweisen, daß er sich heut aus dem Gebot des Propheten nichts mache. Als er fertig war, wischte er das Messer an seiner Hose ab, steckte es in den Gürtel und erklärte: „Es gibt Geschöpfe, die unter dem Undank der Menschen viel zu leiden haben. Das Schwein hat sicherlich nichts getan, um die Verachtung zu verdienen, die ihm von den Gläubigen gezollt wird. Wäre ich an Stelle des Propheten gewesen.

[1] Wurst

ich hätte besser aufgepaßt, als mir der Koran mitgeteilt wurde. Dann wären die Tiere zu hohen Ehren gekommen, deren Wohlgeschmack das Herz des Menschen erfreut. Und nun, da wir zu Ende sind, kann ich die Tür wieder öffnen, ohne befürchten zu müssen, daß mein Freund Omar an seiner Seele Schaden leidet."

Er erhob sich und schob den Riegel in dem Augenblick zurück, als ein Jüngling eintreten wollte.

„Israd", rief der Aufseher ihm entgegen, „du wirst heute nicht mehr arbeiten; ich gebe dir Urlaub. Kara Ben Nemsi Effendi will zum Treska-Konak reiten, und du sollst ihn in geradester Richtung dorthin führen."

Der junge Mann nahm die Gelegenheit wahr und bedankte sich für die Rettung seiner Schwester Sora herzlichst bei mir und freute sich, mir einen Gegendienst leisten zu können.

„Aber hast du ein Pferd?" fragte ich ihn. „Du kannst doch nicht gehen, während wir schnell reiten."

„Ich leihe mir drüben im Dorf eins", sagte er. „Wann willst du aufbrechen, Effendi?" – „So bald wie möglich."

„Du wirst noch eine gute Weile warten müssen, denn deine Kleider sind noch lange nicht trocken. Indessen will ich mir das Pferd besorgen." Israd ging wieder fort.

„Du wirst an ihm einen guten Führer haben", meinte Sef, „und er kann dir über alles Auskunft erteilen."

„Das ist mir lieb, denn ich werde ihn einiges fragen müssen."

„Das kannst du doch auch mich fragen?"

„Vor allen Dingen also möchte ich wissen, wo der Ort liegt, der Karanirwan-Han heißt."

„Karanirwan-Han? Hm! Warum willst du das wissen?"

„Weil die fünf Männer, die wir verfolgen, dorthin reiten wollen."

„Ich kenne leider keinen Ort dieses Namens. Einen Karanorman-Han gibt es. Er liegt oben im Schar Dagh bei Weitscha."

„Das weiß ich, aber das ist nicht der Ort, den ich suche. Karanirwan-Han muß ein einzelnes Haus sein, dessen Besitzer ein Perser ist."

„Perser sind hier selten." – „Kennst du keinen?"

„Einen einzigen allerdings." – „Wie heißt er?"

„Seinen eigentlichen Namen kenne ich nicht. Er trägt einen mächtigen schwarzen Vollbart und darum haben wir ihn stets Kara Adschem, den schwarzen Perser, genannt."

„Ah! Vielleicht ist dieser Mann der Gesuchte. Einen starken, schwarzen Bart muß er haben, da er eben Kara Nirwan heißt. Woher ist der, den du meinst?"

„Das weiß ich nicht genau. Er muß aber da oben in der Gegend von Jalitscha oder Luma zu Hause sein. Ich erinnere mich, daß er einmal von einem Bären erzählte, der ihm oben am Schalesch-Berg begegnet ist. Dieser Berg liegt aber bei den genannten Orten."

„Gibt es im Schar Dagh auch Bären?"

„Nur noch selten. Früher waren sie häufiger, wie mein Vater oft erzählt. Jetzt aber kommt es in Jahren einmal vor, daß sich so ein Tier von fern her verläuft."

„Weißt du nicht vielleicht, was dieser Perser ist?"

„Pferdehändler ist er, und zwar ein sehr bedeutender. Er muß reich sein. Ich habe ihn wiederholt mit mehr als zehn Knechten und mit einer ganzen Pferdeherde bei unserm Nachbarn, dem Konakdschi Dschemal, gesehen, bei dem er einkehrt."

„Das ist mir höchst wichtig, denn ich kann daraus verschiedenes schließen. Dieser Pferdehändler ist ein Perser und wird Kara Adschem genannt. Er kehrt bei dem Konakdschi ein, bei dem auch Manach el Barscha mit den andern vier einkehren will. Es ist sehr wahrscheinlich, daß dieser Kara Adschem der Mann ist, den wir suchen." – „Es sollte mich freuen, wenn ich euch auf die rechte Spur gebracht hätte."

„Wird dein Schwager näheres wissen?"

„Hierüber nicht. Israd ist ebenso wie ich lange Zeit nicht oben in der Heimat gewesen. Aber wenn du heute zu meinem Vater kommst, so magst du ihn und meinen Bruder Niko fragen. Diese beiden können dir vielleicht bessere Auskunft erteilen."

„Ist dein Vater mit seinem Nachbar Dschemal befreundet?"

„Sie sind weder Freunde noch Feinde. Sie sind eben Nachbarn, die gezwungen sind, nebeneinander auskommen zu müssen. Der Konakdschi hat etwas Falsches und Heimliches an sich."

„Weißt du nicht, ob er vielleicht mit anrüchigen Leuten verkehrt?"

„In einem so einsamen Konak kehren allerlei Menschen ein. Da läßt sich nichts sagen. Höchstens könnte ich erwähnen, daß er mit dem alten Scharka verkehrt, und das ist kein gutes Zeichen."

„Wer ist dieser Scharka?"

„Ein Köhler, der mit einigen Gehilfen droben in den Bergen haust. Er soll eine tiefe, finstere Höhle bewohnen, und man raunt sich zu, in deren Nähe sei mancher begraben, der keines natürlichen Todes gestorben ist. Der einsame Pfad, der über die Berge führt, geht durch sein Gebiet, und es ist eigentümlich, daß es gar mancher Wanderer betritt, ohne es jemals wieder zu verlassen. Und immer sind es Leute, die Geld oder sonstiges wertvolles Eigentum bei sich getragen haben."

„So ist das eine wahre Mördergrube! Ist man denn den Missetaten dieses Scharka nicht auf die Spur gekommen?"

„Nein, denn es wagt sich nicht so leicht jemand zu ihm. Seine Gehilfen sollen rohe und bärenstarke Leute sein, mit denen man es nicht aufzunehmen vermag. – Es wurde einmal eine Abteilung von dreißig Soldaten hinaufgeschickt, um die Aladschy zu fangen, die sich bei ihm aufhielten. Die Soldaten sind unverrichteter Dinge zurückgekommen, nachdem ihnen sehr übel mitgespielt worden war."

„Von wem?"

„Das wußten sie nicht. Sie wurden stets nur des Nachts von Leuten überfallen, die sie niemals recht zu Gesicht bekamen."

„Also die Aladschy waren auch bei dem Köhler! Kennst du sie?"
„Nein", erwiderte Sef.
„Und doch hast du sie heute gesehen, die beiden starken Männer auf den scheckigen Pferden, die mit Manach el Barscha ritten. Der Name dieser berüchtigten Brüder stimmt mit der Farbe ihrer Pferde."
„Allerdings! Wer hätte das gedacht! Ich habe die Aladschy gesehen! Nun wundere ich mich auch nicht, daß diese Menschen den Fährmann mit Peitschenhieben bezahlten. Sie reiten zum Treska-Konak; dort bleiben sie jedenfalls nicht. Vielleicht wollen sie wieder den Köhler aufsuchen." – „Das ist wahrscheinlich."
„So bitte ich dich um Gottes willen: reite ihnen nicht nach! Der Köhler Scharka und seine Leute sollen halbwilde Menschen sein, die den stärksten Wolf mit der Hand erdrücken."
„Ich kenne Menschen, die das auch können, obwohl sie weder halb noch ganz wild sind." – „Aber es ist doch besser, solche Unmenschen lieber zu vermeiden!"
„Das kann ich nicht. Ich habe schon gesagt, daß es gilt, ein Verbrechen zu verhüten. Und ebenso gilt es, ein grausiges Verbrechen zu rächen. Es gilt Leuten, die Freunde meiner Freunde sind."
„Kannst du nicht andre damit beauftragen?"
„Nein, die würden sich fürchten."
„Dann übergib die Sache der Polizei!"
„Die würde sich noch viel mehr fürchten. Nein, ich muß diesen fünf Reitern folgen, und wenn ich dabei mit allen Kohlenbrennern der Welt zusammenprallen sollte."
„So ist mir angst und bange um dich. Scharka ist ein wahrer Teufel. Seine Haut soll behaart sein wie die eines Affen, und er soll das Gebiß eines Panthers haben." – „Das ist doch wohl übertrieben?"
„Nein. Ich erfuhr es von Leuten, die ihn gesehen haben. Du kannst es wirklich nicht mit ihm aufnehmen."
„List und Klugheit gehen über alle Körperkraft", erwiderte ich. „Übrigens sind wir so gut bewaffnet, daß wir uns vor keinem zu fürchten brauchen."
„Und" – fügte Halef stolz hinzu, während er auf sich selbst deutete – „mein Effendi ist nicht allein, sondern er hat mich, seinen bewährten Freund und Beschützer bei sich. Da sollen die Heerscharen der Feinde es nur wagen, an uns zu kommen! Wir werden sie aufzehren, wie das Wildschwein die Heuschrecken frißt."
Das klang gar zu drollig. Seine Körperlänge paßte gar nicht zu dem hohen Selbstbewußtsein, mit dem er diese Worte aussprach. Ich blieb ernst, weil ich den Kleinen kannte, der Aufseher aber konnte sich eines Lächelns nicht erwehren.
„Lachst du vielleicht?" fragte Halef ihn. „Ich dulde keine Beleidigung! Selbst von dem nicht, dessen Schinken und Wurst ich gegessen habe. Wenn du mich näher kennen würdest, zittertest du vor meinem Zorn und bebtest vor meinem Grimm!"

„Ich bebe beinahe", meinte Sef und zeigte das ernsthafteste Gesicht.

„Oh, das ist noch lange nichts! Du mußt beben, daß dir die Seele hörbar an die Wände deines Leibes klappert. Du weißt nicht, mit welchen Tieren und Menschen wir gekämpft haben. Wir haben den Löwen, den Herrn der Wüste, getötet und mit Feinden gekämpft, bei deren Anblick du dich da in den Kasten zu dem geräucherten Hinterteil des Schweins verkriechen würdest. Wir haben Taten verrichtet, die uns unsterblich machen. Von uns wird geschrieben stehen in den Büchern der Helden und in den Schriften der Unüberwindlichen. Wir lassen nicht über uns lachen, das merke dir! Kennst du vielleicht meinen Namen?"

„Nein; aber ich habe gehört, daß der Effendi dich Halef nennt."

„Halef!" meinte der Kleine verächtlich. „Was ist Halef? Gar nichts. Halef heißen viele Leute. Aber sind diese Leute Hadschis? Haben sie Väter und Vätersväter, Ahnen und Großahnen der Urväter, die alle auch Hadschis gewesen sind! Und ich sage dir, ich bin Hadschi Halef Omar Ben Hadschi Abul Abbas Ibn Hadschi Dawuhd al Gossarah. Meine Vorfahren gehörten zu den Helden, die vor so langer Zeit lebten, daß kein Mensch mehr etwas von ihnen weiß; ich selbst auch nicht. Kannst du das vielleicht von deinen Ahnen sagen." – „Ja."

„Wie?" – „Ich weiß auch nichts von ihnen."

Der Aufseher sagte das in spöttelndem Ernst. Halef blickte ihm schweigend und zornig ins Gesicht, machte dann eine geringschätzige Handbewegung, drehte sich um und ging mit den Worten hinaus: „So schweige! Wer von seinen Ahnen nichts weiß, der darf sich mit mir gar nicht vergleichen!"

„Aber", lachte Sef ihm nach, „du hast soeben gestanden, daß du selbst von deinigen auch nichts weißt!"

„Das sind die meinigen, aber nicht die deinigen. Von ihnen brauche ich nichts zu wissen, denn sie sind so berühmt, daß man von ihnen gar nichts zu wissen braucht!" schrie der Hadschi in größtem Zorn zurück.

„Dein Begleiter ist ein sonderbares Kerlchen", lachte der Aufseher.

„Ein braver Mann, treu, gewandt und ohne Furcht", antwortete ich. „Er fürchtet sich wirklich nicht vor dem Köhler. Das hat er dir sagen wollen, freilich in seiner Weise. Er ist ein Bewohner der Wüste, und diese Männer lieben es, sich in solcher Weise auszudrücken. – Jetzt möchte ich zum Schneider gehen. Vielleicht ist er nun mit meinem Anzug fertig geworden." – „Und ich muß den Leuten ihre Arbeit anweisen. Du wirst mich entschuldigen, Effendi."

Wir verließen die Hütte. Als ich die andre betreten wollte, hörte ich hinter der Tür scheltende Stimmen. Sie wurde aufgestoßen, so daß sie mir beinahe ins Gesicht flog, und es kamen zwei Männer heraus, die an mich anrannten, nämlich Halef, in der einen Hand meine Hose haltend und in der andern den Schneider. Er zog ihn hinter sich her, so daß er mir den Rücken kehrte und also nicht sah, an wen er anstieß. Sich halb umdrehend schrie der Hadschi mich an: „Dummkopf, hast du keine Augen?“

„Freilich habe ich Augen, Halef“, antwortete ich.

Er fuhr herum und sagte, als er mich sah: „Ah, Sihdi, soeben wollte ich zu dir!“

Er glühte vor Zorn, riß den armen Schneider einen Schritt näher an mich heran, hielt mir die Hose hin und fragte mich:

„Sihdi, wieviel hast du für diese Hose bezahlt?“

„Hundertunddreißig Piaster.“

„So bist du dumm gewesen, so dumm, daß es mich erbarmen könnte!“ – „Wieso?“

„Weil du hundertunddreißig Piaster für ein Ding bezahlt hast, das eine Hose sein soll, aber keine ist!“ – „Was ist es denn?“

„Ein ganz gewöhnlicher Sack, in den du alles tun kannst, was du willst: Erbsen, Mais, Bohnen, meinetwegen auch Eidechsen und Frösche. Glaubst du es vielleicht nicht?“

Halef blickte mich so grimmig an, daß ich mich hätte fürchten mögen. Ich antwortete ruhig: „Wie kommst du dazu, mein Beinkleid einen Sack zu nennen?“ – „Wie ich dazu komme? Sieh her!“

Er fuhr mit der Faust in das Hosenbein, das zerrissen gewesen war, konnte aber mit dem Arm unten nicht heraus. Der brave Schneider hatte des Guten zu viel getan und, während er den Riß ausbessern wollte, das Bein zugeflickt.

„Siehst du es? Siehst du die Überraschung und das Herzeleid?“ schrie Halef mich an. „Hinein mußt du doch, dazu ist die Hose da, aus der nun ein armseliger elender Sack geworden ist. Jetzt kannst du mit einem bekleideten und einem nackten Bein in der Welt herumreiten. Was werden die Leute sagen, wenn sie dich sehen, dich, den berühmten Effendi? Und wo sollst du drüben in dem elenden Dorf oder hier in den Hütten eine andre Hose hernehmen?“ – „Brauch ich denn eine andre?“

„Gewiß! Du kannst diese doch nicht anziehen!“

„Freilich kann ich sie anziehen. Dieser unglückliche Schneider braucht nur die Naht wieder aufzutrennen und den Riß zuflicken.“

„Die – Naht – – auf – trennen!“ staunte Halef, mich starr anblickend. Dann brach er in ein lautes Lachen aus und fügte hinzu: „Sihdi, da hast du recht. Daran habe ich in meinem Zorn gar nicht gedacht – – die Naht wieder auftrennen, das ist das Richtige!“

Das angstvolle und verlegene Gesicht des Schneiders heiterte sich wieder auf; aber er kam doch nicht so gut davon, wie er dachte, denn der Hadschi fuhr ihn an: „Siehst du denn endlich ein, welch eine ungeheure Dummheit du begangen hast? Erst flickst du das Hosenbein zu, und dann weißt du nicht einmal Hilfe zu schaffen!“

„Oh, ich habe es gewußt, aber du hast mich nicht zu Wort kommen lassen!“ verteidigte der arme Sünder sich.

„O Allah, Allah, was gibt es doch für Menschen! Ich habe dich in aller Ruhe gefragt, wie diesem Fehler abzuhelfen sei; ich habe mit der Geduld eines Marabuts auf deine Antwort gewartet. Du aber standest da, als hättest du ein Kamel verschluckt, dessen Höcker dir im Hals steckengeblieben sei, und da habe ich dich bei deinem eigenen Höcker genommen, um dich zum Sihdi zu führen?" – „Ja", erwiderte der Schneider kleinlaut.

„Und wie lange wird das dauern?" – „Zwei bis drei Stunden."

„O Allah! So sollen wir also wegen deiner Flickerei noch bis zum Abend warten? Das geht nicht, das können wir nicht zugeben."

„Es wird nicht so lange dauern", beschwichtigte ich, „denn ich werde ihm helfen."

„Wie verträgt sich das mit der Würde deines Berufs und mit der Macht deiner persönlichen Erscheinung?"

„Sehr gut. Ich werde mich mit diesem guten Mann, der ein schlechter Schneider ist, hier hereinsetzen. Während er die andern Sachen ausbügelt und wahrscheinlich verbrennt, will ich das Hosenbein in Behandlung nehmen. Sag mir doch, du Künstler der Nähnadel, ob du denn wirklich ein Schneider bist!"

Der Mann kratzte sich hinter dem Ohr, drückte und drückte und ließ endlich die Antwort hören: „Effendi, eigentlich nicht."

„So! Was bist du denn eigentlich?" – „Ein Dülger[1]."

„Wie aber kommst du auf den kühnen Gedanken, dich für einen Schneider auszugeben."

„Weil ich zwei Bügeleisen habe." – „Von wem?"

„Von meinem Großvater, der wirklich Schneider war. Es ist das einzige, was ich von ihm geerbt habe. Nun habe ich mir noch Nadel und Zwirn gekauft, und wenn es Gelegenheit gibt, so bessere ich den Leuten die Kleider aus, weil ich jetzt als Tischler keine Arbeit habe. Darum bin ich auch hier beim Bahnbau beschäftigt."

„Da bist du ein vielseitiger Mann. Also du besserst Kleider aus! Wohl auch in der Art und Weise, wie du es hier bei meiner Hose getan hast?" – „Nein, Effendi! Das war nur ein Versehen."

„Also zwei Bügeleisen hast du wirklich? Kannst du bügeln?"

„Oh, ausgezeichnet!" – „Nun, so wollen wir uns miteinander an die Arbeit machen. Aber sieh, was ist denn das?"

Ich zog die von ihm angefertigte Naht auseinander und zeigte sie ihm. Er wußte aber nicht, was ich meinte, und blickte mich fragend an.

„Wie sieht denn der Stoff aus?" – „Dunkelblau, Effendi."

„Und welche Farbe hat der Zwirn, den du genommen hast?"

„Er ist weiß." – „Das sieht ja ganz schrecklich aus. Hast du denn keinen dunklen Zwirn, vielleicht schwarzen?" – „Genug!"

„Warum hast du keinen solchen genommen?"

„Der weiße ist noch einmal so stark wie der schwarze; darum dachte ich, er werde besser halten, so daß der Riß nicht wieder aufgeht, wenn du vielleicht wieder einmal in den Kleidern schwimmen mußt." – „Du

[1] Tischler

bist ein vorsorglicher Mensch, wie ich sehe. Ich aber werde mir erlauben, schwarzen Zwirn zu nehmen. Komm herein!"

„Soll ich mithelfen, Sihdi?" fragte Halef.

„Ja, du kannst die Hose halten, während ich die Stiche mache."

Die Hütte war leer, da die Leute jetzt auf der Baustelle waren. Ich setzte mich mit Halef und dem Beinkleid auf ein Brett. Wir erhielten Nadel und Zwirn, anstatt der Schere hatten wir unsre Messer, und so konnten wir die Arbeit beginnen. Ich hatte mir als Schüler manchen Knopf angesetzt und zuweilen auch einen kleinen Riß geheilt: ich wußte leidlich den Unterschied zwischen Hinter- und andern Stichen, darum begann ich das große Werk mit viel Selbstvertrauen. Unterdessen arbeitete der Tischler-Schneider am Ofen herum und warf Holzscheite hinein, als wolle er einen Stier braten. Die Kacheln strömten eine Wärme aus, die mich an die schönen Tage der Sahara gemahnte. Meine Kleider waren trocken und brauchten nur noch gebügelt zu werden.

Der Künstler nahm zunächst die Weste her, legte sie auf ein Brett und holte mit der Zange das Bügeleisen aus der Feuerung. Es war hochrot; der Holzgriff war verbrannt. Der Mann sah vom Bügeleisen auf mich und von mir auf das Bügeleisen und kratzte sich dabei abermals sehr nachdrücklich den Hinterkopf.

„Was willst du?" fragte ich ihn. – „Eine Frage, Effendi. Was soll ich nun machen?" – „Bügeln!" – „Aber wie?"

„Wie immer. Du kannst es ja ausgezeichnet." – „Hm! Das ist eine sehr verwickelte Geschichte." – „Wieso?"

„Bügle ich jetzt, so ist das Eisen glühend, und ich verbrenne den Jelek[1]. Warte ich, bis das Eisen kalt ist, so verbrenne ich ihn nicht, aber das Eisen bügelt auch nicht. Kannst du mir vielleicht einen Rat geben? Ich habe gehört, daß du ein weitgereister Effendi bist. Vielleicht hast du einmal einem Schneider zugesehen, wie man es macht." – „Höre, ich habe deinen Großvater in einem sehr schlimmen Verdacht." – „Tu das nicht, ich bitte dich! Mein Großvater – Allah schaue auf ihn im Paradies – war ein frommer Muslim und ein braver Untertan des Padischah."

„Das mag sein, aber ein Schneider war er nicht."

Jetzt erhob der Künstler auch den andern Arm, um sich mit beiden Händen kratzen zu können. Er bot ein Bild drolligster Verzweiflung, antwortete aber nicht.

„Nun, wie ist es? Habe ich recht?"

„Effendi", stieß er hervor, „woher weißt du es denn?"

„Ich errate es. Sag mir also, was er eigentlich war."

„Nun, wenn du es wirklich wissen willst, er war eigentlich ein Odundschu[2] und schneiderte nebenbei auch für die andern Holzhakker. Die Bügeleisen aber hatte er, glaube ich, auch von seinem Großvater geerbt."

[1] Weste [2] Holzhacker

„Der wohl auch wieder kein Schneider gewesen ist?“ lachte ich hellauf. „Bist du verheiratet?“

„Nein. Aber ich werde es bald sein.“

„So beeile dich, damit du diese berühmten Bügeleisen auf deine Enkel vererben kannst. Man muß dem Beispiel seiner Väter treu zu bleiben suchen, und ich hoffe, daß die Eisen niemals in eine andre Familie geraten.“

„Nein, Effendi, das werde ich nicht zugeben“, versicherte er ernsthaft. „Von diesem teuren Miras[1] wird meine Familie sich nimmer trennen. Aber ich muß dich doch bitten, mir zu befehlen, was ich jetzt tun soll.“

„Ich befehle dir, dieses Erbstück nicht wieder anzurühren. Muß ich mir die Hose selbst ausbessern, so kann ich mir nachher die Sachen auch selbst ausbügeln.“

Er tat einen tiefen Atemzug und war mit zwei großen Schritten zur Tür hinaus. Halef wäre ihm am liebsten mit der Peitsche nachgeeilt, um ihn dafür zu züchtigen, daß er sich für einen Uruba tersißi[2] ausgegeben hatte, ohne das geringste von der Sache zu verstehen. Ich suchte ihn durch einen guten Rat zu beruhigen, sich nicht immer durch Titel und Würden andrer blenden zu lassen.

Gestehen will ich es aufrichtig, daß das Bügeln mir auch nicht flott von der Hand ging, zumal meines Wissens in meiner Familie niemals ein Bügeleisen vererbt worden war. Als ich das Meisterstück schließlich zu Ende gebracht hatte, blieb mir nichts andres übrig, als auf mein Werk möglichst stolz zu sein, worin Halef mich aus allen Kräften bestärkte. Er behauptete, niemals so kräftige und haltbare Stiche wie die meinigen gesehen zu haben, und freute sich besonders darüber, daß die gebügelten Stücke einen gewissen Glanz angenommen hatten, als seien sie mit Butter eingerieben worden. Meister des Handwerks haben mir später freilich die Versicherung gegeben, daß ich mir auf diesen Umstand gar nichts einbilden dürfe.

Jetzt kam der Aufseher Sef mit seinem Schwager Israd, der meldete, er sei bereit zum Aufbruch. Der Schneider mochte berechnet haben, daß eine Inanspruchnahme seiner Kunst nicht mehr zu fürchten sei. Er steckte den Kopf zur Tür herein und kam, als er mich in meinem eignen Anzug dastehen sah, mit frohem Gesicht vollends herein.

„Effendi“, sagte er, „wie ich sehe, bist du fertig. Aber da du meine beiden Bügeleisen gebraucht hast, so hoffe ich, daß du mich dafür mit einem tüchtigen Bakschisch beglückst!“

„Das sollst du erhalten“, lächelte Halef.

Er verschwand in dem Verschlag und kehrte mit den „Stiefeln der Gicht“ zurück. Sie sahen infolge der Nässe mehr Tüten als Stiefeln ähnlich. Halef hielt sie dem Bittsteller hin und sagte gütig: „Wir verehren dir diese Fil ajaghy kablari[3] als ein ewiges Anerkennungszei-

[1] Erbse [2] Kleidermacher, Schneider [3] Futterale für Elefantenfüße

chen deiner Kunstfertigkeit. Tu sie zu deinen Bügeleisen und vererbe sie an deine Enkel und Enkelkinder, damit deine Nachkommen ein bleibendes Andenken daran haben, daß ihr Ahne die große Kunst verstanden hat, Hosenbeine zusammenzunähen. Allah schuf Affen und Esel. Dich aber schickte er zur Krönung dieser Schöpfung her nach Rumelia."

Der Schneider ergriff die Stiefel und betrachtete sie mit großen Augen. Ein solches Bakschisch hatte er nicht erwartet, noch dazu in Begleitung einer solchen Widmungsrede.

„Nun, was schaust du hinein, als meintest du, dein Verstand müsse drinnen stecken?" fragte Halef. „Mache dich mit ihnen von dannen und preise unsre Großmut, die dich mit einer solchen Gabe begnadigt hat!"

Ich unterstützte diese Aufforderung, indem ich einige Piasterstücke in die Stiefel fallen ließ. Damit hatte ich den Bann von der Seele des Mannes genommen. Er konnte wieder sprechen, bedankte sich für das Geschenk und eilte damit fort.

Jetzt kam der Abschied. Ich kürzte ihn möglichst ab, und dann ritten wir davon, meist über ungebahnte Wiesen dem Westen zu.